公關人員的心理素質
公眾的心理傾向
公眾的心理特徵
公眾的心理定勢
公共關係傳播心理與實務
利用社會影響改變公眾心理
人際交往心理與實務
內部公關與組織內心理氛圍的營

公共關係心理學

（第二版）

李道魁、郭玲、王冰蔚 編著

財經錢線

再版前言

　　公共關係心理學是研究公共關係的主客體及其在傳播溝通中特有的心理狀態和心理活動規律的科學。它是一門實用性較強的綜合性的應用學科，在整個心理科學體系中屬於應用心理學的範疇，是心理學的一個分支，也是公共關係學的重要組成部分。在激烈的市場競爭中，組織形象已被視為組織的無形資產，那些不注重團體及個體自身形象、缺乏人際交往藝術技巧的團體已難以發展。任何團體和個人，只有瞭解公關活動雙方的心理和傳播活動的心理規律及其特徵，才能有效地處理公共關係，深化對公共關係活動規律的認識。而公共關係心理學就是將心理學的一般原理和知識融入公共關係活動中，探討公關活動實踐中的心理現象、心理規律、心理策略等。可以說，只要一個組織想在這個充滿競爭壓力的社會中存在、發展，就不能無視公共關係心理學。

　　參加本書撰寫的人員有：李道魁（第一章）、王冰蔚（第二、三、七、九、十章）、郭玲（第四、五、六、八章）。李道魁負責本書的編寫方案及最終定稿，王冰蔚（河南科技學院）、郭玲（鄭州師範學院）負責提綱擬定、統稿與校對等工作。本書的撰寫者都是長期從事公關心理學研究和教學工作的人員，對公關心理學進行了系統、深入的研究和探討，在吸納公共關係學和心理學等學科體系研究成果的基礎上，形成了自己的研究成果。本書內容豐富、結構清晰，理論研究與實證研究相結合，通俗易懂。

　　作為一本系統研究公共關係心理學方面的書籍，在撰寫與修訂過程中，我們既總結了多年來在高等院校教育教學與公共關係工作中的實踐經驗，也參考並吸納了國內外學者許多有價值的相關研究成果，並引用了部分資料，本書已盡量在參考文獻中逐一列出，在此對原作者深表謝意！

　　由於本學科可供參考的資料有限，同時限於時間與作者水平，書中難免有不妥之處，敬請各位專家、同行和讀者批評指正。

編　者

目　錄

第一章　緒論 ………………………………………………………（1）
　　第一節　公共關係與心理學概述 ……………………………（1）
　　第二節　公共關係心理學的性質和研究對象 ………………（8）
　　第三節　公共關係心理學的研究原則和方法 ………………（13）

第二章　組織形象 …………………………………………………（19）
　　第一節　組織形象概述 ………………………………………（19）
　　第二節　組織形象與公眾印象 ………………………………（28）
　　第三節　組織形象與公眾態度 ………………………………（34）
　　第四節　組織形象與公眾輿論 ………………………………（40）
　　第五節　組織形象塑造 ………………………………………（43）

第三章　公關人員的心理素質 ……………………………………（50）
　　第一節　公關人員心理素質的內涵與結構 …………………（50）
　　第二節　公關人員健全的自我意識及其培養 ………………（54）
　　第三節　公關人員的情緒管理 ………………………………（63）
　　第四節　公關人員如何應對挫折 ……………………………（69）

第四章　公眾的心理傾向 …………………………………………（78）
　　第一節　公眾的需要 …………………………………………（78）
　　第二節　公眾的動機 …………………………………………（96）
　　第三節　公眾的興趣 …………………………………………（101）
　　第四節　公眾的價值觀 ………………………………………（107）

第五章　公眾的心理特徵 …………………………………………（119）
　　第一節　公眾的個性心理特徵 ………………………………（119）
　　第二節　公眾的角色心理特徵 ………………………………（132）
　　第三節　重要目標公眾的心理特徵 …………………………（144）
　　第四節　公眾的群體心理特徵 ………………………………（155）

第六章　公眾的心理定勢 …………………………………（172）
　　第一節　公眾心理定勢概述 ………………………………（172）
　　第二節　個體心理定勢 ……………………………………（176）
　　第三節　群體心理定勢 ……………………………………（185）
　　第四節　流行心理定勢 ……………………………………（193）

第七章　公共關係傳播心理與實務 ………………………（211）
　　第一節　公共關係傳播概述 ………………………………（211）
　　第二節　受傳者心理分析 …………………………………（222）
　　第三節　傳播效果的提高 …………………………………（231）

第八章　利用社會影響改變公眾心理 ……………………（240）
　　第一節　他人在場 …………………………………………（241）
　　第二節　從眾 ………………………………………………（247）
　　第三節　暗示 ………………………………………………（251）
　　第四節　模仿 ………………………………………………（257）
　　第五節　感染 ………………………………………………（261）

第九章　人際交往心理與實務 ……………………………（269）
　　第一節　人際交往概述 ……………………………………（269）
　　第二節　人際吸引與人際關係發展階段 …………………（275）
　　第三節　瞭解人際交往中的人性特點 ……………………（280）
　　第四節　掌握人際交往的原則與方法 ……………………（284）

第十章　內部公關與組織內心理氛圍的營造 ……………（294）
　　第一節　內部公關概述 ……………………………………（294）
　　第二節　組織內心理氛圍概述 ……………………………（298）
　　第三節　協調內部人際關係，構建和諧組織 ……………（301）
　　第四節　培養員工的主人翁意識 …………………………（306）
　　第五節　增強企業凝聚力 …………………………………（311）
　　第六節　調動員工積極性 …………………………………（315）

緒 論

第一章
緒 論

　　公共關係心理學是應現代社會發展需要而產生的一門學科，尤其在一個全面重視組織公共關係的時代，公共關係心理學的作用更是日益受到人們的關注。

第一節　公共關係與心理學概述

　　在學習公關心理學之前，我們需要瞭解公共關係和心理學的基本知識。

一、公共關係的含義

　　「公共關係」一詞是舶來品，其英文為 Public Relations，縮寫符號為 PR，簡稱「公關」，也可譯為「公眾關係」。從不同的學者對公共關係定義的不同界定中，我們也不難發現其中的一些趨同之處。這些趨同之處主要表現在以下方面：

　　第一，公共關係是一個組織與其公眾之間的關係。這種關係是一個組織在與公眾的相互作用和相互影響中形成的。

　　第二，公共關係是一種特殊的思想和活動。作為一種思想，它滲透到一個組織的全部活動之中；作為一種活動，它又具有區別於組織的其他活動的特殊性和特殊要求。

　　第三，公共關係是現代組織管理的獨立職能。公共關係的主要任務就是協調組織與公眾的相互關係，使組織適應公眾的要求，使公眾

有利於組織的成長與發展。

第四，信息溝通與傳播是公共關係的特殊手段。公共關係協調組織與公眾的主要手段，就是信息溝通與傳播。信息溝通與傳播主要以現代大眾傳播媒介為物質工具。

我們根據成功的公共關係的經驗，吸收眾多定義的可取之處，給公共關係定義如下：公共關係是指一個社會組織遵循一定的原則，通過雙向的信息溝通，為組織樹立良好形象，旨在謀求組織內部的凝聚力與社會公眾的諒解和支持，從而形成一種組織和公眾之間良好的、互動的社會關係。

人們普遍認為公共關係是由三要素構成的：主體、客體和傳播。

社會組織是公共關係的主體，是公共關係活動的發起者、策劃者、實施者、調控者和評估者，在公共關係的三大要素中，處於主體地位，具有主導性。它包括政治組織、經濟組織、文化組織、宗教組織、群眾組織等。社會公眾是公共關係的客體，包括特定組織相關的內部公眾和外部公眾。聯繫主體與客體的紐帶與橋樑是傳播。在一個組織內部，有組織與內部公眾之間的上源下向流和下源上向流，保證信息暢通。在組織與外部環境（外部公眾）之間，有內源外向流和外源內向流，以保證提高組織的知名度和外部信息反饋，修正公關方案。

二、心理學的研究對象

心理學是研究心理現象的產生、發展及其變化規律的科學。心理學研究所揭示的許多規律是各個應用心理學科的理論基礎，當然也是公關心理學的重要理論基礎。

心理學的研究對象是心理現象。心理現象是多種多樣的，也是非常複雜的。心理學主要研究人的心理現象，也研究動物的心理現象；既研究個體的心理現象，也研究群體的社會心理現象。與物理、化學等現象不同，心理現象不具形體性，是人的內部世界的精神生活，他人無法直接進行觀察，但是通過對行為的觀察和分析，卻可以客觀地研究人的心理。因此，心理學還研究行為及其與心理的關係。

（一）個體的心理現象

心理學上所說的個體是指動物和人類的一個個有生命的整體。我們每個人都知道，人有許多心理現象，如感覺、知覺、注意、記憶、思維、情緒、態度、動機、意志、能力、氣質、性格以及信仰、期待、做夢等等。現代心理學的一種流行的觀點是把人的心理現象看成一個

複雜的系統。據此，有些人把心理現象劃分為心理事實與心理規律；有的人把心理現象劃分為無意識現象與意識現象。我們採取的是多數心理學家的觀點，即把心理現象劃分為心理過程、個性心理和心理狀態三大範疇。

1. 心理過程

心理過程是指人對客觀事物不同方面及相互關係的反應過程。他是心理現象的動態形式，包括認識過程、情感過程、意志過程。

（1）認識過程。認識過程是人的最基本的心理過程，是人從感性認識到理性認識的發展過程，包括感覺、知覺、記憶、思維和想像等過程。我們看到一種顏色，聽到一種聲音，嘗到一種滋味，聞到一種氣味，摸到一種事物表面的光滑程度，都是屬於最簡單的認識過程——感覺。在感覺的基礎上，我們能夠辨認出這是盛開的牡丹花，那是歌唱的百靈鳥；這是鮮紅的蘋果，那是嶄新的書桌等，這些就是知覺。感覺和知覺往往緊密地聯繫在一起，不能截然分開，可以統稱為感知覺。感知過的事物能夠以經驗的形式在頭腦中留下痕跡，以後在一定條件下還可以再現或回憶起它的形象和特徵。例如，一個人遊覽了杭州西湖，美麗的景色會在其大腦中留下深刻的印象；讀了李白的《望廬山瀑布》，遇到一定的情景，會自然而然地吟誦出來。這種人腦對過去經歷的事物的反應，叫作記憶。人不僅能直接地感知事物的表面特徵，還能間接地、概括地反應事物的內在的、本質的特徵。例如，醫生根據病人的脈搏、體溫、舌苔等的變化，可以推斷其體內的疾患，這就是思維。人在頭腦中不僅能夠再現過去事物的形象，而且還能在此基礎上創造新事物的形象。例如，文學藝術家塑造典型形象，我們在頭腦中對未來生活和工作情景的勾畫等，這類心理活動的過程叫想像。

感覺、知覺、記憶、思維和想像都是屬於人的認識過程。

（2）情感過程。人對客觀事物的認識，並不是呆板的、冷漠的，而總是對它表現出鮮明的態度體驗，滲透著一種感情色彩。例如，我們對祖國名山大川的讚美，對社會醜惡現象的憤恨，對本職工作的熱愛，為取得的成績而喜悅等。這些在認識基礎上產生的喜、怒、哀、樂等態度體驗，心理學上稱之為情感過程。

（3）意志過程。人不僅能認識客觀事物，並對它產生一定的情感體驗，而且還能夠自覺地改造客觀世界。為了認識和改造世界，人總是主動地確定目標、制定計劃，並樹立信心，堅持不懈地去戰勝困難

和挫折，以達到預期的目的，這種心理活動的過程叫意志過程。人憑藉意志的力量，支持、保護自己所喜歡的事物，反對、摒棄自己所厭惡的事物，積極主動地創造人類的物質文明和精神文明。所以，意志是人的意識能動性的集中表現。

認識、情感和意志過程是相互聯繫、相互統一的整體。一方面，人的情緒和意志受認識活動的影響。所謂「知之深，愛之切」就說明認識對情緒的影響，而「知識就是力量」則說明認識對意志行動的重要影響。另一方面，人的情緒和意志也影響著認識活動。積極的情感、銳意進取的精神能推動人的認識活動；相反，消極的情感、萎靡不振、畏難苟安就會阻礙人的認識活動。再者，情緒和意志也是密切聯繫、相互作用的。情緒既可以成為意志行動的動力，也可以成為意志行動的阻力，可以加以控制、調節。

2. 個性心理

人是社會的個體，是某一社會享有一定權利的成員，能夠而且應該承擔與此相應的社會角色和履行義務，從而實現自身的潛能。每個人的精神面貌都不相同，各自記錄著自己的生活史。個性是指一個人的總的精神面貌。它是通過個人的生活經歷形成的，反應了人與人之間穩定的差異特徵。個性的心理結構包含極複雜的成分。我們可以把個性結構劃分為三個主要的子系統：個性心理特徵、個性傾向性和自我。

（1）個性心理特徵。個性心理特徵是人的多種心理特徵的一種獨特的組合。它集中反應了一個人的精神面貌的穩定的類型差異。例如，有的人聰明，有的人愚笨；有的人有高度發展的數學才能，有的人有高度發展的音樂才能。這些都是能力上的差異。能力標誌著人在完成某項任務、參與某項活動時的潛在的可能性特徵。例如，有的人活潑好動、反應敏捷；有的人直率熱情、情緒易衝動；有的人安靜穩重、反應遲緩；有的人敏感、情緒體驗深刻、孤僻。這些都是氣質上的差異。氣質標誌著人的心理活動的穩定的動力特徵。例如，有的人果斷、堅韌不拔；有的人優柔寡斷、朝三暮四；有的人急功近利，還有的人疾惡如仇。這些都是性格上的不同。性格顯示著人對現實的穩定的態度和行為方式上的特徵。能力、氣質、性格統稱為個性心理特徵。

（2）個性傾向性。個性傾向性是推動人進行活動的動力系統，是個性結構中最活躍的因素。它決定著人對周圍世界認識和態度的選擇趨向，決定著他追求什麼，什麼對他來說是最有價值的。個性傾向性

主要包括需要、動機和價值觀。需要是個性傾向性的基礎。人有各種需要，如生理需要、安全需要、交往需要、成就需要等等。個性是人在活動中滿足各種需要的基礎上形成和發展起來的。人的一切活動，無論是簡單的或是複雜的，都是在某種內部動力推動下進行的。這種推動人進行活動，並使活動指向一定目標的內部動力，稱為動機。動機的基礎是人的各種需要。對一個人來說，什麼是最重要的？想要怎樣生活？又該怎樣生活？由此而產生的願望、態度、目標、理想、信念等等，都是由這個人的價值觀所支配的。價值觀是一種滲透於人的所有行動和個性中的支配著人評價和衡量好與壞、對與錯的心理傾向性。價值觀的基礎也是人的各種需要。如果說需要是個性傾向性的基礎，那麼價值觀則處於個性傾向性的最高層次。它制約和調節著人的需要、動機等個性傾向性成分。

（3）自我。自我即自我意識，是個人對自己的自覺因素。自我意識是一種多維度、多層次的心理系統。從心理形式上來看，自我意識表現為認知的、情緒的和意志的三種形式。①屬於認知的有：自我觀察、自我概念、自我認定、自我評價等，統稱為「自我認識」。自我認識使個人認識到自己的身心特點、自己和他人及自然界的關係。自我認識主要涉及「我是一個什麼樣的人」「我為什麼是這樣的一個人」等問題。②屬於情緒的有：自我感受、自愛、自尊、自恃、自卑、責任感、義務感、優越感等，統稱為「自我體驗」。自我體驗主要涉及「我是否滿意自己」「我能否悅納自己」等問題。③屬於意志的有：自立、自主、自制、自強、自衛、自信、自律等，可統稱為「自我控制」。自我控制表現為個人對自己行為活動的調節、自己對待他人和自己態度的調節等，如「我怎樣節制自己」「我如何改變自己的現狀，使我成為自己理想中的人」等。自我意識的上述三種表現形式綜合為一個整體，便成為個性的基礎——自我。自我使一個人的個性心理特徵和個性傾向性等成為統一的整體。如果自我發生障礙，人就有可能失去自己肉體的實在感，或者感覺不到自己的情感體驗，覺得自己陷入了麻木不仁的狀態，或者感到自己不能做主，總是受人擺布等等，從而導致人格障礙。個性結構中的諸種心理成分不是無組織的、雜亂無章的，它們是由自我進行協調和控制而成為一個有組織的、穩定的整體。

總之，從人的心理特徵的整體性、穩定性和差異性上來看，一個人的總的精神面貌就是他的個性。個性是一個多維度的、具有層次結

構的心理構成物，而個性心理（其主要結構：個性心理特徵、個性傾向性和自我）是心理學研究的另一個重要內容。

3. 意識和無意識

人的心理現象，絕大多數是當事人能夠覺知到的，但也有不少是當事人不能覺知到的。從能否被當事人覺知到的角度來看，可以把人的心理劃分為意識現象和無意識現象。

（1）意識現象。意識就是現時正被人覺知到的心理現象。我們在清醒狀態下，能夠意識到作用於感官的外界環境（如感知到各種顏色、聲音、車輛、街道、人群等）；能夠意識到自己的行為目標，對行為的控制，使環境適應於自己的需要；能夠意識到認識、情緒和意志行動中的心理活動和心理狀態；能夠意識到自己的身心特點和行為特點，把「自我」與「非我」「主體」與「客體」區別開來；還能意識到「自我」與「非我」「主體」與「客體」的相互關係。個人對於自我的意識稱為自我意識。意識使人能夠認識事物、評價事物、認識自身、評價自身，並實現對環境和自身的能動的改造。總之，意識是我們保持生活正常的心理部分，它涉及心理現象的廣大範圍，就像一個複雜龐大的心理文件系統，包含著我們覺知到的一切消息、觀念、情感、希望和需要等，還包括我們從睡眠中醒來時對夢境內容的意識。我們對這些「心理文件」的覺知，通常是用詞來標記的。

（2）無意識現象。除了意識活動，人還有無意識活動。無意識活動在人的心理生活中是很普遍的。我們每個人都有做夢的經驗，夢境的內容可能被我們意識到，但夢的產生和進程是我們意識不到的，也不能進行自覺調節和控制。人的自動化了的活動，在通常的情況下我們是意識不到這類活動的結構的。無法回憶起的記憶或無法理解的情緒常屬於無意識之列。偶爾，無意識的一些東西也會闖入意識之中，諸如失言或說溜了嘴、筆誤，會把自己無意識的願望洩露出來。有意識的動作或經驗可能在夢境、聯想和神經緊張症中表現為無意識的東西。總之，無意識活動也是人反應外部世界的一種特殊形式。人借助它來回答各種信號，但卻未能意識到這種反應的整個過程或它的個別階段。

在人的日常生活、學習和工作中意識活動和無意識活動是緊密聯繫著的。意識和無意識都是心理學的研究對象。

（二）個體心理和行為

心理學通過行為來研究人的心理。行為就是個體對所處情境的一

種反應系統，這種反應有內在生理性的（如肌肉運動、腺體分泌等）和外在心理性的（如言語、表情等）。在日常生活中，人的行為是很複雜的，如吃飯、穿衣、寫文章、駕駛汽車等行為，都是由一系列反應動作所組成而成為某種特定的反應系統的。行為是在一定的情境中產生的。引發個體反應的情境因素稱為刺激。刺激可以來自外部環境，也可能起於機體的內部。例如，外界的聲音、光線、溫度、氣味，他人講話的內容、動作、面部表情以及機體內的內分泌或血液中化學成分的變化，頭腦中浮現的思想觀念、慾望等都可以成為引發個體反應的刺激。人類的行為具有一定的心理成分，受刺激所制約，並且是由一定的刺激而引起。因此，不考慮哪一種或哪一些刺激對具體人的影響，就無法理解人的行為。

　　行為與心理是不同的，但兩者又是密切聯繫的。引起行為的刺激通常是以人的心理為仲介而起作用的。每個人都存在著一些個體差異，如知識經驗、態度需要、個性特徵和價值觀等方面的差異。由於心理條件的不同，同樣的刺激在不同人身上的反應並不相同；由於心理條件的不同，同一個人在不同的時間、地點和條件下對同樣的刺激所引起的反應也不相同。例如，一張觀看足球賽的入場券，可以使球迷欣喜若狂，但非足球愛好者的反應則是淡漠的；即使是球迷，如果由於身體欠佳或者有重要的工作必須去完成，對球賽入場券的反應也是不同的。這也說明，人的心理現象是由一定的刺激引起的，心理支配著行為並又通過行為表現出來。

　　人不同於動物，人具有主觀能動性。人的心理對行為的支配和調節通常是很複雜的。人可以有意地掩蓋自己的某些心理活動不在行為中表現出來，可以做出與內心不符的行為表現，甚至某些行為出乎自己的掌控。也就是說，人的外在行為和內部的心理活動的關係不像動物的行為和心理的關係那樣是單義，它往往是多義的。如微笑，它可能表示對某人的好感，也可能嘲笑某人的愚蠢，還可能是笑裡藏刀，心裡盤算著暗算某人等等。因此，要正確地理解人的行為，確定行為所表達的心理活動，最重要的是要瞭解引起和制約行為的各種條件，並且系統地揭示這些條件和行為的因果關係，才能明確行為的意義。

　　（三）社會心理和社會行為

　　心理學主要研究人的心理。人是社會的人。他不可能一個人獨來獨往，而總是要與其他社會成員發生種種聯繫，結成各種社會關係，如民族關係、階級關係、上下級關係、親屬關係、師生關係等，由此

就產生了各種社會心理現象。例如，時尚、風俗、社會習慣和偏見、輿論和流言，以及不同團體、民族的心理特點等。當然，這些社會心理現象也表現在個體的心理現象之中。顯然地，如果僅研究個體心理而不從整個團體以及團體關係的角度來加以研究，就無法理解這些社會心理現象。因此，心理學還要研究團體的社會心理現象。

社會心理和社會行為既有區別而又密切聯繫。社會心理是人們的心理活動，同時又存在於人與人之間，人心相通，互有影響（即心理氣氛的影響）。在人們的社會交往中，社會心理表現在社會行為中，社會行為是受社會心理支配的。但是，社會行為和社會心理也並不完全一致。相同的社會行為不一定有相同的社會心理；同樣，相同的社會心理也不一定都有相同的社會行為。

第二節　公共關係心理學的性質和研究對象

瞭解了什麼是公共關係和心理學的研究體系等基礎知識後，我們來認識公共關係心理學的學科性質以及什麼是公共關係心理學。

一、公共關係心理學的性質

公共關係心理學是20世紀90年代國內才興起的新興學科。它將心理學的一般原理和知識融入公共關係活動中，探討公關活動實踐中的心理現象、心理規律、心理策略等。它是一門實用性較強的綜合性的應用學科；它在整個心理科學體系中屬於應用心理學的範疇，是心理學的一個分支。公共關係心理學既是心理學，又是公共關係學，是公共關係學的重要組成部分。

（一）公共關係學是一門綜合性的應用學科

公共關係學作為一門綜合性的應用學科，是現代許多學科綜合交叉發展的產物，與許多學科有著密不可分的聯繫。

公共關係學首先是現代管理科學發展的結果。當代管理理論通過運用現代科技手段研究社會系統，並對社會組織進行內外環境的分析和研究，從而在社會管理中起到了重要作用。作為管理理論重要組成部分的管理心理學的主要內容是從個體和群體兩個層次上，研究激勵、動機、需要和目標之間的關係，以及組織的政策、領導者的品質對被領導者的心理影響等。這些理論研究為公共關係心理學的發展提供了

重要的理論指導。公共關係本身就具有管理職能，而公關心理學也要研究組織內部公眾的心理活動規律，調動內部公眾的積極性。但是，對組織成員積極性的調動與形象塑造、社會組織內外心理環境優化之間的關係的研究，對組織管理中人的研究，特別是對人的心理行為與管理的關係的研究等，還需要進一步深化和具體化。於是，公共關係心理學便產生了。

社會學是研究整個社會整體以及社會生活中人們相互之間的社會關係和社會行為的科學。社會學家解釋和說明社會群體中人的行為，致力於關於人的本性、社交、文化和各種社會群體的社會關係和社會問題的一般規律，尤其是關於人類的社會關係、社會團體以及它們之間的相互關係等方面的研究。這些都與公關心理學有著十分密切的關係。

社會心理學是研究在人們的社會相互作用中，個體和群體社會心理活動發生、發展和變化規律的科學。社會心理學所研究的個體對社會的影響、社會對個體心理的影響、在群體中人與人的相互作用所產生的心理現象，有關團體、交往、溝通、模仿、暗示、社會輿論、團體壓力以及人際關係等理論和內容，都是公共關係心理學研究的重要基礎。

除此之外，公關心理學還與行為學、人類學、傳播學、廣告學有直接的關係。可以說，公關心理學是運用現代管理理論以及心理學、社會學、社會心理學和人類學等理論來綜合研究人類公共關係行為的科學。

（二）公關心理學是心理學的一個分支

心理學是研究心理現象的產生、發展及其變化規律的科學。現代心理學是一個學科體系。在心理學的學科體系中，包含有多種多樣的心理學分支。這些心理學分支有些擔負理論上的任務，有些擔負實踐上的任務。根據它們擔負任務的不同，可以大致把各分支心理學劃分為兩個大的領域：基礎領域和應用領域。

1. 基礎領域

基礎領域的心理學分支，主要研究心理科學中同各分支心理學有關的基礎理論和基本的方法論問題，研究心理發生和發展的基本規律問題。基礎領域的心理學分支包括普通心理學、實驗心理學、比較心理學、發展心理學、生理心理學和社會心理學等。下面就與公共關係心理學聯繫緊密的幾門學科研究對象簡單加以介紹：

普通心理學是研究心理現象一般規律的科學。它研究心理學的基本理論，闡述正常成人心理（認識、情緒、意志和個性心理等）的一般規律，同時也概括各分支學科的研究成果。在普通心理學範圍內還包括感知覺心理學、記憶心理學、思維心理學、言語心理學、動機心理學、情緒心理學、意志心理學、個性心理學等等。普通心理學為各分支心理學提供了理論基礎，也是學習心理學的入門學科。

發展心理學是研究人類個體心理發展規律的科學。發展心理學按照人生發展的各個階段，可分為嬰幼兒心理學、兒童心理學、少年心理學、青年心理學、成年心理學和老年心理學，分別研究各年齡階段的心理特點及其形成規律。

社會心理學是研究社會心理的基本過程及其變化發展的條件和規律的科學。具體地說，它研究社會認知、社會動機、社會態度、社會感情、團體心理（如民族心理、階級心理、小團體人際關係心理等），以及時尚、風俗、輿論、流言等社會心理現象的特點及其變化發展的條件和規律。

2. 應用領域

心理學的應用領域甚廣。可以不誇張地說，凡屬人類的各種社會實踐均涉及人的問題，都是心理學應用的領域，屬於心理學應用於社會實踐的各分支學科。其發展較成熟的學科主要有教育心理學、勞動心理學、管理心理學、醫學心理學、商業心理學、軍事心理學、司法心理學等。

管理心理學是研究各種管理工作中管理者和被管理者的心理活動規律的科學。它包括行政管理心理學、企業管理心理學、學校管理心理學等。

商業心理學是研究商品銷售過程中商品經營者與購買者心理活動規律的科學。主要研究商業人員的選擇、培訓和職業指導，以及消費者的動機、知覺和決策等。它包括銷售心理學、旅遊心理學、廣告心理學等。

作為公共關係心理學是心理學應用領域的分支學科。1903年，後來被稱為「公共關係之父」的艾維·李（Ivy lee）辭去了《紐約世界報》記者的職務，開始投身於公共關係方面的工作，使他的公司成為公共關係公司的雛形。公共關係從此進入了職業化時期。公共關係作為一門職業，它有著自己的活動目的、活動方式和手段以及獨特的工作對象。公共關係工作人員要使其行為獲得預期結果，就必須要明瞭

自身以及公眾的心理活動規律，掌握並運用作用於兩者之間的溝通傳播的心理規律。於是，應公共關係實踐的需要，便產生了公關心理學。公關心理學是以公關活動中人的心理活動規律為對象的科學，是心理科學體系的一個分支，屬於心理學的應用領域。

（三）公關心理學是公共關係學的重要組成部分

公共關係學是研究公共關係活動的規律及其傳播溝通方式的一門新興的綜合性的社會應用學科。它的研究內容主要有社會組織與公眾的各種關係狀態及其規律、信息溝通的現象與規律、公關活動策劃實施的方法與規律。無論是目標公眾的確定與瞭解、傳播媒介的選擇或是公關方案的實施，都離不開人的心理活動，當然也就離不開對組織和公眾的心理特徵和心理過程的考察和審視。因此，研究組織、公眾及傳播溝通的心理特徵和規律的公關心理學就成了公共關係學科的重要組成部分。

作為公共關係學科體系的一個重要組成部分，公關心理學與這一學科體系的其他部分如公關策劃、傳播、技能、管理等有著密切的聯繫。其共同點在於它們都是以公關活動作為考察和研究對象，並在此基礎上抽象出指導性的理論。然而，公關心理學與其他分支又有著比較大的區別。具體表現在：公關心理學是從心理學的角度來研究公關現象，它不但考察公關活動的一般過程，而且考察這些活動背後的心理現象並力求總結出帶有規律性的東西。這就將它同公共關係學的其他分支學科區分開來。

二、什麼是公共關係心理學

公共關係心理學有著其獨特的研究對象和內容，是不能被其他學科的研究領域所替代的。公共關係的具體實現形式是組織與組織、組織與個人、個人與個人之間的關係，但都是人與人之間的交往和影響關係。因此，只有瞭解公關活動雙方的心理和傳播活動規律及其特徵，才能有效地處理公共關係，深化對公共關係活動規律的認識。然而，儘管公共關係學、心理學、社會心理學、管理心理學都要涉及公共關係心理學的部分領域，但沒有任何一門學科的研究能夠完全涵蓋公共關係心理學的研究領域。

那麼什麼是公共關係心理學呢？公共關係心理學是研究公共關係的主客體及其在傳播溝通中特有的心理狀態和心理活動規律的科學。

三、公共關係心理學的研究內容

根據公共關係的三要素即主體、客體和溝通傳播，我們把公共關係心理學的研究內容分成三大部分：主體心理、客體心理、溝通與傳播心理。

（一）主體心理

公共關係的主體是社會組織。社會組織策劃、實施公關活動，其重要目的是為了塑造組織形象。因此，如何在公眾心目中樹立組織的良好形象，提高組織的知名度和美譽度是公共關係心理學研究的重要內容。多數研究者認為，公共關係活動的主體只是組織或群體；而有的研究者則認為，公共關係活動的主體也有可能是個人。不管是否承認個人也是公共關係活動的主體，公共關係活動實際上是由組織的代表——公關人員進行的。因此，公關人員的心理素質也是公共關係心理學的重要研究內容。

（二）客體心理

公眾是公共關係的客體，所有的人不是此公共關係活動的公眾就是彼公共關係活動的公眾。因此，我們所研究的一般意義上的公眾心理就是人的心理。但是，公共關係心理學所研究的公眾心理又不同於一般人的心理，而是在公共關係活動中人的心理。

公關客體心理主要研究公眾的一般心理特徵、公眾心理變化的基本動因以及公眾的心理效應。主要內容包括：公眾的心理傾向，即公眾的興趣、需要、動機、價值觀；公眾的心理特徵，即公眾的個性心理特徵、角色心理特徵、重要目標公眾的心理特徵、群體心理特徵；公眾的心理定勢，即微觀心理定勢、宏觀心理定勢、流行心理定勢等。

（三）傳播和溝通心理

作用於主客體之間的公共關係活動過程就是組織與公眾借助傳播手段進行的溝通活動。因此，從心理學的角度來看，對傳播的心理策略和溝通的心理機制的研究，是探討組織與公眾之間相互心理作用的手段與機制的重點內容。

具體來說，此部分主要研究公共關係傳播的心理模式與策略、傳播者與受眾的心理分析、如何利用社會影響手段去改變公眾心理、公關人員的人際交往心理，以及如何通過內部公關營造良好的組織內部心理氛圍等。

第三節　公共關係心理學的研究原則和方法

公關心理學的研究需要建立在科學的研究原則和方法基礎上，研究的原則決定了公關心理學研究所採取的觀察與分析角度、獨特的學術內容，具體的研究方法則是公關心理學研究的工具。

一、公關心理學的研究原則

公關心理學的研究原則主要有客觀性原則、聯繫性原則、發展性原則、分析與綜合的原則。

（一）客觀性原則

客觀性原則也叫實事求是原則，即按照事物的實際表現（即客觀指標）去揭示其內在的本來面目（本質、結構、聯繫與規律等），而不加任何主觀臆斷或歪曲。所謂不加主觀臆斷，不是說研究者不要有主觀活動或設想，而是說不要在毫無依據或缺乏足夠的依據之前輕率地做出武斷性結論，應力求使主觀認識與客觀事實相一致。人的心理活動雖是內在進行的，但它卻是客觀現實的反應，是由內外刺激引起的，並通過一系列的生理變化，在人的外部活動中表現出來。研究人的心理，就是要從這些可以觀察到的、可以進行檢查的活動中去研究。人的心理活動無論怎樣複雜或做出何種假象來掩飾，都會在行動中表現出來或在內部的神經生理過程中反應出來。因此，在心理學的研究中切忌採取主觀臆測和單純內省的方法，應根據客觀事實來探討人的心理活動規律。我們要瞭解公眾，必須堅持這個原則，只有堅持這個原則，才能對公眾的心理活動、行為指向進行科學分析，然後確定自己的心理取向和公關方式，以達到理想的效果。

（二）聯繫性原則

人生活在極其複雜的自然環境和社會環境之中，人的每一心理現象的產生都要受自然和社會諸多因素的影響和制約。人們對某種刺激的反應，在不同的時間、環境和主體狀況下，反應往往不盡相同。因此，在對人的某種心理現象的研究和實驗中，要嚴格控制條件，不僅要考慮與之相聯繫的其他因素的影響，而且要在聯繫和關係中探討心理活動的真正規律。

（三）發展性原則

世界上一切事物都是運動、變化和發展的，心理現象也是如此。

我們只有堅持發展的觀點，在公共關係心理學發展變化全過程中，從各個角度來探索、觀察，才能認識其全貌，明確其特徵，掌握其規律。

公共關係學和心理學研究的新成果，既是公關心理學研究的成果，也能促進公關心理學研究內容的豐富充實和手段的發展更新。因此，在公關心理學研究過程中，要注意研究隨時代發展公眾心理的變化及發展，也要注意研究公共關係領域新的發展進程和趨向。以開放的觀點，吸收鄰近學科的新成就，充實、豐富公關心理學的理論和實踐，並從發展動態中探索和掌握規律，預測其發展方向和趨勢。

（四）分析與綜合的原則

把複雜事物分解為簡單的組成部分和把各部分聯合成為統一的整體，是任何學科深入認識其對象的有力手段。在心理學研究中貫徹分析與綜合的原則，至少包括以下兩層意思：其一，心理、意識雖然是很複雜的現象，但可以通過剖析將其分解為各種形式進行專門的考察研究，而後通過綜合將其看成為有機聯繫的整體加以理解；其二，在研究某一種心理形式與現實條件的依存關係時，也可以分別地考察某一條件在其中所起的作用，而後將其揭示的各種規律加以綜合運用。綜合的觀點在心理學中也可以稱之為系統論的觀點，因此，這個原則也被叫作系統性原則。

二、公關心理學的研究方法

公關心理學的研究既採用心理學的一些研究方法，也吸收了傳播學以及其他社會科學的研究方法。從公關心理學的研究狀況來看，常用的研究方法主要有觀察法、調查法、測驗法、實驗法、內容分析法和心理換位法。

（一）觀察法

觀察法（自然觀察法）是在自然情景中對被觀察者的行為做系統的觀察記錄以瞭解其心理的一種方法。觀察法通常是由於無法對被觀察者進行控制，或者由於控制會影響其實際行為表現或有礙於倫理道德而採用的。從觀察者和被觀察者之間的關係來看，觀察有兩種主要形式：參與觀察和非參與觀察。前者是觀察者成為被觀察者活動中一個正式的成員，其雙重身分一般不為其他參與者所知曉；後者是觀察者不參加被觀察者的活動，不以被觀察者團體中的成員身分出現。無論採用哪種形式，原則上都應在被觀察者不知曉的情況下對其進行觀察。這樣，被觀察者的行為表現才更自然、真實。通過單向透光玻璃

或閉路電視錄像裝置進行觀察，被觀察者覺察不到有人在觀察，這時也可以觀察到其自然、真實的行為。

觀察法比較有代表性的就是「垃圾學」，它源於查爾斯‧巴林先生在 20 世紀初對芝加哥街區垃圾的調查。1970 年，美國一家食品公司就成功運用「垃圾學」為產品確定了目標公眾。該公司為了弄清楚到底哪個階層的人們更喜歡他們生產的湯罐頭，於是派人到大街小巷去觀察人們扔下的垃圾袋，以獲取所需數據。

優點：使用方便，所得材料真實；缺點：只能消極等待有關現象的發生，難以對所得材料進行數量處理，難以確定某種行為（現象）發生的真正原因。

(二) 調查法

調查法是通過搜集各種有關材料間接瞭解公眾的心理活動的方法。

調查法的主要特點是：以提問方式，要求被調查者就某個或某些問題做出回答。調查法可以用來探討被調查者的機體變量（如性別、年齡、教育程度、職業、經濟狀況等）、反應變量（即對問題的理解、態度、期望、信念、行為等）以及它們之間的相互關係。根據研究的需要，可以向被研究者本人做調查，也可以向熟悉被研究者的人做調查。這種方法常常用於廣告心理研究。通過適當的手段，讓公眾表達他們對事物、觀點的態度或意見，用以探討公眾對廣告活動的意見和看法，以及廣告活動對消費者產生的心理影響，即廣告效果。

調查法可分為書面調查和口頭調查兩種。

書面調查即問卷法，是研究者根據研究課題的要求，設計出問題表格讓被調查者自行填寫，用以搜集資料的一種方法。這種方法的優點是，可以向許多人同時搜集同類型資料；缺點是發出去的調查表難以全部收回，只能得到被調查者對問題的相對完整的答案。

要想使問卷收到良好效果，在設計時應注意以下幾點：①要針對調查的目的來設計問卷；②提出的問題要適合於調查的目的和被調查的對象；③使用方便，處理結果省時、經濟。

口頭調查即晤談法，是研究者根據預先擬好的問題向被調查者提出，以一問一答的方式進行調查。要使晤談法富有成效，首先應創造坦率和信任的良好氣氛，使被調查者做到知無不言；同時，研究者應當有充分的準備和訓練，預先擬好問題，盡量使談話標準化，並與記錄指標的含義保持一致。這樣才有可能對結果進行客觀的分析和概括。

與問卷法相比，晤談法有如下優點：①可以直接向被調查者解釋

晤談的目的，可以提高他們回答問題的準確程度；②調查者可以控制晤談進程，使調查中的遺漏大為減少；③可以不同的方式考察被調查者回答問題的真實程度；④可以根據被調查者的反應臨時改變話題，有可能獲得額外有價值的資料。其缺點是：①由於在一定時間內只能晤談數量有限的對象，要搜集較多對象的資料太費時間；②調查者必須訓練有素，才能掌握晤談法；③若調查者的言語不當，被調查者有可能拒答或謊答問題；④調查者的行為，有時甚至是無意的行為也可能對被調查者的回答有暗示作用。

（三）測驗法

測驗法就是用標準化的量表來測量被試者的智力、性格、態度以及其他個性特徵的方法。測驗的種類很多。按一次測量的人數，可把測驗分為個別測驗（一次測一人）和團體測驗（一次同時測多人）。按測驗的目的，可把測驗分為智力測驗、特殊能力測驗（性向測驗）和人格測驗等。

用標準化的量表來測量心理特徵時應注意以下幾點：①選用的測量工具應適合於研究目的的需要；②主持測驗的人應具備參與測驗的基本條件，如口齒清楚、態度鎮靜、瞭解測驗的實施程序和指導語，有嚴格控制時間的能力，並按測量手冊上載明的實施程序進行測驗等；③應嚴格按測驗手冊上載明的方法記分和處理結果；④測驗分數的解釋應有一定的依據，不能隨意解釋。

觀察法、調查法和測驗法都屬於心理學問題的相關法。上述這些方法可以用來發現兩個（或幾個）變量之間的相關程度，即關係的疏密程度，但卻不能確定它們之間是否存在著因果關係。確定變量之間的因果關係，必須借助於實驗法。

（四）實驗法

實驗法是心理學研究中的一種普遍方法。這種方法主要用於探索心理現象之間是否存在著因果關係。實驗法就是在控制的情境下系統地操縱某種變量的變化，來研究此種變量的變化對其他變量所產生的影響。由實驗者操縱變化的變量稱為自變量或實驗變量（通常是用刺激變量）；由實驗變量而引起的某種特定反應稱為因變量。實驗需在控制的情境下進行，其目的在於排除實驗變量以外一切可能影響實驗結果的因素（無關變量）。在實驗中，實驗者系統地控制和變更自變量，客觀地觀測因變量，然後考察因變量受自變量影響的情況。因此，實驗法不但能揭示問題「是什麼」，而且能進一步探求問題的根源

「為什麼」。

20世紀初，拉斯勒（Laslett, 1918）就採用實驗法研究廣告插圖與文案內容是否相關聯。他從兩本雜誌中選擇出全頁廣告並插進測驗雜誌中，讓大學生和農婦看雜誌5～7分鐘，然後檢查他們對廣告的記憶。研究發現，有關聯插圖廣告的記憶率大約是無關聯插圖廣告的10倍。兩年後，亞當斯（Adams）對463位被試進行實驗，以考察版面大小不同的廣告的發布順序對該系列廣告記憶的影響。結果表明，如果一個公司做4次大小不同的廣告，那麼應該先大後小比由小到大效果好。20世紀80年代以後，隨著研究的深入，更複雜的實驗設計常常出現在研究文獻中。

實驗法一般分為實驗室實驗和現場實驗（也叫作自然實驗）。

實驗室實驗是借助專門的實驗設備，對實驗條件嚴格加以控制進行的。這種方法的優點是控制條件比較容易實現，允許人們對實驗結果進行重複驗證，因而在研究中被廣泛運用。但是實驗室實驗法也存在著一個致命的弱點，即實驗條件是由研究者嚴格控制的，實驗情景帶有很強的人為性質。被試者處在控制情景中，清楚自己正在接受實驗，這種實驗意識可能會對實驗結果產生干擾，影響結果的客觀性。

現場實驗是在自然條件下進行的。在現場實驗中，研究者也對實驗條件進行了控制，但這種控制通常不是人為地創造條件，而是適當地選擇自然條件。被試者一般不清楚自己正在接受實驗，實驗結果比較符合客觀實際，比較容易為人們所理解、接受。但是現場實驗也存在明顯的不足，即控制或選擇不同的實驗條件很困難，對其他干擾因素往往無法加以嚴格控制。這些問題使得實驗法在實際運用中受到一定的限制。其優點是：控制條件嚴格，結果精確度高；缺點：表現在對心理現象的過分簡化，所得結果與實際情況存在一定差距。

（五）內容分析法

內容分析法是一種對第二手資料（或案頭資料）進行分析以揭示其中隱含的規律的方法。它是傳播學研究中的一種重要方法。在廣告心理研究中，它經常運用於廣告活動的心理策略以及民族心理差異的研究。此外，研究者還經常將它與其他方法（如實驗法）結合起來，用於探討廣告作品的各種構成要素與廣告效果之間的關係。例如，廣告語的各種特點與廣告語記憶效果的關係等。

（六）心理換位法

心理學中的心理換位法就是通過「設身處地」的角色換位來瞭

解、分析公眾內心心理活動的方法，即在研究時把自己放在一定的背景、環境中去體驗內心感受，然後據此加以分析，以推斷被研究對象的處境和心情。運用心理換位法認知公眾的心理，就是要打破思維定勢，站在公眾的角度上思考問題，通過充當公眾角色來體會公眾的心態與思想，從而選取有針對性的最佳方案來處理問題，增加相互間的理解與溝通，防止誤解和不良情緒的產生。

心理換位法的實施，要求公共關係人員要有高度的職業感和責任心。因為只有主觀上想要做好本職工作，才可能做到真正以公眾的心理去感受和體驗，並在認識過程中不斷調整思考問題的方式方法，以充分認識、瞭解各類公眾的不同需求，為組織的決策提供依據。

思考題：

1. 什麼是公共關係心理學？
2. 公共關係心理學的研究內容是什麼？
3. 公共關係心理學的研究原則和研究方法是什麼？

第二章 組織形象

任何組織都有一個屬於自己的獨特的形象。良好的組織形象可以使組織在市場競爭中處於有利地位，受益無窮；而平庸乃至惡劣的組織形象無疑會使組織在生產經營中舉步維艱，貽害無窮。現代企業為了能在市場競爭中獨樹一幟，呈現差異化的面貌，就必須打造組織的形象，提升競爭力。

第一節 組織形象概述

組織形象是本學科的核心概念，我們需要對它進行詳細的瞭解。

一、組織形象的含義

要理解什麼是組織形象，首先要知道什麼是形象。所謂形象，按《現代漢語辭典》的解釋，是「能引起人的思想或感情活動的具體形狀或姿態」。也就是說，形象本身既是主觀的，又是客觀的。其主觀性是由於人的思想和感情活動是主觀的，是人對事物的具體形狀或姿態的印象、認識、反應及評價；其客觀性在於形象是事物本身具有的具體形狀或姿態，是事物的客觀存在，是不以人的主觀評價為轉移的。

一般來講「形象」這個詞有三種含義：一是指具體事物的形狀、外貌，它是直觀的、具體的、圖像化的，因而是可以描述和通過一定的方式轉錄和再現的；二是指文藝作品中塑造的人物的精神面貌和性格特徵，它是文學藝術家從審美的立場，根據現實生活各種現象加以

選擇、綜合和加工所創造出來的、具有一定思想內容和感染力的藝術形象；三是指人們對過去感知過的外界刺激物在頭腦中的再現，對具體事物形狀、性質和特徵等的總體印象，是一種主觀的反應形式。組織形象中的「形象」一詞就屬於第三種含義。

組織形象是指社會組織在公眾心目中的印象和地位，是公眾對社會組織總體的、概括的、抽象的認識和評價。它包含三方面的內容：第一，組織形象的主體是組織，它是組織有意或無意地展現在社會公眾面前的狀態，包括組織內部生產經營管理、外部營銷服務和社會活動在內的所有活動及其表現。第二，組織形象的接受者是社會公眾，它是社會公眾對組織的總體印象和評價。第三，組織形象是組織在與社會公眾通過傳播媒介或其他接觸的過程中形成的，它包括公眾印象、公眾態度和公眾輿論三個層次。後面我們將從這三個層次上來介紹組織形象形成的心理過程。

（一） 組織形象的兩層意思

組織形象這個概念包含兩層意思：第一層意思指客觀組織形象即社會組織是什麼；第二層意思指主觀組織形象即社會組織像什麼。

1. 組織的客觀形象

組織的客觀形象是指組織客觀存在的不以人的主觀意志為轉移的但能被人們感知的形象。它既包括組織的物質文化因素，也包括組織的非物質文化因素。

（1）組織的物質文化因素：它包括組織的廠房與設備以及廠區內生態環境、排放物、組織的經濟效益和物質福利待遇、組織的產品等。在這些因素中，最為重要的是產品。組織目標的實現最終靠的是組織產品的生產和銷售，沒有產品的生產和銷售也就沒有組織。但是，組織的產品不可能離開組織的其他物質因素，沒有高水平的設備就不可能生產出尖端產品。

（2）組織的非物質因素：它是指組織的服務水平、組織的信譽、組織的管理體系、組織的科技水平、組織的價值觀念、精神狀態、理想追求等。客觀組織形象的非物質化因素是組織的靈魂，組織的運轉離不開這些非物質化因素。它不是物質化因素的補充，實際上，非物質化因素甚至起著比物質因素更大的作用。

2. 組織的主觀形象

組織的主觀形象是指人們對組織的主觀反應。主觀組織形象可分為：組織內部形象和外部形象。

（1）組織內部形象

組織內部形象是指本組織員工對組織的印象。組織員工是客觀組織形象的組成部分，他們的言論、行為、精神風貌等都是客觀組織形象形成的因素，但同時他們又像局外人一樣對組織有一個認識過程。這種通過組織員工反應出來的關於組織的印象就是內部組織形象。內部組織形象的認識主體包括：組織職工、管理人員和股份制組織的股東等。

（2）組織外部形象

組織外部形象也可以稱之為組織社會形象，它是指組織員工以外的一切社會公眾對組織的印象。組織員工特別是組織管理者，對組織的印象是經過對組織做全面、長期的考察和研究，從而逐步形成。但社會公眾對組織形象的認識，只是就他們與組織接觸的那一個方面去認識，從而得出對組織的總體印象，因此，社會公眾對組織的要求是苛刻的。

組織外部形象包括：

其一，組織所在社區居民對組織的印象。組織處在一定的地理位置，它不一定直接與周圍的人們發生經濟聯繫，但是它的存在對社區會產生很大的影響。組織要想樹立良好的形象，往往會為社區創造一些便利的條件和良好的環境，這也是成功組織的經驗。

其二，政府公務人員對組織的印象。政府公務人員與組織之間發生的是監督與被監督或領導與被領導的關係，這種領導與監督主要是從經濟、法律、政策等方面進行的。因此，組織是否遵守法律、法規，是否依法納稅等，是政府公務人員認識組織的重要因素。

其三，與組織的產品和人員直接打交道的顧客對組織的印象。組織目標的實現必須依賴廣大的顧客，失去了顧客，組織就失去了生存的基礎。顧客對組織的印象是通過組織提供的產品和組織服務人員的服務質量得出的。因此，任何優秀組織都會把顧客置於最高的地位。

在組織的主、客觀形象中，客觀形象是關鍵，是基礎；主觀形象是對客觀形象的反應，是由客觀組織形象決定的。但是主觀組織形象對客觀組織也有反作用，主觀組織形象在一定程度上是塑造客觀組織形象的參照系。因此，我們在探討組織形象的時候，不能孤立地談客觀組織形象，或者孤立談主觀組織形象，只有把主、客觀組織形象結合起來才是完整的組織形象。實踐表明，組織的客觀形象和信譽是一個組織最終贏得市場、贏得公眾、贏得社會的決定力量，是一個組織

保持可持續發展的生命線。

補充材料：

眾所周知，美國安然公司作為全球最大的能源供應商，在全世界500強公司排名中名列前茅，並長期居於微軟和英特爾前面。但安然公司進入20世紀90年代以後，新的決策者為了尋求超速發展創新，置組織實際於不顧，涉足寬帶等其他產業和項目，遭受嚴重虧損，並在其組織文化方面走向極端，盲目追求業績，贏者通吃，高傲自大。有人形容，就連安然員工走路的樣子都盛氣凌人，與眾不同。由此演變成腐朽的安然文化，最終走上違背國家法律和市場規律的路。為了確保自己虛誇不實的地位，安然完全置組織信譽和組織形象這一生命線於不顧，鋌而走險，連續做假帳，內瞞員工，外騙公眾。當其醜行暴露於光天化日之下時，便是其資金鏈條斷裂、瀕臨破產之時。其教訓可謂慘烈而深刻。

這一實例說明，對於組織來說，公眾是自在之物，其對某個組織的評價有其自身的規律性和性質、特點，並不是組織可以隨意操縱的。公眾態度、情感形成過程中的天然的唯物主義傾向決定了組織形象的客觀性，即組織形象不是組織自認為如何的形象，而是公眾用公眾的標準來認定的。

（二）組織形象的標示

評價組織形象最基本的指標有三個，即知名度、美譽度和定位度。

總括不同學科中不同研究者對知名度和美譽度的質的解釋，我們認為，知名度是一個組織被公眾知曉、瞭解的程度，這是評價組織「名氣」大小的客觀尺度。美譽度是一個組織獲得公眾信任、讚許的程度，這是評價組織社會影響好壞程度的指標。知名度和美譽度實際上是對同一感知對象評價和分析過程中量和質的確定問題。知名度主要衡量和評價量的大小，美譽度則涉及社會輿論的質的價值評判。

公眾對組織的定位度是公眾對該組織個性特徵的識別程度。

在這三者中，知名度是樹立組織形象的前提，沒有知名度，就沒有組織形象。美譽度是核心，有了美譽度，知名度和定位度才有意義。如果美譽度低，而知名度大、定位度強，那麼組織形象就不怎麼樣，給公眾留下的印象就差。定位度是樹立組織形象的關鍵，只有定位度強，才能便於公眾的識別，培養公眾對組織的偏愛，增強組織的競爭能力。知名度、美譽度、定位度三者互相依賴、互為補充，共同發揮

整體的形象效應。三者的高度統一，是公關工作追求的最高境界。

二、組織形象的構成要素

組織形象是由豐富的內容和多樣的形式構成的。構成組織形象的基本要素有：產品形象、員工形象、環境形象、文化形象、標示形象等等。唯有這幾方面要素有機組合，方可形成具有旺盛生命力的組織形象。

（一）*產品形象*

產品形象是樹立組織形象的第一要素，是組織形象的基礎。消費公眾對產品使用後的評價是最真實的，也是最重要的。產品形象實際上是產品文化的直接反應。決定產品形象的因素包括質量、價格、裝潢設計、規格設計、技術含量、情感含量、安全性、性能組合、文化嫁接等。

（二）*員工形象*

員工形象包括領導者和職工形象兩部分。領導幹部形象的好壞對組織生存與發展有著非常重要的關係，廉潔、開拓奮進的領導者可以凝聚和帶領全體職工，創造卓越業績，贏得高度信任。職工形象主要指服務態度、職業道德、行為規範、精神風貌、文化水平、業務技能等整體形象，好的員工形象可以增強市場競爭力，為組織長期穩定發展奠定牢固基礎。

（三）*環境形象*

環境形象包括良好的生產、工作、服務環境，如寬敞明亮的車間、整潔綠化的廠區、先進的辦公、售後服務設施以及醒目鮮明的統一標示、整齊劃一的員工服飾等，都是現代組織實力的象徵。可以說，美好的環境形象是支撐「現代、卓越、高效」組織形象的重要基石，是組織向社會公眾展示自己的主要窗口。

（四）*市場形象*

市場形象是指社會公眾對組織精神、價值體系、規模性、服務、廣告、時代性、人才趨向、股票變動性、對社會的貢獻性、國際市場競爭能力等多方面的綜合評價。大多數組織表現、宣傳出來的軟性內容，是以營銷文化為本所反應出來的感性材料。

（五）*組織信譽*

組織信譽是建立在組織優質產品和優質服務上的無形資產，是組織的「金字招牌」，特別是組織的名牌產品，除了給組織帶來巨大的

經濟效益外,還能為組織塑造良好的社會形象,使組織信譽大大提高。因此,創造名牌本身是塑造組織形象的一項主要內容。評價組織形象最基本的指標有兩個:知名度和美譽度。

組織的形象建設應該對上述幾個方面進行系統地研究和整體地規劃,將組織形象納入科學管理的軌道,使組織的形象具有現代化的魅力,最大限度地提高組織形象對內、對外的吸引力、影響力和輻射力。

三、組織形象的特徵

由於組織形象具有以上豐富的內涵和外延,是一個複雜的系統,因而其基本特徵表現在以下幾方面:

(一) 客觀性和主觀性

一方面,組織形象是組織實態的表現,是組織一切活動的展示,是客觀真實的。良好的組織形象不能由組織經營者主觀設定,自我感覺良好並不能表明組織形象果真良好。良好的組織形象是有客觀標準的,它由組織良好的經營管理實態、良好的組織精神、良好的員工素質、良好的組織領導作風、良好的組織制制度、良好的組織產品以及整潔的生產經營環境等客觀要素所構成。這些構成要素都是客觀實在,反應了組織的實態,是人們能夠直接感知的、不以人的主觀意志為轉移的。

另一方面,組織形象是社會公眾對組織的印象和評價,它又具有主觀性特徵。作為社會公眾對組織的印象和評價,組織形象並不是不以人的意志為轉移的客觀存在的實態本身,而是與人們的主觀意識、情感、價值觀念等主觀因素密切相關,具有強烈的主觀性色彩。首先,組織形象的主觀性表現在組織外在形象並不等同於組織的內部實態。組織實態是一種客觀存在,這種客觀存在只有通過各種媒體介紹、展示給公眾,為社會公眾認識、感知,才能形成公眾接近一致的印象和評價,形成具體的組織形象。如果組織不能把其客觀實態有效、全面地傳遞給消費者,或是組織有意隱瞞缺陷,自我美化,就會使組織形象失真乃至虛假。其次,組織形象的主觀性還表現在組織形象形成過程的主觀色彩。組織形象是社會公眾以其特有的思維方式、價值取向、消費觀念、需求模式以及情感等主觀意識,對組織的各種信息進行接收、選擇和分析,進而形成的特定的印象和評價,其結果是主觀的。

(二) 整體性和層次性

一方面,組織形象是由組織內部諸多因素構成的統一體和集中表

現，是一個完整的有機整體，具有整體性的特徵。各要素形象如組織員工的形象、產品或服務的形象之間具有內在的必然聯繫。構成組織形象的每一個要素的表現好壞，必然會影響到整體的組織形象。組織只有在所有方面都有上乘的表現，才能塑造出一個完整的、全面的良好形象。

另一方面，由於整體的組織形象是由不同層次的組織形象綜合而成的，組織形象也就具有了十分鮮明的層次性特徵。組織形象的層次性表現在：①內容的多層次性。組織形象的內容可分產品形象、員工形象、環境形象、文化形象、標示形象等等。②心理感受的多面性。組織形象是組織在人們心目中的一種印象。由於每個人的觀察角度不同，和組織的關係不同，便構成了觀察角度各異的局面。首先，不同的人對同一組織就有不同的看法；其次，同一人所處的不同位置也會對同一組織產生不同看法；最後，即使是同一人在同一位置上，在不同時期也會有不同看法。總之，每個人都是從自己特殊的位置來觀察組織的，所以，這就決定了人們對組織形象的心理感受呈現出多面性。③要素構成的複雜性。組織形象是一個構成要素十分複雜的綜合體。例如，組織形象既可分為物質部分和精神部分、對內部分和對外部分，又可分為動態部分和靜態部分。動態部分指組織的公關活動、廣告宣傳、生產經營等，靜態部分指組織的標誌、名稱、標準色等。因此，在塑造組織形象時，既要考慮組織的物質基礎，又要考慮組織的社會影響；既要分析組織內部的各種因素，又要研究組織外部消費者對組織的心理感受，使組織能夠塑造出社會認同並能經受時間檢驗的成功形象。

(三) 穩定性和動態性

一方面，組織形象一旦形成，就不會輕易改變，具有相對穩定性。這是因為社會公眾經過反覆獲取組織信息和過濾分析，由表象的感性認識上升為理性認識，對組織產生的比較固定的看法。這種穩定性首先產生於組織形象所具有的客觀物質基礎；其次反應為人們具有相同的心理機制，這種相同的心理機制表現在人們具有大體相同的審美觀和好惡感。最後表現為人們往往都具有共同的思維定勢。思維定勢是指由一定心理活動所形成的準備狀態，它可以決定同類後繼心理活動的趨勢。組織形象是組織行為的結果，而組織行為又可能發生這樣或者那樣的變化，但這種變化不會馬上改變人們心目中已存在的形象。因為公眾所具有的相同的思維定勢，使他們總是傾向於原有的組織形

象，而不會因為組織行為的改變而改變對組織的看法。

組織形象的穩定性可能導致兩種不同結果：一是相對穩定的良好的組織形象。組織信譽一旦形成就可以轉化為巨大的物質財富，產生名廠、名店，名牌效應。二是相對穩定的低劣的組織形象。這需要組織在一定時期內通過艱苦努力來挽回影響，重塑其形象。

另一方面，組織形象又具有動態性或可變性的特徵。隨著時間的推移、空間的變化、組織行為的改變以及政治、經濟環境變遷，它不可能一成不變，因而會處在動態的變化過程之中。這種動態的可變性，使得組織有可能通過自身的努力，改變公眾對組織過去的印象和評價，一步一步地塑造出新的良好的組織形象；也正是這種動態的可變性，迫使組織絲毫不敢松懈、努力地維護其良好形象。因為良好組織形象的確立絕非一日之功，而是組織員工通過長期奮鬥、精心塑造的結果。但是組織形象的損壞，往往卻是由於一念之差、一步之錯。因此，組織形象構成要素的任何環節、層次出現嚴重問題，都可能使長期培養的良好形象受到損害，甚至毀於一旦。

（四）對象性與傳播性

組織形象的形成過程，實質上是組織實態借助一定的傳播手段，為社會公眾認識、感知並得出印象和評價的過程。組織形象的形成過程使其具有明確的對象性和傳播性。

組織形象的對象性是指組織作為形象的主體，其塑造要有明確的針對性。組織作為社會的贏利組織，其形象塑造是為了實現組織經營目標，是為其營銷服務的。不同的組織提供不同的產品和服務，面對不同的消費者和用戶，決定了組織必須根據公眾特有的需要模式、思維方式、價值觀念、習慣愛好以及情感特點等因素，適應公眾的意願，確定自己特有的組織形象。

組織形象的建立必須經過一定的傳播手段和傳播渠道。沒有傳播手段和傳播渠道，組織實態就不可能為外界感知、認識，組織形象也就無從談起。組織形象的形成過程實質上就是組織信息的傳播過程。傳播作為傳遞、分享及溝通信息的手段，是人們感知、認識組織的唯一途徑。組織通過傳播將有關信息傳遞給公眾，同時又把公眾的需求反饋到組織中來，使組織和公眾之間達到溝通和理解，從而實現塑造良好組織形象的目的。

（五）獨特性與創新性

獨特性又稱組織形象的差異性。社會競爭的加劇，競爭對手的增

多以及商品世界的繁華，迫使每個組織必須彰顯其形象的鮮明性和獨特性，便於公眾認知、識別，吸引其注意，從而在公眾頭腦裡留下難以忘懷的美好印象。

組織形象僅僅具有獨特性還不夠，必須要在保持鮮明的獨特性的同時，不斷調整、創新，提升自己的形象，才能適應市場需求以及公眾價值觀、競爭狀況、社會輿論、政府政策等各種因素的變化。

四、組織形象的作用

《美國周刊》有一篇文章寫道：「在一個富足的社會裡，人們都已不大計較價格，產品的相似之處多於不同之處。因此，商標和公司形象變得比產品和價格更為重要。」在現代社會條件下，要想在激烈的競爭中僅僅通過大幅度地提高質量或降低價格來求得發展，無疑要受到多方面條件的限制，即使在某一點上有所突破，也不可能長久。在西方一些發達的國家裡，形象策略已經成為組織競爭的戰略核心內容，是組織進行的市場營銷的主要手段。因此，當今的時代也被稱為「形象力」時代。具體來說，組織形象的作用主要表現在以下幾個方面：

（一）良好的組織形象可以增強消費者的信心

發達的商品經濟是伴隨著賣方市場向買方市場轉換而出現的。當買方市場已成為制約組織經營活動的主要環境因素時，形象原則也就成為組織經營的重要原則。良好的組織形象可以使消費者對組織及產品產生信賴感。這就是說，如果一個組織為社會公眾所信賴，那麼社會公眾自然會信任這個組織所生產的任何產品和服務。東芝電器、可口可樂、TCL 公司等由於在社會公眾心目中形象美好，所以消費者自然就信任他們公司生產的各種產品。

（二）良好的組織形象可以提升組織的籌資能力

一個組織能否持續發展，取決於這個組織是否有持續穩定的資金來源。由於一個組織的資金畢竟是有限的，因此，組織就需要吸納社會資金。而組織是否有能及時吸納社會資金，是否有較高的籌資能力，很大程度上取決於組織形象的好壞。一個令人信賴的組織，無論是政府還是銀行都樂於為其提供優惠的條件或信貸，股東也樂於購買其股票，其他的組織也樂於與之進行資金上的合作。

（三）良好的組織形象可以增強組織的凝聚力

良好的組織形象可以賦予職工一種榮譽感和信心，使他們在社會中能夠深切地感受到由於組織的地位而給他們帶來的榮耀，從而獲得

心理上的滿足，促使他們自覺地把自己的命運同組織的命運連在一起，並產生強烈的使命感和責任感，把一言一行都與組織的形象和信譽結合起來，為組織吸引更多人才創造有利條件。

（四）良好的組織形象可以使組織尋求到可靠的經銷渠道

組織不僅要生產出優質的產品，提供優質的服務，還要能夠通過最佳的途徑，把產品或服務轉移到消費者手中。組織要將自己的產品打入市場、占領市場，需要可靠的經銷渠道；而良好的組織形象，恰恰有助於組織尋求到最可靠的合作夥伴，因為一流的經銷商更願意經營形象好的組織的產品。

（五）良好的組織形象，可以使組織獲得其他外部公眾的支持

組織的生存和發展，離不開良好的外部環境，社區、政府、新聞媒體等外部公眾對組織的發展有著很大的影響。只有在外部公眾全力支持組織的前提下，才有可能使組織的生產經營活動順利進行；而社會對組織的支持程度，無疑取決於組織在社會上的形象。可見組織形象是組織外部形象和內部形象的統一，兩者互為前提，互為因果，相互補充。良好的內部形象是組織向外部發展，建立良好的外部形象的基礎；而塑造良好的外部形象，又為提高組織員工的自豪感和榮譽感，增強組織的凝聚力和吸引力創造了條件。

第二節　組織形象與公眾印象

組織形象就是公眾對社會組織的印象、看法、態度等，組織要塑造良好的形象，首先要給公眾留下一個良好的印象。這就需要組織瞭解和把握公眾印象的產生和形成的心理規律。

一、公眾印象形成的心理過程

公眾印象是組織實態和特徵在公眾頭腦中的反應，是一種心理活動。公眾印象的形成大致要經過引起注意、產生興趣、做出判斷、形成記憶四個階段。從心理活動的角度看，尤其以注意、判斷、記憶最為最要。

（一）注意

注意是指心理活動對一定對象的指向和集中，它是印象形成的前奏。當人們開始對接觸過的事物引起注意時，印象才開始生成。組織

要給公眾留下印象，就要在引起公眾注意方面做出努力。注意包括有意識注意和無意識注意兩種形式。

有意識注意是有預定目的，需要做一定努力的注意，是一種主動地服從於一定的活動任務的注意。它不僅指向人們樂意去做的事物，而且指向應當要做的事物。因此，這種注意是受人的意識自覺調節和支配的。

無意注意是事先沒有預定的目的，也不需要做意志努力的注意。引起無意識注意的原因有兩點，一是客觀刺激物本身的特點；二是人本身的狀態。前者是產生無意識注意的主要原因，包括：刺激物的強度、刺激物之間的對比關係、刺激物的活動和變化、刺激物的新奇性等。組織在進行形象傳播時考慮最多的應該是公眾無意識注意的時間和次數，其傳播越能突出刺激物本身的特點，就越會引起人們的注意，從而將組織形象傳導到公眾心目中，形成印象。組織通過形象傳播，集中而強烈地展示自己的組織形象，喚起人們的高度注意，從而給公眾留下深刻印象。

（二）判斷

當公眾對組織信息引起注意，並進而產生興趣後，便會對思維所關注的事物進行判斷。判斷是對事物特徵有所斷定的一種基本思維形式。它有直覺判斷和複雜判斷兩種，同印象聯繫較密切的是直覺判斷。社會公眾通過直覺判斷從而形成直覺印象。由直覺判斷產生的直覺印象和判斷者的經驗、個性、角色、心理傾向、興趣、當時的狀態以及周圍環境等各種因素有關，受心理定勢影響較大，容易產生偏見。因而組織形象傳播一方面應追求美感；另一方面則應強調組織個性。通過高質量的產品、服務、廣告和公共關係等交流渠道，在社會公眾中形成良好的接納態度和心理定勢，激發公眾做出可信、可靠的判斷，以利於組織良好形象的建立。

（三）記憶

記憶是過去經歷過的事情在人腦中的再現。具體說，是人們感知過的事物、思考過的問題、體驗過的情緒和做過的動作在人腦中的反應。從信息加工的角度上看，記憶就是對輸入信息的加工、儲存和提取的過程。一般而言，人們對某些事物容易識記，而對另一些事物則不容易識記。通常是親身經歷過的事情、簡單而又有意義的事物、曾經激起過人們情感波瀾的事物容易被識記。不過，記憶的東西總有遺忘。德國心理學家艾賓浩斯對遺忘現象做系統研究後發現，遺忘的進

程是不均衡的。識記初期遺忘很快，後來逐漸緩慢，到了一定時間，幾乎不再遺忘，即遺忘規律是「先快後慢」。對組織形象傳播來說，要使組織形象在公眾中留下深刻的記憶而不被遺忘，在組織形象輸出的最初階段，必須以簡單而有意義的標示和口號對社會公眾的頭腦進行持續而有力的衝擊。這種衝擊需要反覆地、多角度、多層次地進行，只有這樣，才能給社會公眾留下深刻的印象。組織形象在公眾頭腦中定型後，傳播的目的就是經常喚起公眾記憶，使其不致被遺忘。

二、公眾印象形成的模式

一個組織能否給公眾留下良好的印象，與這個組織的印象管理密切相關的。根據組織在公眾心目中印象形成的模式進行有效的印象管理，是十分必要的。

公眾印象的形成並不盡是按知覺規律進行的。公眾的期望、需要、觀念等常常起著比知覺到的真實特徵還要重要的作用，即公眾印象形成有著自己的模式。一般地說，公眾印象的形成是循著印象形成的模式進行的。其模式主要有：

（一）中心性特徵模式

該模式認為，組織留給公眾的印象是由該組織所擁有的中心性特徵決定的。用公式表示：中心性特徵 A + 中心性特徵 B + … + 中心性特徵 N = 公眾印象。這是因為中心性特徵在公眾印象中起著暈輪效應的作用，而非中心特徵在公眾印象形成中所起的作用被中心特徵所起的暈輪效應掩蓋了。

（二）累加模式

該模式認為，組織留給公眾的印象的形成是該組織所擁有的所有特徵決定的。用公式表示：特徵 A + 特徵 B + … + 特徵 N = 公眾印象。各種特徵累加以後所形成的印象遠比單一特徵或部分特徵所形成的印象深刻。任一特徵乃至微小特徵的增加，都將使最終印象發生變化。

（三）平均模式

該模式認為，組織留給公眾的印象由該組織所擁有特徵的算術平均值決定的，用公式表示：（特徵 A + 特徵 B + … + 特徵 N）／N = 公眾印象。這意味著，只有比平均值高的特徵才會改善公眾印象，否則就會影響組織良好印象的形成。

（四）加權平均模式

該模式認為，組織留給公眾的印象的形成並非簡單地按累加或平

均模式進行的，而是由組織特徵加權的平均值決定的。用公式表示：
(a×特徵 A＋b×特徵 B＋…＋n×特徵 N) ／N＝公眾印象。影響組織特徵加權的主要因素有：

1. 前後關係效應

組織特徵的前後關係會使任何一種特徵值發生變化，從而影響印象的形成。如果好與好的特徵相配，公眾印象將更加好，壞與好、好與壞、壞與壞的特徵相配，公眾印象不會好甚至更加不好。可見，組織特徵的前後關係將直接影響到組織統一印象的形成。

2. 消極否定效應

在公眾印象形成中，積極肯定的特徵和消極否定的特徵所起的作用是不同的，有些極端的消極否定的特徵往往起著更大的決定作用。例如，當公眾所信任的一個組織有嚴重問題時，不管他還有別的什麼優秀品質特徵，你對他的印象都會發生變化，甚至十分懊悔自己當初的判斷力。

3. 最初和最近效應

最初和最近的形象在形成印象過程中所占的比重較大。在大多數情況下，最初印象往往比最近印象的影響要大。總的來講，最初和最近的印象在總印象形成中，在不同條件下所占的比重是不同的，所起的效應也是有差異的。

4. 範型與分類的效應

組織的範型（範型：範式模型。此處指組織形象得到公眾認可的典型模式）在公眾印象的形成中起著重要的作用。人們在看一個組織時，頭腦中常常會浮現出這個組織所隸屬的範型或定型的意象。把某組織同它的範型或定型聯繫起來，從而自覺或不自覺地設想該組織具有的許多特徵，會對公眾印象的形成產生重要的影響。

5. 內隱個性觀效應

在公眾印象形成中，人們已有的關於組織特徵的知識和經驗有時也會比組織實際具有的特徵起著更大的作用，因而當人們在面臨十分貧乏的組織可見特徵時，就會根據自己的內隱個性觀形成一個組織完整的公眾印象。

總之，組織整體印象的形成是十分複雜的，任何一個模式都難以概括。但上述模式的認識對公眾印象管理肯定是有幫助的。

三、公眾印象管理的策略

印象管理是指對他人關於個體或群體印象的形成與保持的管理。

公眾印象管理就是控制社會各界人士對公眾印象的形成與保持的管理。怎樣才能使組織的整體印象良好並持之以恒呢？根據上述印象形成模式揭示的規律和特點，我們提出如下公眾印象管理的策略。

（一）根據平均模式的特點，加強典型性特徵的管理

一個組織要想有良好的印象，就必須在全面管理的基礎上，特別重視那些平均值以上的具典型性極好特徵的管理。對這些典型性的極好特徵要通過各種渠道、各種方式進行大量的宣傳、報導，造成一種令人矚目的社會輿論。同時，要盡量避談組織的一些微小特徵，以免淡化極好特徵的影響，削弱組織留給公眾的好印象。通過控制輸入特徵來提高算術平均值的策略，是十分有助於組織良好的整體印象形成的。

（二）根據中心性特徵模式的特點，加強中心性特徵的管理

組織要想有一個良好的印象，就必須加強中心性特徵的研究和管理，突出訴求點。組織形象主要將火力集中在一個狹窄的目標上，要在消費者的心智上下功夫，力求創造出一個心理的位置。在形象傳播過程中不被其他聲音淹沒的辦法就是集中力量於一點。換言之，就是要做出某些「犧牲」，放棄某些利益或市場，突出重點和個性，以使形象傳播更鮮明，能在消費者心目中留下印跡。如沃爾沃定位於安全、耐用，它就放棄對外觀、速度、性能等形象利益點的訴求。可見，在公眾印象管理中，抓好中心性特徵的管理多麼重要。

（三）根據定型和分類效應的特點，加強類型性特徵的管理

公眾印象的形成在一定程度上受到了類型性特徵的影響，因此，在公眾印象管理中，就必須加強類型性特徵的管理。公眾總是根據一個組織的類型對該組織抱有期望。如果這個組織的類型性特徵符合社會期望，那它在公眾心目中的印象和社會聲譽肯定好，即便其他方面不盡如人意，也往往能「一俊遮百醜」。可見，組織類型性特徵與社會期望相一致，公眾印象就將向好的方面發展。

（四）根據內隱個性效應的特點，加強期望性特徵和可見性特徵的管理

組織影響的形成在很大程度上受到了內隱個性觀的影響。在公眾印象形成過程中，人們往往會憑藉自己已有的知識、經驗和需要，對組織少許的可見特徵做出期望性的推測，形成期望的公眾印象。例如，對某一職業學校組織的評價，對於一個很少直接接觸該類學校組織的人來說，他總是根據自己所掌握的這類學校組織的有關知識、經驗及其需要做出好與壞的評價。如果該類學校組織較少可見的特徵與自我

組織形象

期望特徵相一致,那麼,對該類學校組織的評價就高,印象就好;否則,就會向著自我期望的公眾印象發展。因此,必須創造一些可見的良好特徵,使組織的可見特徵與人們的期望特徵相一致。通過這兩種組織特徵的管理,公眾印象將趨於良好。

(五) 根據前後關係效應的特點,加強相配性特徵的管理

組織要想給人一個良好的印象,就必須加強相配性特徵的研究和管理。組織一定要嚴格要求自己,以保持良好的特徵。這些良好特徵的前後關係是相同的,具有相配性,容易造成傾向於好印象的趨勢。同時,必須避免不相配特徵的呈現,特別是那些不相配性強的特徵,否則,公眾印象就會改變。

(六) 根據消極否定效應的特點,加強否定性特徵的管理

組織的整體印象是要受消極否定性特徵影響的。在其他方面都一致的情況下,消極否定的特徵比積極肯定的特徵更能影響組織印象。這是因為積極肯定的特徵是社會所要求的,是人們所期望的,易被人們視為應該的;而消極否定的特徵是社會禁止的,是人們所厭惡的,易被人們視為相對可靠的真實特徵。因此,組織必須重視這種否定性特徵的管理。因為只要它出現,哪怕量值很少,其所起的作用就不能忽視。這正如吃瓜子,儘管有時只吃到一兩顆爛瓜子,但足以影響這次吃瓜子的好感覺。可見,嚴格控制否定性特徵,將有助於組織良好印象的形成。

(七) 根據最初和最近效應的特點,加強位置性特徵的管理

公眾印象的形成在一定程度上受到了最初或最近位置性特徵的影響。運用傳播媒介給形象打造出獨有的位置,特別是「第一說法、第一事件、第一位置」等。因為第一在消費者心目中可以形成難以忘懷的、不易混淆的優勢效果。從心理學的角度看,人們更容易記住居第一的事物,這就是首位優勢所引起的作用。如果市場上已有一種強有力的頭號品牌,形象定位創造第一的方法就是找出本公司的品牌在其他方面可以成為「首位」的優勢。因此,這就需要在消費者頭腦中開拓一個還沒有被其他組織占領的空白領地。如七喜汽水稱其產品為「非可樂」,當消費者需要一種非可樂飲料時,首先就會想到它。

上述七方面特徵在公眾印象形成中,很難說某一特徵特別重要,因為在不同的文化背景下,在不同的情境中,它們所起的作用各有千秋;而且在同一情境中,它們之間也能相互聯繫、相互作用。因此,公眾印象管理的總策略應是:針對組織的實際情況靈活地選用或綜合

使用上述七方面的管理策略，其效果必將更佳。同時，需要指出的是：這種公眾印象管理並非純粹的策略問題，更不是假惺惺的偽裝，而是平時累積和養成的思想、作風、知識、才能、方法等的綜合反應。因此，組織必須大膽地進行印象管理，不斷提高印象管理水平，讓組織在人們心目中擁有更美好的印象。

第三節　組織形象與公眾態度

組織樹立自己的形象如果僅僅滿足於給公眾留下印象，那只是低水平的要求。只有當公眾對組織有良好的印象，而且抱有積極肯定的態度，公眾才會採取有利於組織的行為。

一、態度的含義與特徵

（一）什麼是態度

態度是人們對一定對象較一貫、較固定的綜合性心理反應過程，是比較持久的個人內在心理結構。

認知論者將態度看作是由認知的、情感的、行為的三種成分構成的一個整體，是對態度對象的理解、情感和行為的相互關聯的比較持續的、內部的系統。認知成分是主體對態度對象的認識和評價，是人對於對象的思想、信念及其知識的總和；情感性成分是主體對態度對象的情緒的或情感性體驗；行為傾向成分是主體對態度對象向外顯示的準備狀態和持續狀態。這三種成分各有自己的特點，認知成分是態度的基礎，其他兩種成分是對態度對象的瞭解、判斷基礎上發展起來的；情感性成分對態度起著調節和支持作用；行為傾向成分則制約著行為的方向性。鑒於此，組織形象傳播必須以情感人，從而使社會對組織形成有力的支持態度。

（二）態度的特點

態度有以下特點：

（1）內隱性。態度本身是無法直接測定的，必須從個人的行為或與行為有關的語言行為表現中間接推斷出來，測定態度需要一定的中間變量。

（2）方向性。態度總是具有讚成或反對的方向特點，並具有程度的差異，即有時反應出態度的極端性，有時則反應出態度的中性。

（3）統一性。構成態度的認識、情感和行為傾向三種成分彼此協調，是一個統一的整體。

（4）複雜性。在一定條件下，個體並不是經常表現出與內心態度相一致的外部行為。

（5）穩定性。在一定時期內態度保持著相對穩定的傾向。

二、影響態度形成的因素

態度的形成與個體社會化的程序是同步的。一個嬰兒從娘胎中分娩出來的時候，只是一個生物體、自然人，需要得到成人照料，而後通過參與社會，進行交往，才能發展成為一個社會人。他在成長的過程中，個體與周圍環境相互作用，逐漸形成自己的世界觀、價值觀，形成了對周圍世界的種種態度。就像社會化貫穿於人的一生一樣，態度的形成（態度的轉變即是一種新的態度的形成）也貫穿於人的一生。

個體的態度是在個體與環境的相互作用中形成的。影響態度形成的主要因素有：

1. 個體需求的滿足程度

態度總是有一定對象，人物、群體或事件，也可以是代表具體事物本質的一些抽象概念，還可以是制度等。態度的對象對個體的意義——即滿足個體需要的程度，是態度形成的主要促成因素。事物對人的意義、滿足程度，即事物對人的價值。因此可以說，價值是態度的核心。人們對於某事物的態度，取決於該事物對人們價值的大小。價值不同，態度也不同；價值觀不同，態度也不同。

2. 所屬群體的制約

個人在社會生活中總是隸屬於某個群體，成為群體的一員。任何群體都有一定的規範、紀律，要求其成員共同遵守。個人表現出符合群體規範的行為，很可能得到群體的接納和喜歡；反之，不符合群體規範行為的人，將感受到群體一致性壓力，遭到群體的拒絕和排斥。因此，個人為了免受其他成員的非議和孤立，往往採取從眾行為——「隨大流」，從而形成與群體大多數成員一致的態度。

3. 信息和知識的影響

態度不是天生的，而是後天學習而來的。完善的學校教育甚至從個體的嬰兒時期開始，到其生命的終結，一直發揮著傳遞社會文化，促進個體社會化的功能，不斷地教給他（她）符合社會主導文化要求

的知識、觀念、規範和行為方式。學校這種有目的、有計劃的教育影響是態度形成的重要因素。電影、電視、廣播等大眾傳媒和互聯網以自己特有的方式向人們傳播各種信息和知識，也對人們的態度予以重要影響。

4. 受個體文化背景的影響

個人家庭出身、自身經歷、生活環境等個體文化背景不同，會形成不同的態度。如前所述，態度本身也是一種綜合反應。家庭、個人經歷、生活環境是刺激個體的重要因素，必然綜合反應到個體的態度中。可以說，態度是個體經歷和文化積澱的產物。

三、態度轉變的理論

態度的轉變與態度的形成是有區別的。形成是指沒有態度而逐漸生成了某種態度；轉變是指已具有某種態度後而發生的改變。態度轉變有一致性轉變和不一致性轉變。一致性轉變是指向著符合社會主導文化要求的轉變；不一致性轉變是與社會主導文化要求相背離的轉變。這裡所講的轉變是指一致性轉變。

態度轉變的理論主要有：

（一）費斯定克（Festinger）的認知失調理論

1957年，美國社會心理學家費斯定克提出，認識因素是相對於個體的整個認知結構而言。人們的認知結構是由知識、觀念、觀點、信念等組成。每一種具體的知識、觀念、觀點都是一個認知因素的單元。認知失調理論認為，在一般情況下，人們的態度與行為是一致的。但是，如果由於做了一種與態度不一致的行為就容易引發態度主體不舒服的感覺，那就會形成認知失調。在這種情況下，往往會造成態度主體的心理緊張。為了克服這種由認知失調所引起的緊張情緒，人們需要採取多種多樣的方式，以減少心理緊張。比如：如果客戶認為某商業銀行服務好，那麼他就喜歡到這家銀行辦理業務，這時的態度與行為協調；但如果由於某種原因，客戶沒有到這家銀行辦理業務，這時就產生了認知失調。為了減少這種的認知失調的心理緊張，客戶往往會採取以下四種方式來達到認知協調：①改變態度。由於銀行不能合理設置營業網點，因而我認為這家銀行服務並不好。②改變認知的重要性。雖然銀行太遠不方便去辦業務，但是這家銀行辦理業務方便、快捷、熱情，因而服務周到比路程遠更重要。③增加新的認知要素。這家銀行有我的朋友，為了加深彼此的感情，所以常去辦理業務。

④改變行為。儘管銀行比較遠，但我還是願意去這家銀行辦理業務。

（二）海德的平衡理論

美國社會心理學家海德（F. Heider）於1958年提出了態度轉變的平衡理論。

海德認為，人類普遍地有一種平衡、和諧的需要。一旦人們在認識上有了不平衡和不和諧性，就會在心理上產生緊張和焦慮，從而促使他們的認知結構向平衡和和諧的方向轉化。顯然，人們喜歡完美的平衡關係，而不喜歡不平衡的關係。海德用P—O—X模型說明這一理論（見圖2-1），其中：P為認知主體，即客戶；O是作為認知對象的另一個人，是業務員或客戶認識的其他人；X是態度對象，即信用社，他們之間的連線代表相互的態度。他還根據這一模型推論出8種模式：4種平衡模式，4種不平衡模式。

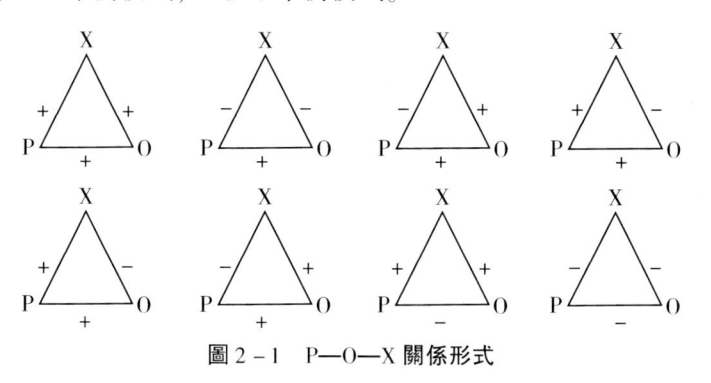

圖2-1 P—O—X關係形式

按照海德平衡理論的觀點，與自己喜歡的人態度一致，或者與自己不喜歡的人態度不一致，簡而言之就是「朋友的朋友是朋友，朋友的敵人是敵人」。這樣，我們的生活關係就是一個平衡的系統，否則就是不平衡的。當系統處於不平衡模式時，就必須發生改變使系統重新回到平衡狀態。在這個過程中，一般遵循最少付出原則，即為了恢復平衡狀態，哪個方向的態度改變最少，就改變那裡的態度。如在商業銀行客戶服務中，如果客戶（P）對業務員或客戶經理（O）的態度是正面的，業務員（O）對商業銀行（X）也是正面的宣傳，那麼客戶（P）對商業銀行（X）的態度也應當正面的，則這個系統就是平衡的，反之則不平衡。這時，客戶（P）要麼改變對商業銀行（X）的態度，要麼改變對業務員（O）的態度來達到平衡。因此，在客戶服務過程中，業務員是改變客戶服務的關鍵，給客戶的良好印象是改變客戶態度的第一步。

（三）凱爾曼（Kelman）的態度變化階段說

1961年，美國社會心理學家凱爾曼提出了態度變化過程的三階段說。這三個階段是：服從、同化和內化。現分述如下：

1. 服從階段

這是從表面上轉變自己的觀點和態度的時期，也是態度轉變的第一階段。一般說來，這時人們會表現出一些順從的行為，但這僅僅是被動的，就比如剛進工廠的某青工因為考慮到獎勵和懲罰的利益關係，才在行為上表現出服從的樣子。

2. 同化階段

這一階段表現為不是被迫而是自願接受他人的觀點、信念、態度與行為，並使自己的態度與他人的態度相接近。同樣可用上面的例子，某青工在組織和同事的教育幫助下，真正意識到作為一名現代企業的青年工人，應該自覺地遵守紀律，因而他會同其他職工一樣，把遵守勞動紀律當作是一種信念和觀點。顯然，同化這一階段已不同於服從階段，它不是在外界壓力下轉變態度，而是自願地進行的。

3. 內化階段

真正從內心深處相信並接受他人的觀點，從而徹底地轉變了自己的態度。在這一階段中，真正使一個人接受了新的觀點和新的思想，從而把這些新的思想和觀點納入到自己的價值體系內，成為自己態度體系中一個有機組成部分，這時就真正達到了內化階段。無數成功人士成長的歷程都可以充分說明這點。

（四）勒溫的參與改變理論

德裔美國心理學家庫爾特·勒溫（Kurt Lewin）的參與改變理論，看重一個人是否參與態度的形成過程，從而會在改變別人態度時取得不同的成效。勒溫認為，改變態度的方法，不能離開群體的規範和價值。個人在群體中的活動性質能察覺他的態度，也會改變他的態度（其中包括主動型和被動型）。實驗證明，就某一對象而言，改變主動型人的態度要比改變被動型人的容易得多，效果也比較明顯。

由勒溫的觀點和實驗我們可以看到，在組織管理中，如果想改變員工的態度、提高工作效率，就要努力讓員工積極參與某些活動。

（五）溝通改變態度理論

溝通改變態度理論中，強調了人容易受到周圍環境和一些媒介的影響和鼓動。通過溝通，可以顯著地改變對某些事物和人的態度看法，但要講究溝通的技巧，才能取得良好的效果。

許多心理學家認為，溝通對態度改變的影響，依賴於溝通者、溝通過程和溝通對象三個因素。溝通者需有良好的溝通能力，溝通過程要能充分瞭解對象的需要和動機，以其慣用的言語來傳達。當然，即便是以上兩個過程都做好了，那還得看看溝通對象的因素。

在組織管理中，管理者可以通過與某些員工的對話來改變其態度，盡可能使其與管理者達成共識，進而在員工中產生更大的影響，方便管理。

四、公眾態度形成和轉變的策略

公眾態度的形成是一個複雜過程。它是社會公眾對反覆接收的組織信息進行接受、分類、分析、整理，並以其價值觀念、心理傾向進行判斷的過程。組織信息只有符合公眾的心理傾向、價值觀念及其需要，才能被公眾認同並接受，形成良好的組織形象。如果背離公眾的需求，只會遭到公眾的拒絕。為此，組織形象傳播可根據社會心理學理論來控制或影響公眾態度，主要包括以下策略：

（1）強化策略。組織形象通過不斷地增加組織形象信息的正面內容，不斷強化公眾的注意和興趣，便能達到影響或改變公眾態度的目的。

（2）定勢策略。組織形象是組織實態及員工行為的反應，是員工長期行為的結果。組織只有堅持不懈地以其固有的價值理念和規範統一的行為準則面對公眾，使公眾對組織產生比較穩定的印象，公眾才會對組織形成穩定的態度。

（3）遷移策略。在利用公眾原有態度的基礎上引發新的態度，稱之為態度遷移。利用態度遷移，比重新建立一種新的態度難度要小得多，速度也快得多，能收到事半功倍之效果。根據此策略，進行組織形象策劃時，應將組織名稱、品牌名稱有機地統一起來，使組織形象協調統一，以利於新的產品領域的開拓和新產品市場開發。

（4）信度策略。組織在試圖影響、改變公眾的某種態度時，往往要通過形象傳播對公眾輸入一系列的信息。這些信息必須是真實可靠的。如果信息是虛假的，是欺騙社會公眾的，組織的得益也只會是暫時的，難以持久，一旦事情真相敗露，則會引發公眾對抗情緒，從而極大地損害組織的原有形象。所以，根據「信度原理」，組織傳播的信息必須與組織實態相吻合，以使公眾對組織產生信賴感。

第四節　組織形象與公眾輿論

公眾輿論是組織形象形成的最後階段，公眾輿論的好壞，直接決定著組織形象的好壞。公眾輿論對社會組織形象有非常重要的影響，它可以為塑造組織形象創造機會，也可以是組織形象的「殺手」。若處理得當，會對社會組織的發展有很重要的意義。有些組織通過製造輿論、傳播輿論、引導輿論和改變輿論而美名遠揚；相反，有些組織因為公眾輿論而臭名昭著。

一、公眾輿論

公眾輿論就是一個社會組織的公眾在涉及共同利益的有爭議問題上所持有的帶評價性意見的總和，是公眾對組織實態及特徵的基本一致的評價。

這裡的公眾輿論的主體是社會組織所面臨的內部公眾和外部公眾，而不是指社會上的大多數人；公眾輿論的客體是涉及公眾共同利益並有爭議的問題，而不僅僅是某一個人、群體或組織所關心的問題。公眾輿論是公眾所持有的帶評價性意見的總和，表明不同的甚至是對立的意見經過鬥爭、溝通和融合而形成公眾輿論。評價是公眾輿論的武器，沒有評價，公眾輿論也就失去了動力。

公眾輿論是以讚揚、支持或指責、反對兩種形式出現的，具有衝撞性和煽動性。它雖然不具有法律那樣的強制力，但具有強大的社會壓力，而且這種社會壓力往往還會導致來自上面的壓力，甚至導致行政命令。很多政治家都明白這個道理，一般對公眾輿論都持肯定和重視的態度。美國總統林肯曾說過：「民意（輿情）就是一切。得到民意的支持，任何事情都不會失敗；得不到它的支持，任何事情都不能成功。」偉大的革命先驅孫中山曾指出：「輿論者，造因之無上乘也，一切事業之母也。故將圖國民之事業，不可不造國民之輿論。……蓋輿論者，必具有轉移社會、左右社會之力也。」

二、公眾輿論的作用

公眾輿論在塑造組織形象的過程中起著非常重要的作用，包括積極作用和消極作用。

一方面，公眾輿論不僅為塑造組織形象帶來機遇，而且能保護和改善組織形象，擴大組織的影響。組織形象從公眾方面來說就是靠公眾輿論樹立起來的。當公眾輿論以對組織的積極評價為內容時，參與輿論活動的公眾越廣泛，組織的知名度就越高；公眾意見越向好的評價傾斜，組織的美譽度就越高。這就使組織形象處於良好的狀態。所以，「良好的公眾輿論」幾乎是良好的組織形象的同義語。樹立良好的組織形象就要形成和保持與組織有關的良好公眾輿論環境。例如，《青島晚報》報導：青島市一位姓王的老太太新買一臺海爾空調，被出租車司機調換拿走。海爾集團領導得知這消息後，當即決定贈送王老太太一臺同樣的空調，並派專人送到家，免費為她安裝調試好。《青島晚報》就此事作報導後，在青島市民中引起強烈反響和廣泛議論，人們對海爾此舉表示讚揚，對海爾集團產生了好感和信任。這就是公眾輿論的作用。

另一方面，公眾輿論又可以毀壞組織形象。當公眾意見對組織越向壞的評價傾斜時，甚至變成指責、抨擊，組織就說不上什麼美譽度，甚至會名聲大損。例如，原商業部部長胡平曾在武漢商場買了一雙牛皮鞋，穿了不到一天就壞了。輿論界和商業界對此都特別予以關注，紛紛對武漢商場進行批評和指責，反響較大，使武漢商場的聲譽掃地。

值得注意的是，在某些時候，當組織成為公眾輿論指責的對象時，這並非完全是壞事，只要我們辯證地看待這個問題，壞事就可以轉變為好事，成為組織塑造良好社會形象的機遇，因為這種公眾輿論擴大了組織的知名度。如果能及時採取有效的矯正措施使輿論指責變為輿論讚揚，使知名度和美譽度得到統一，就能產生未受公眾輿論指責時難以產生的社會效果。如上例中「一日鞋」問題發生後，武漢商場負責人下令把劣質皮鞋撤出櫃臺，結果在一定程度上挽回了名譽損失，重塑了組織形象。

三、利用公眾輿論塑造組織形象

塑造組織形象有很多途徑和方法，其中，借助各種傳播媒介，發揮公眾輿論的服務功能來塑造組織形象，是社會組織追求美好形象的最佳選擇之一。

1. 製造輿論

製造輿論就是社會組織有目的、有計劃地進行能夠引起公眾廣泛議論的重大事件的一種活動。其目的在於吸引新聞媒體關注，擴散自

身所希望傳播開去的信息，從而形成對組織有利的公眾輿論環境。

製造輿論不是無中生有地編造新聞，欺騙公眾，而是著力於利用一些偶然事件和突發事件，注意把握最佳時機，在一般人視為平凡小事中挖掘出新聞價值，吸引新聞媒體廣為傳播，連續報導。因此，策劃時必須遵循「新」「奇」「好」三個原則。「新」就是最近發生的鮮為人知的、甚至是獨一無二的事情，這是內容原則；「奇」就是吸引公眾注意的超越常規、但不出格的做法，這是形式原則；「好」就是事件的報導能夠引發良好的社會效應，這是效果原則。堅持這三條原則，製造輿論就能為組織樹立良好形象。

2. 傳播輿論

傳播輿論就是社會組織借助各種傳播媒介，特別是大眾傳播媒介，傳遞以組織重大事件為內容的信息的一種活動。其目的在於引起公眾的注意和興趣，從而擴大組織的影響，最終達到提高組織知名度的效果。

傳播輿論的方式多種多樣，如召開新聞發布會、記者招待會，舉辦慶典活動、展覽會、贊助活動等。傳播輿論，首先要堅持真實性原則，事實是成功傳播的生命線；其次是力求把最近時間內發生的信息以最快的速度傳播給廣大公眾，使公眾及時地把握最新信息；再次是傳播的信息應力求使最大數量的公眾能夠接觸和接受；最後要根據傳播的信息內容和目標公眾做出選擇，應與目標公眾的文化層次與審美情趣相適應。

3. 引導輿論

按照公眾對組織的態度，可以將公眾區分為逆意公眾、獨立公眾和順意公眾。引導輿論就是社會組織利用引起公眾議論的有關組織的事件，借題發揮，因勢利導，消除公眾的某些偏見或誤解的一種活動。其目的在於使公眾相信組織的立場與觀點，爭取把獨立公眾轉化成為順意公眾，使輿論向有利於組織的方向發展。

引導輿論時要注意要堅持實事求是、對公眾負責的原則，不能為塑造自我形象、維護自我利益而誇誇其談和欺瞞哄騙；還要堅持說服溝通的原則，曉之以理，動之以情，疏中有導，導中有疏，耐心細緻地宣傳解釋事件的來龍去脈，爭取獲得公眾的理解。對輿論領袖應予以重視和利用，輿論領袖，即意見領袖，是對人們的意見有導向作用的人物，往往追隨者頗多，公共關係人員應借助於他們的影響力開展工作。

4. 改變輿論

改變輿論就是社會組織面對不利的公眾輿論而開展的一種使公眾轉變對組織看法的活動。其目的是讓組織重新獲得公眾的信任和支持。

社會組織面對不利輿論置之不理或一觸即跳都是錯誤的，這會給組織帶來更多不利的後果。如果不利輿論已見諸報端，組織的信譽和形象就會受到較大損害。對此，如果採取置之不理的對策，不利影響就會不斷擴散，惡化事態；而一觸即跳，堅決反擊，做出失態的反應，其後果是更加不可收拾，讓組織形象蒙受更大損失。正確的態度是正視現實，頭腦清醒，冷靜分析，以查清事實為突破口，找到起「死」回「生」的轉機，然後向公眾說明真相；對應當承擔的責任，做出必要的自我檢查。這樣才能挽回影響，重新取得公眾的信任和支持。

第五節　組織形象塑造

瞭解和掌握組織形象的形成規律是為了塑造良好的組織形象。

一、組織形象塑造的原則

要想塑造良好的組織形象，就必須研究和熟悉組織形象塑造的原則。組織形象塑造的原則，主要體現在以下幾個方面：

(一) 整體性原則

眾所周知，公共關係中的組織形象是一個系統，即 CIS。也就是說，必須將組織理念識別（MI）、組織行為識別（BI）和組織視覺識別（VI）當作整體來看待。整個 CIS 的運用是三位一體，相互連動的。

英語的「identity」的內涵十分廣泛，但或許是由於漢語翻譯時對「識別」詞義的過多強調，而無法做到近代翻譯家嚴復所要求的「信」字，使得人們對 CIS 產生了理論上的誤解。人們在 CIS 策劃活動中經常重視的往往只是組織視覺識別，而較少考慮到其他兩個要素。其中，人們在塑造組織形象時最容易忽視組織的經營理念識別。組織的經營理念是 CIS 的核心，沒有良好的經營理念，便不可能有良好的組織經營行為；沒有良好的組織經營行為，即使有再好的組織視覺形象，也只能使組織形象形同虛設，不能得到人們的讚譽。2001 年 2 月發生的日本「三菱汽車事件」就可以清楚地說明這一點。作為組織識別的主

要要素，三菱公司的組織標誌一直是高校教師在公關、廣告和市場營銷教學中經常引用的範例。但是對於中國消費者，三菱公司故意長期隱瞞其產品帕杰羅 V31、V33 兩款車的安全隱患問題，這種行為本身已經嚴重違反了現代組織應有的商業道德。中國海關宣布吊銷這兩款車的入關許可證後，嚴重的公關危機發生了。中國消費者對於三菱公司的行為群起攻之，一時間投訴、起訴三菱的用戶在中國內地此起彼伏。但令人遺憾的是，三菱公司仍不能積極誠懇地向中國消費者道歉，提出妥善合理的賠償方案。三菱公司的這種經營行為，表明其在經營理念這一組織形象的深層要素上存在著嚴重的弊端。如果三菱公司不盡快進行公關理念方面的矯正，即使其有著優秀的視覺識別，但也無法挽回消費者的信任。

在國內，有些組織連基本的視覺識別還沒有建立，而其經營行為卻與三菱公司如出一轍，個別的甚至有過之而無不及。常有小造紙廠為了提高自己的利潤忽視環保隨意排放廢水，飲料廠為了減少自己的損失塗改過期產品的出廠日期等事件見諸報端。這些事件用外部強制性的處罰手段進行整改，往往收效甚微。要想根治這些侵害公眾利益的行為，必須從內因上著眼，用公關關係學的相關原理讓這些組織意識到其行為對組織形象帶來的負面影響和長遠利益。要讓他們意識到，如果不從組織的經營理念上反思改正，就沒有資格奢談組織的行為識別和視覺識別，也就無法建立良好的組織形象。

(二) 競爭性原則

現代社會和現代組織崇尚創造、尊重創造，只有具有創造精神的組織形象才能具有強大的市場競爭力；而那些生吞活剝、一味模仿的組織形象只能是東施效顰，以丟醜的結局告終。

為了發展中國公關事業，提高組織形象塑造的水平，我們必須改變這種落後的狀況，用競爭的心態，用你強我更強、你好我更好的心態去塑造屬於自己的組織形象，豐富自己的組織形象。

(三) 簡潔化原則

不管是影響組織形象的內在因素組織經營理念，還是影響組織形象的外部因素組織行為識別和組織視覺識別，都必須簡單明瞭。這是因為作為塑造組織形象的主體，組織必須盡力縮短受眾對組織形象接受和認知的時間，而不能搞成馬拉松比賽，以真正有效地提高公共關係活動的效率，加快組織在商戰中的制勝步伐。這就要求在塑造組織形象時，一方面應當追求「標新立異二月花」，另一方面又必須「刪

繁就簡三秋樹」。在組織經營服務理念上，一些組織能簡潔而富有個性地將企業的價值傳達給目標公眾，如海爾：「真誠到永遠」，飛利浦：「讓我們做得更好」，金利來：「男人的世界」，諾基亞：「科技以人為本」；在視覺識別上，組織要通過簡潔、明瞭、易被公眾感知、記憶的語言、圖案或標誌物表達出來。如麥當勞快餐以弧形 m 為標誌，以黃色為標準色，m 弧形柔和、簡潔，和店鋪大門形象搭配起來，象徵麥當勞像磁石一般不斷地把顧客吸引進這座歡樂之門。

二、組織形象塑造的途徑

（一）通過經營理念塑造組織形象

組織形象經營理念也就是組織的經營哲學，即組織的價值導向。它是組織「社會定位」物化的結果，也是組織一切活動的經營指導方針。作為組織，首先要確定自己的經營理念，在任何時候、任何情況下都要表現出自己的經營理念，始終不渝地恪守自己的經營理念。如海爾集團的「真誠到永遠」的組織經營理念貫徹於組織經營全過程，管理以人為本、質量追求卓越、創新本土化、服務國際化、文化擴張化等等，其每一步發展都圍繞著「真誠」二字做文章。

正因為經營理念的定位精確才使得海爾由原來虧損 167 萬元的小廠成為今天年銷售額達 660 億元的跨國集團。鑒於此，其他組織也可以通過以下方式來宣傳自己組織的經營理念：其一，以組織每個員工的實際行動來表述自身的經營理念，像海爾集團那樣。其二，通過非直接商業目的宣傳來表達自身的經營理念，如強調服務於社會。對公眾、消費者負責的組織，在自身產品出現了問題時總是在消費者發現之前，就主動承認、主動解決，甚至在那些非自身原因造成但與自身產品有連帶關係的事件中，亦表現出負責的精神和幫助的態度。透過這些事件，使自身經營理念家喻戶曉、人人頌揚。其三，通過自身的視覺形象，如組織的建築、標誌、招牌、推銷工具、交通工具等，以構成強烈的暗示作用，經由人們的非理性知覺通道來傳遞組織自身的經營理念。

（二）「製造新聞」塑造組織形象

組織可以通過各種事件來塑造、傳播組織形象。所謂「製造新聞」就是給新聞內容以社會意義。也就是說，通過人為地「製造」具有新聞價值的事件，在社會上造成正面影響，並將這一事件廣泛地、有效地予以傳播，進而達到擴大組織知名度和美譽度的目的。實際上，

很多的組織都是以此方法脫穎而出的，特別是對那些默默無聞的組織來說，這種方法可以收到立竿見影的效果。

（三）利用名人塑造組織形象

名人是指那些在社會上具有較高的知名度，為廣大社會公眾所寵愛和尊敬的人物。社會心理學的研究表明，由於人類心理中「暈輪效應」的存在，人們不僅愛名人，也愛名人之所愛。因此，如果合理地選擇名人，並將名人作為組織及組織的產品的「代言人」，將會極大地提高組織及其產品的形象。

（四）利用公益活動塑造組織形象

社會公益活動的目的在於造福社會公眾、造福社會。現代社會的公益活動與那種「廣種福田」式的善舉是有區別的。這個區別在於後者屬於「博愛」，而前者屬於「有選擇地愛」。也就是說，前者追求的是一種「雙重效果」。

在北京街頭，常常可以看到一群帶著醒目的「m」字母帽子的人在打掃衛生，這就是麥當勞快餐店的社區服務。自麥當勞開業以來，這種活動每週二次，從不間斷。打掃衛生，確實是一件造福大眾的好事，這說明「麥當勞」是一個對社會負責任的組織。但是他們為什麼偏偏選擇了打掃衛生而不是植樹或者其他工作呢？因為麥當勞的經營理念中特別強調「清潔、衛生」，他們到街頭搞衛生，人們既可以將此理解為是「善舉」，也可以認為是借此來傳播組織精神、樹立組織形象。

（五）利用組織建築塑造組織形象

組織用於生產、辦公、銷售的建築也是傳播組織形象的一個重要載體。許多公司在實施 CI 戰略時，就把組織形象有機地融入建築中，使建築體變成表現組織形象的「廣告」。美國加利福尼亞州有家經營開山機械的公司，公司將它的營業總部建築得像一臺開山機械，樓前還堆築了一座假山，在高速公路上遠遠望去，仿佛一臺巨大的開山機正在作業。可口可樂公司的一些飲料銷售點，其造型及塗飾儼然就是一只巨大的可口可樂易拉罐。有一家專賣橘子汁的售貨商亭，亭子的整個形象設計就是一只剝開後張著嘴的大橘子。當然，更多的組織是利用建築物的風格來表現組織精神而非直接展現形象的。但不管怎麼說，利用建築物來傳播組織形象是重要的，也是可取的。

課後思考練習：

格力電器：精品戰略塑國際名牌形象

　　成立於1991年的珠海格力電器股份有限公司，是一家集研發、生產、銷售、服務於一體的國際化家電企業，以「掌握核心科技」為經營理念，以「打造百年企業」為發展目標，憑藉卓越的產品品質、領先的研發技術、獨特的營銷模式引領中國製造，旗下擁有格力、TOSOT、晶弘三大品牌，涵括格力家用空調、中央空調、空氣能熱水器、TOSOT生活電器、晶弘冰箱等幾大品類家電產品。

　　2012年格力電器實現營業總收入1,001.10億元，成為中國首家超過千億的家電上市公司；2015年4月27日，格力電器發布2014年業績報告。報告顯示，公司2014年實現營業總收入1,400.05億元，同比增長16.63%；歸屬於上市公司股東的淨利潤為141.55億元，同比增長30.22%，繼續保持穩健的發展態勢。2014年格力官方商城重磅上線。

　　格力空調，是中國空調業唯一的「世界名牌」產品，業務遍及全球160多個國家和地區。家用空調年產能超過6,000萬臺（套），商用空調年產能550萬臺（套）；2005年至今，格力空調產銷量連續10年領跑全球，用戶超過3億。2015年5月，格力電器大步挺進全球500強企業陣營，位居「福布斯全球2,000強」第385名，排名家用電器類全球第一位。

　　作為一家專注於空調產品的大型電器製造商，格力電器致力於為全球消費者提供技術領先、品質卓越的空調產品。格力電器在全球擁有珠海、重慶、合肥、鄭州、武漢、石家莊、蕪湖、巴西、巴基斯坦9大生產基地，7萬多名員工，至今已開發出包括家用空調、商用空調在內的20大類、400個系列、12,700多個品種規格的產品，能充分滿足不同消費群體的各種需求；累計申請技術專利14,000多項，其中申請發明專利近5,000項，自主研發的磁懸浮變頻離心式制冷壓縮機及冷水機組、光伏直驅變頻離心機系統、雙級變頻壓縮機、無稀土變頻壓縮機、R290環保冷媒空調、1赫茲變頻空調、多功能地暖戶式中央空調、永磁同步變頻離心式冷水機組、超低溫數碼多聯機組等一系列「國際領先」產品，填補了行業空白，改寫了空調業百年歷史。

　　在激烈的市場競爭中，格力空調先後中標2008年「北京奧運媒體

村」、2010年南非「世界杯」主場館及多個配套工程、2010年廣州亞運會14個比賽場館、2014年俄羅斯索契冬奧會配套工程等國際知名空調招標項目，在國際舞臺上贏得了廣泛的知名度和影響力，引領「中國製造」走向「中國創造」。

　　作為全球空調領軍企業，格力在競爭日趨白熱化的空調市場可謂捷報頻傳，屢中大標，雄踞不可撼動的霸主地位。格力成功的秘訣在哪裡？緣何格力空調受到如此青睞？

　　質量是企業生存與發展的根本。而格力人深諳此道，他們堅信：「一臺好空調就是一則好的廣告」，在這種理念的引導下，格力的著眼點、著力點始終瞄準在提高產品質量、提高售後服務水平上。

　　「好空調、格力造」，這一句耳熟能詳的廣告語、簡單的一句話卻概括了格力堅持的精品戰略——「打造精品企業、製造精品產品、創立精品品牌」。與眾多熱衷於概念游戲的空調企業不同的是，格力志在通過精品戰略來創建國際名牌形象。

　　打造精品、創建國際名牌形象是需要「真功夫」的。

　　這一點在格力身上得到了最有力的驗證。格力的質量保障從上游原材料的選擇進行把關，到產品的設計研發、生產製造，再到銷售環節的運輸、售後的安裝維修，在每一個環節都踐行著「不拿消費者當試驗品」的承諾。在採購環節，格力堅持零部件100%全檢，有任何一項不合格就不能流入生產線；在研發設計環節，格力嚴格執行「五方提出，三層論證，四道評審」原則，將產品的質量問題控制在設計研發的源頭階段；在製造過程中，格力注重對工藝質量的把關，「總裁十四條禁令」「質量憲兵隊」都成為格力為打造零缺陷工程而採取的「鐵腕」措施；在運輸環節，格力設立了國內首家完整的空調包裝摔打實驗室，將所有出廠後運輸環節中可能發生的問題都事先想到並將之消滅在萌芽狀態。

　　此外，為保證安裝質量，格力空調在對全國服務網點進行專業化技能培訓、要求執證上崗的同時，還率先在業內創造性地建立「安裝巡視監督制度」，為安裝質量切實把關。

　　精品品質也讓格力在面向消費者的服務方面頗有底氣。從2001年年初以來，家電企業的服務承諾不斷升級。當家電企業紛紛在延長保修期限上大做文章的時候，作為中國家電行業的領軍企業，格力高調宣布：自2011年1月1日起，凡是購買格力變頻空調者，一年之內免費包換，以「換機」服務承諾引領中國家電企業服務水平。

組織形象

　　應該說，格力變頻空調一年包換的服務承諾，是與其多年來備受認可的產品品質與技術密不可以分的，其自信源於格力變頻空調產品過硬的質量和日臻成熟的變頻空調技術。

　　對此，格力電器總裁董明珠表示：「格力之所以率先推出變頻空調一年包換的服務承諾，主要是希望引導空調行業更加注重產品質量這一根本，沒有產品質量的保證，過於強調服務是舍本逐末。只有通過成熟先進的變頻技術打造出品質卓越具有競爭力的產品，才是企業發展的硬道理。服務是產品質量的補充，質量好到無需服務對於消費者來說，才是最好的服務。」

　　正是有了精品品質，格力的發展才得到了國內外的廣泛認可。

　　格力美國分公司成立後，其國際化的發展格局更加清晰起來。應該說，格力國際化的發展腳步，更離不開其精品戰略的支撐。

　　對此，董明珠表示，在經濟全球化的今天，企業的產品一定要能代表國家的形象。憑藉精品的質量，格力的目標已經不只是成為中國的世界名牌，而是要在國際上樹立起「中國創造」的精品品牌形象。

　　(資料來源：http://www.gree.com.cn/about－gree/gsjs.jsp？catid=1241、http://info.homea.hc360.com/2011/07/291129752936.shtml)

思考題：

1. 用所學理論來分析格力電器樹立組織形象的做法。
2. 請擬訂一個樹立格力電器組織形象的方案。

第三章 公關人員的心理素質

現代社會的快節奏、高效率對公關人員的素質要求越來越高，良好的自身素質成了在競爭社會中生存的必備條件。公關人員的素質結構大致包括思想道德素質、文化素質、業務素質、身體素質和心理素質。心理素質是公關人員素質結構中十分重要的一種基礎素質。

美國的兩位著名心理學家特爾曼和西爾斯在長達半個世紀的時間裡，相繼追蹤研究了1,528名超常智力的人，結果發現：智力與成就有一定的關係，但不是完全相等的關係，個性與成就的關係大於智力與成就的關係。同樣都是高智商的人，有的成績卓著，有的一無所成，其主要原因在於心理素質的差異。特爾曼對800名被試的男性中成就最大的20％與成就最小的20％做了全面的比較，發現最明顯的差別就是他們的個性心理品質不同。成就最大的一組在進取心、自信心、持久性、獨立性、忍耐性等方面非常優秀。公關研究者也有類似的發現：同樣的公關任務，不同的人去完成，效果不同。樂觀、堅定、進取的人可以彌補策劃的不足，圓滿地完成任務；反之，怯懦、自卑、呆板的人，則使公關工作大打折扣。公共關係工作對其從業人員的心理素質要求是較高的。

第一節 公關人員心理素質的內涵與結構

在本章內容中心理素質是一個核心和基礎性的概念，科學界定心理素質的內涵和外延，具有十分重要的理論意義和實踐意義。

一、心理素質的內涵

關於心理素質的內涵，心理學界已經有人進行了有益的探索。上海師範大學燕國材教授認為，個體的素質包括自然素質、心理素質和社會素質。心理素質「乃是一系列穩定的心理特點的綜合」，它的內容包括「智力素質」（觀察力、記憶力、想像力、思維力、注意力）和「非智力素質」（動機、興趣、情感、意志、性格）。也有人認為，「心理素質是一個心理能力素質（智力因素）、心理動力因素（人格因素）和身心潛能素質三個子系統交互作用、動態同構的自組織系統。」張大均認為，心理素質以生理素質為基礎，將外在獲得的東西內化成穩定的、基本的、衍生性的、並與人的社會適應性行為和創造行為密切聯繫的心理品質。這一定義清楚地說明了心理素質形成及其特性，強調了心理素質與人的社會適應性行為和創造行為密切聯繫。

上述多位心理學者對心理素質概念的界定有使用上的缺陷，首先是外延過大。幾乎所有的心理內容都是心理素質的內容，這就在很大程度上失去了提出心理素質概念的意義。例如，如果把智力水平都作為心理素質的內容，那麼，就沒有什麼不是心理素質了。這在實際上是把心理品質和心理素質作為同義詞來使用，因而不管在理論上還是在實踐上都是不合適的。如果這樣的話，一個智力落後的學生就是心理素質差的學生，這是很荒謬的見解，且和大多數人對心理素質的理解也相去甚遠。

其次，當我們把一個概念放在一個概念體系之中進行研究時，就不能僅僅就一個概念進行論述。例如，人的素質結構是多方面的，當我們對人的素質進行分類時，就不能彼此互相包含，儘管不同的素質之間存在明顯的相互作用。當我們講心理素質時，是放在個體的素質結構中進行論述，所以，心理素質、思想道德素質、業務素質、文化素質之間就不能明顯地相互包含。

那麼，究竟如何合理地界定心理素質的內涵和外延呢？中國石油大學人文社會科學學院的王建軍老師給心理素質下一個這樣的定義：心理素質是個體人格的強度和力量。

對於「心理素質是個體人格的力量和強度」這一解說，應從以下三個方面來理解：

1. 心理素質所包含的心理內容，主要是心理結構中的非智力因素而不是智力因素

從某種意義上講，個體的心理成分可以分為智力因素和非智力因

素。在實際生活中，當我們講某人的心理素質較差時，並不是指此人的智商（IQ）不高或能力不強，而是指此人在理性認知、情緒調控和人際交往方面存在這樣或那樣的問題。

因此，儘管智力因素和非智力因素是人類心理世界中互相關聯的兩大組成部分，儘管智力水平的高低同心理素質的優劣也並非毫無關係，但是，心理素質就其自身的內涵講，並不包含智力成分在內。

2. 心理素質特指人格的力量和強度，而不是指某一具體的心理內容

人格的內涵十分豐富。從心理過程講，它包含了情緒和意志以及認知的部分內容；從個性心理講，它包含了個性心理特徵中的氣質、性格以及個性傾向性等內容，如自我意識以及需要、動機、理想、信念等。在我們定義心理素質和使用心理素質這一概念時，是從人格的功能角度而不是從人格的內容角度來理解的。因此，我們對心理素質的分析和理解，也就很難用某一特定的個性心理特徵加以解釋，而必須用人格的整體力量進行解釋，用多因素進行解釋。單純用某一種心理因素，不管是情感因素還是意志因素，都難以完美地解釋心理素質的內涵。也正是由於從心理功能角度進行界定，心理素質才有強弱、好差之分。當然，我們應當具體分析和心理素質密切相關的一些人格因素，以便為心理素質的訓練提供必要的基礎。

3. 心理素質的強弱和好壞可以從「抗壓能力」（即挫折耐受力）和「抗拉能力」（即抗心理衝突能力或選擇能力）兩個方面進行理解

心理衛生學告訴我們，挫折和衝突是造成心理緊張和心理障礙的兩個主要原因。挫折是在某種動機的推動下，所要達到的目標受到阻礙，因無法克服而產生的緊張狀態和情緒反應。用人才學的語言講，挫折就是一種逆境。一個心理素質良好的人，就是一個能夠承受甚至超越挫折情景的人，不管這種挫折是需要的延遲滿足，還是外部的限制和打擊，抑或是由於個人行為不當引起的事業失敗。在一帆風順的生活情景中是難以考察和檢驗一個人心理素質強弱的。衝突是一種選擇的困境，一種面臨兩個或多個目標時因難以選擇而產生的心理矛盾和焦慮。不管是雙避衝突、雙趨衝突，還是趨避衝突，都會使人產生心理緊張。在價值觀念和生活方式日益多元化的現代社會，每個人都會面臨一系列的選擇困境，大到職業選擇、戀愛（婚姻）對象選擇，小到一天的生活安排。一個心理素質良好的人，具有比較穩定的價值觀念，也具備良好的自我監控意識和自我監控能力，能夠在不同的情

景中做出比較明智的選擇；相反，一個總是猶豫不決、舉棋不定、左右為難的人，其實就是一個心理素質不佳的人。

二、良好的心理素質是公關工作的需要

公共關係是一門職業，公共關係的職業化道路是發展公共關係事業的必由之路。根據中國國際公共關係協會調查顯示，目前全國公共關係公司數量超過2,000家，專業公司從業人數超過20,000人，公關行業有著潛在的巨大市場。業內人士分析，目前公共關係市場持續快速增長，年營業額繼續保持明顯的增長率，無論是市場發展、經營狀況還是客戶服務仍將會有良好的表現。

公共關係從業人員不僅數量多、增長快，而且也是少數幾個高薪行業之一。根據美國公關學會的調查，公關從業人員平均工資（年薪）接近5萬美元，那些為身價億萬美元的大型公司服務的公關人員年薪收入高達10萬美元、20萬美元甚至更多。而且他們除了六位數的工資外，還能得到股票期權、獎金福利和豐厚的退休金。美國波士頓忠誠投資公司聘用的一位公共關係高級副總裁，年薪超過50萬美元；時代華納公司最高層公共關係職位的補償一攬子方案總數竟達100萬美元。中國國際公關協會2004年度調查顯示：中國公關從業人員薪酬水平較高，並保持一定的增長勢頭。以客戶經理為例，外資公司月薪平均超過10,000元人民幣，本土公司月薪為6,000～8,000元人民幣。某些熱門行業薪酬往往以小時計算，如美國汽車行業公關人員的費用高達每人每小時100美元；如果是公關總監，該數字將達到180美元。

與高薪職位相對應的是富有挑戰性的工作。他們的工作範圍大體包括以下一些方面：撰寫和編輯各種公關資料和出版物、公關理論和實務研究，提供媒體報導資料，進行管理和行政工作、公關諮詢，主持專題活動、公關培訓、協調內外關係等。他們必須和高層領導、挑剔的顧客、怨氣衝天的內部員工、不懂專業的股東、狡猾的競爭對手等各類人物打交道，必須去面對鮮花和掌聲，也要接受雞蛋和西紅柿的「洗禮」。在變幻莫測的複雜環境中與各色人物周旋，是公關人員工作的真實寫照。據中國國際公關協會2004年度調查顯示：公關人員工作壓力仍然較大。整個行業人均周工作小時為45小時，加班工作已是常態。

增長的需求、高薪的職位、挑戰性的工作，使得公共關係從業人員備受矚目，也由於公共關係活動的複雜性、廣泛性、創造性和靈活性，更需要公關人員具有良好的職業心理素質。那些想成為這個富有

吸引力行業中的一員或已經入行的人，都應該努力使自己達到這些基本要求。

三、公關人員的心理素質結構

究竟公關人員的心理素質包含哪些具體的心理內容，還需要深入具體的實證研究，從心理素質的定義和公關人員的職業特點出發，以下幾個方面是十分重要的。

（1）有良好的社會認知和建立適宜的人際關係的能力，建構和維持良性的公共關係網絡的社會調控素質；

（2）有客觀的自我認知，積極的自我態度和自我控制等自我調控心理素質；

（3）以積極的態度對待工作、學習和生活，克服和轉化負面情緒，維持良好的主導心境的情感調控心理素質；

（4）能正視現實，適應環境，具有克服困難的毅力和勇氣，以及在壓力和挫折面前不屈不撓的頑強精神意志調控心理素質；

（5）廣泛的興趣、開朗熱情的性格等其他心理素質。

這幾項素質是一個整體，它們共同構成了心理素質的完整結構系統。其中，社會調控心理素質系統的內容、廣泛的興趣、開朗熱情的性格等其他心理素質在公關人員的人際交往部分會進行闡述，本章不作分析。

第二節　公關人員健全的自我意識及其培養

健全的自我意識是公關人員心理素質的核心內容。

一、自我意識概述

自我意識也稱自我，是個體意識發展的高級階段。

（一）自我意識的定義

自我意識（Self-consciousness）是意識的核心部分，就是對「自我的認知」，或者說是自己對自己的認知。它包含自我認知、自我評價和自我控制。如果再進一步簡化，自我意識是對自己及自己與周圍環境關係的認識，包括對自己存在的認識，以及對個體身體、心理、社會特徵等方面的認識。這種認識是個體通過觀察、分析外部活動及

情境、社會比較等途徑獲得的，是一個多維度、多層次的心理系統。個體對自己的各種身心狀態的認識、體驗和願望，具有目的性和能動性等特點，對人格的形成、發展起著調節、監控和矯正的作用。

(二) 自我意識的結構

自我意識包括三個方面：自我認識、自我體驗、自我控制。如同意識表現為知、情、意的統一，自我認識主要指「我究竟是一個什麼樣的人」「我為什麼是這樣一個人」。自我體驗則主要指從情緒情感上對自己接受、認可的狀況：「能否悅納自己」「對自己是否滿意」？自我控制則是要解決「如何有效的調控自己」「如何使自己成為一個理想的人」的問題。三者緊密聯繫，相輔相成。

1. 自我認識

自我認識，即自己對自己的認識，包括自我認知和自我評價。前者是個體對自身各種狀況的瞭解，後者則是對「自我」各方面的評估。一個人需要瞭解自己什麼呢？概括地講，有三個方面：其一，生理自我，也就是你對自身這樣一個生物個體的基本認識。比如，獨立個體的意識（「我」不同於他人、他物）、性別、年齡、發育狀況、生理特徵等。其二，社會自我，指對自身社會性要素的認識。人的本質即各種社會關係的總和，所以「社會自我」包含了各種社會關係及由此產生的相應的各種社會角色，以及所生活的社會文化環境和社會定位。其三，心理自我，就是對自身心理狀況的瞭解，包括對自己的認知、情緒情感、意志、個性傾向性（興趣、愛好、價值觀、理想）及個性特徵（能力、氣質、性格）等的全面認識。這三方面的綜合瞭解才是完整的「自我認知」。

在「自我認知」的基礎上，自我對自我各方面會有一個評估，然後給自己下一個結論，即「自我評價」。比如，我太瘦了，我是個很情緒化的人，我過於嚴肅，我是個受歡迎的人，很多時候我都是大家的中心，等等。

根據「理情療法」的創始人艾里斯的觀點，認知決定我們的情緒、情感及相應的行為，所以「如何認識自我，我到底是怎樣的一個人」是我們要研究的重要課題。很好地認識自己，才可能很好地體驗自己、控制自己，否則只會因「認識」而痛苦。

2. 自我體驗

自我體驗是自我認識基礎上的一種情緒體驗，即自己對自己是否滿意的問題。「滿意」則自我肯定，信心十足；反之，則自我否定，

垂頭喪氣。它有自愛、自尊、自恃、自卑、責任感、義務感、優越感等表現。自我認識決定自我體驗，同時，自我體驗又往往會強化自我認識並影響自我控制。我們可能都有過這樣的體驗：當你對自己失望時，整個世界都似乎成了「灰色」的，你心情沮喪、抑鬱消沉，所看到的、所做的，甚至從記憶深處挖出的點滴都是令人傷感的、令自己否定自己的；而充滿自信時，對自己的缺點都可以合理化地、積極地去看待，去爭取改善。人區別於其他動物的一個很大的特點就是感情豐富。自我體驗正是自我對自我的感受，它的積極與否直接關係到我們對自身發展的要求高低及行動的方向對錯。

3. 自我控制

自我控制就是自己對自己的控制，自我認識瞭解了「我」，自我體驗感受了「我」，自我控制則是要表現「我」。這裡包含了兩層含義：其一，自己對自己的設計，即「我」應該做什麼、我不應該做什麼；其二，自己對自己的指導，即「我可以怎樣做」。

我們常說的「自制力」就是自我控制的能力，它的強弱、高低可以直接由我們的情緒、行為表現出來。自制力強的人，不易感情用事，常常會克制自己的情緒，做事有計劃性，自我發展方向明確，給人深沉、冷靜、含蓄的印象，極端者則猶如「冷血動物」，過於呆板，不近人情；相反，自制力弱的人，常會不顧場合宣洩一番，高興時手舞足蹈，生氣時亂發脾氣，表情就是「晴雨表」，行為好像3歲兒童。心理學術語稱此為「過度情緒化」，行為充滿「情境性」，對將來則願意「跟著感覺走」。諸如自立、自主、自制、自強、自信、自律等詞都是積極自我控制的描述，而自我失控、自殘、自虐、自我放棄則是消極的自我控制方式。

自我認識是其中最基礎的部分，決定著自我體驗的主導心境以及自我控制的主要內容；自我體驗又強化著自我認識，決定了自我控制的行動力度；自我控制則是完善自我的實際途徑，對自我認識、自我體驗都有著調節作用。三方面整合一致，便形成了完整的自我意識。

二、健全自我意識的標準

自我意識對人的心理健康起著很重要的作用，它制約著人格的形成發展，在人格的優化中發揮著強大的動力功能。健全的自我意識是心理健康的重要標準，是人類自身內在的一種成功機制，在人才發展中發揮著重要作用。健全的自我意識有如下標準：

（1）自我意識健全的人，應該是自我認識、自我體驗和自我控制相協調一致的人，同時又與外界保持協調一致；

（2）自我意識健全的人，應該是一個有自知之明的人，既知道自己的優勢，也知道自己的劣勢，能夠接納它們，並能正確評價自我與自我發展；

（3）自我意識健全的人，應該是積極自我肯定的、獨立的並與外界保持一致的人；

（4）自我意識健全的人，應該是理想自我與現實自我統一的人，有積極的目標意識和內省意識，積極進取、永無止境。

補充材料 3－1：

測一測，你的自我健康嗎？

1. 接受自己的生理狀況，不自怨自艾
2. 對自己的心理素質有較清晰的認識，知道自己的長處和短處
3. 對自己所處的環境有較清晰的認識，包括家庭、工作和學校環境
4. 對自己的經歷有正確的評價
5. 對未來自我發展有較明確的目標
6. 對自己的需求有清楚的認識
7. 知道生活中什麼是應該珍惜的，什麼是應該拋棄的
8. 對妨礙自己達到目標的因素有較為清楚的認識
9. 對自己能夠做到的事情有較為清楚的認識
10. 對自己的希望和能力的差距比較清楚
11. 正確估計自己的社會角色
12. 對自己的感受和情緒有較為清楚的認識
13. 明白自己能力的極限

三、培養方法與途徑

正確的自我意識有利於人的心理健康，有利於人對自身行為進行適宜的調控，實現自己的義務和責任，走向全面發展與成功。那麼，怎樣培養正確的自我意識呢？

（一）正確地認識自我

認識自我是人類從古到今一個永恆的話題，正確地認識自我是培養形成健全的自我意識的基礎。古人雲：「人貴有自知之明。」如果一個人能對自我有一個較全面、客觀的認識和評價，就能揚長避短、取

長補短、發展自己、完善自己。可從以下三個方面做起。

1. 全面深刻地瞭解自我，找準自己在現實環境中的位置

要正確地認識自我，首先要從生理的自我、心理的自我、社會的自我三個方面來全面深刻地瞭解自己。為此，要努力拓寬自己的知識面，增強信息來源，提高文化水平和修養；多與他人交流思想，多徵詢他人對自己的看法，以適當的參照系來瞭解自己。這樣對理想自我的構建、自我的發展以及人際關係的處理大有裨益。

2. 客觀準確地認識自我，建立自信

注意從多個角度、多個側面來客觀評價自我。一方面，既要進行縱向比較，將現實的自我和理想的自我作比較，看到自己的差距；同時，也要將現實的自我與過去的自我作對照，看到自己的進步。另一方面，還要進行橫向比較，與超過自己的、與自己相似的、比自己稍差的人作比較。要將上述各個方面獲得的信息綜合分析，以獲得較為客觀的評價，既不妄自菲薄，也不夜郎自大。

3. 獨立、穩定地認識自我

在評價自我時，避免盲目地接受他人的暗示和對權威、群體性心理的完全依賴。要有自己獨立的意志，同時還要避免以一時、一事作為衡量評價自我的尺度，要對自己有一個穩定的、概括的評價。

補充材料 3-2：

喬韓窗口理論

現代人有很多文化經驗、科學知識，可說無所不知，但缺少自知。而自知乃是一個人自我意識發展的基礎。美國心理學家約翰（Jone）和哈里（Hary）提出了關於人自我認知的窗口理論，被稱為「喬韓窗口理論」。他們認為，人對自己的認識是一個不斷探索的過程。根據一個人對自身的瞭解與他人對自身的瞭解兩個緯度，可把每個人的自我都分為四部分：公開的自我、盲目的自我、秘密的自我和未知的自我。通過與他人分享秘密的自我，通過他人的反饋減少盲目的自我，人對自己的瞭解就會更多更客觀（見表 3-1）。

表 3-1　　　　　　　　　喬韓窗口理論

	自知	自不知
他知	A. 公開的我	B. 盲目的我
他不知	C. 秘密的我	D. 未知的我

(二) 積極地悅納自我

悅納自我是發展形成正確自我意識的核心和關鍵。一個人首先應自我接納，才能為他人所接納。

「自我接納」是指個體對自身以及自身所具特徵所持的一種積極的態度，即無條件地接受自己的一切，無論是好的或是壞的，成功的或失敗的。要平靜而理智地對待自己的長短優劣，要樂觀開朗，以發展的眼光來看待自己：既不消極迴避自身的現狀，自欺欺人，更不以哀怨、自責甚至厭惡來否定自己。在自我悅納的基礎上，培養自信、自立、自強、自主的心理品質，從而發展自我、更新自我。

自我接納是個體健康成長的前提。一個人如果不接納自己，連自己的問題都不敢正視，那他怎麼能引導自己向上？更何況，在生活中，不接納自己的人常會把很多能量用在自我否認和排斥上，帶著那麼多對自己的不滿、失望，甚至否認和拒絕，又怎麼可能成長？有句話說得好：「先愛你自己，別人才愛你。」一個看不起自己的人還有誰會重視你？自尊是獲得別人尊重的基礎，自信是贏得別人信任的根本。所以，每一個人都要學會接納自己。

在公關實務活動中，企業公關人員的公關對象結構很複雜，有些公關人員，或因地位低，或因資歷淺，或因經驗少，或因單位小等原因，面對地位高的、資歷深的、經驗豐富的、大單位的公關對象，常會產生自卑心理，在對方面前總覺得自己渺小低下，大有「配不上」的心態，因此就顯得拘謹、膽怯、手足無措、言談小心翼翼、吞吞吐吐、詞不達意，這樣當然會影響公關效果。公關工作並非簡單的「二傳手」。公關人員在協助領導決策時，雖然在一定程度上能預測到工作的結果，但有時還是要冒一定的風險，這就需要自信。在處理令人尷尬或危機四伏的意外情況時，自信的公關人員就會沉著冷靜，憑著智慧和信心，通過艱辛的努力，迅速而出色地完成任務。正如法國啟蒙學家盧梭所說：「自信心對於事業簡直是奇跡，有了它，你的才智可以取之不盡、用之不竭。一個沒有自信力的人，無論他有多大才能，也不會有成功的機會。」所以，公關人員首先要樹立起自信心，充滿自信的公關人員，敢於面對挑戰，敢於追求卓越。他們自信能超人、自信能勝人，會以極大的勇氣和毅力塑造出自己和組織的良好形象。

自我接納加上能力，這是構成自信的兩大基石。

有自我接納，有不斷自我完善的動機和行為，總有一天，就會具備能力，並最終具備自信。所以，自我接納是自信的起點。從自我接

納出發，不僅可以讓人早日擺脫自卑，更可以讓人早一天走向自信。

自我接納的方法如下：

1. 停止與自己對立

「停止與自己對立」是指停止對自己的不滿和批判。不論自認為做了多少不合適的事，有多少不足，從現在起，都停止對自己的挑剔和責備，要學習站在自己這一邊，維護自己生命的尊嚴和價值。

參考句式：「不論我的現狀如何，我選擇尊重自己的生命的獨特性。」

2. 停止苛求自己

具體地說，就是允許自己犯錯誤，但在犯錯後要做出補償，彌補自己的錯誤造成的損失；要記住，一個錯誤不犯兩遍。

參考句式：「不論做錯了什麼，我選擇從中吸取教訓。」「我選擇不二過，而不是不斷地責備自己。」

3. 停止否認或逃避自己的負性情緒

如果產生了負性情緒，不要去抑制、否認或掩飾它，更不要責備自己，對自己生氣。要先坦然地承認並且接納自己的負性情緒，不論它是沮喪、憤怒、焦慮還是敵意。

人產生負性情緒是很正常的，它提醒你對現狀要有所警覺，是改變現狀的先決條件。如果一個人不為自己的成績差而沮喪，他就不會迎頭趕上，努力學習；如果一個人不為和別人的矛盾而苦惱，他就不知道自己的人際交往方式需要調整。

所以，不要怕產生負性情緒，也不要否認或逃避。先要接納它，然後再想辦法解決引起負性情緒的問題。

參考句式：「不論我產生什麼樣的負性情緒，我選擇積極地正視、關注和體驗它，我將從中瞭解自己的思想問題，並給予具體的解決措施。」

4. 無條件地接納自己

不少人從小就受到一些條件的限制，或者嚴格的管束，致使他們以為只有具備某種條件，如漂亮的外表、優異的學習成績、過人的專長、出色的工作業績等等，才能獲得被自己和他人接納的資格。於是，背上了自卑的包袱，並逐漸習慣用挑剔的眼光看待自己。為此，我們要學習做自己的朋友，站在自己這一邊，接受並且關心自己的身體和心理狀況，不帶任何附加條件地接納自己的一切。

參考句式：「不論我有什麼優點和弱點，我首先選擇無條件地接

納自己。」

補充材料 3-3：

2003 年 12 月 24 日，時任中國外交部長的李肇星走進了新華網「發展論壇」聊天室，在 105 分鐘的時間裡，2.7 萬網友共問了李外長 2,000 個問題。其中有一位網友提問道：「如果別人說你的長相不敢恭維，你怎麼想？」

李外長答復：我的母親不會同意這種看法。她是山東農村的一位普通婦女，曾給八路軍做過鞋，她對我的長相感到自豪。我在美國最大的大學俄亥俄大學演講的時候，3,000 名學生曾經起立給我鼓掌達 3 分鐘。如果我的工作使外國人覺得我的祖國是美好的，就是我的幸福和榮耀。當地的美國教授對我說，看起來，你看重的是自己的祖國，對自己看得很輕。這正如美國有句諺語說的：天使能夠飛翔，是因為把自己看得很輕。

對於李外長的長相，也有人讚賞有加。網友說：雖然有人不恭維你的外表，但在我們女網友看來，你是特別有男人魅力的，在外交場合讓我們看到了中國男人的陽剛之美。

李外長回復：「你的話令我受寵若驚。在工作中我很少注意到自己的外表。」

（三）有效控制自我

自我控制是人主動、定向地改變自我的心理品質特徵和行為的心理過程。有效地控制自我是健全自我意識、完善自我的根本途徑。缺乏自我控制意識的人將是一個情緒化的、缺乏承受力的、一事無成的人。對自我的有效監督和控制，離不開意志的力量。只有意志健全的個體才會做到對自我的有效控制，從而最終實現理想的自我。

下面簡單介紹幾個控制自我的方法：

（1）把自己的感情出口放寬，莫使心胸像個瓶頸；

（2）在任何情境中，都嘗試從積極樂觀的角度看問題，從長遠的利益作決定；

（3）對生活環境中的一切多欣賞，少抱怨，有不如意之處應指出並設法改善，坐而空談不如起而實行；

（4）對是非之爭辯，只要自己認清真理正義之所在，就堅持到底；

（5）設定積極而可行的生活目標，然後全力以赴求其實現，但卻

不能期望未來的結果一定圓滿；

（6）莫使自己的生活僵化，為自己在思想與行動上留一點彈性空間，偶爾放鬆一下身心，將有助於自己潛力的發揮；

（7）與人坦率相處，讓別人看見你的長處和缺點，也讓別人分享你的快樂與痛苦。

在公關實踐過程中，公關人員要經常同各種各樣的人打交道，其間包括熱情好客的，也有冷漠吝嗇的；有口若懸河的，也有「金口」難開的；有積極合作的，也有製造麻煩的；有如實反應情況的，也有謊報「軍情」的。公關人員遇到這些不同情況，必須善於自我控制，學會忍耐，遇到任何麻煩、棘手之事都要沉得住氣，不因情緒激動而手舞足蹈，饒舌不止；也不因情緒低沉而緊鎖雙眉，哭喪著臉。任何時候都要防止自己勃然大怒、暴跳如雷。當然，自制不是表面的強作笑顏或強壓怒火，自制力實際上是人的高度的思想道德修養和性格堅強的表現。

有幾位香港資深的公關經理到廣州參加一個研討會，交談中論及工作的甘苦時都異口同聲地說，做了幾十年公關工作，感受最深的一點就是：干這一行一定得學會一個「忍」字。如若不忍，關係立即就會呈現緊張狀態。也許，為了一次談判的進行，為了改善本公司在顧客心目中的形象，為了與兄弟單位建立合作關係，大家已經花費了很多精力，如今因為在一個環節上沉不住氣，就可能前功盡棄，這又是否值得呢？

公關人員的自我控制能力也是意志（毅力）的表現，是一種深淺有度的把握能力。1951年就開始的板門店談判，進展相當困難。在交換戰俘的問題上，美國提出無理要求並採取拖延手法，談判桌上久久沉默對峙。中方的李克農將軍只指示三個字「坐下去」。當時的中國和朝鮮代表，沉穩地靜坐了132分鐘，終於使美國人頂不住了，宣布休會。這中間，除了正義與非正義的較量外，也有意志和毅力的較量。「狹路相逢勇者勝」，忍耐是公關人員獲得勇氣、取得成功的重要因素。

在工作中，公關人員在處理各種衝突和投訴時，應能保持清醒的頭腦，能控制住心頭的火氣和怒氣，因為只有這樣才能使組織在公眾中樹立的形象不受損失。

廣州某化妝品廠發生過這樣一件事：一天，一位姑娘來到公關部，她手裡拿著一盒化妝品，怒氣衝衝地質問公關部經理：「這盒倒霉的

東西是不是你們廠的產品？廣告上說能袪除雀斑，可我用過後，不但沒有袪掉雀斑，還弄壞了我的皮膚。」公關經理一看，姑娘臉上果然有許多因藥品刺激而形成的紅斑，於是關切地說：「別急，我們一會再說，你的皮膚要緊，我馬上陪你去醫院檢查一下，藥費我們全包了。」醫生檢查後指出，這位姑娘的皮膚屬敏感性皮膚，不適宜使用這種類型的化妝品，幸虧這種化妝品藥性不強，不會引起什麼惡果。聽完醫生的這番話，姑娘臉上的表情緩和了。這時公關經理才從化妝品包裝盒中取出原來就附在裡面的說明書，對姑娘說：「其實，這說明書上已有註明，什麼皮膚不宜使用這種化妝品。根據醫生的檢查結果，我覺得另一種牌子的產品挺適合你，你不妨試試看。」聽了公關經理的一席話，姑娘的臉頰上露出了滿意的笑容，一場可能激化的糾紛化解了。

不難想像，如果公關經理不能很好地控制自我，面對怒氣衝衝的姑娘，一開始就和她爭論誰是誰非的話，就很難消除那位姑娘對廠家的敵意。

總而言之，正確的自我意識的形成與健全需要付出艱辛的努力和巨大的代價，它是每個追求卓越、追求自我實現的人的終生課題。

第三節　公關人員的情緒管理

情緒是人們對於周圍事物的一種內心感受和體驗，情緒能影響一個人的精神狀態，改變一個人的處事態度和待人接物的方式方法；同時情緒還具有感染性。爭取公眾，首先在於爭取公眾的感情。公關人員積極的情緒有利於創造出融洽和諧的工作氣氛，便於合作，取得理解和支持；相反，消極的情緒則會使對方不安和窘迫，造成僵局和對立。公關人員必須善於調整自己的心態，保持樂觀的情緒，微笑面對公眾，面對一切。公關人員在與公眾打交道的過程中肯定會遇到一些麻煩，甚至是極不友好的態度。但作為一名公關人員，要時刻把自己置於超越「自我」的地位，對待具有敵意的語言、場合要善於控制自己，不能感情用事。要認真分析情況，採用妥當的措施，避免因個人情緒失控，對個人和組織形象造成負面影響。

一、情緒管理的方法

情緒管理是一門學問，也是一種藝術，需要掌控得恰到好處。

（一）做情緒的主人

人難免有脾氣，難免會為一些事情感傷，但將這種負面的情緒放在自己與別人身上好嗎？當然不好。沒有人想當你的出氣筒，每個人都是自己心情的主人，你可以控制自己的喜、怒、哀、樂，運用自如。當我們容許別人掌控我們的情緒時，我們便覺得自己是受害者，對現況無能為力，抱怨與憤怒成為我們唯一的選擇。我們開始怪罪他人，並且傳達一個信息：「我這樣痛苦，都是你造成的，你要為我的痛苦負責！」

「當自求解脫，切勿求助他人」。這是釋迦牟尼圓寂時的最後一句話。我們不一定去當佛教徒，我們也無須拒絕他人的援助之手。但當我們為心理困境所擾時，也應該首先學會自救。一個成熟的人情緒穩定，應該為自己負責，讓別人和他在一起時成為享受，而不是壓力。

假如你的煩惱是別人引起的，你是非常可憐的。你的鑰匙在哪裡？在別人手中嗎？快去把它拿回來吧！

（二）合理發泄情緒

解脫不良情緒的辦法就是合理發泄。合理發泄情緒是指以不傷害自己和他人的健康，不破壞社會道德生活的方式，把心理上積存的鬱悶通通發泄出來，使神經通路無阻。在適當的場合、用適當的方式來排解心中的不良情緒，它可以防止不良情緒對人體的危害。

1. 哭——投入地哭一次

從科學的觀點看，哭是自我心理保護的一種措施，它可以釋放不良情緒產生的能量，調節機體的平衡，促進新陳代謝；哭是解除緊張、煩惱和痛苦的好方法。許多人哭一場過後，痛苦、悲傷的心情就會減輕許多。

2. 喊——痛快地喊一回

當受到不良情緒困擾時，不妨痛痛快快地喊幾聲。通過急促強烈的、無拘無束的喊叫，將內心的積鬱發泄出來，也是一種解脫的方法。它可以使人的心理達到一種平衡，有助於培養自信心。

3. 訴——向親朋好友傾訴衷腸

俗話說：「快樂有人分享，是更大的快樂；痛苦有人分擔，就可以減輕痛苦。」把不愉快的事情隱藏在心中，會增加心理負擔。找人傾訴煩惱，訴說衷腸，不僅可以使自己的心情感到舒暢，而且還能得到別人的安慰、開導以及解決問題的方法。向朋友訴說是一種良好的宣洩方法。請記住培根的名言：「把快樂告訴一個朋友，將得到兩個

快樂；把憂愁向一個朋友述說，則只剩下半個憂愁。」

(三) 轉移注意力

轉移注意力就是把注意力從引起不良情緒的事情轉移到其他事情上，這樣就可以使人從消極情緒中解脫出來，從而激發積極、愉快的情緒反應。

轉移注意力可以通過改變注意的焦點來達到目的。當自己情緒不好時，可以參與一些自己平時感興趣的事，參與一些自己感興趣的活動。通過做游戲、打球、下棋、聽音樂、看電影、讀報紙等正當而有意義的活動，使自己從消極情緒中解脫。另外，還可以轉移話題或回憶自己高興、幸福的事，使消極情緒轉移到積極情緒上去。

情境轉移可以調整情緒，也可以幫助一個人平息怒火。其方式之一就是走到一個山清水秀的清幽之地，使激昂的生理狀態漸漸平復。

轉移注意力還可以通過改變環境來達到目的。當自己情緒不理想時，到室外走一走，到風景優美的環境中玩一玩，會使人精神振奮，忘卻煩惱。把自己困在屋裡，不僅不利於消除不良情緒，而且可能加重不良情緒對自己的危害。即便不走出去，如果能夠改變一下自己所處的環境，也可以使心理得到轉機。如收拾一下房間，改變一下佈局，點綴一些花草，都不失為一種好辦法。

轉移注意力的方法看起來是一種消極的調節方法，但會收到良好的效果，它適合於比較容易排解的情緒。

(四) 學會控制情緒

自我控制情緒的方法很多，我們只給大家介紹四種。首先，我們做一個小實驗：你靜下心來，在心中默念「喜笑顏開」「開懷大笑」，並且想像這些情景，你會產生什麼感覺呢？

1. 自我暗示法

你也許會產生一種真的很高興的感覺。這個實驗，說明了語言能對人的情緒產生暗示作用。因此，我們可以利用語言的暗示作用來對不良情緒進行調控。自我暗示可以控制不良情緒的產生，而且還可以緩解已經產生的不良情緒。當你發怒時，可以反覆地暗示自己「不要發怒，發怒有害無益」；當你陷入憂愁時，可以暗示自己「憂愁沒有用，無濟於事，還是振作起來吧」。這些緩解情緒的方法稱為自我暗示法。

2. 自我激勵法

自我激勵法是用生活中的哲理或思想來鼓勵自己。這是用理智調

控情緒的一種方式，是一種精神動力。一個人在消極的情緒中，通過名言、警句進行自我激勵，能夠有效地調控情緒。林則徐為了調控自己的情緒，寫了「制怒」的條幅懸掛屋中，以此告誡自己。

3. 心理換位法

心理換位，就是打破思維的定勢，站在別人的角度上思考問題。這樣，通過充當別人的角色來體會別人的心態與想法，就會增加相互間的理解與溝通，防止一些不良情緒的產生。心理換位法更重要的是可以消除自己不能調節的情緒。

4. 昇華法

昇華法，即把消極的情緒與頭腦中的積極因素相聯繫，把消極的情緒轉化為積極的行為，變消極的情緒為激勵自己前進的推動力。昇華法其實是一種高水平的發洩，是將情緒激起的能量引導到對人、對己、對社會都有利的方向。塞萬提斯在早年遭遇不幸之後，寫出了《唐吉訶德》；歌德在失戀之後，寫出了《少年維特之煩惱》。這就是利用昇華法調節情緒的典型事例。

二、關於情商

「情商」來源於美國心理學家薩洛維（Salovery）和梅耶（Mayer）於1990年共同提出的「情緒智力」的概念。美國哈佛大學心理學教授戈爾曼（D. Golman）於1995年發表《情緒智力》一書，在全球掀起了一股「情商」熱潮。他認為，人們首先要認識 EQ 的重要性，改變過去只重視 IQ、認為 IQ 就等於高成就的傳統概念。他通過科學論證得出結論：「EQ 是人類最重要的生存能力」，人生的成就只有 20% 可歸諸 IQ，另外 80% 則要受其他因素（尤其是 EQ）的影響。因此只有從重視 IQ 轉到重視 EQ 上來，並大力提升年輕一代的 EQ，才能拯救現代社會。戈爾曼（D. Golman）在書中論述的都是 Emotional Intelligence，即「情緒智力」，但卻以 EQ 兩個字母作為書名，其用意就是要使人們的注意力轉移到 EQ 上來。

「情商」是情緒、情感商數的簡稱，也是情緒評定的量度。情商是情感理論的新發展，情商高，才能情緒穩定、意志堅強、樂觀豁達，有利於自身學習、工作及人際關係調整。具體說來，公關人員的情商包含以下五種能力：

1. 認識自己的情緒

認識情緒的本質是情感智商的基石，當人們出現了某種情緒時，

應該承認並認識這些情緒而不是躲避或推脫。這種認識自己情緒的能力叫自我覺知。

2. 妥善管理情緒

情緒管理是指能夠自我安慰，能夠調控自我的情緒，使之適時、適宜、適度。

3. 自我激勵

自我激勵是指能將情緒專注於某項目標上，為了達到目標而調動、指揮情緒的能力。任何方面的成功都必須有情緒的自我控制——延遲滿足、控制衝動、統攬全局。

補充材料 3－4：

小小的糖果試驗告訴了我們什麼

有一個很有趣的實驗很能夠說明問題。20個世紀60年代的心理學家米切爾（Walter Mitchell）曾經設計過一個實驗來分析控制衝動、延緩滿足、抵制誘惑的水平今後取得成功的影響。實驗人員對一群4歲的孩子說，你們現在每人可以馬上得到一顆果汁軟糖，但是如果等我外出辦事回來就可以得到兩顆，說罷便離開了。他20分鐘後才回來兌現了承諾。經觀察發現，一些孩子（A組）在實驗人員出門的一剎那就抓取並享用了一顆糖，而另一些孩子（B組）為抵制誘惑，或閉目低頭，或喃喃自語，或玩遊戲甚至去睡覺一直等到實驗人員回來得到兩顆糖的回報。然後，實驗人員對A、B兩組的孩子進行追蹤研究一直持續到高中畢業。在此後的12～14年裡，B組孩子表現出較強的競爭性、較高的自信心、能較好地應付生活中的挫折；A組孩子中有1/3的人缺乏上述品質，而且有較多的人出現心理問題。兩組孩子高中畢業時在SAT學業能力傾向測量中，B組的平均分數高出A組120分。因此，這項追蹤研究得出結論——延緩滿足、抵制誘惑的自我控制能力是個人獲得成功的要素之一。

4. 認知他人的情緒

認知他人的情緒即移情的能力，是在自我認知的基礎上發展起來的最基本的人際技巧。具有這種能力的人，能通過細微的社會信號敏銳感受到他人的需要與慾望，能分享他人的情感，對他人處境感同身受，並能客觀理解、分析他人情感。

5. 人際關係的管理

大體而言，人際關係的管理就是調控他人的情緒反應的技巧。這

種能力包括展示情感、富於表現力與情緒感染力，以及社交能力（組織能力、談判能力、衝突能力等）。

從 EQ 的提出及它所包含的幾種能力可以看出，EQ 所涉及的並非僅僅是情緒，而是以情緒為核心的諸多非智力因素。如在人際交往中察覺他人的需要與慾望，進而瞭解他人的情感；通過調控他人的情緒反應對其加強管理等。也可以這麼說，認識個體與他人情緒反應的起因，以及對它們的理解與分析在很大程度上決定著個體對自身的認知與歸因。

三、公關人員情商的提高

公共關係人員也應該從這五個方面提高自己的情商：

1. 準確地認識自身的情緒

只有準確地認識自己真實的情緒，才有可能有效地對自己的情緒進行管理，才有可能以正確的方式進行自我激勵，才有可能對他人的情緒做出正確的認知，最後才有可能運用自己和他人的情緒，達到調節關係的目的。

2. 有效地管理自己情緒

在準確認識自身情緒的基礎上，公關人員應對自己的情緒進行有效的管理。在大多數時候，公關人員的工作是面臨各種類型的公眾的。因此，如何做到不受負面情緒的影響，以最佳的狀態面對公眾進行溝通和協調就顯得尤為重要。比如，公關人員可能會因為各種原因，情緒比較低落。但是，在面對公眾時，則要在最短的時間內調整自己的情緒，將自己的真實情緒隱藏起來，和平常一樣以熱情、真誠的狀態投入到和公眾的交往中去。在和公眾打交道時，公關人員不能僅僅是表面上的熱情和主動，更要在內心真正改變自己的狀態，才能完成並做好自己的工作，才能使公眾感受到自己的真誠，最終被公眾所接受和肯定。另外，隨著客觀環境的變化，組織在發展的過程中會面臨各種各樣的突發事件。當事件發生時，如果公關人員不能有效地克服自己的恐懼和慌張，就會使事態朝著不良的方向演變，給組織帶來不可估量的損失。因此，公關人員一定要具備很好的情緒自控、自制能力，要在突發事件面前保持足夠的清醒和冷靜，才能做到隨機應變，盡快採取有效措施控制事態的惡化，盡量為組織挽回損失。因此，對於公共關係人員來說，有效地管理自己的情緒是公共關係的職業特點所決定的。由於公共關係的服務性特點，更要求公關人員對自己的情緒有

更強的控制和約束能力，才能達到服務公眾的最佳效果。

3. 有效地進行自我激勵

對於這一點，尤其要求公關人員必須具備樂觀和自信的心理素質。公共關係的行業特點決定了公關人員要承受巨大的壓力，因此，自信和樂觀的情緒對公關人員的抗壓和激勵顯得尤為重要。公共人員要具備自信的心理，要堅信自己的能力，只有這樣才能敢於面對挑戰，敢於開拓創新；同時，公關人員要有樂觀的精神。只有具備樂觀的精神，才能使公關人員在最艱難的時刻以最真誠和最具感染力的微笑面對公眾、感染公眾，在面臨挫折和挑戰時鼓勵自己重拾信心，在困境中泰然自若地應對各種問題。因此，樂觀和自信是公共關係人員必須具備的心理素質。如果缺少樂觀與自信，公關人員的其他素質也就無從談起。

4. 有效地認知公眾的情緒

這是公關人員處理與公眾之間關係的基礎。只有對公眾的情緒有準確地認知，才能有效地採取相應的措施對自己的情緒進行管理和利用，達到與公眾交往的最佳效果；只有對公眾的情緒有足夠的敏感性和準確地認知，才能及時對公眾的行為做出最正確的反應，以達到公共關係的最佳效果。

5. 有效地協調與公眾的關係

從一定程度上講，公共關係活動的成敗取決於公關人員與公眾交往的效果。公關人員只有準確地認知自身和公眾的情緒、有效地控制管理自己的情緒、以樂觀和自信的狀態面對公眾，才能夠達到與公眾建立和諧關係的目的，從而最終為公共關係活動的成功打下堅實的基礎。

第四節　公關人員如何應對挫折

公關活動並不都是一帆風順的，隨時都可能遇到各種各樣的阻力和困難，甚至遭遇公關活動的失敗。當記者問偉達（中國）公共關係顧問公司公共事務總監張心宏「做公關最大的職業困境是什麼」時，他說，「做公關，面臨的 70%～85% 的情況都是困難和挫折。最常見的就是客戶挑剔，其實你該做的研究也做了，但客戶就是不認同。讓客戶高興是比較難的事情，客戶很容易受到更低價格的誘惑，橫挑鼻

子豎挑眼，這也是公關人比較苦惱的事情。」這樣，有的人可能產生畏難情緒，甚至自暴自棄，這對於一個公關人員來說是必須避免的。

一、挫折的概念

挫折是指個體在通向目標的過程中遇到難以克服的障礙或干擾，使目標不能達到、需要無法滿足時，所產生的不愉快情緒反應。挫折有兩種含義：一是指挫折情境，就是使個體活動受到阻礙的環境、對象、情境；二是指挫折感受，就是個體活動受阻時產生的情緒狀態。挫折感受是一種複雜的內心體驗，包括煩惱、困惑、焦慮、憤怒等各種負面情緒交織在一起。

挫折對個人構成情緒上的打擊與威脅，包括自尊心的損傷、自信心的喪失、孤獨感與愧疚感的增加，使人產生一種由緊張、不安、焦急、憂慮、恐懼等感受交織而成的情緒體驗。心理學的研究表明，人對挫折的耐受力受人的生理條件、過去挫折的經驗以及個人對挫折的主觀認識的影響。

二、挫折的應對策略

既然挫折是不可避免的，那麼就有必要學會如何面對挫折，如何應對挫折，提高挫折承受力。

（一）正確認識挫折

要提高承受挫折的能力，首先要正確認識挫折。在現實生活中，遭遇失敗和挫折是正常的，也是不可避免的，它既有正向功能，也有負向功能；既可使人走向成熟、取得成就，也可能破壞個人的前途。關鍵在於你怎樣面對挫折。

適度的挫折具有一定的積極意義，它可以幫助人們驅走惰性，使人奮進，同時又是一種挑戰和考驗。英國哲學家培根說過：「超越自然的奇跡多是在對逆境的徵服中出現的。」

首先，挫折可以幫助人成長。人的成長過程是適應社會要求的過程，如果適應得好，就覺得寬心、和諧；如果不適應，就覺得別扭、失意。而適應就要學會調整自己的動機、追求和行為。一個人出生時，根本不知道什麼是對，什麼是錯，正是通過鼓勵、制止、允許、反對、獎勵、處罰、引導、勸說，甚至身體上的體罰與限制才能使他學會舉止與行為的適應和得當，學會在不同環境、不同時間、不同規範條件下調整自己的行為。如果一個孩子從小就不受約束、無法無天，一旦

獨立生活就可能被淹沒在矛盾和挫折之中。

例如，德國天文學家開普勒，從童年時代開始便多災多難——在母腹中只待了七個月就早早來到了人間。後來，天花又把他變成了麻子，猩紅熱又弄壞了他的眼睛，但他憑著頑強、堅毅的品德發憤讀書，學習成績遙遙領先於他的同伴。再後來，因父親欠債使他失去了讀書的機會，他就邊自學邊研究天文學。在以後的生活中，他又經歷了多病、良師去世、妻子去世等一連串的打擊，但他仍未停下對天文學的研究，終於在59歲時發現了天體運行的三大定律。他把一切不幸都化作了推動自己前進的動力，以驚人的毅力，摘取了科學的桂冠，成為「天空的立法者」。

挫折能夠增強人的意志力。實際上，生活中許多輕度挫折，是意志力的「運動場」，當你大汗淋漓地跑完全程，克服了生活中的挫折，就會獲得愉快的體驗。心理學家把輕度的挫折比作「精神補品」，因為每戰勝一次挫折，都強化了自身的力量，為下一次應對挫折提供了「精神力量」。

當然，挫折也有負面效應。在日常生活中，每個人對於挫折的反應並不相同，這決定於對挫折的理解。比如一個朋友批評了你，你可能會聽從，甚至非常感激他；但如果把這位朋友的批評曲解了，認為有損你的尊嚴，那你的反應也許就大不一樣了。

可見挫折猶如一把雙刃劍，可以為我們所用，也可以傷害我們，關鍵就要看我們怎麼對待它了。

補充材料3-5：

在大海上航行的船沒有不帶傷的

英國勞埃德保險公司曾從拍賣市場買下一艘船，這艘船1894年下水，在大西洋上曾138次遭遇冰山、116次觸礁、13次起火、207次被風暴扭斷桅杆，然而它從沒有沉沒過。勞埃德保險公司基於它不可思議的經歷及在保費方面帶來的可觀收益，最後決定把它從荷蘭買回來捐給國家。現在這艘船就停放在英國薩倫港的國家船舶博物館裡。

不過，使這艘船名揚天下的卻是一名來此觀光的律師。當時，他剛打輸了一場官司，委託人也於不久前自殺了。儘管這不是他的第一次失敗辯護，也不是他遇到的第一例自殺事件，然而，每當遇到這樣的事情，他總有一種負罪感。他不知該怎樣安慰這些在生意場上遭受不幸的人。

當他在薩倫船舶博物館看到這艘船時，忽然有一種想法，為什麼不讓人們來參觀參觀這艘船呢？於是，他就把這艘船的歷史抄下來和這艘船的照片一起掛在他的律師事務所裡。每當商界的委託人請他作辯護，無論輸贏，他都建議他們去看看這艘船。

它使我們知道：在大海上航行的船沒有不帶傷的。

溫馨提示：雖然屢遭挫折，卻能夠堅強地百折不撓地挺住，這就是成功的秘密。

（二）改變不合理觀念

心理學研究表明，引起強烈挫折感的與其說是挫折、衝突，不如說是受挫者對所受挫折的看法以及所採取的態度。常見的不合理觀念有以下幾種：

1. 此事不該發生

有些人把生活中的不順利，工作、交往中的挫折、失敗看成是不應該發生的。他們認為，生活應該是愉快的、豐富的，人際關係應該是和諧的、互助的。一旦生活、工作中出現諸如人際關係衝突、業績評不上優秀等事件，就認為它不應該發生，而變得煩躁易怒、痛苦不堪、束手無策、失去信心。

2. 以偏概全

有些人常常以片面的思維方式看待事物，簡單地以個別事件來斷言全部生活，一葉障目。例如，有人對自己不友好，就得出結論說自己人緣不好或缺乏交往能力；一次失戀就認為自己對異性沒有吸引力等，從而導致自責自怨、自卑自棄的心理，甚至引發焦慮、抑鬱。以偏概全不僅表現在對自己的認識上，也表現在對他人、對社會的認識中。例如，因一事有錯而對他人全盤否定；因社會現象醜陋，就看不到光明，從而喪失信心。

3. 無限誇大後果

有些人遇到的是一些小挫折，卻把後果想像得非常糟糕、可怕。誇大後果的結果是使人越想越消沉，情緒越來越惡劣，最後陷入難以自拔的境地。

補充材料 3-6：

陰影是條紙龍

人生中，經常有無數來自外部的打擊，但這些打擊究竟會對你產生怎樣的影響，最終決定權在你手中。

公關人員的心理素質

祖父用紙給我做過一條長龍。長龍腹腔的空隙僅僅只能容納幾只蝗蟲，將蝗蟲投放進去，它們都死在裡面了，無一幸免！祖父說：「蝗蟲性子太躁，除了掙扎，它們沒想過用嘴巴去咬破長龍，也不知道一直向前可以從另一端爬出來。因而，儘管它有鐵鉗般的嘴和鋸齒一般的大腿，也無濟於事。」當祖父把幾只同樣大小的青蟲從龍頭放進去，然後關上龍頭時，奇跡出現了：僅僅幾分鐘後，小青蟲們就一一地從龍尾爬了出來。

溫馨提示：命運一直藏匿在我們的思想裡。許多人走不出人生各個不同階段或大或小的陰影，並非因為他們天生的個人條件比別人要差多遠，而是因為他們沒有想法要將「陰影紙龍」咬破，也沒有耐心慢慢地找準一個方向，一步步地向前，直到眼前出現新天地。

只有改變不良的認知方式、糾正錯誤的觀念，才能實事求是地評價挫折帶來的後果，從困境中看到希望。

（三）加強修養，勇於實踐

為了提高挫折承受力，就應該主動地、自覺地將自己置身於充滿矛盾的、複雜的社會環境中去磨煉，向生活學習，而不是逃避社會。同時，必須提高自身的思想修養、道德修養、知識素養、培養「慎獨」精神，養成冷靜思考的習慣，經常自我分析、自我反省、自我激勵。從心理發展的角度看，積極主動地適應，勇敢頑強地拼搏，反覆不懈地磨煉。這樣才會使心理更趨成熟，增強承受挫折、化解衝突的能力，促進自己朝著健康、向上的方向發展。

補充材料 3－7：

井裡的驢子（寓言一則）

有一天，農夫的一頭驢子不小心掉進了一口枯井裡，農夫絞盡腦汁想辦法要救出驢子，但幾個小時過去了，驢子還在井裡痛苦地哀嚎著。

最後，這位農夫決定放棄，他想這頭驢子年紀大了，不值得大費周章去把它救出來，不過無論如何，這口井還是得填上。於是，農夫便請來左鄰右舍幫忙一起將井中的驢子埋了，以免除它的痛苦。

農夫和鄰居人手一把鏟子，開始將泥土鏟進枯井中。當這頭驢子瞭解到自己的處境時，剛開始哭得很淒慘。但出人意料的是，不久之後這頭驢子就安靜下來了。農夫好奇地探頭往井底一看，出現在眼前的景象令他大吃一驚：

当铲进井里的泥土落在驴子的背部时，驴子的反应令人称奇——它将泥土抖落在一旁，然后站到泥土堆上面！

就这样，驴子将大家铲在它身上的泥土全部抖落在井底，然后再站上去。很快地，这只驴子便得意地升到了井口，然后在众人惊讶的表情中快步跑开了！

温馨提示：在生命的旅程中，有时候我们也难免会陷入「枯井」里，会有各式各样的「泥沙」倾倒在我们身上，而想要从「枯井」脱困的秘诀就是：将「泥沙」抖落掉，然后站到上面去！

（四）优化自身人格品质

挫折承受力与人格特征有关。以下几种人格类型的人常常容易引起挫折感：

性情急躁的人。他们情绪变化大，易动怒，火暴脾气一点就著，常常因为一点芝麻绿豆的事而引起挫折感。

心胸狭窄的人。他们气量小、好猜疑，喜欢斤斤计较，容易体验消极的情感。

意志薄弱的人。他们做事缺乏耐力和持久，患得患失，害怕困难，只看眼前利益，经不起打击和挫折。

自我偏颇的人。他们缺乏自知之明，或者自高自大、目空一切，或者自卑自贱、畏首畏尾。

为了提高挫折承受能力，每个人都应主动地培养自己良好的人格品质，改变那些不适应发展的不良的人格品质。重点应培养自信乐观、宽容豁达、开拓创新、坚持不懈等品质。

自信才能保持乐观，乐观才能拥有自信，两者相辅相成。当遇到挫折、困境时，如果相信自己一定能取胜，那就会积极去改变现实、克服困难、战胜挫折，这是自信的作用。乐观者在面临挫折、困境时，不会被眼前的困难吓倒，而是能够透过表面的不利看到蕴藏在背后的希望，相信明天是美好的，从而信心十足地去战胜困难。

宽容豁达和开拓创新的人胸怀宽阔，对挫折不是被动地适应，一味忍耐，而是面向未来，积极进取，勇于创造新生活。

公关人员在复杂的公关活动中，可能会遇到因同事之间误解、领导主观偏见使自己感到委屈，或因他人的成功、自己的失败而使自己感到难堪等情况。这就更要求公关人员要有宽阔的胸襟，有容忍谦让的气量，克服狭隘嫉妒心理，化不利因素为有利因素，把工作干得更加出色。

大凡成功的人生都經歷過堅持。堅持就是勝利，堅持就是在最困難幾乎要放棄時擁有再堅持一下的勇氣。成功往往就在最後的堅持中。優化自身人格品質可以從以下方面著手：

（1）要有明確的目標。人的意志活動，總是指向一定的目的的。目的的性質決定人的意志力。要具有堅忍不拔的意志力，目標必須明確而適當，越明確、越具體，越能有的放矢，始終如一，堅持到底。過高的目標或太過簡單的目標都不利於培養和鍛煉人與困難做鬥爭的毅力。

（2）要有切實的計劃。目標一旦確定，就必須擬定切實可行的行動計劃，包括行動的步驟、方法和手段的選擇。在制定計劃時要正確分析實現計劃的主客觀條件，採取各種手段的有效性和合理性。只有理智地分析各種因素，權衡利弊，才能確定既能達到目的又適合個人實際條件的可行性計劃。意志力堅強與否，能從執行計劃的過程中，得到如實反應。堅強者：果斷，持之以恒；薄弱者：動搖、半途而廢。

（3）要有迎難而上的精神。一般說來，在執行決定的行動中，要克服個性中的消極品質，如懈怠、保守等不良習慣，要忍受由行動或行動環境帶來的種種不愉快的體驗等等，要克服來自主、客觀的各種困難，就需要發揚迎難而上、堅忍不拔的精神，否則，就不能到達勝利的彼岸。

（4）要堅持不懈。俗話說：「善始容易，善終難。」意志力的鍛煉，必須持之以恒、善始善終。大凡有志有成者均是數十年如一日，專心致志、鍥而不舍的意志堅忍者。在執行決定的過程中，常有與既定目標不符合的、具有誘惑力事物的吸引，這就要學會控制自己的感情，排除主、客觀因素的干擾，使自己行動按照預定方向和軌道堅持到底。那種見異思遷、半途而廢的行為，正是意志薄弱的表現。「無志者常立志，有志者立志長」，正是對意志強弱的生動寫照。

補充材料3－8：

狐狸與壓力應對（寓言一則）

盛夏酷暑，一群口干舌燥的狐狸來到一個葡萄架下。一串串晶瑩剔透的葡萄掛滿枝頭，狐狸們饞得直流口水，可葡萄架很高。

第一只狐狸跳了幾下摘不到，從附近找來一個梯子，爬上去滿載而歸。

第二只狐狸跳了多次仍吃不到，找遍四周，沒有任何工具可以利

用，笑了笑說：「這裡的葡萄一定特別酸！」於是，心安理得地走了。

第三只狐狸喊著「下定決心，排除萬難，吃不到葡萄死不瞑目」的口號，一次又一次跳個沒完，最後累死在葡萄架下。

第四只狐狸因為吃不到葡萄整天悶悶不樂，抑鬱成疾，不治而亡。

第五只狐狸想：「連個葡萄都吃不到，活著還有什麼意義呀！」於是找了根樹藤上吊了。

第六只狐狸吃不到葡萄便破口大罵，被路人一棒子了卻了性命。

第七只狐狸抱著「我得不到的東西也決不讓別人得到」的陰暗心理，一把火把葡萄園燒了，遭到其他狐狸的共同圍剿。

第八只狐狸想從第一只狐狸那裡偷、騙、搶些葡萄解饞，也受到了嚴厲的反擊。

第九只狐狸因為吃不到葡萄，氣極發瘋，終日蓬頭垢面，口中念念有詞：「吃葡萄不吐葡萄皮……」

另有幾只狐狸來到一個更高的葡萄架下，經過友好協商，利用疊羅漢的方法，成果共享，皆大歡喜！

狐狸們面對自己的需求、面對生存的壓力，各自採取了不同的辦法及策略，結果也不盡相同。第一只狐狸的聰明之處在於它能夠利用周邊的環境，借助外界的力量取勝；第二只狐狸採取了逃避現實的做法；第三、四、五、六、七、八、九只狐狸分別在不同層面上都有心理問題，他們採取了極端的做法，所以產生了極其可悲的後果。最聰明的應該屬於那幾只會疊羅漢的狐狸，因為他們沒有利用任何外力，只是通過集體的力量便大獲全勝。

人類也正面臨著越來越多的競爭和壓力，在眾多壓力面前，有的人積極樂觀，越戰越強，越挫越勇，不斷成長，取得成功；有的人卻無所適從，心浮氣躁，牢騷滿腹，怨天尤人，在惶惶然中一事無成；也有的人心身俱疲，積勞成疾，或重病纏身或英年早逝，這其中的差別就在於怎樣去應對壓力。

課後思考練習：

扎曼的信條

1984年，可口可樂公司遭到百事可樂公司強有力的挑戰，為了扭轉不利的競爭局面，可口可樂公司把重任交給了塞吉諾・扎曼。扎曼採取更換可口可樂的舊模式，標之以「新可口可樂」，並對其大肆宣

傳。在新的營銷策略中，扎曼犯了一個嚴重錯誤，他自以為是，根本就沒有考慮到顧客口味的不可變性，他將老可口可樂的酸味變成甜味，這就違背了顧客長久以來形成的習慣。結果，新可口可樂成為繼美國著名的艾德塞汽車失利以來最具災難性的新產品，以至79天後，「老可口可樂」就不得不重返櫃臺支撐局面——改為「古典可樂」。扎曼的失敗對他在公司的地位造成了巨大的負面影響，不久，飽受攻擊的他黯然離職。當扎曼離開可口可樂公司以後，有14個月他沒有同公司中的任何人交談過。對於那段不愉快的日子，他回憶說：「那時候我真是孤獨啊！」但是他沒有關閉任何門路，他和另一個合夥人又開辦了一家諮詢公司。在亞特蘭大一間被他戲稱為「扎曼市場」的地下室裡，他操縱著一臺電腦、一部電話和一部傳真機，為微軟公司和釀酒機械集團這樣的著名公司提供諮詢。他的信條是：「打破常規，敢於冒險。」在這個信條的指引下，扎曼為以微軟公司、米勒·布魯因公司為代表的一大批客戶成功地策劃了一個又一個發展戰略。最後，甚至連可口可樂公司也來向他諮詢，請他回來協助公司工作。於是扎曼在7年後又重返可口可樂公司。可口可樂公司總裁羅伯特也承認：「我們因為不能容忍錯誤而喪失了競爭力。其實，一個人只要運動就難免有摔跟頭的時候。」挫折，不論是人格上讓人蒙受屈辱的，還是破壞個人形象的，有時並不像人們想像的那麼糟糕。

思考題：

1. 扎曼是怎樣離開可口可樂公司的？
2. 扎曼離職時是什麼心情？他的信條是什麼？

第四章 公眾的心理傾向

在紛繁複雜、不斷變化的現代社會，公關主體能否成功地開展公共關係活動，在公眾心目中樹立組織的良好形象；公眾究竟對組織會採取何種行為，事實上都深受公眾的心理傾向的影響。所謂心理傾向，即心理上的傾向性，是人們對外界事物進行選擇性行為的心理活動過程。一般來說，人們在進行活動時有個思考選擇的過程，這種思考和選擇與五個方面的問題有關：即喜歡與否、需要與否、值得與否、能夠與否、實行與否。從心理學上說，這就是個性的心理傾向。因此，對影響公眾行為的需要、動機、興趣、價值觀等心理傾向進行研究、分析，使公關主體能在瞭解公眾心理傾向的基礎上，有針對性地制定公共關係心理策略，是開展公共關係活動、實現組織目標的前提和基礎。

第一節 公眾的需要

在分析公眾需要前，我們先來看一個案例。

案例：

華鶴整體衣櫃強勢出擊 走俏家裝市場

「實木定制」是整體衣櫃高端走勢

隨著人們對居家環境要求的不斷提高，人們對整體定制衣櫃的要求，也不僅僅停留在樣式上，而是更注重環保細節以及品質感的提升，

在家具界作為高端代表的實木材質開始進入消費者視野。走在行業前列的華鶴木業，以「高端實木定制化」特色在細分市場打開了良好局面，引領實木整體定制衣櫃的方向。

華鶴衣櫃依託其56年專業家具製造經驗，採用俄羅斯進口樟子松和產自東北的楓樺等上等木材，配合高端淨味油漆及其他環保輔料，完全符合國家e1級環保標準，趨於無甲醛釋放，無毒無害。「高端、實木、定制」，這三個關鍵詞大大滿足消費者對整體衣櫃的更高要求。

細節設計 更貼近消費需求

面對用戶越來越高的要求和多樣化需求，如何做到讓消費者滿意，是企業競爭勝出的根本之道。為滿足用戶的個性化需求及實用化需求，華鶴衣櫃聘請德國著名設計師開展聯合設計，將華鶴擁有的先進技術、領先工藝與國際化原創設計相結合，打造全新華鶴衣櫃產品線。

對於整體衣櫃而言，樣式、結構甚至是顏色變化皆不明顯。那麼除了材質方面的競爭，還有哪些更能吸引消費者的目光呢？以整體衣櫃為例，市場上常見的推拉門設計，在進行收納時至少有50%的開門局限，收納只能「縮手縮腳」。而華鶴獨有的「開門」，不僅利於防塵，而且內部空間可以一覽無餘，方便收納和整理。

據介紹，開門衣櫃設計填補了現有的市場空白，有效滿足了中高端消費者多樣化需求。華鶴從消費者實際應用角度考慮，以人為本，專門設計了整體衣櫃的開門樣式，在至關要的五金方面，全面使用德國進口海蒂斯五金，確保產品使用性能的穩定性。而在工藝方面，華鶴獨有的抗彎抗變形設計，能將實木衣櫃做到最高2.4米超高門不變形、不彎曲。這些工藝和細節優勢，推動華鶴衣櫃發展成為定制衣櫃行業的領跑品牌，在終端網絡數量和產品質量、工藝品質、售後服務和樣式花色上，遠超越競爭對手，從而更受用戶喜愛。

一站式突破 整體衣櫃市場展望

如今80後逐漸成為家裝主力軍，他們「追求整體協調」的更高層次裝修理念也隨之成為市場消費潮流。針對新生代消費心理，一體化、整體化的配套銷售理念正在逐漸被市場認同。華鶴在推廣配套家具的選購，採用打包式銷售，免去消費者搭配煩惱的同時，也從設計師角度提供了更專業的一站式解決方案，尤其是針對包含整體衣櫃在內的裝修設計，不僅能夠通過衣櫃色調、樣式的選擇，做到整體衣櫃與家具、木門等家居產品的一體化，還能讓整個居室的裝修設計渾然一體。作為木製品企業的龍頭公司，華鶴旗下擁有家具、木門、衣櫃

等全套家居產品，豐富的產品結構，不僅滿足集團多元化發展的需要，更能為消費者提供完整解決方案。

在產品沿革上，華鶴整體衣櫃除個性化定制之外，還將充分結合已有木門、家具系列產品風格，進行整體衣櫃產品的配套研發。在集團新工廠投入營運後，華鶴還將向市場推出實木窗產品。由此，華鶴集團將依託領先的裝備實力、技術實力和品牌實力形成強大的整合競爭實力，為未來市場的一站式一體化服務夯實基礎。

隨著市場化的進程加快，消費者對產品品牌的附加值也更加看重。尤其家居布置，是屋主人生活品位、底蘊內涵的體現，因此消費者在購買衣櫃產品時所要考慮的因素不應只局限於價格和質量，還應更多地考慮產品品牌所帶來的附加價值。這對於衣櫃市場的競爭者們而言，依託於已有的行業品牌知名度，將有助於其更快速地贏得衣櫃市場的認可。

（資料來源：環渤海財經網，2012.10.26）

華鶴衣櫃是國內領先的家居建材企業集團華鶴集團旗下品牌，借助華鶴集團全方位優勢，已經發展成為衣櫃行業的領先品牌。華鶴衣櫃主打實木定制衣櫃，採用獨有開門設計，面對中國高端定制衣櫃市場，提供完善的實木衣櫃定制服務。華鶴衣櫃秉承華鶴集團「造福顧客、實現夢想」的企業理念，不斷開拓進取，提升品牌影響、完善產品結構，努力滿足不斷發展變化的市場需要。

一、需要

（一）需要的含義

需要是人們在個體生活和社會生活中感到某種缺乏和不平衡，而力求達到新的平衡獲得滿足的一種心理狀態。

需要是人腦對機體自身或外部生活條件的要求的反應。人是一個生物實體，又是一個社會的成員。人作為高級動物，為了求得個體的生存，就有補充營養、求得安全和進行繁殖的客觀要求。這些生理要求反應在人腦中就有了吃飯、睡覺、性欲等需要。人作為一個社會成員，不能離開群體與社會孤立存在，就要求人們有秩序而和諧地生活，要求人們要與社會保持一致，這樣就有了與他人交往、獲得友愛、被人尊重等需要。

需要是人類一切行為的起點和動因。它會促使人的活動向著一定的目標和方向努力，追求一定的對象，以行動求得自身滿足。人類在

滿足已有需要的基礎上，又會不斷產生新的、更高層次的需要。正是這些不斷發展的需要激勵著人們，也推動著社會的文明和進步。所以說，需要是個性積極性的源泉和動力，是形成心理傾向的基礎。這就是我們從需要開始研究公眾心理傾向的原因。

（二）公眾需要的種類

人的需要是多種多樣的，需要的分類也相當複雜。一般的分類方法有以下幾種：

1. 根據需要的產生和起源，可以把需要分為生物性需要和社會性需要

生物性需要是與維持個體的正常生命活動和延續種族有關的需要。如飲食、睡眠、休息、交配、運動、排泄等，這種需要是人類最原始和最基本的需要。如果這些需要在相當長的時間裡得不到滿足，人就會死亡或不能繁衍後代。

社會性需要是人類在社會生活中形成的、為維護社會的存在和發展而產生的需要，是人類所特有的高級需要。人的勞動的需要、交往的需要、求知的需要、美的需要，文化娛樂的需要都屬於社會性需要。社會性需要是在生物性需要的基礎上，在後天社會環境等因素的影響下形成的。社會性需要受社會生活條件所制約，具有社會歷史性。這種需要在相當長的時間裡得不到滿足，不會像生物性需要得不到滿足那樣會導致死亡，但是人會因此產生痛苦和憂慮的情緒，嚴重者會導致精神失常。

2. 根據需要的對象，可以把需要分為物質需要和精神需要

物質需要是指對社會物質生活條件的需要，如人對衣、食、住、行的需要，對書籍、報刊、電腦等的需要等。在物質需要中，既包括生物性需要，也包括社會性需要。因此，人的物質需要會隨著社會生產的發展和社會的進步而不斷發展起來。

精神需要是指對社會精神生活及其產品的需要，如愛的需要、審美需要、求知需要、娛樂需要等，是人所特有的需要。這種需要如果長時間得不到滿足，將會導致個性失常，影響心理的正常發展。

3. 根據需要的範圍，可以把需要分為個人需要和公共需要

個人需要是個人自身的需要，是個人積極性與主動性的來源。公共需要是指一定範圍內的人共同的需要，是群體主動性與積極性的原動力。但它不一定是該群體中每個人的主動性與積極性的原動力，而群體的需要也不是該群體中每個人都能意識到並予以承認的，這樣就

可能導致個人需要與公共需要之間產生衝突。這時候就需要通過公關活動來解決問題。

4. 根據需要的作用，可以把需要分為生存需要、享受需要和發展需要

生存需要是人類為了維持生存而產生的對基本生活用品的欲求，如對食物、水、衣服和住所的基本需要。

享受需要是人們為了增添生活情趣和提高生活質量而產生的對各種娛樂、休閒及享受消費品的欲求，如欣賞音樂、旅遊等。

發展需要是人類對發展智力和體力、提高個人才能所必需的消費品的欲求，如對書籍、藥品、進修深造等的需要。

5. 根據需要強度，可分為彈性需要和剛性需要

彈性需要是指那些在滿足需要的方式和程度上要求不很強烈的需要。如某人要寫一篇文章，可以用幾十元一支的高檔筆，也可以用幾毛錢一支的廉價筆。

剛性需要是指具有滿足的絕對必要性和強烈願望的需要。這種需要沒有任何回旋的餘地和條件，如人們每天對睡眠和排泄的需要。

6. 根據需要時間，可分為短期需要和長期需要

短期需要是指短時間內的暫時需要，在事過之後就不再出現或間隔一定時間後再出現。

長期需要是指長期的一刻也不能少的需要，如人們對空氣和氧氣的需要。

7. 根據需要目標的遠近，可分為眼前需要和將來需要

眼前需要是和近期目標相聯繫的需要。它具有緊迫性，易被重視，因而容易獲得滿足。如商場的某些時令性商品及食品需要迅速賣出，以加快資金週轉，這就是緊迫的眼前需要。

將來需要是與遠期目標相聯繫的需要。它具有張弛性，易被忽視，在滿足上很難及時兌現。

8. 根據需要實現的可能性，可分為能滿足的需要和不能滿足的需要

能滿足需要是指在各種主客觀條件下能夠獲得滿足的需要；不能滿足需要是指受主、客觀條件的限制一時或永遠不能得到滿足的需要，如先天性發音器官缺陷的人要成為歌唱家的需要就是不可能獲得滿足的需要。

實際上，需要非常複雜且多種多樣。人的任何行為都不只與一種需要相聯繫，而是多個需要共同作用的結果，它們相互促進或相互抵消，制約著一個人的行為。例如，一位顧客在有限收入的基礎上花費一筆開支來購買一件大衣，可能是為了防寒的需要（生存需要），也

可能是為了參加某個重要聚會的需要（社會需要），也可能是為了擺闊、炫耀、追求時髦的需要（精神需要）等等。

（三）馬斯洛的需要層次理論

馬斯洛是20世紀50年代中期在西方興起的人本主義心理學派的主要創始人。他在1943年提出了需要層次論，認為需要的滿足是人的全部發展的一個最簡單的原則。在他看來，人的一切行為都是由需要引起的。人類主要有五種基本需要。所謂基本需要就是指一般人所共有的一些最基本的需要，不包括不同的社會文化條件下人們的特殊需要。這五種基本需要是由低層次向高層次發展的，它們依次為：生理需要、安全需要、歸屬與愛的需要、尊重的需要和自我實現的需要（如圖4－1所示）。後來，他又在尊重的需要與自我實現的需要之間增加了認知的需要和審美的需要。馬斯洛認為，人類的基本需要是相互聯繫、相互依賴、彼此重疊的。它們排列成一個由低到高逐級上升的層次，層次越低的需要強度越大，只有低級需要基本滿足後才會出現高一級的需要。

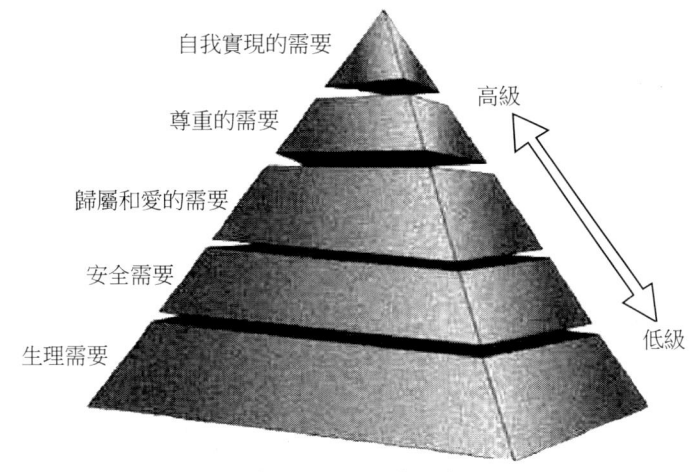

圖4－1　需要的層次

1. 生理需要

生理需要是直接與生存有關的需要。它具有自我保存和種族保存的意義，是人類最基本、最強烈、最明顯的需要。主要包括對食物、水分、空氣、性、排泄、休息等的需要。如果生理需要得不到滿足，將嚴重影響一個人的身心健康，對生理需要對象的追求將成為支配一個人行為的主要動力。

2. 安全需要

安全需要表現為人們要求安全穩定，免於恐懼、危險、傷害或威脅等。馬斯洛指出，在現實生活中，健康的成年人的安全需要基本上都能得到滿足，但兒童和精神病患者經常會有安全需要的表現，如嬰兒看到陌生人會啼哭，精神病患者總認為有人要加害於他等。

3. 歸屬與愛的需要

人們總是渴望得到親人，朋友的關心、愛護和信賴，總是希望歸屬於一個集體或團體，成為其中一員。馬斯洛指出，愛與性並不是同義的，性是生理需要，而愛的需要是人與人之間彼此關心、尊重和信任。如果愛的需要得不到滿足，人就會感到空虛和孤獨。

4. 尊重的需要

馬斯洛認為，尊重的需要包括自尊和他人對自己的尊重。自尊就是個體對自己的尊重，包括對獲得信心、能力、本領、成就、獨立等的願望。他人對自己的尊重包括威望、承認、地位、名譽等。如果一個人尊重的需要能得到滿足就會使人相信自己的力量和價值，從而有利於發揮自己的潛力；如果一個人尊重的需要得不到滿足就會產生自卑感和失落感。

5. 認知的需要

馬斯洛認為，人和動物都有積極探索環境的需要，對周圍的一切充滿好奇心，希望對所遇到的問題能夠做出正確的解釋。所以，他把認知的需要看成是解決問題和克服障礙的工具，從而保證基本需要的滿足。

6. 審美的需要

馬斯洛認為，審美需要包括對秩序、對稱、完整結構以及存在於大多數兒童和某些成年人身上的對行為的完滿的需要。它是人的本性，人都有追求美、欣賞美的需要。特別是在物質生活越來越豐富的今天，它已經成為精神生活中不可或缺的需要。

7. 自我實現的需要

只有前面幾種需要基本滿足後，人才會產生自我實現的需要。自我實現的需要是馬斯洛個性發展理論中最高理想的目標，是指個體希望最大限度地實現自己潛能的需要，表現為個人充分發揮自己的潛力，不斷充實自己，不斷完善自己，盡量使自己達到完美無缺的境地。

馬斯洛認為，個人的需要結構的發展過程不完全像陡立的、間斷的階梯那樣的東西，每一低級的需要不一定要完全滿足，較高一級的

需要才出現。它更多表現為像波浪式地演進，各種不同需要的優勢由一級演進到另一級（如圖4-2所示）。

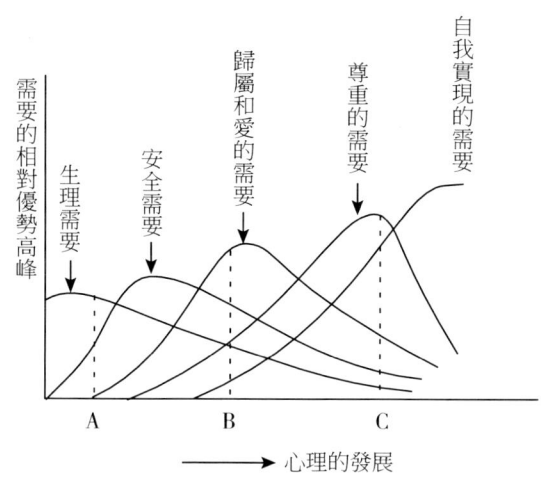

圖4-2 需要層次和不同的心理發展時期

馬斯洛的需要層次理論是一種比較完整地研究需要的理論。它系統地探討了需要的實質、結構、發生、發展和需要在人類生活中的作用，反應了人的基本需要由低級向高級發展的趨向，以及需要和人的行為之間的關係。但是馬斯洛離開了人的社會歷史條件，離開了人的社會實踐，抽象地談人性和人性的自我實現，仍然是受本能論的影響。另外，他的需要發展模式與某些人的實際需要發展情況不相一致。例如，有些人雖然缺乏基本需要的滿足，但仍有所創造；有些人為了某種理想，可以犧牲自己的一切。再就是馬斯洛的需要層次理論依據觀察和推理較多，缺乏實驗依據和客觀測量指標。

（四）需要的特點

需要是個體反應有機體內部環境和外界生活條件的要求而產生的，為自己感受到或體驗到的一種內心狀態。這種狀態常常通過外顯的方式為他人間接地認識到。需要有以下特點：

1. 需要的對象性

需要總是有自己的對象，或是物質的東西，如衣、食、住等；或是精神的東西，如求知、娛樂、審美等。需要總是指向能滿足某種需要的客觀事物，即追求某種客觀事物，並從客觀事物得到需要的滿足。沒有客觀事物、沒有對象的需要是不存在的，而且需要也總是伴隨滿足需要的對象範圍不斷擴大而增加。所以，瞭解公眾不同的需要，搞

清楚公眾究竟需要的是什麼，是公關人員的職責，是公關工作成敗的關鍵，也是許多商家為什麼要做市場調查的原因。

2. 需要的動力性

需要是人的活動的基本動力，是個性積極向上的源泉。當有了某種需要後，個體就會產生一種不平衡，為了獲得平衡，個體就會積極地去從事某種活動，需要就成為支配人行為的一種力量。需要越強烈、越迫切，產生的動力就越強大。一些需要滿足後，又會產生新的需要推動人去從事新的活動，使活動不斷向前發展，從而推動整個社會向前發展。

3. 需要的週期性

需要不會因暫時的滿足而終止。作為推動人行動的力量，它總是時而呈現活躍狀態，時而進入潛伏狀態，這種現象即為需要的週期性。它在生理需要方面表現得尤為明顯，如對飲食和睡眠的需要。人只有餓了或困了，才有飲食和睡眠的需要。當這種需要滿足後，它就會進入潛伏狀態，過一段時間後才又會產生這種需要。另外，人的社會性需要也具有週期性，如求知的需要，安全的需要等。

4. 需要的多樣性

人的生活是豐富多彩的，所以人的需要也是多樣化的：有生理的需要，也有心理的需要；有物質的需要，也有精神的需要；有基本的需要，也有發展的需要，等等；這些都體現了需要的多樣性。此外，需要的多樣性還表現在對一特定需要對象兼有多方面的需要，如對同一商品既要求質量好，又要求款式新穎、大方時尚、經濟實用等。

5. 需要的差異性

由於每個人的文化程度、民族、職業、年齡、生活習慣等的不同，所以公眾的需要表現出差異性。這種差異性不僅表現在個體與個體、群體與群體、個體與群體之間，還表現在現實與非現實、合理與不合理、目前與未來等之間。所以，對於公關人員來講，瞭解自己的目標公眾的需要層次、種類、強度等，是他們工作的重要內容。

6. 需要的發展性

需要不是一成不變的。隨著社會的政治和經濟制度的發展、生活和工作條件的改善、道德風尚的變化、媒體的宣傳，公眾的需要都在不斷地發生轉移和變化。舊的需要得到滿足，就會產生新的需要，如此循環往復，以至無窮。需要的發展性，不僅表現為縱向的發展，不斷向高水平、高層次的方向發展，還表現為橫向的發展，不斷擴大需

要的範圍和種類。正是這種需要的發展性，推動社會不斷進步，激發企業競爭力，同時也為企業和組織的發展創造了機會。

7. 需要的無限性

古人云，「人生而有欲」「闔棺而後止」。意思是說，人的需要生而有之，而且伴隨著人的一生。可以說，人永遠都處於需要的狀態之中。人沒有無需要的時期，只會有某些需要處在潛在狀態而沒有顯露出來的狀況。有人說，知足者常樂，知足即無所求。其實，知足者也有所求，因為知足本身就體現了一種心理上的需求。需要的無限性就個體而言，說明個體總是要保持自己生理上、心理上的平衡；就整個人類而言，正是由於人總是不滿足，才促使其不斷努力，去認識世界、改造世界，以不斷滿足人們日益增長的各種需求。

8. 需要的可誘導性

公眾需要的產生和發展，與客觀外界的刺激有很大的關係。社會政治經濟制度的變革、社會輿論、媒體宣傳、廣告渲染、環境變遷、年齡變化等，都有可能使公眾的需要發生相應的變化和轉移，使潛在的慾望和需要轉變成現實的行為，使未來的需要變成現在的需要，使微弱的需要變成強烈的需要。這使公關工作充滿挑戰性，同時也是公關人員之所以要採用適當的誘導措施，開展公關活動引導和啓發公眾需要的原因所在。

二、公眾需要與公關活動

（一）公眾需要對公關活動的意義

需要有不同層次、不同的種類，層次當中又有層次。不同的群體和個體可以通過一種或幾種主導需要而反應出特定的需要層次上的傾向。公共關係主體要調動內部公眾的積極性，就要發現、引導和滿足其不同層次和種類的需要；同樣，為了更廣泛地贏得外部公眾的信任、支持，也需要瞭解各類外部公眾的需要層次、種類及特點，否則公關活動就等於「隔靴搔癢」。

總之，需要是主動性和積極性的原動力，它在人的心理傾向和公共關係活動中的地位和作用不可忽視。必須認真地分析和研究公眾的需要傾向，把它視為開展公共關係活動的一個重要基礎。

補充材料 4–1：
TCL 與京東聯手推出網絡定制智能空調「任性調」

2014 年，TCL 與京東聯手推出網絡定制智能空調「任性調」，該空調允許用戶根據自己的喜好對產品的名稱、外觀、功能和遙控器進行個性化定制。TCL 空調事業部總經理李書彬將這種模式戲稱為「自助餐」。

李書彬表示，TCL 與京東戰略合作推出 TCL 網絡定制智能空調，這是大家電行業首次通過互聯網平臺，使用戶深度參與產品個性化定制、廠家為用戶提供極致產品體驗的一次大膽嘗試。「任性調」的推出，是傳統行業借助互聯網思維進行的一次全新的嘗試，其本質就是借助互聯網平臺將用戶拉近和參與產品全過程，將產品做到極致，為用戶帶來貨真價實、超出期望的體驗。

中國家用電器協會秘書長徐東生認為，當前家電行業的發展正進入新時期，大部分家電產品完成了普及階段，多元化、個性化的需求將是未來的重要特徵，家電行業進入了消費新階段。因此家電行業的發展必須要適應消費者需求、適應新變化，產業轉型升級要由過去的主要注重規模擴張和價格競爭向差異化創新為主發展。

李書彬說，「面向未來，TCL 空調將用互聯網思維模式全面改造企業，以用戶驅動和產品驅動實現企業的增長，堅持智能化、年輕化、時尚化，給消費者帶來更新鮮的消費體驗和服務感受。」

（資料來源：TCL 網站）

(二) 對公眾需要的瞭解

由於人的需要是非常複雜的，要解決好並不容易。為了提高公關活動的效率，公關主體必須瞭解公眾需要的層次、類型、特點等。要瞭解公眾需要，一般在具備以下前提的基礎上就能取得較好的效果。

1. 從調查研究入手

這是解決公眾需要的一個根本出發點和前提。通過對公眾的合理需要、不合理需要、當前能滿足的需要和一時滿足不了的需要等進行調查，可以有針對性地激發動機，發揮公眾的積極性。

2. 綜合分析

公眾的需要是多種多樣的，有的是無限的，有的是有限的；有的是合理的，有的是不合理的；有的是眼前的，有的是長遠的等等。因此，在通過調查研究取得大量資料的基礎上，必須認真綜合分析，提出解決問題的途徑。

在這方面，長城飯店給我們提供了一些成功的範例和經驗。長城飯店的公關工作始於調查研究，他們的調查工作包括了日常調查、月調查和半年調查。通過這些調查，收集了大量的信息，匯集了大量的資料，然後對其進行細緻的分析和綜合，確切而清晰地瞭解了顧客的需要，進而更有效地開展公關工作，使長城飯店成為同行中的佼佼者之一。

補充材料 4-2：

「現在大多數消費者已不關心 PC 的配置、構成，他們更在乎一種與眾不同的感覺，這是海爾差異化前景之所在。」海爾電腦業務總經理高以成在談到海爾對差異化的理解時說，「在產品上增加幾種別的產品不具備的功能，這不是差異化，更不是創新。海爾的差異化一定是來源於用戶使用過程中的需求。在研製每一款產品之前，海爾一定會做大量的市場調研，跟蹤用戶信息反饋，在深入挖掘用戶的潛在需求後，才會有針對性地開發產品。」所有產品的開發以用戶為本，從市場中來到市場中去，「這是海爾電腦最大的一個法寶」。

在高以成看來，如果一個企業過分追求規模而忽視針對用戶開發「以人為本」的產品，這種企業的發展不會長久。所以，海爾電腦更關心的是用戶的使用價值，而且會堅定不移地沿著這個方向走下去。他認定，「如果海爾電腦能夠堅持沿著這條路走下去，就一定會再創輝煌。」

（三）需要層次與公關活動

馬斯洛需要層次圖反應的僅是一般人的需要，實際上每個人的需要並不都是嚴格按照圖上的順序由低到高發展的。對公關工作人員來說，瞭解這些情況十分重要，如有些人對社交的需要比受尊重的需要更為重要；有的人對某些生理需要也許要求多一些，金錢僅僅是激勵他們的一種東西而已。美國有一管理學家，曾有針對性地做過調查，調查表明：約占人口 20% 的人基本上處於生理和安全的需要層次，只有不到 1% 的人處於受尊重和自我實現這兩個高層次的需要，而大約有 80% 的人保留在第三層即歸屬和愛的需要層次上。所以，在公關活動中，不能忽視與公眾進行真摯地溝通和交流，要理解公眾，周到服務，使公眾覺得自己就是公關活動中的一員，有一種被尊重、重視和接納的體驗，這樣才能滿足公眾歸屬和愛的需要。

在廣告創意中，廣告製作人員可以利用公眾被尊重、重視、接納的需要、設置符合商品基本消費途徑的日常生活情景，在生活情景中

展示商品的特點與功效,這種方法叫演示生活情景創意法。在香港一些商店裡,售貨小姐這樣宣傳一種新式塑料熨鬥:「先生,這種熨鬥是本店製造的新產品,它比任何一種熨鬥都輕巧,攜帶方便,能水平熨,還能垂直熨,效果都很好。」說罷,售貨員會順手拿起熨鬥,貼著揉皺了的西裝徐徐刷下,簡直像玩魔術一般,三下兩下便把皺痕熨平了。售貨小姐繼續介紹說,這種熨鬥雖由塑料制成,但它是一種特殊塑料,不僅耐高溫,而且不易破碎。「能摔來看看嗎?」有顧客問。「可以。」那售貨員回答,隨即把熨鬥拿到齊胸高處,然後一松手,「啪」的一聲,熨鬥完好無損。至此,顧客心服口服,隨即紛紛購買。

(四) 公眾需要引導與公關活動

1. 積極誘發公眾產生合理需要

公眾要產生強烈的需要心理,必須有兩個前提條件:一是公眾感到缺乏某種東西,有不足之感;二是期望得到某種東西,有求足之願。需要就是這兩種狀態共同形成的心理現象。廣告宣傳的一個日常性任務就是把公眾需要心理的自發過程通過施加積極的刺激物,誘導其產生需要,並把這種需要的方向引導指向企業產品,使公眾自覺地把企業的產品看成是滿足自己需要的最佳消費對象,從而去關心企業形象和產品形象的各種信息,最終做出購買企業產品的消費決策。比如,家喻戶曉的「娃哈哈」的廣告語採用問句的形式,「今天你喝了嗎」,讓消費者從心底產生一種消費需要,進而用實際行動去回答這個問題。

2. 不斷刺激公眾產生新的需要

公眾的某種需要得到滿足之後,企業就應該策劃新一輪的廣告宣傳,使公眾在新的層次上產生「不足之感」和「求足之願」,引導公眾不斷進行需要的自我更新。比如,「海飛絲」的廣告就是一個成功的例子。很多人以前對頭屑是不太注意的,但寶潔公司通過持久的廣告宣傳,讓大家意識到隨著生活條件的提高,原來的生活習慣需要改變,原來的形象也需要改變。消除頭屑——要達到這樣的目的,就需要用「海飛絲」提升自身形象,增強自信心,從而使「海飛絲」走俏中國市場。

(五) 當代消費者需要的發展與公關活動

補充材料 4-3:

2006年11月9日,海爾電腦與英特爾的合作達到了新的深度,雙方聯手成立「海爾&英特爾創新產品研發中心」。這個研發中心由

海爾電腦研發團隊的核心與英特爾 MIP 移動創新設計團隊共同組成，結合未來新技術趨勢進行產品研發。高以成把這個研發中心的目標定位在：「雙方共同探討怎麼把更多的需求變成產品。海爾會從市場上瞭解到用戶的真實需求，通過雙方溝通互動開發產品，用海爾和英特爾的技術研發理念去滿足用戶的需求。」

伴隨聯合研發中心同步推出的海爾新款筆記本電腦「我變 V60」，可以說是這個目標的生動體現。人們日常使用筆記本時，在不同場合需要調整筆記本電腦不同的高度，比如在飛機上使用就有諸多不便；同時，由於使用時頭部前探，時間長了會有頸椎疾病的困擾。基於這種現實需求，海爾做了大量市場研究，在北京、上海、廣州等地舉行了 9 場專題研討會，最終雙方研發團隊提出瞭解決方案：通過可以自由拉伸的屏幕，實現屏幕上下前後自由移動，讓屏幕的高度和角度隨時隨地適應使用者的視線，擺脫空間狹小或低矮的束縛。這種人性化的功能創新，使得筆記本電腦適應於人，而不是人去適應筆記本電腦。

消費者的需要既非常豐富，又極具差異性並且是不斷發展變化的。隨著科學技術的飛速發展和經濟全球化進程的加快，當今的消費環境已經發生了深刻的變化。科學技術的廣泛運用使消費對象的內容越來越豐富，技術含量越來越高，智能化和自動化水平也越來越高。全球範圍內各個國家、地區、民族和各種文化的交流與融合，使消費者能夠選擇的產品範圍得以擴大，也為消費者帶來了全新的消費方式和消費理念。瞭解當代消費者需要的變化，對提高公關活動針對性和效率有重要的作用。

結合中國的情況，當前消費者需要的發展變化主要表現在以下幾個方面。

1. 消費需要由低層次向高層次發展變化顯著

隨著生產力的發展，人們的消費水平普遍得到提高，消費需要的層次和內部結構發生了顯著的變化，人們更加注重發展和享受高層次的需要，注重教育、體育和娛樂。在生存需要的內部結構上，吃、穿的比重迅速下降，而住、用、行的比重迅速上升。如中國的私家轎車擁有量每年都以很快的速度增長；人們對住房的需求一直都很強烈，尤其是中國實施住房改革以後，買一套自己的住房，已成為激勵人們努力工作的動力之一。

2. 消費需要和生活方式相統一

生活方式是人們為生存和發展而進行的全部活動的總體特徵。消

費方式雖然只是生活方式的一種，但它與人們生活的其他方面聯繫卻非常密切，因為人的需要是多方面的，並不僅限於消費需要。若消費需要和其他需要結合得當，則會提高人們的生活質量。

家庭是人們生活的核心。現代的家庭無論是結構，還是功能等都有別於傳統的家庭。家庭的結構核心化，家庭的形式也發生了異化，家庭的情感功能增強，但家庭的教育功能仍不可忽視。這些無疑都對消費者的需要產生了重要影響，因此，針對家庭消費的產品必須考慮這些因素。

在現代社會，人們的生活節奏加快，工作壓力增大，易於身心疲憊，所以需要適當地調節，同時工作效率的提高及工作時間的縮短，使人們有更多的時間安排閒暇生活。於是，人們增加了教育、娛樂、旅遊、社會勞務等服務性消費支出，也開發了許多新的消費方式。人們在安排消費需要時越來越注重身心愉悅，如在選購商品房時，一般都會考慮小區的生態環境、配套設施、安全系統等。正因為如此，那些擁有智能安全系統、完善的配套設施、「小橋流水人家」式的住宅小區才會受到消費者的青睞。

補充材料 4-4：

田暉、刁康認為，上海居民消費結構特點主要有以下幾方面：

1. 吃、穿、用支出均呈下降趨勢

首先，隨著人們收入增加，食品消費普遍遵循恩格爾定律，即在消費總量中的比重會逐步下降。2002年，上海居民消費的恩格爾系數為39.4%，比1990年的56.5%下降了17.1個百分點。這表明上海人的總體生活水平已邁進了「富裕」的門檻。其次，繼食物消費滿足後，穿的比重會上升，然後趨於下降。這是因為衣著方面雖日益豐富多彩，但一般有其數量限制，即增加不是無限的。當衣著基本滿足後，其支出比重就會呈穩定或下降趨勢。另外，隨著紡織業技術裝備水平的提高，紡織品的價格處於穩定狀態，甚至呈下降趨勢，並從另一面導致穿著的變化趨勢。2002年，上海居民的穿著消費為5.9%，比1990年的10.9%下降了5個百分點，完全符合衣著消費的變動規律。再次，家庭設備用品消費比重呈下降趨勢。雖然上海居民20世紀80年代購買的家用電器開始進入更新換代期，許多新型家庭設備用品也會進入居民家庭消費內容，根據90年代的實際數據計算的家庭設備用品需求收入彈性較高，但是由於住房、醫療、教育體制的改革，上海

居民家庭設備用品消費比重已經開始逐年下降。2002年,上海居民的家庭設備用品消費為6.2%,比1990年的9.19%下降了2.99個百分點。

2. 住宅消費支出的比重明顯上升,但仍然偏低

2000年以來,上海的房地產市場一直處於上升階段,推動上海住宅消費比重上升的主要因素不是收入水平提高和居住條件改善,而是因為:由於住房體制改革和居住類價格變動,以及住宅具有耐久性、財產性、增值性等特點,但和發達國家相比較,上海居民的住宅消費支出比重仍屬偏低。從國外房地產發展來看,美國、日本、英國房地產增加值占GDP的比重分別達到11.2%、12.8%、22.4%。在美國幾個經濟發達的州,房地產增加值占GDP的比重更是高達14%~15%。其中,加利福尼亞州的房地產增加值占GDP的比重為15.5%;紐約州的比重為13.9%。2001年,上海的房地產增加值占GDP的比重為6.4%、2002年的比重超過7%。從居民消費支出比重看,美國用於住房消費的支出比重為18.95%,紐約、洛杉磯等大都市的比重則分別達到23.97%、23.34%,上海2001年則為7.85%。

3. 服務消費支出比重明顯增加

主要表現在教育和醫療保健及交通通信消費支出明顯上升。有三大因素促使上海居民的娛樂、教育、文化服務消費比重持續上升:一是市場化改革使就業競爭加劇,個人的教育、文化、科技水平逐步上升為就業競爭能力的決定性因素,居民對於女教育和自身繼續教育的重視程度不斷提高,以及教育體制改革使居民教育費支出大幅度上升;二是信息化時代的到來使彩電、攝像機、家用電腦等文教娛樂類耐用消費品不僅成為娛樂工具,更重要的是成了居民接受信息的主要媒介,這類耐用消費品的不斷更新和價格下降使其家庭普及率迅速上升;三是雙休日制度的實行為居民增加了休閒時間,促進了娛樂、教育、文化服務消費產業化發展。2002年,上海居民用於娛樂、教育、文化服務消費的支出占總支出的15.9%,比1990年的11.94%增長3.96個百分點。另外,有三大因素在推動醫療保健消費支出比重繼續上升:一是人口結構老齡化,老年人更需要保健消費;二是隨著收入水平的提高,人們的保健意識增強;三是醫療保險制度改革使個人醫療負擔適當增加。2002年,上海居民的醫療保健消費占總支出的7.0%,比1990年的0.59%增長6.41個百分點。另外就是交通、通訊消費增長勢頭迅猛,2002年,上海居民的交通、通訊消費為總支出的10.7%,

比 1990 年的 2.63% 增長 8.07 個百分點。

4. 休閒消費成為時尚

休閒作為物質生產過程以外的活動，其時間的多少取決於社會生產力的發展程度。休閒時間的大量增加是因 18 世紀 70 年代後，動力機械（如蒸汽機等）的使用大大提高了勞動生產率，使休閒時間增加到了 23%。到 20 世紀 90 年代，電動機器加快了一切工作的速度，使人們能夠用 41% 的生命時間享受各種消遣。勞動生產率的提高使人們周工作時間在持續縮短。100 多年前，歐洲國家的周勞動時間普遍長達 80～90 小時，1900 年美國的周勞動時間還是 60 小時，現在歐美主要工業發達國家的周勞動時間也只有 30～40 小時。德國大眾汽車公司現在是每週工作 4 天，法國一些地方決定實行每週工作 32 小時，年工作 1,000 小時。人們印象中很忙碌的日本人，1990 年的工作時間比 1955 年減少了 400 個小時，差不多下降了 1/6 以上，而這段時間正是日本經濟起飛的高增長期。目前，全世界已有 145 個國家實行 5 天工作周制，發達國家和地區將進一步縮短工時。隨著知識經濟時代的來臨，社會生產力將發展到前所未有的程度，人們的休閒時間也將隨之增加。未來學家托夫勒曾預言：在進入第三次浪潮社會後，人們的周工作時間將縮短到 25 小時，尤其是在歐洲，人們甚至還在討論每週 20 小時工作制。1999 年第 12 期的美國《時代》雜誌宣稱：2015 年前後，發達國家將進入休閒時代，休閒在國民生產總值中將佔有一半的份額，新技術和其他一些趨勢可以讓人把生命中 50% 的時間用於休閒。

中國休閒時間的增加主要是在改革開放以後，尤其是 1990 年以來明顯增加。自 1995 年實行了「雙休日」和 1999 年 10 月又實施「黃金周」後，使得中國的法定假日增加到 114 天。另據《光明日報》報導，中國城市居民周平均每日工作時間約為 5 小時，個人生活必需時間 10 小時多，家務勞動時間 2 小時多，休閒時間約 6 小時。四類活動時間分別占總時間的 21%、44%、10%、25%。在中國，從個人終生時間分配來看，正規學習時間約為全部生命時間的 7%，工作時間僅僅占人生的 10%，生活必需時間幾乎占去了整個生命時間的一半，休閒時間約占 1/3。隨著人們生活中休閒時間的增加，多數人都會選擇娛樂、運動和文化活動等休閒形式，於是又產生了許多與此相關的產品和服務的需求。另外，從事各類藝術活動和教育培訓的需求十分突出，由此產生的對藝術品和文化教育用品的需求也會大大增加。

處在海派文化背景下的上海居民，整體消費觀念比較成熟，相對地更講究休閒和娛樂。2002年，上海居民人均用於娛樂教育文化的消費支出為1,668元，占消費總支出的15.9%，其中扣除教育支出的821元，娛樂文化支出為847元，占總消費支出的8.05%。隨著上海整體勞動生產率提高和居民休閒時間的增多，休閒消費將會迅速增加。

（資料來源：《經濟問題》，2004年第11期）

3. 消費需要與環境保護相結合

生產消費和生活消費是生態環境惡化的根源。廣大的消費者也意識到生態環境對於自身生存和發展的重要性，希望通過自己的行動維護生態平衡，減少對自然資源的過度消耗和浪費，以實現永續消費。目前，綠色消費已不再為廣大的消費者所陌生，大家都希望購買綠色環保的電冰箱、空調、無公害的蔬菜、食品等。雖然消費需要和環境保護的結合是一種必然的趨勢，但目前人們還做得非常不夠，如買菜時大量使用的塑料袋，就是一個重大的污染源。要徹底保護生態環境，需要生產者、消費者以及全社會的共同努力。

補充材料4-5：

企業只有把保護環境當作自己的事業，主動承擔起保護環境的社會責任，持積極的態度參與環保工作，才能使企業永遠立於不敗之地。因此，一些企業在開展環境公關方面先行了一步：

新飛電器總經理李根：製造業發展應當從工業綠色入手

今年如何減少霧霾、加大環境治理保護力度，成為多位代表關注的話題。全國人大代表、河南新飛電器有限公司總經理李根向網易財經指出，綠色發展、循環發展、低碳發展，是全社會的新常態。而作為家電企業，應當綜合考慮環境影響和資源效益的現代化製造模式。

「作為製造業，應從工業綠色發展入手，圍繞工業節能與清潔生產、工業循環經濟、低碳技術支撐綠色發展。從技術、政策、觀念創新推動綠色發展，探索綠色發展模式。真正做到提升消費者生活品質，推動中國家電業綠色升級。」李根表示。

據李根介紹，新飛電器在歷年的改建、擴建項目，零配件的招標採購中，始終把環境的因素考慮在內。「目前新飛的生產線全部採用雙綠色環保設計。新飛先後在噪音、粉塵、污水等硬件設施上投入巨資，使各種廢棄物的排放達到了國家有關環境保護排放標準，所有建設項目的環境影響評價執行率達到100%，新飛節能減排技術在產品

與生產製造環節全面應用，使二氧化碳、二氧化硫的排放得到大幅度削減，為環境的改善起到了作用。」

（資料來源：網易財經，2015.03.09）

第二節　公眾的動機

動機是和需要緊密聯繫著的不同概念。需要是人的積極性的基礎和源泉，而動機就是推動人們活動的直接力量，任何行為的產生都存在動機的驅動作用。

一、什麼是動機

（一）動機的含義

動機是引起並維持人們從事某項活動以達到一定目標的內部動力。個人的活動都是由一定的動機所引起，並指向於一定的目的。動機是個人行為的動力，是引起人們活動的直接原因，它是一種內部刺激。

動機這一概念包含以下內容：動機是一種內部刺激，是個人行為的直接原因；動機為個人的行為提出目標；動機為個人行為提供力量以達到體內平衡；動機使個人明確其行為的意義。

人從事任何活動都是有一定原因的，一個人從舉手投足到科學上的發明創造，無一不是在動機驅使下進行的活動。動機作為一個解釋性的概念，用來說明個體為什麼有這樣或那樣的行為。

（二）動機產生的條件

動機產生的條件有兩個：需要和誘因。需要是引起動機的內在條件，動機是在需要的基礎上產生的。需要是由個體生理上或心理上缺失或不足時而產生的一種不平衡狀態。個體為了獲得需要的滿足，就會積極地去尋找滿足需要的對象，從而產生活動動機。例如，夏天熱的時候，人就會盡可能地尋找涼爽的地方，渴時就會去尋找水源等。雖然動機是在需要基礎上產生的，是由需要所推動的，但需要產生之後，並不一定就成為推動人進行活動的動力。需要變成動機往往會有一個發展階段，即需要的強度必須達到一定水平後，才能成為引起、推動或阻止某種活動的動機。

誘因是引起動機的外在條件。凡是能夠誘發個體動機的刺激或情境稱為誘因。有了誘因，人才能為滿足需要去採取行動，而需要才表

現為活動動機去推動行為達到目標。如果僅僅有需要而沒有誘因，是不會產生動機的。

只有內部需要與外在誘因相互作用、相互結合才能成為支配一個人行為的動機，二者缺一不可。

(三) 動機的功能

動機作為推動一個人進行活動的內部動力，具有三種功能：

1. 激發功能

人們的各種各樣的活動都是由一定的動機所引起，沒有動機也就沒有活動。動機是引起活動的原動力，它對活動起著激發功能。恩格斯曾指出：「就個人來說，他的行動的一切動力，都一定要通過他的頭腦，一定要轉變為他的願望的動機，才能使他行動起來。」

2. 指向功能

在動機的支配下，個體的行為總是指向特定的對象。對其行為具有定向作用，動機不一樣，有機體活動的方向以及它所追求的目標也就不一樣。例如，在學習動機的支配下，人們會到書店買書或去圖書館借書；在進食動機的支配下，人們就會積極地去尋找食物。

3. 調節和維持功能

當活動產生後，動機要維持這種活動，使它堅持進行下去，並及時調節著活動的強度和持續時間。當活動指向於個體所追求的目標時，動機就獲得了強化，活動就會持續下去；當活動偏離個體所追求目標時，動機得不到強化，活動就會逐漸停止。

有人說，人類的動機就好像汽車的發動機和方向盤，是個體活動的動力和方向，既給人的活動以動力，又對人活動的方向進行控制。

(四) 動機的種類

人的動機是多種多樣的，我們可以從不同角度、根據不同標準來進行分類。

1. 根據動機的來源，可分為外在動機和內在動機

外在動機是指推動活動的動機是由外力誘發的。例如，學生為了獲得老師的表揚或避免老師的批評而努力學習；個體為了獲得別人的賞識而努力工作，並非對工作本身感興趣。這些活動的推動力都是來自機體外部，所以被稱為外在動機。

內在動機是指推動活動的動機是由個體自身激發，是由個體的自尊心、責任感、榮譽感、求知慾等內在因素引起的。因為從事這項活動，個體會感到愉快、滿足，不需外力推動。例如，一個學生並未受

到老師或家長的表揚，但他卻愉悅和充實，這是因為學習本身給他帶來了樂趣。這種動機是由個體內部因素激發的，被稱為內在動機。美國當代著名的教育家、心理學家布魯納指出，內在動機由三種內驅力引起：好奇心、好勝心以及互惠的內驅力。哈洛等人的實驗表明，在沒有任何獎賞的情況下，猴子會拆開一些機械裝置，而且隨著次數的增加，拆卸手法會愈來愈高明。但如果猴子每次操作成功，都給予食物獎勵，它們的行為將發生改變：為了獲取食物，操作的興趣會降低。所以，我們一般認為，內在動機比外在動機對個體行為的推動作用更為穩定和持久。

2. 根據個體需要，可分為生理性動機和社會性動機

生理性動機是由生理需要所引發的一種行為的動力，如饑餓動機、干渴動機等。社會性動機是由社會性需要所引發的行為動力，如求知動機、交往動機、成就動機等。只有人類才具有社會性動機，它是在一定的社會生活條件下形成並發展起來的。對人的行為和活動具有重大意義的是人類的社會性動機，由社會性動機所引發的對行為的推動力量更為強烈。

3. 根據動機的影響範圍和持續作用的時間，可分為近景性動機和遠景性動機

遠景性動機影響範圍大，作用的時間長，而且比較穩定。近景性動機影響的範圍小，只對個別的具體活動起作用，作用的時間較短，且不夠穩定，常受個人情緒和興趣的影響。例如，學生們認真學習，有的是為了今後能成為一名優秀的人才，有的是為了應對當前的考試。

4. 根據動機在活動中所起的作用不同，可分為主導性動機和輔助性動機

主導性動機是指在活動中所起作用較為強烈、穩定、處於支配地位的動機。輔助性動機是指在活動中所起作用較弱、較不穩定、處於輔助性地位的動機。在兒童的成長過程中，活動的主導性動機是不斷變化與發展的。事實表明，只有主導性動機與輔助性動機的關係較為一致時，活動動力才會加強；而彼此衝突，活動動力就會減弱。

二、公眾動機與公關活動

公共關係活動不僅要瞭解和適應公眾的需要，還應通過激勵或激發公眾的動機，調動公眾的積極性，以達到公共關係的最終目的。

（一）把握公眾動機的特點

公眾動機是多種多樣的，非常具體、複雜。組織在分析公眾動機

時，要把握公眾動機的特點。第一，要注意公眾動機的系統性。對於公眾來說，往往同時存在幾種心理動機，構成動機系統。例如，一個消費者購買商品，既可能是因為使用的需要，同時也可能是因為這件商品的價廉物美。第二，要注意公眾動機的主導性。在同時存在的幾種心理動機中，必有一個是主要的、起主導作用的心理動機，它對公眾行為的推動起著重要作用。第三，要注意公眾動機的內隱性。動機是推動人的行為的心理動因，因而動機往往處在內隱狀態，特別是真實的動機往往被假象所掩蓋。因此，組織在研究公眾動機時，要善於從公眾行為去揣摩公眾的真正動機。

（二）激發公眾動機

及時引導公眾把需要心理轉化為行為動機是公關主體的目標。公眾的消費活動都是由特定的動機所引起的，動機是推動公眾消費的直接原因。當公眾的需要有了某種特定目標時，需要才能轉化為行為動機，而關鍵的仲介環節是確定特定目標對象。因此，在廣告宣傳中，把握了公眾的需要心理後，要及時宣傳產品的性能優勢、價格優勢、品牌優勢等，為公眾提供理想的目標物品對象，將其需要心理轉化為消費動機。

公眾購買行為的發生、需要的滿足，必須以動機為仲介。公眾購買動機產生的原因包括內因和外因。內因就是公眾的內部需要，外因就是外部誘因，外部誘因必須通過公眾的內因——內部需要起作用。然而，並不是所有的需要都能被公眾自覺地意識到。

有些需要沒有被公眾覺察出來，在這種情況下，必要的提示對於動機的激發是很重要的。公共關係活動中的提示有各種各樣的方式，有面對面地向公眾介紹（口頭提示），還有通過報紙雜誌、廣播電視等各種大眾傳播媒體進行提示等。許多有經驗的工廠、商店經常要舉辦各種類型的商品展評會或展銷會，目的就是向公眾進行提示。在展銷會上，一些公眾本來只是抱著參觀的態度而來，可是看到某種合意的新商品時，便會產生購買動機。公共關係活動的重要任務之一，就是要利用各種外部誘因來激發公眾的消費動機。

補充材料4-6：

激發消費者動機的「5F」準則

什麼樣的信息能激勵消費者購買呢？

1. 功能（Functions）

功能是指產品和服務是如何滿足消費者具體需求的，它是否是消

費者當前確實需要的東西。

2. 財政（Finances）

財政是指這次交易是如何影響消費者全盤的財政狀況的，不僅僅是產品或者服務的價格，還包括節省的費用和增加的生產率。

3. 自由（Freedom）

自由是指交易和使用產品和服務是如何的便利，如何為他們生活的其他方面節省更多的時間、減少更多的憂慮。

4. 感覺（Feelings）

感覺是指產品和服務讓消費者對自身感覺如何，是如何影響或者涉及他們的自身形象，他們是否喜歡和尊重銷售人員和公司。

5. 未來（Future）

未來是指隨著時間的流逝，他們如何處理產品和服務，在未來幾年，產品和服務將如何影響他們的生活，他們是否因此對於未來有了更多的安全感。

消費者希望在各方面都得到益處，所以企業要滿足消費者各個層次的需要。企業只有滿足了消費者各層次的需要才能激發消費者的動機。但是，生意和生活一樣有得有失，一個企業不可能得到所有東西。所以，請聚焦於那些你的產品和服務最出色的領域，這也是你最能激發消費者動機的地方。

（三）把握公眾的深層動機

行為是受動機所支配的，而動機具有內隱性，不容易被他人所覺察。在公共關係活動中，我們要注意分析和研究公眾的深層動機，要防止把動機的表面現象或者其他動機當成真正的動機。在實際工作中，要根據公眾的深層動機有針對性地開展公關活動，只有心動，才會有行動。這裡舉一個有關深層動機的實例。速溶咖啡物美價廉，配料又不需要特別的技術，省時又省事。20世紀40年代，速溶咖啡被作為一種新產品投入市場，但是銷售情況並不理想。這麼好的產品為什麼不受人歡迎呢？研究人員曾經用問卷法直接調查公眾對速溶咖啡的看法，結論是公眾不喜歡這種咖啡的味道。研究人員認為這個結論並不可靠，因為當實際品嘗速溶咖啡和傳統咖啡時，大多數人都說不出它們之間有什麼不同。為了深入地瞭解消費者拒絕購買速溶咖啡的真正動機，研究人員改用投射技術進行了深層研究，結果發現，婦女們拒絕速溶咖啡的真正原因是消費觀念上的偏見。在她們看來，購買速溶咖啡的婦女是為了偷懶，是不願履行從事家務的天職，只有購買新鮮

咖啡的婦女才是勤儉的、負責的、愛家的、會安排生活的人。當時的家庭主婦都帶有一種片面的自我意識，即作為家庭主婦應當以承擔家務為己任。速溶咖啡突出的「一快二方便」的特點，恰恰與當時婦女在消費觀念上的偏見相衝突。所以，婦女們覺得飲用速溶咖啡，不洗咖啡壺，就是沒有盡到家庭主婦的責任。找到了速溶咖啡遭拒絕的深層動機之後，廠家採取了相應的對策，在公關活動宣傳上不再突出速溶咖啡不用煮、不用洗咖啡壺等省時省事的特點，而是強調速溶咖啡具有美味、芳香和質地醇厚等特點，避開偏見的鋒芒，銷路自然也就打開了。從這裡可以看出，是否能針對公眾的真正動機開展公關活動，直接影響到公關活動的效果。

第三節　公眾的興趣

案例：

　　這是日冷株式會社冷凍食品的一則廣告：畫面上是一個剛剛吃完食品的天真可愛的兒童，正在舔她胖胖的小手，似乎對食品的滋味意猶未盡。從她鼻子尖上沾著的食品碴粒，我們可以自然而然地想像她剛才是如何狼吞虎咽、美滋滋地吃了一通。而她看來還很不滿足，目光中依然流露出濃濃的食欲。這幅廣告不禁使人產生興趣：是什麼食品使小女孩兒吃得那麼津津有味乃至戀戀不舍呢？下邊的包裝接著就能清晰地告訴你，是用天然原料做成的該品牌的各類食品：漢堡牛肉餅、燒賣、炸肉餅、濃湯……

　　在這個廣告設計中，設計者就是激發了公眾的興趣，從而達到了廣告宣傳的目的。

一、什麼是興趣

（一）興趣的含義

　　興趣是力求探究某種事物或從事某種活動的心理傾向。它使人對某些事物予以優先注意，並且帶有積極的情緒色彩。如對體育感興趣的人，總是對體育方面的消息優先加以注意，常為體育競賽活動以及有關體育方面的報導所吸引，無論是觀看還是談論體育比賽時都情緒高昂、興高採烈。

興趣是在需要的基礎上產生和發展的，需要的對象也就是興趣的對象。一個人只有對某種客觀事物產生了需要，才有可能對這種事物發生興趣。瑞士心理學家皮亞杰指出：「興趣，實際上就是需要的延伸，它表現出對象與需要之間的關係，因為我們之所以對一個對象發生興趣，是由於它能滿足我們的需要。」但需要不一定都表現為興趣，如人有睡眠需要，但並不代表對睡眠有興趣。

日常生活中，我們常把興趣和愛好作為同義語使用，實際上二者既有聯繫，又有區別。愛好是在興趣的基礎上發展起來的，一個人愛好的事物必定是他感興趣的事物。興趣只是認識的傾向，當它進一步發展為從事某種活動的傾向時，才成為愛好。愛好是活動中的傾向，是和活動緊密相連的。一個人對小說感興趣，僅僅表現為閱讀方面，當他積極從事寫作活動時，就轉化為了愛好。

（二）興趣的種類

1. 根據興趣的內容，可分為物質興趣與精神興趣

物質興趣是由物質需要所引起的興趣。表現為對衣食住行等物質生活環境、生活條件和生活用品的興趣。物質興趣人人都有，但如果一個人過分追求物質興趣，將會發展成畸形的、貪婪的低級興趣。

精神興趣是由精神需要所引起的興趣，表現為人對精神財富的渴望，如對學習、娛樂、社會活動等的興趣。精神興趣越廣泛，人的精神生活就越豐富。

2. 根據興趣的傾向性，可分為直接興趣與間接興趣

直接興趣是指對事物或活動過程本身的興趣，如對電視、電影、體育、繪畫等的興趣。間接興趣是指對某種活動或活動本身並沒有興趣，但對活動的結果或事物的意義感興趣。比如一個學生不喜歡英語，但認識到英語的重要性，便產生了學習英語的間接興趣。

直接興趣具有暫時性，間接興趣則是較為持久的。一項活動如果僅靠直接興趣，很難讓人持久地堅持下來，也很難深入進行，而如果僅靠間接興趣，又會使人感覺枯燥乏味。只有兩種興趣同時存在，相互結合，才能充分發揮一個人的積極性。

（三）公眾興趣的差異

公眾的興趣，無論是個體興趣還是群體興趣，都是有差異的。瞭解和把握公眾興趣的差異，有利於提高公關工作的針對性。

1. 興趣的廣度

興趣的廣度即興趣的範圍，指興趣指向客觀事物範圍的大小。人

與人之間在興趣的廣度上存在著很大的差異，有些人的興趣範圍十分廣泛，對一切事物都樂於探求，有多種多樣的愛好，他們的生活豐富多彩，有廣博的知識，有較強的能力，因而也容易取得較大的成就；而有些人的興趣範圍十分狹窄，什麼事物似乎都引不起他的興趣，生活也就顯得單調乏味。

作為公關人員為了和不同的公眾更好地溝通，不僅要瞭解公眾的興趣，而且還應該培養自己廣泛的興趣，以便更好地開展公關工作。

2. 興趣的指向性

興趣的指向性是指個體或群體對什麼事物感興趣。比如，有人對文學感興趣，有人對數學感興趣，有人對音樂、繪畫感興趣等；女人對逛商店、購物具有極大的興趣，而男人則把逛商店、購物當作負擔；青少年對流行歌曲有濃厚的興趣，老年人則傳統戲劇情有獨鐘。所以公關人員在公關過程中，要充分瞭解公眾感興趣的對象，這樣才可以提高公關工作的效率。

3. 興趣的穩定性

興趣的穩定性是指興趣保持在某個事物或某項活動上時間的長短。人們的興趣可能是持久不變的，也可能是變化無常的。例如，青少年在生活中喜歡追求新鮮的刺激，在購物時，他們經常會變換品牌；而老年人如果喜歡一個品牌，就會長期購買，忠誠度較高。公關人員在公關過程中，就是要根據自己的需要，利用興趣的可變性和穩定性，激發公眾新的興趣或是讓其保持持久的興趣，以利於自己的公關工作。

4. 興趣的效能性

興趣的效能性，是指興趣對於活動能夠產生積極效果的大小而言。有的人的興趣只滿足於對事物當前的感知過程，缺乏對活動的推動力量；有的人的興趣，不僅是要從客體的知覺中享受到快樂，而且渴望有進一步地認識客體，把握客體，由此推動自身積極地探索某種事物或從事某種活動。所以，後者的興趣可能就高於前者。

在公關過程中，公關人員不僅要想法設法引起公眾興趣，而且要通過自己的公關技巧提高公眾興趣的效能性。

二、公眾興趣與公關活動

（一）充分重視公眾興趣在公關活動中的作用

在公關活動中，公眾興趣的發揮具有重要的作用。只有充分重視、利用、引導公眾的興趣，才能使公關工作取得成效。公眾興趣對公關

活動的作用主要表現在以下方面：

1. 引起公眾注意

我們知道，任何一個組織的公關目標都是要在公眾心目中樹立組織的良好形象，而要實現這一目標，首先必須使公眾關注組織。設想公眾對某個組織毫不關心，視若無睹，那麼組織不管開展多少公共關係活動，也只能是「自作多情」。只有公眾注意組織，組織才有可能通過自己的行為給公眾留下良好印象。而要想引起公眾注意，就不能不考慮公眾的興趣，只有符合公眾興趣的事物才更容易成為公眾注意的對象。比如，因為出演戲劇《倒霉大叔的婚事》中的「倒霉大叔」而為河南人耳熟能詳的任洪恩，由於他的唱腔富有特點，因而得到了廣大農民朋友的喜歡。所以，近年來河南省許多生產農用產品的企業都頻頻邀請任洪恩代言和宣傳自己的產品，利用農民朋友對任洪恩的興趣和熟悉讓公眾更加關注自己的企業。據報導，泰國曼谷有家酒吧在門口放了一個巨型酒桶，外面寫著醒目的大字：「不許偷看！」引發了過往行人的好奇心，而非要看個究竟。行人們將頭探進桶裡，一股醉人的酒香便撲鼻而來，桶底酒中浮現出一行字：「本店美酒與眾不同。請享用！」商家的這一招抓住了人們的好奇心，讓公眾產生了濃厚的興趣，使匆匆過客駐足觀望後紛紛進店去試飲幾杯。

2. 刺激公眾行為

興趣能夠給人帶來愉快的感覺，每個公眾當然都希望能夠多獲得這種感受，這就必然促使公眾採取進一步的行為。也就是說，正是由於興趣的刺激作用，才引起公眾對組織的吸引力。有了興趣，公眾行為也就有了一定的動力。

補充材料 4－7：

尋寶活動

1980年，英國人迪特·威廉姆斯創作了一本題為《化裝舞會》的兒童讀物。為了提高該書的銷售量，他特意在書中設計了一條謎語，讓讀者根據書中的文字和圖畫猜一件「寶物」的埋藏地點，並公開宣稱這件「寶物」是一只製作精巧、價格高昂的純金野兔。

《化裝舞會》一問世，在英國迅速刮起了一陣購買旋風。數以萬計的青少年及不同身分層次的成年人都懷著濃厚的興趣，按照自己在書中得到的啟示，走遍英國各地四處尋寶，歷時長達兩年之久。最後，一位年近半百的工程師發現了這只金兔，一場聲勢浩大的尋寶活動至

此告一段落。然而此時,《化裝舞會》的銷量已達到 300 萬冊,創下了非流行讀物的最高銷售紀錄。

事隔四年,威廉姆斯故伎重演。經過精心策劃,他又創作了一本 30 頁的小冊子,內容是描述一位養蜂者的故事和一年中的四季變化,並附有 16 幅彩色插圖。書中的文字和幻想式的畫面隱含著一個深奧的謎語,而謎底就是該書的名字。1984 年 5 月 25 日,這一本獨特而且沒有書名的書稿在七個國家同時發行。威廉姆斯承諾:猜中該書書名的讀者,可以得到一個鑲著各色寶石的金蜂王飾物。開獎日期定為該書發行一週年之日。

結果,不到一年時間,這本小冊子在世界各地的發行總數已超過兩千萬冊。說到底,誰最終得到獎品並沒有多大的吸引力,因為最重要的是威廉姆斯本人成了最大的贏家。通過那極具誘惑力和新奇感的創新,激發起了公眾的興趣,並投身於「轟轟烈烈的行動」中。結果威廉姆斯揚名於世,並一舉成為大富翁。

(二) 公眾興趣與公關活動
1. 承認公眾興趣的差別

公眾的興趣多種多樣,不同公眾的興趣更是存在差異,這是組織在開展公關工作時所必須承認的。在公共關係中,組織面對的公眾數量是非常多的。組織要分清自己的主要公眾和次要公眾,把主要公眾作為自己的目標公眾;組織還要分清不同公眾的興趣差異,明確目標公眾的興趣傾向是什麼,否則公關工作只能是「東施效顰」,結果將會是適得其反。

補充材料 4-8:

日本一家汽車公司,根據年齡標準,把公眾細分為青年公眾、中年公眾等。因為青年公眾特別喜歡當紅影星,為了吸引他們,該公司推出了一則汽車廣告,占了報紙整整一個版面。這幅廣告的獨到之處在於:圖案中沒有把汽車的形象放在首位,卻突出了日本著名影星山口百惠的大幅寫真,廣告標題上沒有出現「汽車」這個詞,卻以「百惠紅菱豔」這一迷人的短語來表示。把山口百惠作為廣告的「主角」,並把她的形象和汽車聯繫在一起,把套紅印刷的兩部汽車圖像放在山口百惠圖像下面,成為山口百惠腳上一雙紅色的鞋。這種比喻法,既富有哲理,又饒有趣味。廣告標題定的是「紅菱豔」,這又巧妙地象徵著喜悅、熱情、活潑、愛情等美好的情感。用這種美好的情感和趣

味盎然的手法做汽車廣告，博得了一批著迷於大明星的日本青年的好感。

2. 承認公眾興趣的發展

由於公眾興趣受各種主客觀因素的影響，因此，它會隨各種條件的變化而不斷地變化，而商品經濟不斷發展的外部動力之一就是公眾興趣的不斷變化和發展。在公關活動中，不斷變化著的公眾興趣會隨時調節公關過程。如果公關過程能夠適應，那麼公關活動就會取得成效，否則就會失敗。

補充材料4－9：

「好萊塢」口香糖廣告成功的秘訣

口香糖的最大消費群體是青少年，而「好萊塢」口香糖廣告的最大特點就是始終與同一時代青少年的主流戶外活動相呼應，在贏得了他們的好感後，也就自然而然地打開了市場。這正是「好萊塢」口香糖成功的秘訣。

分析「好萊塢」口香糖在20世紀70年代、80年代和90年代不同的廣告製作，人們很容易發現不同時代青少年的興趣愛好。比如，70年代「好萊塢」口香糖的廣告就是「吉他加鮮花」模式；80年代是冒險運動系列，典型代表是衝浪、草地滑雪等；進入90年代，青少年的愛好發生了本質上的變化，為了迎合他們，「好萊塢」口香糖的廣告更是匠心獨運，讓年輕人跳上屋頂，邊唱邊跳。當然，所有的年輕人在進行戶外活動時，嘴裡嚼的都是「好萊塢」口香糖。歐洲的廣告分析師說：「直到今天，『好萊塢』口香糖的形象一直圍繞『新奇生活』的價值展開，其中既有產品利益，也包含了心理層面的利益——一種『酷』的精神狀態。」

3. 利用公眾興趣，提高公關效率

公關主體的重要職能之一就是收集各種有用的信息，而公眾的興趣正是最有用的信息和最重要的資源，它對公關主體發揮著啟迪和誘導的作用。一方面啟發公關主體按照公眾的興趣不斷調整自己的目標，以適應市場的需要；另一方面又在誘導公關主體，為其開展公關活動提供各種有利的機會和條件。

因此，在公關活動中，公眾的興趣是一種客觀存在和不容忽視的重要資源和信息，只有積極而自覺地認識和利用它，才能增強公關主體的主動性和靈活性，以適應公眾興趣的豐富性和多樣性，並進一步

發揮公關活動的創造性，深入開發公眾興趣的潛能，溝通公關主體與公眾的情感，促進雙方的交流。

第四節　公眾的價值觀

案例：

有一年，美國一家種植園的蘋果因閃電、冰霜交替侵襲，大量的蘋果皮上出現了令人討厭的斑點，這就使銷售成了大問題。蘋果經銷商出奇制勝地做了這樣一個廣告：「蘋果上應該都有斑痕，因為那是下冰雹所碰擊出的痕跡。它證明：這些蘋果都生產在寒冷的高山上，而唯有在寒冷的高山上，才能生產出這種香甜、爽口、清脆的蘋果。請你趕快來品嘗這種特殊美味的高山蘋果吧！」這個頗具創意的廣告在報上登出之後，竟然得到廣大消費者的認同。大家搶著買斑點蘋果，於是斑點蘋果成為「獨特美味蘋果」的代名詞。

此案例中，廣告的成功之處就在於，通過經銷商的公關宣傳引起公眾價值觀的變化，從而達到了自己的目的。

一、價值觀

（一）什麼是價值觀

價值是主觀對客觀的判斷和評價，它屬於認識的範疇。心理學中所說的價值，是指周圍事物以及人和社會的關係在人心目中的主次地位和輕重程度。

價值觀指一個人對周圍客觀事物的意義、重要性的總評價和總看法。對一個人來說，他認為最有意義和最重要的客觀事物，就是最有價值東西。換言之，價值觀就是一個人對周圍事物的是非、善惡、有用、無用及其重要性的判斷、評價。

價值觀屬於經濟學和社會學的範疇，是人生觀的核心，是世界觀的組成部分。

在同一社會中，有人對自由看得重要：「生命誠可貴，愛情價更高。若為自由故，二者皆可拋。」有的人把金錢看得重要：「一切向錢看。」有的人把工作看得重要：「工作著是美麗的。」這些差異就是價值觀不同決定的。而價值觀的不同，又與人的需要有著密切聯繫。一

種事物對於一個社會、一個人有無價值，取決於這個社會和這個人對它的需要。在一個饑餓的人看來，食品的價值最高；在一個寒冷的人眼中，衣服的價值最大。

（二）價值觀的構成

價值評價和價值取向共同構成了一個人的價值觀。

人們對人、周圍事物及社會關係的認識程度和範圍是不同的，因此，也就有不同的價值評價。價值評價即人對事物有用性的評價。

一般來說，人們的行為活動都指向他們認為有意義的方向和目標，因此，價值評價決定價值取向。價值取向是人們在價值評價的基礎上所採取的行為或進行活動。由於人的價值評價的不同，便導致了人們在行為或活動中價值取向的差異。在一些人看來很有價值、值得去做的事，在另一些人眼中可能會覺得沒有必要。例如，由於人們對文化知識的價值評價不同，因此，有的人省吃儉用不惜重金為孩子進行教育投資，而有的人則只顧眼前利益，寧願讓孩子輟學去掙錢，這就是價值取向的不同。

（三）價值觀的形成

價值觀不是與人俱來的先天之物，而是在後天的社會實踐中形成的。人的價值觀的形成，主要受兩種因素的影響：

1. 外在因素

從外在因素上說，價值觀的形成主要受時代精神、社會風氣、經濟形勢的影響。每一個時代，都有一種不同於另一時代的精神風貌，也流行一種不同於另一時代的風氣，受這些因素的影響，也就形成了每個時代不同的價值觀。

20世紀70年代末到80年代初期，隨著我黨工作重點的轉移和經濟建設中心地位的確立，人們認識到了知識和人才在社會生活和經濟建設中的重要地位，社會上形成了尊重知識、尊重人才的時代精神和社會風氣，價值觀就向著知識傾斜。進入90年代後，由於市場經濟體制的確立，許多人認為金錢最有價值，於是價值觀就向著金錢傾斜。

2. 內在因素

從內部因素看，價值觀的形成主要是受世界觀和人生觀所支配的。在同一個時代，人們面對同樣的經濟形勢和社會風氣，受著同樣的時代精神的熏陶，但其價值觀卻不盡相同，追求各有所好。究其原因，這不同的價值觀和人生追求，主要是受個人世界觀和人生觀所影響。有的人認為世界是美好的，人生是光明的，人的價值就在於對社會的

奉獻；有的人認為世界是醜惡的，人生是黑暗的，人的價值就在於對社會的索取。持這兩種不同價值觀的人，其追求目標必定是迥異的。

補充材料4-10：

容聲公布「簡單生活」品牌理念

日前，中國冰箱行業老牌勁旅容聲在上海召開30週年慶典暨新品發布會，並公布了「簡單生活，暢享原生態」的品牌理念，致力於成就「中國最專業的冰箱品牌」。

據瞭解，此次發布會上亮相的六款艾弗爾系列新品，是容聲成功探底節能、保鮮技術極限，對核心技術持續創新的又一次嘗試。容聲升級分立多循環系統，在冰箱冷藏、冷凍、變溫室等間室採用獨立的制冷和循環系統，實現了加倍保鮮、節能省電的優勢突破。納米水霧養鮮技術可恆久保持85%的最佳食物存儲濕度，大幅延長了食物保鮮時間。

同時，新品的外觀設計也讓這30年的冰箱企業煥發出更多的時尚和活力，加大幅採用簡潔的無邊框面板、更具整體性的暗藏式把手、簡單易用的操控系統……這也正契合了容聲「簡單生活」的理念，體現了容聲冰箱希望消費者通過最簡單的方式，享受到食物原生態般的新鮮，迴歸自然的生活狀態。到目前為止，艾弗爾系列已經覆蓋從200升到600升各個容積段，系列化的產品佈局讓容聲實現了新的高端拓展，使高端節能產品成為新的戰略支柱。2012年容聲冰箱市場佔有率份額的大幅增長，也預示著其對品質的不懈追求獲得的市場認可，開始從市場領跑向行業領袖跨越。

（資料來源：新聞晚報，2013.3.25）

（四）價值觀的變化

價值觀一旦形成以後，就具有相對的穩定性，但也不是毫無變化的。時代的發展和個人遭遇、地位變化，也會或快或慢地導致價值觀的變化。如「商品越經久耐用越好」是中國相當長一段時期內存在的一種價值觀，而由於改革開放促進了生產水平和生活水平的提高，這種價值觀受到了衝擊，被商品「一新、二美、三優、四廉」的價值觀所取代。

二、價值評價體系和價值取向的類型

(一) 價值評價體系的類型

價值評價體系,是指人們通過對相關事物的地位和作用進行價值判斷和價值評價,從而在內心形成的相對穩定的決定價值取向的心理內容結構。以不同的價值為中心來判斷和評價事物就形成了不同的價值評價體系。比如,人們對自由、民主、尊嚴、金錢、友誼、權力、工作成績、社會風氣、政治態度等的總體看法和總體評價不相同,在心目中有主次之分,輕重之別,就成為價值觀的體系。現今社會上主要存在以下幾種價值評價體系:

1. 知識型價值評價體系

知識型價值評價體系是以知識和真理為中心價值來判斷和評價事物的心理內容結構。持這種價值觀的人對一切事物都是以其是否符合真理,以及知識價值高低來判斷和評價的。凡是符合真理、知識價值高的事物,他們就認為是有價值的,值得去做。

2. 工作型價值評價體系

這是以工作態度的好壞和工作成績的大小為中心價值來評判事物的評價體系。持這種價值觀的人認為,凡是為了工作、對工作有利的事,再苦再難也值得,可以廢寢忘食、夜以繼日,甚至付出生命。

3. 生活型價值評價體系

這是以生活環境的優劣為中心價值來評價事物的價值評價體系。持這種價值觀的人認為,只要能使生活環境舒適優雅、家庭生活安逸的事就是有價值的;只有生活好,人生才有意義,和諧溫馨是生活的主旋律。此類人不太關心別人如何生活,也不太注重別人對自己如何看待和評價,對生活有獨到的見解,珍視生命、注重健康、無憂無慮,容易達到心理平衡。

4. 政治型價值評價體系

這是以權力大小和地位高低為中心價值來判斷和評價人與事的價值的評價體系。持這種價值觀的人認為,只有謀取了一定的權力和地位才算是實現了自我價值,他們視功名和權力如生命。就整個社會來說,對政治價值的評價有升有降,以前人們往往把政治條件當成評價一個人人格的重要標準,甚至年輕人找對象都把此作為先決條件。近年來,相當一部分人視政治條件無關緊要,其價值似乎大大降低了。

5. 經濟型價值評價體系

這是以金錢和經濟效益為中心價值的評價體系。某些人把金錢價值看成是生活中最值得追求的目標，並以金錢的多寡作為評價一個人價值高低的重要標準。經商、掙錢被他們認為是當今最時髦的職業，甚至認為有了錢就有了一切，有錢花才算是幸福，於是想方設法把別人的鈔票掙到自己腰包裡。持這種價值觀的人有靠自己的勞動換來財富的，但也不乏道德淪喪、損人利己、損公肥私之徒。

6. 社會型價值評價體系

這是以群體和他人利益為中心價值來評價事物的價值評價體系。持這種價值觀的人認為，他們的人生價值在於奉獻，在於為社會和他人謀福利，自己的價值只有在他人的幸福和社會的進步中才能得以實現。

7. 唯我型價值評價體系

這是以個人利益為中心價值來評價事物價值的評價體系。持這種價值觀的人認為，只要是對己有利的事就是值得去做的和有價值的。這類人一般都以自我為中心，唯我獨尊，極少替他人著想，是典型的個人主義和利己主義者。

8. 宗教型價值評價體系

這是以道德和宗教信仰為中心價值來評價事物價值的評價體系。持這種價值觀的人認為，只有符合自己的道德標準與宗教信仰的事才是有價值的。持無產階級道德標準、信仰馬克思主義的人，往往體現出大公無私、先人後己、集體主義等道德風貌。相反，持資產階級、剝削階級道德標準的人，則以個人利益為重，只圖索取、不講奉獻，在社會交往中也常表現出詐欺勒索、乘人之危、落井下石等不道德的行為。有著其他一些道德標準和宗教信仰的人，我們應有分析地區別對待，在尊重其宗教信仰的基礎上，使之更趨完美。

9. 完美型價值評價體系

以事物形式的完美與否中心價值來評價事物價值的評價體系稱為完美型價值評價體系。持這種價值觀的人力求一切都盡善盡美，認為只有絕對完美的事物才是有價值的。這類人的理想或者說幻想往往容易落空，因為世界上本來就沒有十全十美的人或事。

10. 混世型價值評價體系

持這種價值觀的人沒有明確的中心價值來作為判斷和評價事物的標準，沒有目標，沒有理想，自己也不明白整天活著是為了什麼。只

要吃飽喝足就什麼也不想，對他人和事物極少關心，這類人雖為數不多，但確實是存在的。

以上所談的價值評價體系因人而異，有些人身上可能體現出兩種或幾種價值評價體系，如政治型與經濟型綜合在一起；有的人認為有了權就有了錢，有了錢也可以買到權，二者不可分割，於是生活的目標就對準了「權」「錢」，一切從權、錢出發來判斷和評價事物。因此，我們在考察一個人的價值評價體系時應從多角度、多方面、多標準綜合看待，不可一概而論。

（二）價值取向的類型

價值取向類型，就是在一定價值評價體系的影響下，行為、活動指向主要價值目標的行為類型。由定義可知，價值評價體系決定價值取向類型，價值評價體系的結構不同，價值取向類型也不同，前者的發展變化必然影響到後者。因此，根據上述價值評價體系的種類，價值取向類型也相應地分為以下 10 種：

1. 理論型價值取向

由於知識型價值評價體系是以知識、真理為標準來衡量事物價值高低的，我們且把該類人的價值取向類型稱為理論型。他們的行為一般是以獲得知識、維護真理為準則。

2. 事業型價值取向

這種類型的人以獻身事業為特徵，很少考慮個人利益，一心撲在工作上，一般來說品德高尚、不逾規矩。

3. 安逸型價值取向

這類人以維護安逸太平的生活為特徵。工作上不太具有上進心，常年忙於家庭美好生活藍圖的設計和實現之中，熱衷於經營自己的小安樂窩而顯得胸無大志。他們比較理智，既不傷害別人，又有獨立的見解，善於在現實環境中發揮自己的主觀能動性，行為的平衡性較強。

4. 功名型價值取向

這類人以獲取功名為特徵，為功名而割捨其他的興趣愛好，時間觀念較強，懷有緊迫感，整天忙忙碌碌，不太會因挫折和失敗而屈服。一般而言，他們對金錢、愛情、家庭、健康等關心較少，能把獲得個人名譽、地位、成功和自己所從事的事業結合起來，因而能轉化為事業型的價值取向類型。

5. 享樂型價值取向

這類人的行為以追求物質享受或精神享受為特徵，工作上不大具

有進取心，精力主要放在個人享受方面，講究衣食住行的條件，或迷戀於某種感興趣的活動。因為消費水平較高，對金錢的需求量大，所以對自己的工作常不滿意，有時敢於鋌而走險。

6. 奉獻型價值取向

具有這類價值取向的人，其行為特徵是一切為了他人和社會，只圖奉獻，不求索取。他們心甘情願地把自己省吃儉用節省下來的錢物送給那些需要關心的人，有的甚至不惜用自己的生命去換取他人的幸福和社會的安定，做出忘我的無私無畏的創舉。現今社會上不少奉獻愛心、助人為樂、見義勇為、維護社會安定之舉正是這一價值取向的具體表現。

7. 索取型價值取向

與奉獻型價值取向相反，索取型價值取向類型的人的行為是一切從個人利益出發，是冷酷的個人主義者。自己一旦為他人做些什麼，就要讓別人終生銘記、加倍報償，時時處處以「大恩人」「救世主」的身分自居，而別人為自己做事則是「理所當然」的。工作中斤斤計較，患得患失，更有甚者，為了自己的利益，不惜以他人利益和公共利益為代價。

8. 寄托型價值取向

這類人以自己所信奉的宗教思想和道德標準為出發點來支配行為，表現為行為與信仰的同步、內心的虔誠與精神上的完全寄托同步。其言行服從於所信仰的宗教習慣和道德準則，一般很容易受到暗示。

9. 浪漫型價值取向

該類價值取向類型的人，其行為和活動具有濃厚的浪漫色彩，常常沉醉在浪漫的甚至不切合實際的幻想之中，很難接受現實中一切不合乎人意的事物。如若遇到挫折，他們很容易意志消沉、心灰意冷，或玩世不恭，對一切都無所謂。

10. 模糊型價值取向

模糊型價值取向類型的人，其行為以綜合和多變為特徵。這種人易受外部環境的支配，自己也不清楚到底追求的是什麼，他們什麼都想獲得，但又缺乏動力和毅力，常在困難和挫折面前畏縮不前，情緒不穩定，沒有信仰和理想。

三、公眾價值觀與公關

補充材料 4-11：

解讀「20、30、40」歲購車之謎

汽車對於不同年齡層次、不同地域、不同社會地位的人來說扮演著不同的角色。新華信市場研究諮詢有限公司推出網絡調查，共回收 5,237 份問卷，根據數據統計、分析，得出以下結論：

不同年齡段消費有顯著差異

年齡在 20 歲以下的購車人，32.7% 的人是純粹的熱愛汽車，喜歡汽車生活，22.4% 的人認為汽車能夠體現出一個人的地位。此類消費人群屬於衝動型消費者，他們尚未完全融入社會，消費觀比較稚嫩，所以他們渴望高檔次的品牌汽車來彰顯汽車在他們心目中的地位。但是由於 20 歲以下年齡的年輕人沒有雄厚的經濟實力，所以價格也是其購車的主要考慮因素之一。同時他們也是一個特立獨行的新新人類，因此他們購車的時候更加關注時尚的汽車造型以及漂亮的汽車顏色。

年齡在 20~29 歲的購車人，消費更加理性化。這個年齡段的人正處於人生創業階段，所以他們的購車原因比較集中，33.7% 的人購車是因為外出辦事情比較方便，與年齡在 20 歲以下的消費者相比，這個年齡階段的人並不是特別在意汽車是否能體現其個人的地位。

年齡在 30~39 歲的人事業已經基本上穩定下來，事業已經不再是其生活的重心，此時家庭在人們的心目中更顯現其重要性。這個時候，購車能讓家人生活更舒適的重要性已經超過了購車能夠外出辦事情更加方便的重要性，同時在這個年齡階段的人們已經有了一定的經濟實力，所以其對汽車能體現個人的地位的需求也有所提升。

年齡在 40~49 歲的人對汽車的需求除了需要外出辦事方面、讓家人生活更加舒適之外，能夠更好地實現他們的郊遊需求也開始逐漸顯現。經歷了幾十年的事業奮鬥，人們逐漸開始疲勞，城市的喧囂讓人們覺得心煩氣躁，此時郊區的清新空氣、片片綠地以及鄉土氣息無時無刻不在呼喚著人類迴歸。

各個年齡段看重因素略有差別

20~29 歲的人與年齡在 30~39 歲的人購車時考慮的因素比較相似。他們購車的時候更多地考慮汽車品牌、價格以及質量，確保其購車的實用性。同時，這兩個年齡段的人對汽車的安全性以及汽車的用

車成本有一定要求，他們不再像20歲以下的人那樣對汽車的操控性以及汽車的外觀有較高的需求。由此可以發現，廠商所針對的目標消費群體越是年輕，其相應的產品就越是要突出其產品的時尚外觀以及良好的操控性。

40～49歲的人與20～39歲的人相比，安全性是其僅次於品牌的第二重點考慮的因素，汽車的質量則是其再次考慮的因素。此年齡段的購車者在經濟實力上相對來說比前面幾個年齡階段的購車者更加雄厚，所以價格在他們的考慮因素中處於較次要的位置。面向40～49歲的消費人群，汽車廠商在重點打造產品品牌的同時，也需要重點突出汽車的安全性以及汽車的質量。

（資料來源：人民網，2007.11.17）

公眾在價值觀的影響下，確定自己的生活目標和基本的動機，並因此形成自己的活動方式和具體內容。由此我們可以說，認識不同群體或個體的價值觀，對有效地開展公關活動、制訂公關策略都是十分必要的。

（一）把握公眾價值觀的個別性，加強公關活動的針對性

公眾的價值觀受公眾的需要、興趣、觀念的影響，因其個體不同而存在差異。例如，「新鮮」是南方人對食品的一種價值觀念，蔬菜要新鮮的、魚蝦要活的、食物的蒸煮火候不能過頭等。某省一家糧油公司想到香港推銷冷凍餃子，認為這種省時省事的食品符合香港人「時間就是金錢」的觀念，一定會受到消費者的喜歡，但其結果卻適得其反。究其原因才發現，他們沒有考慮到南方人對食品求鮮求活的心理需要，這在很大程度上不能不說是公關活動的失敗。因此，公關活動應根據不同公眾的個別差異，有針對性地開展活動。

（二）把握公眾價值觀的發展性，加強公關活動的時代性

社會是不斷發展進步的，價值觀也隨之而發展變化。以人們對飲食的看法為例，隨著社會物質生活水平的提高，人們一改以前「大魚大肉為上乘食品」的觀念，主張葷素搭配得當、營養要素齊全、色香味一體的飲食觀念。因此，公關活動也應隨著這一觀念的進步而不斷向公關主體提供和反饋信息，以滿足公眾的要求。

補充材料4－12：

美國露華濃化妝品公司在20世紀70年代推出一款題為「採妮香水」的廣告，在廣告中創造了一個深具魅力的名模形象。那是一個年

輕、聰明、美麗、思想和生活方式上完全獨立的新女性。在電視廣告中，女主角親自駕駛一輛豪華轎車，飛快地闖進一流的酒店餐廳，黑人琴師為她獨來獨往的舉動引吭高歌，賓客們紛紛向美人投以讚美和欽佩的目光，而她則以優雅飄逸的微笑回報大家的青睞和仰慕。由於採妮廣告人物形象的塑造，吻合了當時美國社會時代女郎的心態而大受歡迎。而在整個作品中，真正「採妮香水」的「戲」並不多，香水只是名模表演的道具。但是名模形象塑造出來後，與之密切相關的香水也隨之引起人們的注意，採妮香水就此一舉成名。

（三）把握公眾價值觀的民族性，加強公關活動的靈活性

公眾價值觀受民族習慣和傳統風俗的影響。例如，日本人初次見面時對互換名片極為重視，若初次相會不帶名片，不僅失禮而且對方會認為你不好交往。在互贈名片時，要先行鞠躬禮，並雙手遞接名片；接過對方名片後，要認真看閱，看清對方身分、職務、公司，並用點頭動作表示已清楚對方的身分。日本人認為名片是一個人的代表，對待名片就像對待他們本人一樣。如果接過名片後，不加看閱就隨手放入口袋，便被視為失禮。如果你是去參加一個商業談判，你就必須向房間裡的每一個人遞送名片，並接受他們的名片，不能遺漏任何一個人。儘管這需要花費不少時間，但這是表示相互友好和尊敬的一種方式。

可見，公關人員在公關活動中應廣泛地瞭解各國、各民族的風俗習慣，並靈活地按這些傳統和風俗進行活動。否則，不但達不到公關目的，反而會事與願違，適得其反。

（四）把握公眾價值觀的層次性，加強公關活動的共鳴性

公關活動中，由於公眾的文化層次不相同，目標對象也不一致。一種公關活動不可能針對所有的公眾，越想包容各個層次的人，反而越得不到公眾的共鳴。因此，公關活動不可能各方面都做到雅俗共賞。

課後思考練習：

喚起臺灣人的味覺——美國葵花油整合營銷傳播案例

為了提高臺灣公眾對食用美國葵花油有益健康的認識，增加產品的試用消費量，受美國向日葵協會的委託，凱旋—先驅公關公司於1998年12月至1999年9月策劃和實施了一項該協會對臺灣市場的調查及推廣美國葵花油的整合傳播活動。

關注健康的臺灣人喜歡在家做飯，因此，食用油在烹調過程中就成為一種不可或缺的原料。而在選擇食用油時，人們參照的最重要的標準是：有益健康，油菸少，價格便宜。在活動開展之前，葵花油在臺灣市場的知名度一般，使用率僅為30%。臺灣公眾認為葵花油是一種較少或無油菸、較少或不含膽固醇的健康食用油，但在試用度方面，葵花油仍次於豆油。雖然豆油被認為是一種品質較低的油品，但它更經濟實惠。

此次整合傳播活動的目的是增強美國葵花油的形象，即它是人們的首選的食用油且價格合理。其他需要傳遞的重要信息還有：葵花油油菸少或基本無油菸，可以保持廚房的清潔，它是臺灣消費者的最健康的選擇。另外還要強調的是，使用葵花油來燒菜是一種快樂的體驗。

凱旋—先驅公關公司首先選擇的目標受眾：30～49歲關注健康的消費者；關注健康的家庭主婦；消費品、健康、食品類專業媒體和綜合類大眾媒體；食用油方面的專業人士和營養學方面的資深人士。

為了達到公關目標，凱旋—先驅公關公司通過一系列的措施：

1. 凱旋—先驅公關公司和臺北醫科大學營養學系一位知名教授合作為美國向日葵協會編撰了一篇科學評論文章。

2. 鑒於臺灣公眾對產品品牌的認知有限，凱旋—先驅公司組織了一個媒體午餐會，將美國向日葵協會正式介紹給臺灣媒體和一般大眾。為進一步建立與媒體的良好關係，午餐會上公司向媒體發放了特別設計的葵花油禮品包，其中包括新聞稿、一本由《美食天下》雜誌設計的有創意的葵花油食譜和一瓶試用油。將10,000本食譜隨同《美食天下》月刊發放給訂戶，另有3,000本在其他公關活動的現場發放。產品試用的機會使得臺灣的消費者可以直接領略美國葵花油的超級品質及其特有的性能，如顯著減少油菸。

3. 在增進與臺灣各地食用油進口商的關係和收集當地市場信息的

努力方面，凱旋—先驅公司陪同美國向日葵協會的官員拜訪了全省的食用油供應商和進口商。其他一些樹立品牌形象的努力包括：贊助電視烹飪節目，在主要的消費品報紙和烹飪雜誌上安排中文廣告。

4. 公關活動中的另一個有效內容是通過電視烹調節目主持人和食品評論家這樣的資深人士宣傳產品。其做法是在臺灣三大城市臺北、臺中、高雄三地舉辦「美國葵花油周」。在每個城市，由一位名廚師用葵花油烹飪特別的菜肴，旁邊有一位主持人作現場講解。現場總共發放了1,500份美國向日葵協會的宣傳小冊子和700本食譜。

5. 凱旋—先驅公司還與發行量達110,000份的大型報業合作，舉辦了一個用葵花油作為食用油的食譜創作大賽。比賽規則、截止日期、換領美國葵花油食譜的印花，均由凱旋—先驅公司和贊助商統一企業、標準食品企業共同制定，並開通了一條免費熱線。裁判為兩位名廚和一位營養學家，20位獲獎者的名單公布在占一個半版面的報紙彩色廣告中，並被逐一個別通知領獎。

6. 此外，公司還在《Yummy》雜誌上以插頁廣告的形式刊登了用葵花油特別設計的四種食譜。一些主要報刊上還刊發了專門的評論文章以促進公眾對葵花油有益健康的瞭解。

通過一系列公關活動、電視節目贊助、插頁廣告和評論文章，美國向日葵協會和葵花油在媒體上的曝光度大大提高了。「美國葵花油周」的結果使一大批消費者對葵花油的多用途和健康品質有了很好地瞭解。一週的推廣促銷結束後，美國葵花油的銷售量增長了3～4倍。美國向日葵協會得到了名廚的稱讚，並贏得了本地食用油進口商對有關活動的支持和獎品的贊助，以及推廣期間的誘人折扣。在臺北、臺中、高雄三市的巡迴推銷活動也吸引了超過15,000位消費者，成功地提高了公眾對美國葵花油的營養價值和多用途的認識。

練習題：

1. 你是如何評價此營銷傳播案例的？
2. 此案例成功之處在哪裡？有需要進一步完善的地方嗎？

第五章 公眾的心理特徵

公眾的心理特徵是指公眾心理特點的具體表現。公眾的心理特徵主要包括公眾的個性心理特徵、角色心理特徵、重要目標公眾的心理特徵、群體心理特徵等方面。

第一節　公眾的個性心理特徵

公共關係工作的客體是公眾，具體地說是形形色色的個體。「人心不同，各如其面」。人的心理是千差萬別的，每個人都有自己的心理特點。這些差異就是個性心理特徵，具體地表現為個體在能力、氣質、性格等方面的差異。公眾的個體心理特徵制約著人的各種心理活動。因此，瞭解和研究個體的心理特徵，可以正確把握公眾的個體心理，提高公關工作的針對性。

一、公眾的能力特徵

（一）什麼是能力

能力是人們成功地完成某種活動所必備的個性心理特徵。

對此定義我們可作如下理解：

能力總是與活動密切相連的。一方面，個人的能力總是在活動中形成和發展起來，也在活動中得到表現，如公關人員的公關能力，總是在公關活動中鍛煉出來和表現出來；另一方面，從事任何活動，都必須以一定的能力為條件，如教師要想很好地完成教學任務，除了要

有明確的立場、觀點和專業知識之外，還需要有駕馭教材的能力與較好的口頭語言表達能力等。

但是，人在日常活動中表現出來的心理特徵並不都是能力。例如，人在活動中表現出的鎮定安詳與焦躁不安、謙虛謹慎與驕傲自大等，雖然都是心理特徵，也對人的活動有一定的影響，但它們不是成功地完成某種活動所必備的因素，也不會直接影響活動的效率，因而不能稱之為能力。只有那些從事某種活動所必需的，缺了它們就不能順利地、成功地完成活動的心理特徵，才屬於能力的範疇。

（二）能力的分類

1. 一般能力和特殊能力

這是按照能力的傾向性來劃分的。一般能力是指人們從事各種活動所必需的最基本的能力。它包括人的觀察力、注意力、記憶力、思維力與想像力。

特殊能力是指人們從事某種專業活動所必須具備的能力。人要順利地完成一項活動，既要有一般能力的參與，也必須依賴特殊的能力。一般能力與特殊能力在個體發展中是相互促進的，特殊能力建立在一般能力的基礎上，因而一般能力的發展就為特殊能力的發展提供了良好的條件。

2. 再造能力和創造能力

這是按活動中能力的創造性的大小進行劃分的。再造能力是指人們在活動中順利地掌握前人所累積的知識、技能，並按現成的模式進行活動的能力。這種能力有利於學習活動的要求。人們在學習活動中的認知、記憶、操作與熟練能力多屬於再造能力。創造能力是指在活動中創造出獨特的、新穎的、有社會價值的產品的能力。它具有獨特性、變通性、流暢性的特點。

再造能力和創造能力是互相聯繫的。再造能力是創造能力的基礎，任何創造活動都不可能憑空產生的。因此，為了發展創造能力，就必須虛心地學習、模仿、再造。在實際活動中，這兩種能力是相互滲透的。

3. 認知能力和元認知能力

這是按活動的認知對象的維度劃分的。認知能力是指個體接受信息、加工信息和運用信息的能力。它表現在人對客觀世界的認識活動之中。元認知能力是指個體對自己的認識過程進行的認知和控制能力。它表現為個體對內心正在發生的認知活動的認識、體驗和監控。認知

能力的活動對象是認知信息；而元認知能力的活動對象是認知活動本身。它包括個人怎樣評價自己的認知活動，怎樣從已知的可能性中選擇解決問題的確切方法，怎樣集中注意力，怎樣及時決定停止做一件困難的工作，怎樣判斷目標是否與自己的能力一致等。

4. 認知能力、操作能力和社交能力

這是按照能力的功能劃分的。認知能力指接收、加工、儲存和應用信息的能力，是人們完成活動最重要的心理條件。操作能力是指操縱、製作和運動的能力。操作能力是在操作技能的基礎上發展起來的，同時又成為順利掌握操作技能的重要條件。認知能力中必然有操作能力，操作能力中也一定有認知能力。社交能力是指人們在社會交往活動中所表現出來的能力。在社交能力中也包含有認知能力和操作能力。

(三) 能力的個別差異

人的能力存在著個別差異，這種差異可以表現在質、量和發展三個方面。從質的方面看，完成同一活動，不同的人可能通過不同的途徑，或採用不同能力的組合，表現為能力類型的差異；從量的方面看，有的人能力水平高，有的人能力水平低，表現為能力發展水平的差異；從發展的方面看，有的人能力發展得早，有的人能力發展得晚，表現為能力表現早晚的差異。

1. 能力類型的差異

這裡指人的能力在類別上、方向上存在的差異。能力類型的差異，不表現一個人能力的優劣，只表現一個人能力的傾向。在任何能力的基礎上，人都可以得到全面的高水平的發展，只不過是不同類型的人，能力發展的內容與方式有所不同而已。例如，在記憶方面，有些人善於聽覺記憶，有些人善於視覺記憶，有些人善於運動記憶，還有些人則在多種記憶結合時記憶效果最好。與此相應就可劃分出聽覺型、視覺型、運動型與混合型等四種記憶類型。實驗證明，一般人多屬混合型。

2. 能力發展水平的差異

這裡指不同的人在同種能力的發展水平上存在著高低的差別。例如，在同一個班級中，有的同學作文寫得很好，經常被老師作為範文講解；有的同學的作文則寫得很一般。這就是寫作能力發展水平的差別。

智力是能力的重要表現形式。關於智力的高低是以智商的高低來區分的。人的智力水平的高低，一般可分為超常、中常、低常三級水

平。通過大量的抽樣測試發現，人的智力水平呈現正態分佈。

3. 能力表現早晚的差異

人的能力有表現早晚的差異。有些人很早就表現出了某些方面的優異能力，稱為「早慧」。例如，王勃6歲善文辭，9歲讀《漢書》，10歲能賦，13歲寫出著名的《滕王閣序》。有些人的才能直到很晚才表現出來，是為「大器晚成」者。例如，英國生物學家達爾文從事生物學研究二十多年才有研究結果，寫出了傑作《物種起源》，提出了進化論的偉大理論。當《物種起源》發表時，他已經50多歲了。中國著名畫家齊白石先生，40歲時學畫，50多歲才成為一代畫師。

美國學者萊曼曾研究了幾千名科學家、藝術家和文學家的年齡與成就，發現25～40歲是成才的最佳年齡。中國學者張笛梅統計了從公元600年到1960年間1,234位科學家的1,911項重大發明，發現科學家發明的最佳年齡在35歲左右，與萊曼的觀點相一致。

科學家研究的最佳年齡在中年，這絕非偶然。要在科學上某個領域做出大的貢獻，除了需要良好的品質外，還需要豐富的知識和成熟的經驗，以及符合該領域要求的高水平的專門能力與創造能力。這些條件正是人在中年所具備的。他們少老年之保守，少少年之幼稚，多有成年人的老練持重，年輕人的思想活躍、好奇探索之心，處於年富力強、精力充沛之際，且在記憶力、比較判斷力方面呈最佳狀態（如表5-1所示）。這些都有助於中年人取得傑出成績。

表5-1　不同能力的平均發展水平（根據麥爾斯的研究成果）

年齡（歲）	10～17	18～29	30～49	50～69	70～89
知覺	100	95	93	76	46
記憶	92	100	92	83	55
比較和判斷	72	100	100	87	69
動作及反應速度	88	100	97	92	71

4. 能力的性別差異

從總體來看，男性和女性的能力有無差異目前還沒有一致的結論。但是男性和女性在某些具體能力方面確實表現出較大差異。美國的麥科比曾於20世紀70年代根據對1,600人的研究結果，再加上自己的直接研究與發現，對小學生性向與成就的性別差異問題，得出三點結論：在語文能力方面，女生一般優於男生；在數學能力方面，男、女

生無明顯差異；在空間關係（方位與方向）判斷方面，男生一般優於女生。根據麥科比的研究以及此後其他教育心理學家的驗證，一般認為，小學階段之後，女生在語文方面的優勢逐漸消失，而男生在數學能力方面的優勢卻繼續增強。這種學業性向的性別差異轉變的現象，到中學以上直至大學階段就更趨明顯。

（四）能力特徵與公關

1. 作為公關人員，要注重公關知識累積和公關實踐鍛煉

為了使公關工作達到最佳效果，公共關係從業人員必須具備多種多樣的能力，並形成合理的能力結構。其主要包括公關人員的組織管理能力、語言表達能力、社會交往能力、宣傳推廣能力、隨機應變能力、創造能力等因素。這種合理的能力結構是影響公關人員順利完成公關任務、提高公關活動效率的必備條件。由於以上種種能力的具備又依賴大量的知識累積和實踐鍛煉，因此，公關人員要注重公關知識累積和公關實踐鍛煉。

補充材料 5－1：

美國一位公共關係專家坎托曾在《公共關係雜誌》（Public Relations Journal）上撰文，闡述成功的公關從業人員的十大特徵：①對於緊張狀態做出反應；②個人主動性；③好奇心和學習；④精力、活力和抱負；⑤客觀的思考；⑥靈活的態度；⑦為其他人提供服務；⑧友善；⑨多才多藝；⑩缺乏自我意識。分析這十大成功因素，我們發現其大都與公關人員的工作能力相關。由此可以看出，較強的綜合能力對公關人員十分重要。

2. 就社會公眾而言，人的能力存在著差異

在公關活動中要考慮公眾的能力層次，區別對待，使公關活動取得實效。如果公關活動不考慮兒童和成人認知能力的差別，不考慮對象由於知識層次不同而造成的理解能力和接受能力，結果就不可能太理想。

3. 就組織內部的管理而言，組織成員之間也存在著能力差異

組織成員的努力差異分為能力類型、能力發展水平、能力性別的差異等。管理者要在瞭解成員能力的基礎上進行合理調配和使用，對於不同能力的員工要安排在適合於各自能力所及和良性發展的崗位上，切實做到用人之長，人盡其才。

二、公眾的氣質特徵

（一）什麼是氣質

心理學中所說的氣質，並非日常生活中所指的一個人的風度或儀表，而是俗稱的「脾氣」。每個人都有各自不同的性情脾氣，如有的人活潑好動、反應機敏；有的人則安靜沉穩、反應遲緩；有的人情緒容易激動、一觸即發；有的人則情緒柔弱、不露聲色等。這些都是人氣質的表現，它體現了人與人個性差異的另一側面。

首先，氣質是人的心理活動的動力特徵。所謂動力特徵是指心理活動的強度（情緒體驗的強度、外顯動作的強度、意志努力的程度等）、速度（知覺、思維反應的速度、情緒體驗產生的速度等）、穩定性（注意的穩定性、情緒的穩定性等）以及心理活動的傾向性（心理活動傾向於外部或內部）等。

其次，氣質具有天賦性。這是因為氣質主要是人的神經系統基本特性的表現，是與生俱有的。人出生後就帶來了個人氣質的特點，如有的新生兒好動，有的則安詳；有的新生兒活潑，有的則文靜；有的新生兒靈敏，有的則遲鈍，等等。因此，人生來並不是一張白紙，而是各有不同的底色，這個底色即為氣質。

最後，氣質是人的典型的、穩定的心理特點。由於氣質是個體出生時就固有的，且每人都有其不同的氣質特點，因此，它給人的全部心理活動染上獨特的色彩，即典型性。由於氣質的天賦性受高級神經活動所制約，所以它是穩定的，一旦形成就難以改變。俗話說「江山易改，秉性難易」，這裡的秉性就是氣質。

（二）氣質的類型及特徵

在心理學史上大部分心理學家對氣質類型都沿用了古老的「四分法」即多血質、膽汁質、黏液質和抑鬱質。這四種氣質類型的人各自的特徵如下：

多血質的人熱衷於感興趣的事業，他們熱情，有能力，適應性強，精神愉快，但注意力易轉移，情緒易變；他們富於幻想，辦事憑興趣，不願做耐心細緻的工作；他們活潑好動，敏感，喜歡交際，很容易適應新的環境，在集體中善於處事，顯得朝氣蓬勃。巴甫洛夫把多血質類型的代表，稱為熱忱和具有顯著活動效率的活動家。

膽汁質類型的人精力旺盛，性情直率，待人熱情，容易激動，易感情用事，性急、暴躁、愛發火，在行為上表現出極大的不平衡性；

心血來潮時不怕困難，工作熱情很高，否則，情緒會一落千丈。其心理活動具有迅速而爆發的色彩。

黏液質類型的人具有較強的自我克制力，生活有規律，不為無謂的事分心，做事踏實認真，有耐久力，交際適度，不卑不亢，但反應不太敏捷，言語動作較遲緩，很適宜從事有條理的和持久的工作。巴甫洛夫稱之為安詳的、始終是平穩的、堅定和頑強的實際勞動者。

抑鬱質的人忸怩、怯懦、多愁善感，辦事猶豫不決，優柔寡斷；反應緩慢，但細心、謹慎、感受力強，生活中遇到波折易產生低沉的情緒；善於覺察別人行動中的細微變化，情感細膩，富有自我體驗精神。

(三) 氣質特徵與公關

1. 就公關從業人員而言，必須瞭解自己的氣質特點

公關人員只有瞭解了自己的氣質，把握自己氣質的特點，才能控制自己的心理活動。例如，多血質的人在公關活動中，具有情感豐富、容易適應環境、人際交往能力強、工作辦事效率高等十分有利於開展公關活動的優點，但他們不易集中注意力、興趣容易轉移、不夠踏實，這些缺點又應引起注意；膽汁質的人精力充沛、為人直率、能以極大的熱情投入工作，但應注意把握自己的情感，冷靜處世。總之，只有瞭解了自己的氣質，才能注意克服自身的缺點，發揮優點。

2. 對外部公眾而言，公關人員必須瞭解公眾的氣質特點

公關人員只有充分認識公眾氣質的差異性，對不同氣質的公眾採取不同的施加影響的辦法，才能使公關活動順利進行。當然，對公眾的氣質不能孤立地、一成不變地看待。所謂不能孤立地看，就是說，要對公眾的動機、態度和需要等因素綜合分析考慮；所謂不能一成不變地看，就是說，氣質儘管是由各種神經活動類型決定的，不容易改變但也不是絕對不能改變。相對而言，孩提時代的氣質特徵最為單純和自然，隨著年齡的增長，在環境與教育的影響下，氣質也會得以強化或改變。所以，對公眾的氣質不能用孤立的、一成不變的眼光去看待。

補充材料 5-2：

1993 年，北京全聚德成立股份公司，前門店進入股份公司，全店 900 個餐位，平均每個餐位實現年銷售收入 10 萬元；全店 400 名員工，平均每個員工實現年銷售收入 22.5 萬元，在整個餐飲業處於領先地

位，曾創造過餐飲單家店鋪日銷售67.7萬元的全國最高紀錄。

不同類型顧客的服務對策。雖然要求服務員對顧客要進行「攻擊型」服務，但前提條件是必須瞭解不同類型的顧客。為此老店按照人的四種不同氣質類型，總結了以下具體服務對策：

1. 對多血質——活潑型顧客

該類型的顧客一般表現為活潑好動，反應迅速，善於交際，但興趣易變，具有外傾性。他們常常主動與餐廳服務人員攀談，並很快與之熟悉並交上朋友，但這種友誼常常多變而不牢固；他們在點菜時往往過於匆忙，過後可能改變主意而退菜；他們喜歡嘗新、嘗鮮，但又很快厭倦；他們的想像力和聯想力豐富，受菜名、菜肴的造型、器皿及就餐環境影響較大，但有時注意力不夠集中，表情外露。

服務對策：服務員在可能的情況下，要主動同這一類型的消費者交談，但不應有過多重複，否則他們會不耐煩。要多向他們提供新菜信息，但要讓他們進行主動選擇，遇到他們要求退菜的情況，應盡量滿足其要求。

2. 對黏液質——安靜型顧客

該類型的顧客一般表現為安靜、穩定、克制力強、很少發脾氣、沉默寡言；他們不夠靈活，不善於轉移注意力，喜歡清靜、熟悉的就餐環境，不易受服務員現場促銷的影響，對各類菜肴喜歡細緻比較，緩慢決定。

服務對策：領位服務時，應盡量安排他們坐在較為僻靜的地方；點菜服務時，盡量向他們提供一些熟悉的菜肴，順其心願，不要過早地表達服務員自己的建議，應給他們足夠時間進行選擇，不要同他們進行太多的交談或表露出過多的熱情，要把握好服務的「度」。

3. 對膽汁質——興奮型顧客

該類型的顧客一般表現為熱情、開朗、直率、精力旺盛、容易衝動、性情急躁，具有很強的外傾性；他們點菜迅速，很少過多考慮，容易接受服務員的意見，喜歡品嘗新菜；有時比較粗心，容易遺失所帶物品。

服務對策：點菜服務時，盡量推薦新菜，要主動進行現場促銷，但不要與他們爭執，萬一出現矛盾應避其鋒芒；在上菜、結帳時盡量迅速，就餐後提醒他們不要遺忘所帶物品。

4. 對抑鬱質——敏感型顧客

該類型的顧客一般沉默寡言，不善交際，對新環境、新事物難以

適應；缺乏活力，情緒不夠穩定；遇事敏感多疑，言行謹小慎微，內心感受複雜，但較少外露。

服務對策：領位時盡量安排僻靜處，如果臨時需調整座位，一定要講清原因，以免引起他們的猜測和不滿；服務時應尊重他們，服務語言要清楚明瞭，與他們談話要恰到好處。在他們需要幫助時，要熱情相待。

3. 對組織管理者而言，必須瞭解內部公眾的氣質類型

雖然氣質本身無好壞之分，但不同的氣質類型及特徵會影響一個人的工作效率及活動的適應性，因此，組織管理者在選拔人才和任用人才時必須注意成員的氣質特點，以便滿足或適應工作之需。比如，對於要求熱情開朗、反應靈活、善於交往等特點的公關工作來說，多血質的人就比較合適。所以，組織管理者在人員安排和工作分配方面，要考慮成員的氣質類型與特徵。

三、公眾的性格特徵

（一）什麼是性格

心理學中，一般把性格定義為：性格是一個人在對現實的態度和行為方式中表現出來的比較穩定的、具有核心意義的個性心理特徵。

對於性格這一概念可從三個方面來理解：

首先，性格是表現人對現實的態度和行為方式的個性心理，性格體現在人對現實的態度和行為方式之中。在行為方式中，既包括行為的方式，也包括行為的動機和內容。例如，有的人對工作總是任勞任怨、認真負責、富有創造精神；有的人則總是挑三揀四、敷衍馬虎、因循守舊。這些對現實的不同態度與不同的行為方式，都是性格的表現。

其次，性格是個體具有核心意義的個性心理特徵，對其他個性心理特徵起支配的作用。人的性格是後天獲得的一定的思想意識及行為習慣的表現，是客觀的社會關係的反應。因此，性格是一個人本質特徵的體現。在性格中占主導地位的是思想道德品質，它最突出、最鮮明地表現了人與人之間的差異，最集中地體現了個人的精神面貌。性格是個性中具有核心意義的部分，它直接影響著氣質、能力的表現特點與發展方向。

最後，性格是比較穩定而獨特的個性心理特徵。也就是說，只有那些經常性的、習慣性的表現才屬於性格特徵，才能稱為性格。例如，

一個人處理事情總是優柔寡斷，偶爾一次他表現出非常果敢的舉動，不能說這個人具有果斷的性格特徵。性格具有一定的穩定性，這就為我們根據人的性格特徵去預測他的行為提供了可能性。

性格不僅是穩定的，也是獨特的。性格總是為一個人所特有，而與別人有所不同，即使是同一性格特徵，不同的人也會有不同的表現。例如，同是魯莽，張飛表現得「粗中有細」，李逵則表現為「橫衝直撞」，不考慮行為的後果。

（二）性格的結構

人的性格是由各種特徵構成的，但這些特徵並非雜亂堆積而成，而是有機組合成為一個完整而有序的結構。這個結構包括：

1. 性格的態度特徵

這是指表現在對現實態度方面的性格特徵。由於客觀現實的複雜性和多樣性，因而人對現實的態度也是多種多樣的。概括起來主要有：

（1）對社會、集體和他人的態度的性格特徵。屬於這方面的性格特徵主要有：愛國與不愛國，關心集體與無視集體，遵守紀律與自由散漫，助人為樂與自私自利，誠實與虛偽，禮貌與粗魯等。

（2）對勞動和工作態度的性格特徵。屬於這方面的性格特徵主要有：勤勞或懶惰，奮發或懈怠，認真或馬虎，務實或浮華，節約或浪費，有首創精神或墨守成規等等。

（3）對自己態度的性格特徵。屬於這方面的特徵主要有：謙虛或自負，自信或自餒，自尊或自卑，嚴於律己或放任自流等。

2. 性格的意志特徵

人自覺地調節自己的行為方式表明了一個人性格的意志特徵。具體表現在以下幾個方面：

（1）對行為目標明確程度的性格特徵。屬於這方面的性格特徵有：有目的性或衝動性，有獨立性或受暗示性，有組織紀律性或放縱等。

（2）對行為自覺控制水平的性格特徵。屬於這方面的性格特徵主要有：主動性或被動性，自制性或衝動性等。

（3）在緊急狀態或困難情況下顯示的性格特徵。屬於這方面的性格特徵主要有：勇敢或膽怯，鎮定或驚慌，堅決果斷或優柔寡斷等。

（4）對自己做出決定在執行過程中表現的性格特徵。這方面的性格特徵主要有：堅持或動搖，有原則性的靈活應變或頑固執拗等。

3. 性格的情緒特徵

這是指人在情緒活動中表現出來的性格特徵。具體概括為以下幾

個方面：

（1）情緒強度方面的性格特徵。這種特徵主要表現為情緒對人的行為活動的感染和支配程度，以及情緒受意志控制的程度。

（2）情緒穩定性方面的性格特徵。這種特徵主要表現為情緒起伏和波動的程度。

（3）情緒持久性方面的性格特徵。這種特徵主要表現為情感保持時間的長短程度。

（4）情緒主導心境方面的性格特徵。每個人都有主導心境，個人的主導心境鮮明地表現為他對客觀現實的一般態度。主導心境方面的特徵主要是指不同的主導心境在一個人身上穩定性的表現。

4. 性格的理智特徵

性格的理智特徵是指人在感覺、知覺、記憶、思維、想像等方面所表現出來的特點。其表現在以下幾個方面：

（1）表現在感知方面的性格特徵主要有：被動感知型和主動感知型，分析型和綜合型，籠統型和精確型，描述型和解釋型。

（2）表現在記憶方面的性格特徵主要有：主動記憶型和被動記憶型，有信心記憶型和無信心記憶型。

（3）表現在思維方面性格特徵主要有：深刻型和膚淺型，形象思維型和抽象思維型，思維靈活型和思維固執型，思維敏捷型和思維遲鈍型等。

（4）表現在想像方面的性格特徵主要有：幻想型和現實主義型，主動想像型和被動想像型，廣闊的想像型和狹窄的想像型，大膽想像型和想像受拘束型等。

（三）性格類型

性格的類型是指一類人身上所共同具有的性格特徵的獨特結合。由於性格表現的極端複雜性，在心理學中至今還沒有一個公認的、有充分根據的性格分類原則。心理學家們曾以各自的標準和原則對性格類型進行了分類。現將幾種有代表性的觀點作一介紹：

1. 機能類型學說

機能類型學說是英國心理學家培因和法國心理學家李波提出來的。他們根據理智、情緒、意志在性格結構中占優勢的情況，把人的性格劃分成理智型、情緒型、意志型。屬理智型的人，依倫理思考而行事，以理智來衡量一切並支配行動；屬情緒型的人，情緒體驗深刻，不善於思考，言行舉止受情緒左右；屬意志型的人，活動目標明確，行為

積極主動。除上述典型的類型外，還有一些中間的類型，如理智—意志型等。

2. 向性說

向性說是由瑞士心理學家榮格提出的。這是按照人的心理活動傾向於外部或內部來劃分的一種分類學說。凡是心理活動傾向於外部的叫外傾型，心理活動傾向於內部的叫作內傾型。屬外傾型的人對外部事物特別關心，思想開朗、活躍，情緒、情感豐富且外露，善於交際；屬內傾型的人則較為沉靜，善於思考，富於理智，反應緩慢，處事謹慎，應變能力較差，不善交際。大部分人兼有外傾型與內傾型的特點而屬混合型。

3. 獨立—順從學說

這是一種按一個人獨立性程度來劃分類型的學說。獨立性強的叫獨立型，獨立性差的叫順從型。獨立型的人有堅定的信念，善於獨立思考，能獨立地發現問題與解決問題，不易為次要的因素所干擾，在緊急困難的情況下表現為沉著冷靜，易於發揮自己的力量，但往往喜歡把自己的意志強加於人；順從型的人易受暗示，容易不加分析地接受別人的意見，依別人的意見行事，在緊急困難的情況下，多表現為張皇失措。

4. 文化—社會類型學說

這是按社會生活方式來劃分性格類型的一種學說。德國哲學家、教育家、心理學家斯普蘭格根據人們生活方式六種形式，相應地把性格劃分為六種類型。這六種類型分別是：①經濟型。經濟型的人以經濟的觀點看待一切事物，從實際的效果來判斷事物的價值，追求實惠，以獲得財產、追求利潤為生活目的。②理論型。理論型的人能冷靜而客觀地觀察事物，力圖把握事物的本質，根據自己的知識體系來判斷事物的價值，但遇到實際問題時，無法處理，以追求真理為生活目的。③審美型。審美型的人不大關心實際生活，而是從美的角度來判斷事物的價值，珍視美的享受與創造，喜歡藝術活動。④宗教型。宗教型的人有感於聖人相救之恩，堅信永存的絕對生命，重視宗教活動。⑤權力型，又稱為政治型。權力型的人重視權力，並竭盡全力去獲得權力，喜歡指揮別人或命令別人。⑥社會型。社會型的人重視愛，以愛他人為最高的價值，樂於助人，有志於增進他人或社會的福利。斯普蘭格認為，純粹某種類型的人是沒有的，多數人都屬混合型。

5. 特性分析說

這是按照性格的多種特徵的不同結合，把性格分為不同類型的一

種學說。吉爾福特以情緒穩定性、社會適應性和社會傾向性為指標，把性格分成十二種特性，根據這十二種特性的不同結合，可以把人的性格區分為 A、B、C、D、E 五種類型。A 型也稱為行為型。這種性格類型的人爭強好勝，愛占上風，贏得輸不得；急性子，遇事易急躁，說話坦率，言不擇詞，常打斷別人談話；喜怒無常，情緒不穩定，帶有外傾型特點。B 型也稱為一般型。這種類型的人情緒較穩定，社會適應性較均衡，智力、體力表現一般，主觀能動性較差。C 型也稱為平衡型。這種類型的人情緒穩定，社會適應性較好，處事沉著有條理，但不善於交際，有內傾特點。D 型也稱積極型。這種類型的人積極主動，社會適應性一般，但善於交際，樂於助人，有較強的組織能力與管理才干，帶有外傾型特點。E 型也稱逃避型。這種類型的人寧可獨處，常沉浸在內心世界之中，有自己獨特的興趣與愛好，社會適應性差或一般。五種類型的情緒穩定性、社會適應性、心理傾向性情況見表 5-2。

表 5-2　　　　　　　　　　　五種性格類型

類型＼特徵	情緒穩定性	社會適應性	心理傾向性
A	不穩定	較差	外向
B	穩定	平衡	平衡
C	穩定	良好	內向
D	穩定	平衡	外向
E	不穩定	較差或一般	內向

（四）公眾性格特徵與公關

性格在個性心理結構中是表現力最豐富和道德品質結合最緊密、可塑性最大的因素。它與公共關係活動聯繫的密切程度也是顯而易見的。

1. 對不同性格的公眾，公關人員應當採用不同的方法施加影響

從公關策劃到將公關計劃付諸實踐的整個過程都要考慮公眾不同的性格特點，使公關工作更具針對性、更加有的放矢。就公關營銷活動而言，研究表明，工商企業最歡迎具有以下性格類型的消費者，因為他們在客觀上都可以幫助推銷商品。①外向友善型。這類消費者是商品的口碑傳播者，因為他們熱情、外向、善交際、話多，對於他們

感興趣的或購後評價好的商品，他們總能自覺或不自覺地充當義務宣傳員。②勇敢冒險型。這類消費者性格開朗、思想解放、容易接受新事物，願意嘗試新產品，因此，他們是新產品購買和使用的先行者和「活廣告」。③時尚領導型。這類消費者或者是趕時髦的「時髦領袖」，或者是在消費者中有一定地位或威望的影響人物。他們的意向和行為傾向往往會成為其他消費者的表率，因此，通過他們可以擴大商品的市場影響。

2. 對公關人員而言，要塑造自身優良的性格

成熟的性格是一個人獨特的穩定的「標記」，具有優良而成熟性格的人，是能夠最大限度地發揮自己的精神力量，並與環境建立起和諧關係的人，這是作為一名合格的公關人員起碼的要求。所以，公關人員應努力使自己塑造成一個「有魅力、有正義感的人」。就是說，對朋友要真誠，做事情講信義，對工作兢兢業業，舉止高雅，行為文明，這是一個公關人員優良的性格特徵。如果你總是「花裡胡哨」地對別人言不由衷，如果你總是對許諾的事不兌現，那麼，當別人瞭解你了以後，朋友關係就會到此告終，公關活動也隨之宣告無效。

3. 對組織管理者而言，要瞭解內部公眾的性格

作為組織管理者，瞭解成員的性格特點，有助於提高員工的積極性、主動性和創造性。比如，對於經濟型性格的人，物質的獎勵會更奏效；對於獨立型性格的員工，應該讓他們去從事需要不斷創新的工作，更能發揮他們的特長，從而也更有利於組織的成長與發展。所以，管理者要瞭解員工性格特點，工作方法和工作安排要因人而異，揚長避短。

第二節　公眾的角色心理特徵

案例：

為了更好地給顧客提供細緻入微的服務，貝塔斯曼對俱樂部會員進行細分，以前所有的會員每人得到的都是同樣的一份新書目錄、同樣的封面設計，同樣的推薦書目；現在，貝塔斯曼把會員分成了5個俱樂部，包括針對22歲以下的年輕群體的「活力俱樂部」，22歲以上成熟群體的「魅力」俱樂部，以女性為主的、喜歡買生活小禮品的、

群體的「貝風時尚」俱樂部，面向公司白領及企業經理人推出的「品智生活」俱樂部，還有面向國內外籍人士及本土精英人群推出的「英文原版」俱樂部。針對各類群體，貝塔斯曼推出有差別的服務承諾和產品推薦，以及不同的封面設計和語言表達方式，把俱樂部做得更人性化，讓讀者在每個階段都可以在書友會中滿足自己的需求。

在圖書行業競爭的關鍵在於服務競爭的大趨勢下，貝塔斯曼根據不同年齡、不同性別、不同職業、不同國籍的顧客的不同心理特點而提供不同的服務，逐漸強大起來。

公眾的角色心理是指公眾在社會生活中，扮演不同的社會角色而在行為上表現出穩定的心理特點。公眾在社會生活中「扮演」的角色是多種多樣的，公眾的角色心理因性別、年齡、職業、文化的不同而表現出不同的角色心理。詳細分析不同角色的心理有助於使我們的公關工作更有針對性，更能做到有的放矢，也會使我們的公關工作更富於靈活性。

一、公眾的性別心理

性別角色是指由於人們的性別不同而產生的符合一定社會期待的品質特徵，包括男女兩性所持的不同態度、人格特徵和社會行為模式。微妙的性別差異心理已成為人類探索自身奧秘的一個極其重要的方面，同時對公關工作的影響也是巨大的。在公關工作中，我們必須重視性別角色的心理差異。

（一）女性的心理特點

女性心理獨特，有以下一些特點：

膽怯。女性通常較膽怯，處事謹小慎微，思慮較多，瞻前顧後，缺乏充足的自信心，需要更多的幫助和保護。在規範性的遵守方面較男性自覺。

溫柔，或稱柔順、文靜。女性以溫柔、內向、和順而著稱。她們情感豐富、細膩而深沉，待人處事不喜歡強硬手段，厭惡暴力和流血，通常較少攻擊別人，順從領導，服從權威。她們在情感方面的需求比男性更強烈、更豐富、更細膩、更深刻。

狹窄。女性心胸相對講較狹窄、氣量較小，容易緊張和焦慮，受不得委屈和諷刺，家庭觀念強。

愛聽。女性是最佳的傾吐對象，她們有耐心，愛傾聽別人訴說。

善記。女性在機械識記和短時記憶方面表現特別突出。

心細。女性觀察精細，較之於男性更具有細緻、全面的特徵，並善於發現男性不易發現的問題，辦事細緻認真。女性的心細還表現為辦事較細緻踏實，但往往優柔寡斷。

固執。女性一旦形成某種看法就不易改變。

感情豐富。女性感情豐富而細膩，易受感染，容易產生共鳴，故事中的人物命運常會引起她們強烈的情感體驗。

自制力弱。女性不太善於控制自己，情感暴露性強，穩定性弱，情緒敏感性高，會為一點小事就毫不掩飾地流淚不止，缺乏人們常說的「深沉」。

多變。女性往往喜歡改變主意，主要是受他人或情境的影響而改變主意。

愛說。著名的人類學家 M. 米镕發現，在所有的文化背景下。女孩的語言能力都比男孩強。男女在語言上的差異在童年期並不明顯，從 11 歲起差距開始拉大，並持續拉大於整個中學時代。女性的優勢表現在聽、說、讀等各方面。心理學家認為，對於同一個問題，女性較多採用語言策略，而男性則較多採用空間方式。

依賴性強。女性有著極強的安全需要，希望自己能置身於有安全感、可信賴的生活環境之中，依賴性較強。

富有同情心。女性大多富有愛心，善於理解他人的感情，能將心比心，較容易體貼人、關心人、幫助人。

忍耐。女性大多願意為他人獻身。能忍辱負重，亦比較能諒解、體貼他人。她們習慣於將他人尤其是子女、丈夫的需求置於自身需求之上，從而捨棄自身的需求。

補充材料 5-3：

美的兒童空調，媽媽更放心

每到夏天，有小朋友的家庭對空調就會又愛又恨。不開空調熱得受不了，開了空調又容易把小朋友吹感冒，不少家庭都會陷入兩難的糾結中。日前，美的空調新品推介會上推出了國內首款兒童空調。美的兒童空調獨特的設計讓媽媽更放心，贏得媽媽們的青睞。

熱電堆紅外傳感器，監測「踢被子」

美的兒童空調具有智能防感冒功能。空調裝有熱電堆紅外傳感器，能夠時刻監測兒童在睡覺時的體溫變化和熱場面積的變化。美的兒童空調「小天使」睡眠監護系統開啓後，同時啓動智能舒適控溫和智能

防踢被等功能，空調會根據孩子的睡眠特點，自動調控溫度、風速和風向，為孩子的安心睡眠提供智能守護。從此，媽媽們再也不用擔心孩子會吹空調受涼，盡可放心休息。

光纖傳感器，盡顯關愛

媽媽們都知道，室內光亮度和聲音也會影響孩子的睡眠質量。美的兒童空調創新性地在空調中安裝有高靈敏度光纖傳感器，當傳感器測量到室內燈光關閉後，空調會自動關閉顯示屏、調低蜂鳴器聲音、降低風速，營造出最適合兒童的睡眠環境。

(二) 男性的心理特點

男性也有特別的地方，比如：

獨立。男性獨立性強，喜歡獨立思考、自作主張，不喜歡受人指派，尤其不喜歡受女子的領導。

開朗。男性較少在小事上斤斤計較，遇事看得開。

剛強。男性自控能力較強，剛強是男性美的象徵。

粗率。與女性相比，男性不太細緻，為人處事較粗率，考慮欠周到。

合群。男性一般交往較多較廣，善與人相處，朋友較多。

隨便。男性一般不太注意生活中的小節，衣著不甚講究。

務實。男性思考問題較實際，不愛進行毫無意義的空想。

堅定。男性意志堅強，對挫折的耐受性較大，遇事不慌亂、沉著。

好表現。男性的成就動機強，好出風頭，表現欲較強。

善推理。男性喜歡進行邏輯推理，而不愛幻想。

攻擊性。在人們的個性行為中，性別差異表現最明顯的是攻擊性行為，男性比女性更具攻擊性。值得一提的是，男性較多地攻擊別人，也較多地成為被攻擊的對象。另外，男性的競爭意識也比女性強得多。

支配欲強。男性的支配欲大於女性，喜歡控制與駕馭他人，有的甚至以獲得他人的服從為滿足，有的則表現為大丈夫氣。國外的大量研究也表明：在性別的社會化過程中，男性形成的支配欲較女性強烈。

二、公眾的年齡心理

個體心理的發展是從簡單到複雜、從具體到抽象、從被動到主動的連續不斷的過程。在這個發展過程中既有量的累積，也有質的飛躍，從而表現出個體心理發展的連續性和階段性。不同的年齡階段表現出不同的心理特點，也就是說，人有年齡心理特徵。公關工作涉及不同年齡階段的人，所以，我們應瞭解不同年齡人的心理特點。

（一）少年兒童的心理特點

少年兒童一般指 1～17 歲的未成年人，這一階段是一個人成長發育最重要也是最快的階段。這一階段少年兒童的特點是天真、活潑、好動、好奇心強、探究心理強、求知欲旺盛，對新穎別致的東西特別感興趣。同時，由於中國實行的計劃生育政策，獨生子女的成長環境發生了變化，在家庭中的地位越來越重要，從而也帶來了少年兒童心理特點的變化。

日本有家商店根據本國兒童的好奇心理，在商店頂層設了一個小動物園，兼營金魚、熱帶魚、烏龜等小動物，並且大做生動活潑、引人注目的廣告。小孩們知道後，由於好奇心理的驅使，便經常要求爸爸媽媽帶他們去這家商店看小動物。家長為了滿足兒女們的要求，時常領著孩子光臨，同時還買些物品，使這家商店的銷售額經常保持較高水平。

在 2006 年中國零售業高峰論壇上，發布了一份關於中國兒童用品市場將年均遞增 12.4% 的研究報告。報告預測，到 2010 年中國兒童用品市場規模將超過千億元。為了搶占這塊「大蛋糕」，各個生產廠家和銷售部門都在挖空心思，千方百計來滿足少年兒童的心理需求。公關工作的對象若是少年兒童，就必須考慮其心理特點。為了更好地滿足兒童或青少年的好奇心理，企業在製造兒童使用的商品時，應力求式樣新穎有趣，銷售部門則應在櫥窗陳列、廣告宣傳上下功夫，以便更多地吸引這類消費者。

補充材料 5-4：

設計充滿童趣的美的兒童空調

活潑、豔麗的色彩有助於塑造兒童開朗健康的心態，美的兒童空調在色彩設計上非常用心。「兒童星」系列產品共分甜心粉（公主版）和星空藍（王子版）兩款。室內掛機造型獨特，更配有美的熊卡通圖案面板，整個設計充滿童趣。

此外，該款兒童空調還配有造型可愛的美的熊形狀「不倒翁」遙控器。此款遙控器設有「小天使」按鍵，一鍵即可開啟「小天使」睡眠監護系統，操作簡便。平時不用時，遙控器可放在桌子上作為玩具，左右搖擺，非常可愛。

（二）青年人的心理特點

青年人一般指 18～35 歲的年輕人。青年人的特點是朝氣蓬勃，正

處於生理、心理發展日趨成熟、完成學業並走上工作崗位和成家立業的過程。其主要心理特點表現在以下幾個方面：

熱情奔放的個性。他們正處於朝氣蓬勃、精力旺盛的年代，內心體驗豐富，熱情奔放、感覺敏銳、富於幻想、好奇心強。

未成熟與成熟心理共存。在青年段前期，生理發育基本成熟，第二性徵已定型，對異性的追求已成為強大的心理衝動。戀愛、婚姻問題是青年人不能迴避而又必須認真對待的嚴肅事情。而在該問題上，由於缺乏經驗、由於挫折、由於社會輿論的壓力或其他條件的局限，往往引起青年人心理的劇烈動盪、苦悶、彷徨和不安。進入青年段中期，經驗增多，適應能力強；而在青年段後期，工作生活基本定型，心理漸趨成熟、穩定，責任感和使命感增強。

視野拓寬，自我意識增強。在這一階段，青年人能把理想與現實比較密切地結合起來，自我意識昇華，人生觀逐步形成。他們通過多方面的比較，通過對於成功和挫折的總結，逐漸深入地認識自己的長處和短處，認識自己發展的需要與可能，認識自己的責任與權利，增強了適應社會現實的能力。

引領時代潮流的先鋒。青年人具有旺盛的創造力，易於接受新鮮事物，追求時尚，意識超前，使他們始終是引領時代潮流的先鋒。

青年人自制、自立的能力不斷增強。隨著知識的增加、經驗的累積、社會活動範圍的擴大，青年人逐步擺脫了靠父母、師長「扶著走」的被動狀態，許多在家庭、學校碰不到的問題，現在大量地遇到了，因而需要自己去獨立面對和處理。他們精力旺盛，參與意識強烈，接受新事物快，富有時代的敏感性，敢於創新，敢於向傳統挑戰，力爭投身到社會的大舞臺中盡情地表現自己，做出自己的貢獻。

隨著改革開放的不斷深入，物質文化生活的提高，給人們的思想觀念、行為方式帶來了巨大變化，同時也深刻地影響著當代青年的心理。具體地說，這些影響主要體現在：強化了成才意識；加劇了觀念更新；增強了競爭意識；產生了新的利益觀。伴隨外部環境的開放、民主觀念的增強和思想的解放，許多青年的性格變得越來越開朗、奔放、外向。

補充材料 5-5：

「動感地帶」將目標客戶群體定位於 15~25 歲的年輕一族。從心理特徵來講，他們追求時尚，對新鮮事物感興趣，好奇心強、渴望溝

通，他們個性鮮明，思維活躍，具有強烈的品牌意識，是容易互相影響的消費群體；從對移動業務的需求來看，他們對數據業務的應用較多，這主要是可以通過移動通信滿足他們對娛樂、休閒、社交的需求。

中移動據此建立了符合目標消費群體特徵的品牌策略：

1. 動感的品牌名稱。「動感地帶」突破了傳統品牌名稱的正、穩，以奇、特彰顯，充滿現代的衝擊感、親和力，同時整套VI系統簡潔有力，易傳播，易記憶，富有衝擊力。

2. 獨特的品牌個性。「動感地帶」被賦予了「時尚、好玩、探索」的品牌個性，同時為消費群提供以娛樂、休閒、交流為主的內容及靈活多變的資費形式。

3. 炫酷的品牌語言。富有叛逆的廣告標語「我的地盤，聽我的」，以及「用新奇宣洩快樂」「動感地帶（M-ZONE），年輕人的通訊自治區!」等流行時尚語言配合頗有創意的廣告形象，將追求獨立、個性、更酷的目標消費群體的心理感受描繪得淋漓盡致，與目標消費群體產生情感共鳴。

4. 犀利的明星代言。周杰倫以陽光、健康的形象，張揚的個性，不羈的行為，成為流行中的「酷」明星，在年輕一族中極具號召力和影響力，與動感地帶「時尚、好玩、探索」的品牌特性非常契合。由他代言，可以更好地回應和傳達動感地帶的品牌內涵，從而形成年輕人特有的品牌文化。

「動感地帶」其獨特的品牌主張不僅滿足了年輕人的消費需求，吻合他們的消費特點和文化，更是提出了一種獨特的現代生活與文化方式，突出了「動感地帶」的「價值、屬性、文化、個性」，將消費群體的心理情感注入品牌內涵，是「動感地帶」品牌的成功所在。

（三）中年人的心理特點

中年人一般指35歲到退休年齡階段的人。中年人的特點是老練持重，自愛、沉著、堅毅、求實。其心理特點可概括如下：

心態比較穩健。人到中年，生理、心理功能都達到了全盛而穩定的狀態。中年人在心理活動的技巧、經驗與內容等方面已高度成熟。

社會化基本完成。中年人由於對社會與自己、對他人與自己的關係有了比較深的認識，並獲得了處理這些關係的經驗與能力，因此，他們對社會的適應和對自己的自制能力較之青年人有進一步提高。

角色已經定位。中年人有了穩定的志向、固定的職業、特定的技能和相應的地位，並以確定的身分參與特定的集體，因而他們在社會

生活舞臺上扮演的角色也就相對穩定了。中年人能夠較恰當地把與自己想干的事同社會需要自己干的事，以及自己應當干的事與能幹的事統一起來，樂於擔當自己在社會活動中業已形成的角色。

精神負擔較重。造成中年人精神負擔重的原因有三個方面：一是多數中年人都上有老、下有小，要挑家庭生活的大梁，父母健康、子女成長、朋友交往、收入支出，事事都要掛在心上；二是中年人作為各行各業的骨幹，工作責任重，攻關創業、承前啓後、傳技授徒，樣樣勞神；三是社會對中年人的期望較高，要求甚嚴，他們難以像青年人那樣得到寬容，也難以像老年人那樣得到照顧，而是要求他們去盡力扶老攜幼，維護和顧全大局。所有這些，都給中年人的心理帶來了較大的壓力。

身心狀況有所變化。這些變化包括外形的、體能的、精神方面的，如身體發胖，體力逐漸減退，生理功能由穩定到慢慢下降，工作、生活的重負給精神造成的緊張及外界不良因素的侵害等。中年人在心理變化過程中可能出現諸如高血壓、冠心病、胃病、支氣管炎、神經官能症等身心病變，並進而引起一系列心理功能的下降，給步入中年後期的人造成一種感到自己「老了」的心理壓力，以致影響工作效率、適應能力和進取精神。

(四) 老年人的心理特點

1. 老年人的心理特點主要表現

老年人的生理功能老化導致心理功能老化。生理學研究表明，人進入老年階段以後，各種細胞不斷損失，並發生腦功能、運動功能、消化功能、內分泌功能等方面的生理機能的退化。這些生理變化，將導致感知覺遲鈍、記憶減退、心理平衡能力等減弱，情緒不穩定，氣悶氣壓，憂鬱悲觀等心理老化現象。

角色改變使老年人面臨著新的適應。不少老年人會因為工作的解除、作用的減退、地位的下降、清閒的生活，產生無所事事、心灰意冷、抑鬱不快、無所寄託、自我封閉等不良的心理現象，出現人們所說的「退休綜合徵」。因此，老年人面臨著新的角色適應。

老年人的懷舊心理重。老年人自我意識的取向往往由中、青年時期的向前看變為朝後看，喜歡追撫往事，回顧人生，眷戀故土，緬懷舊友。

2. 老年人心境的幾種類型

美國學者認為，老年人的心境有下列五種類型：

成熟型。這種人一生順利、業有所成，能平穩地進入老年，對於離退休和身體機能老化表示接受，既不悲觀，亦不退縮；既不過於進取，也不過於防衛。

搖椅型。這種人不拘小節，亦無大志，視退休為樂事，對於年邁無恐懼的心理負擔。

防衛型。這種人防衛心很強，固執刻板，守規矩、負責任，不易接受退休的現實，對衰老有恐懼心理。

憤怒型。這種人過去不得志，晚年傷心，把自己的失敗歸結於他人或社會，常滿腹牢騷，憤世嫉俗，容易動怒。

自怨自艾型。這種人曾有過不得志的經歷，把失敗歸因於自己的過錯，故而沮喪、消沉，難以解脫。

三、不同職業者的心理

人們的職業不同，會有不同的心理特點，公關工作還要掌握不同職業者的心理。在現代社會中，職業的種類已遠遠超過了三百六十行，我們沒有必要去逐一分析每一種職業者的心理，僅就幾種有代表性的大的職業類型進行一些簡單的分析。

（一）工人的心理特點

群體性。工人在組織嚴密、分工細化的企業中勞動，群體性特別突出，反應在心理上則樂於合群，互相依賴，維護群體利益，凝聚力強。

娛樂性。工人，特別是從事體力勞動、簡單勞動的工人，往往會通過各種娛樂來滿足精神上的需求。最簡單的娛樂是工餘時間互相開開玩笑、開展一些力所力及的活動。比如，棋類、球類、繩類、拳類、釣魚、舞蹈等體育活動就很普遍，也能吸引多數人參加。

外露性。工人一般胸懷坦蕩，心直口快，重感情、講義氣，樂於助人。

（二）教師的心理特點

愛護學生，期望學生成才。為了學生的進步成長，教師或忍受疾病的痛苦，或犧牲個人的安樂，不辭辛勞忘我工作。當看到學生的進步時，就欣慰不已，其樂無窮；當看到學生不努力學習或犯錯誤時，就憂心如焚、坐臥不安，甚至「恨鐵不成鋼」。

為人師表，提升自我。「以身立教，為人師表」，是教師職業道德的主要特徵。教師是學生的楷模，其一言一行對學生都有著很大的影

響作用。教師很注重自我的提高，包括自我修養的提高、專業文化水平的提高和教學方法的改進與提高。

（三）軍人的心理特點

嚴肅緊張。緊張、嚴肅、整齊劃一既是軍隊生活的特徵，又是軍人心理的特點。軍人辦事認真、節奏快，服從命令，行動一致。軍人看不慣無組織、無紀律的現象，對油腔滑調、散漫輕浮、漫不經心的態度非常反感。軍人守紀律，行為規範。

講奉獻。軍人為祖國的安全、為祖國的建設無私奉獻著青春和力量，不計較個人的得失。

勇敢堅毅。軍人具備良好的意志力，勇於克服各種困難，堅持原則，敢於和壞人壞事做鬥爭。軍人不怕挫折，行動目標明確，為達到行為目標可以忍受各種痛苦，持之以恒。

（四）農民的心理特點

對土地和家鄉的眷戀是農民的基本特徵。農民熱愛土地、熱愛家鄉，別的地方再好也覺著沒有自己的家鄉好。富裕之後的農民翻蓋住房就是眷念土地和家鄉的一種表現。

對現代生活的渴望。隨著十一屆三中全會以來的一系列改革開放政策的實施，農民生活水平得到了很大的提高。對於大多數農民來說，填飽肚子不再是唯一的願望，他們也渴望有文化生活，有娛樂的享受。他們的穿著、家庭擺設、日用消費品逐漸向都市消費水平看齊，傳統守舊的心理逐步退化。

求實用、講實惠。農民儉樸實在、講究實際，不喜歡擺「花架子」。

補充材料5-6：

推出廉價的專門為農民量身定做的個人電腦（PC），是英特爾「世界齊步走」計劃的主要組成部分。英特爾計劃在發展中國家和新興國家提供廉價的硬件產品以及建設無線因特網。這些面向發展中國家消費者的廉價PC基於英特爾的參考設計，包括在電腦中配置無線因特網功能。這些無線因特網功能將由每家製造公司就不同的市場進行不同的調整。英特爾的參考設計方案可以確保這些筆記本的銷價低於400美元。

「在我們這裡，電腦還是比較新鮮的事。以前我用手機農訊通，現在電腦正在改變我的生活，幫助我養家。因為我從那裡能獲得可靠的氣象知識，瞭解了氣象趨勢，還能發現農作物銷售的新路子。英特

爾專門為我們設計的電腦，價格很便宜，一般的農戶都能買得起。更重要的是不需要複雜的操作，即便文化水平很低也能操作。」這番話是湛江農民黃華平對《當代經理人》記者說的。

（五）服務員的心理特點

善於觀察人。服務員每天要接觸很多公眾，善於觀察人既是服務行業的客觀要求，也是服務員應具備的心理素質。

反應靈敏。服務員要根據公眾個體的不同心理特點迅速準確地做出反應。

自尊與自卑交織。服務員的自尊問題很突出，總擔心別人看不起自己。由於受舊的服務行業「低人一等」的思想影響，再加上有些客人對他們的不尊重，服務員往往會產生較濃的自卑心理。有時他們不得不放下自尊去服務那些「特殊」客人。隨著改革開放，第三產業異軍突起，服務人員的矛盾心理已逐步得到緩解。

四、不同文化者的心理

不同文化有兩層涵義：一是民族、地域和國家傳統文化的差異；二是文化程度、知識水平不同。

不同民族、不同地域和不同國家的人，受其民族文化、地域文化和國家文化的影響，從而產生不同的心理。不同民族有其不同的心理，如中國的56個民族，其文化特點各有千秋，文化心理也不盡相同。地域不同，心理特徵也不相同：南方人聰明伶俐，北方人正直豪放。當然，不同國家的人心理差異就更大了。

文化程度、知識水平不同的人心理也不相同。一般說來，文化程度越低，盲目性越大，自我要求也較低；而文化程度越高，自我意識越強，需要的層次越高，成就動機越強烈。知識分子因文化程度較高，他們有自身獨特的心理。

知識分子的一般心理特徵表現如下：

首先，知識分子習慣於思索，聞一知十。知識分子在學習、探求科學知識的歷程中，掌握了思索問題的一定方法，養成了遇到問題總要「想一想」的習慣。他們有知識、好思維，一般情況下他們重科學、不迷信、不盲從、喜歡講道理、以理服人。

其次，知識分子珍視獨立性，反對不必要的干涉。知識分子的勞動很多是個體式的，所以他們很珍視勞動的獨立性，不喜歡被別人干涉。有人認為，知識分子由於智力勞動方式的獨特性，所以知識分子

是多見自己，少見他人，過分自尊、自信，對自己估計偏高，從而容易產生「文人相輕」的現象。其實，這是對知識分子的誤解，是一種社會刻板印象。知識分子中即便有這樣的現象，也是個別的，而非普遍的，不能把這看成是知識分子的特徵。

再次，知識分子珍視同行意見，要求公正評價。對於知識分子如能恰當公正地評價他們的勞動成果，他們是由衷佩服的，而胡亂給他們扣帽子、定性，他們則非常氣憤。一般來說，只有他們的同行才能做到恰當公正地評價他們的成果，所以知識分子很重視同行的意見，從同行的意見裡能明確自己的能耐與得失，可以堅定信心。

最後，知識分子重視自我激勵、有事業心，成就動機較強。知識分子為了事業不過分計較生活享受方面的得失，能不斷激勵自己，不斷進取。

五、公眾的角色心理與公關

案例：

百安居從關鍵客戶入手，把主要投資目標放在婦女和兒童身上。如果你瞭解湯姆·彼得斯關於婦女在商業活動中的地位的觀點，你就會明白百安居的做法。百安居遵從了零售業的統一認識，即28～35歲的婦女是關鍵客戶。她們比男士更有品位，比較仔細、眼光獨特。最關鍵的是這一群人掌握了家庭的財政大權，從而掌握最終的購物選擇權和決定權。因此，百安居舉辦了直接針對女性的培訓班，比如家居軟裝飾、環保裝修和園藝插花等等。另一方面，他們把目光放在未來的「顧客」身上。他們精心組織了「兒童俱樂部」的主題性活動，用Disney的玩具和閃閃發光的夜光貼紙吸引孩子們走進百安居，店裡準備的像填色游戲、用小罐塗料在紙上作畫、粉刷的活動，都環保而安全。這相當於在這些5～12歲的孩子身上做了一筆長期投資。當然這也有現實的回報，跟在孩子後面走進百安居的爸爸媽媽首先產生了「這裡的東西沒有想像中的貴」的印象，更有30%的大人當場掏腰包購物。

在公共關係活動中，如果公關人員說話、辦事都要讓公眾感到滿意，這就要注意公眾的角色特殊性以及角色心理的特殊性。當我們把某類角色作為公共關係活動的對象時，就必須把握對方的主要心理特徵，只有這樣公共關係活動才會奏效。

又如，「新人類」具有這樣一些價值指向：年輕、新潮、前衛、

刺激、暴露、狂野、奢侈和叛逆。在《新周刊》進行的一項對「80年代出生者」和他們的父母「買東西時最看重的因素」的調查中，所給出的選項有：品牌、質量、款式、價格和其他。其中「孩子」更看重「款式」（占49.1%），父母更看重「質量」（占57.9%）。對款式的強烈追求，表明了20世紀80年代出生的「新人類」消費的炫耀性特徵。與之相比40歲左右的中年人面對快速變化的潮流，有些驚慌、有些迷惘。他們的形象往往是在不經意中流露出的質感，他們小心翼翼地接受時代變化，內斂中見潮流，成熟中見時尚。

事實上，公眾在社會中擔任的角色常常不是單一的，他們可能是乘客、觀眾、顧客等等。同時，每一個公眾都至少具有性別、年齡、職業、文化等方面的不同心理特徵，所以公眾的角色是複合的，其心理特徵是綜合的。

那麼，在公共關係活動中如何把握角色心理特徵的綜合性呢？首先，要注意公眾角色的複合性、角色心理特徵的綜合性，反對以偏概全；其次，要注意這種複合性、綜合性的構成要素，反對含糊籠統；再次，要注意角色心理特徵和個性心理特徵的關係，反對機械割裂；最後，要注意特定情境對角色心理特徵的影響，反對照本宣科。只有對公眾的角色心理特徵進行辯證的、唯物的、歷史的分析，才能夠使這種研究具有指導實踐的意義。

第三節　重要目標公眾的心理特徵

案例：

作為國有重要骨幹企業之一，中國移動一直努力倡導和積極實踐「優秀企業公民」行為。中國移動所要營造的和諧，包括企業發展與行業進步相和諧、企業發展與社會進步相和諧、企業發展與環境保護相和諧。在這三大使命下，中國移動按照「責任移動」「移動信息化」「平安移動」「愛心移動」「環保移動」五個行動主題，大力推進和積極實踐「優秀企業公民」行為。比如，中國移動開通8858手機公益短信，為中國兒童慈善事業搭建起奉獻愛心的公益平臺。

企業並不僅是一個獨立的盈利單元，而是與社會發展密切相關並影響社會發展的「公民」。對於像中國移動這樣的國有重要骨幹企業

來說，它一直致力於成為對國民經濟發展和信息化建設帶來重大影響的企業公民。幾年以來，中國移動堅持商業責任、社會責任、環境責任三者之間良性互動、相輔相成，追求企業價值、員工價值、股東價值和社會價值和諧發展的價值型增長，為構建和諧社會發揮了良好的示範和引導作用，是社會各行業優秀企業公民的典範。中國移動塑造「企業公民」的行為，極大地提升了企業品牌，實現了對政府、客戶、股東、供應商、分銷商、員工、社區的全方位公關。

公共關係活動涉及面廣，靈活性大，任何一次成功的公共關係活動，都是一次思維和行為的創新。公關工作忌諱生搬硬套，刻板僵化。因此，公關人員要想有效地開展工作，就必須瞭解自己所面對的目標公眾的心理活動特點，在此基礎上制訂出公共關係實務計劃並加以實施，以便取得預期的效果。組織公關活動面向的目標公眾主要有消費者、社區公眾、新聞傳播界及各級政府部門等。

補充材料 5-7（見表 5-3）：

表 5-3　　　　　　　　目標公眾權利要求結構表

公司的目標公眾	目標公眾對公司的期望和要求
員工	受到尊重；合理的工資福利，工作安全；培訓和上進的機會；人際關係和諧；參與表達、晉升的機會
股東	參加利潤分配；參與股東表決和董事會的選舉；優先試用新產品；瞭解公司經營狀態，有權檢查帳目和轉讓股票；有合同所確定的各種權利
政府	保證各項稅收；遵紀守法；承擔法律義務；公平競爭；保證安全等
顧客	產品的質量保證和適當的壽命；合理的價格，優良的服務態度，認真解決公眾的投訴，完善的售後服務；消費者權益法規定的各項權益
競爭者	遵守由社會或本行業確定的競爭準則，平等的競爭機會和條件；競爭中使用的手段和現代企業風範
社區	向社會提供必要的生產和生活服務及就業機會；保證社區環境和秩序；關心和支持當地政府；支持文化和慈善事業；贊助公益活動，促進社區各項事業的發展
媒介	提供真實的有價值的信息；尊重其職業尊嚴；保證記者採訪的獨家新聞不被泄漏，提供採訪便利

（資料來源：甄珍. 公共關係實務新編 [M]. 北京：北京大學出版社，2011.）

一、消費者的心理特徵與公關

企業與公眾的聯繫,最頻繁、最重要、最廣泛的莫過於在市場上與消費者的接觸。要使公眾瞭解企業並對其產生信任,實現相互支持合作,企業就必須根據消費者的心理特點,認識不同消費者的不同心理特點,有利於銷售工作的促進與提高。

(一)消費者的心理特徵

概括起來,消費者的心理特點主要表現為以下幾種:

1. 追求實用

隨著人們消費水平的提高,人們的消費習慣和消費方式都發生了變化,但這種追求實用的心理特點仍很普遍。有這種特點的消費者一般注重產品的內在品質和實際效用,講求經濟實惠,而對產品外在屬性的要求較低。

2. 追求安全和健康

健康和安全已經成為人們消費支出的重要內容。出於這種心理,消費者不僅在購買家用電器、住房等產品時考慮安全因素,而且在購買藥品、保健品、健身器材以及人壽保險等與健康有關的產品時,也會注意安全因素。

3. 追求新奇

這類消費者思想開化,喜歡與眾不同,樂於嘗試。如有些消費者在「納米熱」興起時,就對納米襯衫、納米領帶產生了強烈的購買欲。

4. 追求美感

這類消費者在選擇產品和服務時,很注重產品漂亮、時尚的外觀帶來的精神上的愉悅感受。

5. 追求便利

有這種心理的消費者講求輕鬆,注重時間和效率,不太在乎產品和服務的價格,常把購買目標指向可減小勞動強度的各種產品和服務。如購買各種智能化的家用電器,在超市購買淨菜、配菜等。

6. 追求廉價

這是以注重產品相對低廉的價格,希望以較少支出獲得較大效用為目標的購買動機。消費者對於在節假日、促銷活動期間,以及產品換季時推出的降價、折扣優惠等尤其感興趣,希望在這時買到物美價廉的產品。

7. 追求名牌

一般名牌產品的質量好、信譽度高、市場競爭力強,而且在一定程度上是一個人身分地位的象徵,因而受到消費者的關注。消費者購買名牌產品不僅可以減少購買風險,而且能獲得心理上的滿足。

8. 張揚自我

這是以顯示自己的身分、地位、財富為主要目的的心理,如購買名車、豪宅。有這種動機的消費者在選購產品時,注重的是它們的社會性象徵意義。

9. 滿足癖好

這是以滿足個人的特殊愛好為主要目的的心理特點。這種愛好往往和個人的職業、知識、生活情趣等有關,購買指向較為集中。如養花、垂釣、集郵、攝影的愛好者,總是習慣性地持續購買與之相關的產品。

(二) 消費者心理特徵與公關

消費者的心理特點千差萬別,以上只是幾種常見、具有代表性的消費者心理特點。消費者的心理特點影響著消費者購買行為,決定著消費者的各種消費活動,從而也決定了企業經營的興衰。如果企業的產品及服務能符合消費者的心理特點,激發消費者的購買需求,便會產銷對路,商品暢銷;反之,則有可能滯銷和積壓,導致企業的生存困難。因此,企業應分析和瞭解自己所面對的不同階層、不同能力階段、不同職業的公眾的心理特點,通過市場調研和預測來改進生產計劃和促銷工作,提高企業的經營管理水平和適應市場變化的能力。

補充材料 5-8:

大眾化時代向分眾化時代轉變正像物種演變一樣,是考驗企業能否適應變化的關鍵時期。所謂分眾化,就是將原有的大市場進行進一步的細分。也就是說,按消費需求、消費心態、消費模式等參數將用戶和潛在用戶進行歸類,再根據消費者生存狀態、年齡、學歷、收入、地區等類型來細分。經過多層的細分,會出現幾十個不同組合的「子市場」,也稱為「可定義的目標市場和目標消費群」。這樣就能分辨出誰是第一目標用戶群,誰是第二、第三目標用戶群,誰是相應的競爭對手,從而更有效地制定市場戰略與戰術,達成企業的經營目標。

看看目前服裝市場中正在熱銷的品牌是怎麼做的。

「白領」是北京女裝的代表品牌。品牌風格精緻成熟,對目標消

費群的解讀細緻而精準。不論是「陽光男孩」的貼心導購、客戶關係管理（CRM）系統，還是沙龍化的品牌店鋪裝潢風格，都一再地讓消費昇華為享受。「白領」的這些作為從來都是目的明確：為了滿足那些已失去往日青春的、窈窕的、都市的、成熟的、挑剔的律政女性全方位的消費需求，對這群高調享受消費、低調精緻生活的女人，給予了無微不至的關懷，而這群女人忠實的、大量的消費行為又托起了「白領」成功。

「例外」是伴隨著小資人群一起成長起來的品牌，風格簡約，我行我素。時裝產品線以及外延的生活用品產品線，無不透著優雅與精緻。對於如何打動那些小資的人群和 bobo 族群，「例外」永遠了然於心。

「ONLY」則是來自歐洲的潮流品牌。其挾著地域的優勢，對來勢洶洶的街頭潮流趨勢有著第一時間的感受與敏銳的判斷，給新人類、新生代消費群帶來一股自由表現自我的穿著方式，滿足了他們瘋狂的表現欲，也讓他們在大量的新潮產品中享受著 DIY 自我形象的樂趣。

二、社區公眾的心理特徵與公關

任何企業或社會組織部必然生存於一定的社區內，必然會同社區整體乃至社區中的公眾發生種種聯繫。一個企業或組織若想獲得一個長久生存和發展的空間，就必須與所在的社區建立一種和諧的關係，得到社區公眾的廣泛支持。為此，企業或組織有必要瞭解社區公眾的心理特點。

（一）社區公眾的心理特徵

社區公眾的心理特徵主要表現為：

1. 環境保護的需要

企業所在的社區，也是成千上萬公眾居住、生活的區域。所以社區的環境如何，將直接關係到社區公眾的生活和健康。社區公眾最基本的心理需求，就是能夠有一個潔淨、安全的環境。這種環境保護的心理特點表現在：一是希望社區內的企業不要污染社區環境；二是希望企業能夠幫助美化所在社區的環境；三是希望企業自身也要做到環境優美。

2. 社區穩定的需要

除了環境的潔淨、安全外，無論是社區中的居民，還是社區的各級領導，都希望本社區穩定。這種心理特點表現在：一是企業要為社

區提供充足的就業機會，向居住在本社區的員工提供優厚的生活條件；二是希望企業增加治安保衛力量，協助社區公安部門打擊各類犯罪活動，維護社區的治安秩序；三是希望企業內部要從樹立和諧互助的風氣入手，培養員工之間的團結友愛之風，促進整個社區社會風氣的健康發展。

3. 社區發展的需要

社區公眾希望企業能夠為社區的健康發展提供更多的幫助和支持。一方面，社區希望企業能夠支持社區的各種公益活動，諸如共辦教育、贊助文體活動、安置孤寡老人、支持殘疾人事業等義舉，從而促進企業同社區之間關係的發展；另一方面，社區還希望企業能夠更全面地幫助社區提高經濟水平。企業具有雄厚的資金、設備和技術力員，因而可以有效地幫助社區繁榮富強、健康發展。企業可通過發展本企業的力量，為社區帶來更多的物質收益，也可以幫助社區發展鄉鎮、街辦企業，促進社區的發展。

補充材料5-9：

蘋果直營店特色服務——青少年活動

在蘋果電腦直營店，蘋果公司為每一個客戶都提供相應的配套貼心服務。

你身邊的 Apple Store 零售店還為孩子和他的家人準備了特別節目。青少年講座常年免費舉辦，從而讓全家共同體驗蘋果產品。每年夏天，我們舉辦蘋果夏令營，為孩子們提供免費的數碼攝影、音樂、電影製作及其他許多課程。

演示製作講座：蘋果公司把最新的手把手講座稱作「秀」。在講座中，家庭成員將瞭解如何使用 Keynote 創建效果非凡的演示文件，使用 Numbers 製作令人驚嘆的圖表，同時，使用 Pages 製作美觀的文件。孩子們會帶回很多奇思妙想，和一本記錄大量使用技巧的講座筆記，他們未來有望成為出色的演示者和作家。

音樂製作講座：使用 Garage Band，我們將指導家庭成員如何製作帶有環回、節奏甚至自己演唱聲音的歌曲。講座最後，他們已經可以製作 CD 歌曲，擁有一本講座筆記以備製作其他音樂時使用。

影片製作講座：講座將指導家庭成員如何導入腳本、剪輯視頻片斷並添加特效，通過 iMovie 製作屬於自己的影片。當他們製作完畢時，這些製片新人可以將他們的杰作以 DVD 的形式帶回家炫耀，他們

同時擁有一本記滿使用技巧的講座筆記以供日後製作影片使用。

照片處理講座：使用 iPhoto，我們將指導家庭成員如何編輯、打印並共享照片，以及如何製作相冊和幻燈片。在講座最後，他們會獲得一張 DVD，以及一本講座筆記以備日後處理照片使用。

Apple Store 零售店舉辦的免費講座每天都有新鮮的 Mac 和 iPod 基礎知識供你學習。

（資料來源：Apple 官網）

（二）社區公眾心理特徵與公關活動

由於社區公眾為多層次、多種類的松散型公眾，因而其心理特點也各不相同。企業或組織若能根據社區公眾的心理特點，來制定公關計劃和實施公關活動，就能同社區建立並維持一種良好、和諧的關係，得到社區公眾廣泛的支持和幫助。為了達到自身的公關目的，公關人員應注意以下兩個方面：

1. 做好企業或組織與社區公眾之間的信息溝通

在公關活動中，企業或組織應多層次地和社區公眾保持接觸，以便及時瞭解社區公眾的意見和態度，並將其意見迅速、準確地傳播給公眾。同時，組織的公共關係人員必須注意同社區各種類型的公眾代表接觸，如社區領導、社區公眾中的觀念指導者、群眾團體的領袖等。因為這些人的意見和態度往往在一定程度上反應了大眾的想法和要求，所以，做好這些人的解釋和說服工作，也容易將影響擴散到社區公眾中去。

2. 建立良好的組織形象

要提高自身在社區中的地位，就要樹立一個「合格公民」的形象，主動承擔必要的社會責任和義務，像愛護自己的家業一樣愛護社區，在社區的物質文明和精神文明建設方面發揮中堅作用，為社區造福，為社區公眾多做貢獻。

補充材料 5-10：

美國麥克唐納公司，其分支機構遍布美國 50 個州和世界 31 個國家及地區。麥克唐納公司的迅速發展得益於它能巧妙地處理與社區的關係。

麥克唐納公司確立公關活動的一個主題就是以各種方式證明他們是「社區的一部分」。他們採取了許多別出心裁的做法：在加州某市，麥氏餐館為當地「掃除骯髒活動」的女士，免費提供點心；在田納西州某市，他們為當地選出的最安全守紀的司機，免費準備了一頓豐盛

的午餐；在加布利市，他們免費為參加森林救火的人員提供牛肉餅和飲料。總而言之，公司的行為都盡量尊重社區公眾的意願，在馬薩諸塞州布蘭地市，他們聽從公眾意見，改進餐館街道建築的設計。公司總裁雷·克洛為了公司的統一形象，曾要求公司員工不能留長鬢角和胡須，但在黑人區，由於黑人青年以留胡須和長鬢角為時髦，總裁就打破了自己的規矩，並破天荒地把黑人地區餐館的經營權由白人轉交給黑人。

麥克唐納公司通過加強與社區的關係，使每個地方的麥氏公司都與當地社區水乳交融。

三、政府公眾的心理特徵與公關

通過良好的政府關係，能夠及時瞭解到有關政策的變動，能夠較方便地爭取到政策性的優惠或支持。政府作為國家的管理機構，它的工作人員就形成了政府公眾，所以，組織有必要瞭解政府公眾的心理特點，才能有較好的公關效果。

（一）政府公眾的心理特徵

1. 有及時掌握信息的心理需要

政府掌握著制定政策、執行法律、管理社會的權力職能，具有強大的宏觀調控力量，可以代表公眾的意志來協調各種社會關係。為了更好地促進社會發展與進步，做好宏觀調控和管理工作，政府就必須全方位地瞭解組織各方面的信息，從而制定行之有效的方針、政策，以此惠及企業或組織。

2. 有獲得尊重的心理需要

一方面，政府公眾作為國家機關的管理者和領導者，希望得到企業或組織的重視和尊重；另一方面，組織與政府部門應該相互尊重和支持，為促進社會發展各盡其責。

（二）政府公眾心理特點與公關活動

1. 充分尊重和重視政府公眾

組織作為一個相對獨立的經濟實體，它的發展仍然需要得到各級政府的指導和支持。公關人員在與政府工作人員聯繫的過程中，應盡力滿足其受尊重的心理需要，避免因缺乏尊重而使對方產生不滿與失落。公關人員要利用或創造一定的機會，如週年志慶、傳統節目等，邀請、安排政府主管部門領導及黨政要員出席組織開展的活動，使政府部門公眾能充分地表達和實現其領導職責，也可以提高組織在政府

部門中的信譽和影響。只有這樣，政府部門公眾才會切實地關心企業的生產和發展，及時地為企業提供支持和幫助，使企業與政府部門建立一種長久的良好關係。如果組織過分強調自主權，忽視對政府有關部門的政策、決定的貫徹執行，往往就會導致組織為了自己的局部利益而走向失控狀態，從而損害長遠的利益。現實中，有些企業出現認「錢」不認「法」的現象，這更是一種損害組織形象的自殺性行為。

2. 主動建立和加強組織與政府有關部門之間的雙向溝通

公關部門作為政府與組織的紐帶，一方面，應及時瞭解有關政策的變動，詳盡地分析研究政府的方針、政策、法規，提供給組織領導及各部門參考，使組織的一切活動都保持在政策法規許可的範圍內，並隨時按照政策法規的變動來修正本組織的制度和實施細則，更好地獲得政府的支持。另一方面，公關部門應隨時將實際工作部門的具體情況上傳至政府有關部門，並根據本地區、本行業、本部門的特殊情況，主動地提出新的政策設想和方案，並通過適當的渠道進行說服性的工作，協助發現及糾正政策執行中出現的偏差或失誤。

3. 處理政府關係，還需要充分熟悉政府機構

在公共關係過程中，公關人員需要充分熟悉政府機構的內部層次、工作範圍和辦事程序，並與各主管部門的具體工作人員保持良好關係，以免因辦事未循正規的程序或越出固定的工作範圍而走彎路，減少人為造成的「公文旅行」或「踢皮球」現象，提高行政溝通的效率。

四、新聞媒體公眾心理特徵與公關活動

新聞媒體具有雙重含義：一方面，它是一種工具，組織可以通過這一「工具」與各類公眾取得聯繫；另一方面，新聞媒體本身也是一類公眾，只有搞好與這類公眾的關係，才能充分發揮新聞媒體的「工具」作用。組織不僅要爭取新聞媒體的瞭解和支持，而且要通過新聞媒體進一步爭取社會大眾的瞭解和支持。要達到這一目的，組織必須深入瞭解新聞傳播公眾的心理特徵。

補充材料 5-11：

白宮記者晚宴顯然是一項有著悠久歷史的公關活動。在記者晚宴上，往往由總統親自出面，以詼諧的方式營造宴會的氣氛。例如，在2002年第八十八次白宮記者協會晚宴上，布什總統用幻燈片向參加晚會的人們展示了若干幅自己在白宮拍攝的滑稽照片，包括一幅副總統

切尼的從後面看起來像是正在對著總統橢圓形辦公室撒尿的照片，以及布什本人平躺在白宮保齡球道上的照片，等等。這些照片使參加晚宴的人捧腹大笑。從公關的角度來看，這些手法無疑使政客更加人性化和生活化，這樣的照片也迅速拉近了記者、公眾和政治人物之間的距離。

（一）新聞媒體公眾的心理特徵

因為新聞工作的特殊性，新聞媒體公眾有著自身的心理特徵。新聞媒體公眾的心理特徵主要通過下面的心理需要表現出來：

1. 及時獲取真實信息的心理需要

新聞報導的生命力主要表現在「新」和「真」兩方面。「新」是指所報導的事情必須是新近發生的。一般來說，事件發生的時間與報導的時間間隔越短，其新聞價值越高，越能引起公眾的注意和興趣。「真」是指所報導內容的客觀性、真實性。真實性往往更為重要，它是新聞報導的生命。因此，新聞媒體公眾有著強烈的及時獲取真實信息的心理需要。

2. 尊重新聞道德的心理需要

新聞媒體最為重視的是不發布假新聞和不受任何勢力的擺布，保持對社會大眾負責的公正性，這就是新聞道德的表現。各國的新聞工作者大都以公正和獨立而自居，企業要爭取新聞界人士的支持，應以增進相互瞭解為基礎開展工作，而絕不能採用拉攏、賄賂、請客、送禮等手段來引誘新聞界傳播假信息，更不能用欺騙或行政手段或通過其他正式或非正式途徑來影響新聞工作者，以達到種種不可告人的目的。作為企業公關人員必須瞭解和尊重新聞工作者的職業操守，否則，只會引起新聞界公眾的反感和社會公眾的譴責。

（二）新聞媒體公眾的心理特徵與公關

補充材料 5 - 12：

麥奎爾為了說明媒體對社會的重要性，曾經指出媒體具有五項特徵：①媒體是一種權力資源；②媒體是公共事務的舞臺；③媒介是定義社會現實的重要力量；④媒體是獲取聲譽和知名度的主要手段；⑤媒體是界定社會規範的一把標尺。

在公共關係工作中，媒體公眾具有雙重身分。一方面，它是公關傳播的工具和手段，另一方面，它又是社會組織特別爭取甚至努力追求的公眾對象。對象與手段合一的雙重性，賦予新聞界公眾特別重要

的地位。正所謂「成也蕭何，敗也蕭何」，新聞界公眾就是社會組織的「蕭何」，因為新聞界公眾不僅是組織公關工作的同盟軍，而且也是社會大眾的衛士，他們常常利用手中的傳播工具，利用輿論的力量來維護社會大眾的利益。當組織行為有利於社會大眾時，新聞媒介便進行正面報導，為之揚名；當組織行為不利或有損於社會大眾時，便進行反面報導，發揮輿論監督的作用，以促使社會組織矯正其行為，重塑良好形象。

1. 尊重新聞媒體公眾，平等對待各種新聞媒體

無論是大報還是小報，無論是中央電視臺還是地方電視臺，無論是有名的記者還是無名的記者，公關人員不應有等級親疏之分，要給予其平等地獲得本組織各種信息的機會和權利，及時提供必要的幫助和服務，盡量做到有問必答，有求必應。對於屬於組織秘密的問題，不論是不便談出來，或是可以談但不便發表的，應耐心解釋，以取得記者的支持和諒解，切不能以「無可奉告」加以搪塞或遮掩。

組織在與新聞媒體的交往中，可以向其提供信息，但無權要求其按自己的意願辦。既不能無視新聞媒體的獨立性，把它純粹看作宣傳本組織的一種工具，也不能擔心報導不利於本組織的信息而拒絕採訪，或是一味投其所好，因為這種貌似尊重而實際不尊重行為，同樣也會引起新聞界的反感。即使出現了對本組織不利的消息或失實的報導，也不要對媒體大加指責，而應該主動與他們聯繫，重新提供確切信息和事實真相，由他們去處理或更正，這種信任態度可體現組織對新聞界的尊重。

2. 瞭解新聞媒體公眾

搞好與新聞媒體的公眾關係，還應熟悉各種新聞媒體的編輯方針、發行範圍、版面欄目、發刊週期、截稿時間、印刷方式等，以便組織按媒介的要求發送新聞稿件，提高稿件的使用率，擴大組織的社會影響。同時，還要研究各種新聞媒體的性質、特點、風格、聽眾及讀者對象、新聞媒體的影響力、覆蓋面、報導方針、報導內容、報導手法和特殊要求，以便在不同的新聞媒體的記者來採訪時，都能協助他們的工作，為他們提供理想的採訪對象、攝影環境、錄音條件，使組織更有效地利用新聞媒體塑造形象。

3. 保持與新聞界經常性接觸

組織的公關人員通過邀請新聞媒體的一些朋友參觀訪問，安排專人同新聞界聯繫，適時召開記者招待會，經常為新聞媒體撰寫新聞稿

等途徑，積極主動地、經常地與之保持聯繫，及時向新聞界提供具有新聞價值的本組織的信息，使他們對組織的情況有所瞭解。一旦組織有了重大的新聞，特別是在組織發生了危急情況時，他們才能以公正客觀的立場進行採訪和撰寫新聞報導。

4. 要講真話，公開事實真相

真實是新聞的生命，新聞媒體最為重視的是新聞的真實性。對不利於組織的報導，組織應有「有則改之，無則加勉」的態度。尤其是組織發生了事故，或者與公眾發生了糾紛時，組織應如實地向記者介紹事件的經過、產生的原因及採取糾正的措施，而不應該採取迴避的態度，更不應該拒絕採訪。如果採取不合作的態度，會惡化組織與媒體的關係，必然影響組織在公眾中的形象。熱情的接待、真實的介紹，記者就會對組織產生好感，媒體就會客觀地報導事件的真相，有助於贏得公眾的諒解，使壞事變成好事。總之，對於組織中的「家醜」決不可掩蓋起來，而要把事實真相告訴記者，歡迎輿論監督，不能拒絕採訪，也不要「封殺」記者。

第四節　公眾的群體心理特徵

案例：

格力多品牌齊發力「健康」產品溫馨送

五一期間，春綠初綻，剛剛將免費服務送到家的格力電器三大品牌又攜手為廣大消費者送來「健康」——自5月1日起，格力「掌門人」董明珠親自出鏡央視，逐一展示格力守衛消費者健康的經典產品，而「有健康，才有未來；格力科技，健康生活」的廣告語也隨之廣為傳播，讓人倍感溫馨。

格力致力於通過科技改變生活，此次格力廣告中為消費者呈現了系列健康電器：「要健康，就需要潔淨的空氣，格力全能王空調，TOSOT零耗材空氣淨化器，高效去除PM2.5、病菌等有害物質，是您健康空氣管家；要健康，就需要潔淨的水，TOSOT大流量淨水機，多重精濾，層層淨化，高效去除病菌、重金屬等有害物質，打造純淨新水源，健康送到家；要健康，就需要新鮮的食物，晶弘冰箱獨創瞬冷凍技術，-5℃不結冰，保護食物細胞，鎖住營養，給您美味如初的享受。」

此次「送健康」的系列電器，充分展示了格力為消費者營造健康環境的實力，一切與人們的健康相關的家電產品，格力都在進行持續的技術創新。

「全能王空調」為格力系列主打空調產品，採用了獨有的雙級壓縮技術，可實現 –30℃超低溫正常制熱、54℃超高溫正常制冷。全能王空調在嚴冬季節制熱量最高可提升30%，在酷暑季節制冷量最高可提升35%，讓我們的身體四季都能舒適。最為重要的是，格力全能王空調能夠高效去除空氣中的細顆粒物（PM2.5）：位於格力空調出風口的荷電裝置能夠向空氣中發射自由離子，離子與空氣中運動的塵埃微粒碰撞，將電荷傳遞給塵埃微粒，大量荷電塵埃從空調回風口進入電離（IFD）淨化器中，經過預過濾網的初級過濾除去空氣中的大型顆粒和塵埃碎片，再流經 IFD 高強度電質介場，在電場力的作用下，經過初級過濾的荷電塵埃被強力吸附在管道表面，從而達到快速、高效去除 PM2.5 的空氣潔淨效果。

TOSOT 零耗材空氣淨化器絕對是潔淨空氣的經典代表，採用格力首創的 CEP 空氣淨化技術，與以往常見使用 HEPA 過濾材料的空氣淨化器不同，這是一種具有高能電子的等離子體技術，通過高能滅殺和有機分解，去除小於 0.01um 的超細顆粒物效果驚人，能長效去除甲醛，對 PM2.5 去除率及殺菌率高達99%，且其後續使用更實現了「零耗材」，無需任何後續投入，能為用戶節約大量時間和金錢。

人們想喝到健康的水，TOSOT 大流量淨水機必不可少。其反滲透膜濾芯是世界上最精細的反滲透過濾膜，不僅可以去除水中的大顆粒雜質、微生物、細菌、病毒，還可以有效去除農藥有機物、重金屬離子。格力技術人員表示，經過 TOSOT 淨水機處理的水經國家衛生部權威機構認定，可以直接飲用。

而晶弘冰箱採用了獨創的瞬冷凍技術和頂級的用材配置，可以讓肉類等塊狀食物瞬冷凍後輕鬆分離取用；其同時所擁有的光觸媒技術，可有效去除異味及降低雜菌；內置的橙色發光二極管（LED）保鮮燈，可模擬光合作用釋放有益於果蔬生長持久保鮮的光波，保證果蔬水潤新鮮。

筆者發現，此次格力「送健康」活動無疑可促進格力多品牌戰略的進一步實施，使格力多品牌的高端綠色家電企業形象深入人心。事實上，除了格力廣告中的主打產品，熱水器、電飯煲等系列產品也都是為給消費者提供更加健康生活的目標而設計生產的。格力一直走在為消費者提供健康未來的路上。

（資料來源：格力網站，2015.05.04）

群體是公眾存在的一般形式，群體成員也可以構成公眾，所以研究公眾心理就不能不涉及群體心理。我們不僅要研究公眾的個體心理特徵，還要研究群體公眾的共同的、規律性的群體心理特徵，這樣才能更全面地認識公眾的心理特徵。

任何一個群體，都有處於核心地位的領導者，他們往往影響或決定群體成員的思想意識和行為指向，代表著群體的意見和態度，也是公關活動取得成敗的關鍵。所以，研究群體心理就不能迴避群體領導者的心理。

一、群體

（一）什麼是群體

群體是指在共同目標的基礎上，由兩個以上的人所組成的相互依存、相互作用的有機結合體。社會上的人，無一不是在群體中生活，他們既接受群體和群體中的個體對自己的影響，同時又對群體和群體中的個體施加影響。因此，個體與群體有著多種多樣的交互作用。

應當注意的是，並非所有人群集合體都是社會學意義上的群體。如劇場裡的觀眾、公園裡的遊客、商場裡的顧客等，他們雖然是在同一時間出現在同一地點的一群人，但不是社會群體。只有具有以下特徵的人群集合體才是群體：群體首先是一群人；群體存在一個結構，如角色分工；群體有一定的目標；群體成員明確意識到自己屬於某個群體以及群體的界限；成員有共同的價值觀和規範。

（二）群體的種類

1. 正式群體和非正式群體

正式群體是指由正式文件明文規定的群體。群體的成員具有穩定、正式的編製，有明確的規章制度，成員地位和角色、權利和義務都很清楚。如工廠的車間、班組，機關的科室，學校的班級、教研室、黨團組織、行政組織等都是正式群體。

非正式群體是沒有正式規定和編製的群體。一些自發產生的、群體成員的人際交往並不是十分有結構或有規則；群體的任務通常沒有明確規定，有時甚至不存在特定的任務；無明確規章，成員的地位與角色、權利與義務都不確定，這些都應該算做非正式群體。非正式群體的成員之間的相互關係帶有明顯的情緒色彩，以個人之間的好感、喜愛為基礎。這種群體的成員也有一定的相互關係結構和規範，不過

並沒有明文規定。非正式群體往往帶有較強的內聚力和較高的行為一致性，對群體成員的吸引力也很強。

2. 成員群體與參照群體

按照成員對群體的心理向往程度，可以將群體分為成員群體及參照群體。成員群體是指個體為其正式成員的群體。參照群體也可被稱為標準群體或榜樣群體，是指這種群體的標準、目標和規範會成為人們行動的指南，成為人們要努力達到的標準。個人會把自己的行為與這種群體的標準進行對照，如果不符合這些標準，就改正自己的行為。

參照群體對於群體成員既有積極影響，也有消極影響。由於參照群體是成員心目中的榜樣群體，因而如果參照群體是積極的、正面的，會對成員起到良好的示範作用。例如，學校的先進班集體、車間的先進班組等。但如果參照群體是消極的、負面的，則對成員起相反的作用，產生不利的影響，甚至有時會起到帶頭破壞社會規範的作用。

3. 大群體與小群體

根據群體規模的大小，可以把群體劃分為大群體和小群體。但是，大與小是相對的。在社會心理學看來，群體的成員之間是否存在直接的、面對面的接觸是劃分的標準。如果群體成員能知覺到其他成員的存在，但又不能直接地面對面溝通，只能通過間接方式進行溝通，比如通過群體的共同目標、通過各層組織機構成員等建立間接的聯繫等，這樣的群體就屬於大群體。大群體還可以進一步分成不同形式、不同層次的群體，如階層群體、社會職業群體以及觀看演出、收看電視、收聽廣播時的觀眾和聽眾群體。

凡是相對穩定、人數不多，為共同目的而結合起來的、成員直接接觸的聯合體就是小群體。國外社會心理學研究較集中於小群體問題，並對小群體下了各種定義。其概括起來主要有以下特點：人數不多；群體成員之間有直接的個人交往和接觸；群體的成員由共同的活動結合在一起；群體的成員之間發生感情上的相互關係；其行為受群體中形成的規範所調節。具體來說，家庭、工作班組、學校的班級等都屬於小群體的範疇。

4. 假設群體和實際群體

按照群體是否真實存在，可以把群體劃分為假設群體和實際群體。假設群體是指實際上並不存在，只是為了研究和分析的需要，把具有某種特徵的人通過想像組織起來成為群體。假設群體常出現在統計學中，如老年群體、青年群體等。實際群體是實際存在的群體，是成員

間有著實在的聯繫和相互關係的，有目的、有任務的聯合體。實際群體可以短期存在，也可以長期存在，人數可多可少，它們都為共同體的存在而發揮作用。現實中的大多數群體都是實際群體。

二、公眾群體的心理特徵

群體心理特徵，是指群體成員在群體活動中相互作用、相互影響所形成的共有的、有別於其他群體的價值、態度和行為方式的總和。群體心理特徵不是獨立存在的精神實體，而是體現在群體現象之中；它不是群體成員個體心理過程本身，但又存在於每個個體身上；它雖然是由每個成員的心理構成的，但又不等同於個體心理；它也不是個體心理特徵的簡單相加，而是每個成員個體心理特徵的綜合和概括。

群體，無論是正式群體還是非正式群體，也不管是實際群體還是假設群體，都會表現出群體的一般心理特徵。這些特徵主要體現為：

1. 歸屬感

無論何種群體的成員，都有一種強烈的歸屬意識，這是個體自覺地歸屬於所參加群體的一種需要，即依賴群體的要求。有了這種情感需要和要求，個體就會以這個群體為準則，進行自己的活動、認知和評價，自覺地維護這個群體的利益，對與群體規範背道而馳的心理、行為持拒斥態度，從而與群體內的其他成員在情感上發生共鳴，表現出相同的情感、一致的行為以及所屬群體的特點和準則。這種歸屬意識使其成員獲得了一種安全感，從而減少了孤獨感，增強了自信心。群體的內聚力越強，取得的成績越大，成員的歸屬感也就越強。

當然，歸屬感有自願和非自願之分，前者增強群體的凝聚力，後者則增強其離散力。由於非正式群體的成員加入群體完全是出於自願，他們的歸屬感是自願的歸屬，且顯得更強烈更迫切。正式群體成員的歸屬感是不確定的，他們可能是自願的，也可能是被迫的。對於後者，公關主體應給予更多的關注。

2. 認同感

認同心理指群體成員在認知和評價方面保持一致的心理。凡是屬於一個群體的成員，都有認同其群體的共同心理特徵，也都不否認自己是該群體的成員，這樣才能使其行為、活動表現出群體的一致性。

群體的認同感大體可以分為正確的和不正確的兩種。正確的認同感，會促使群體各成員團結一致，推動整個群體健康發展；反之，則往往會使個別成員的正確意見難以堅持，造成決策失誤，影響組織發展。

3. 整體感

由於群體成員對自己的群體具有認同感和歸屬感，因而不論是正式群體的成員還是非正式群體的成員，都有或強或弱的整體感；又由於他們的整體感程度不同，行為表現也有差異。一般來說，整體感越強，維護群體的意識也越強，行為具有與群體其他成員的高度一致性；反之，整體感越弱，維護群體的意識也越弱，行為具有與其他成員的不一致性，即表現出一定的獨立性。一旦群體成員的整體感沒有了，這個群體也就四分五裂，不成其為群體了。

4. 排外感

由於每個群體都有自身的利益，具有相對的獨立性，這就不可避免地會使群體成員在心理上產生排斥其他群體的傾向。團體越小，其成員之間的聯繫越緊密，排外感就越強烈。非正式群體一般沒有層次，更具獨立性，其群體成員的排外感更鮮明、更強烈。

在公共關係活動中，公眾群體的排外感往往會使公關主體遇到困難。遇到公眾群體的排外態度，良好的組織形象就很難快速樹立起來。不僅如此，盲目的排外感還會阻止新成員的加入，阻塞人才流動的通道，抗拒外來信息的輸入，從而阻礙組織團體的發展速度，於人於己都不利。公共關係工作應盡力避免這種情況發生。

三、群體領導者的心理特徵

群體領導者，包括非正式群體中湧現的領導者和正式群體中的各級領導幹部，他們一般都是群體的核心人物。這些領導者往往代表著整個群體的意見和態度，是公關活動的關鍵人物。

（一）正式群體領導者的心理特徵

正式群體的領導者的地位是合法的，其職責是明文規定好的，權力是組織賦予的。由於他們具有管理的職責，故支配欲較強。

從管理學的角度看，正式群體領導者的影響力主要有權力性影響力和非權力性影響力。權力性影響力是由傳統因素、職位因素、資歷因素等構成的屬於強制性影響力的一種。其特點是對領導者本人的影響力帶有強迫性、不可抗拒性，並以外部壓力的形式起作用。在權力性影響力的作用下，被影響者的心理和行為主要表現為被動和服從。

非權力性影響力是由個人的學識、才能、品德、人格等方面因素決定的。一般來講，群眾會佩服有人格、有知識、有水平、無私欲的領導。與權力性影響力強調命令與服從不同，非權力性影響力則強調

順從和依賴。它表面上沒有合法權利那種明顯的約束力，但實際上它不僅具有影響力的性質，而且常常起到權力性影響力所不能發揮的約束作用。

作為一個成功的正式群體的領導者，除了合理發揮權力性影響力的作用外，更應該充分利用非權力性影響力來實現組織的目標。據現代管理學研究，部屬的積極性，至少40%要靠領導者的非權力性影響力來調動。有的西方領導科學專家甚至認為，領導的成功定律，是由99%的魅力與1%的法定權力構成的。

（二）非正式群體領導者的心理特徵

非正式群體領導者一般是自發形成、自然湧現的。他們沒有合法的地位和權力，為了維繫非正式群體，必然要充分展示自身的個人才能，重視與非正式群體成員的情感關係，並與之溝通，積極尋求與非正式群體成員間的共同點，必要時應挺身而出，維護非正式群體成員的利益。

非正式群體中領導者的心理特徵是以個性心理特徵的吸引力為基礎的，如領導者的能力、特長、氣質、性格等，對調動成員的積極性和滿足成員的心理需要（如自尊、交往、情感、安全、解決困難、發揮個人才能等）方面將起重要作用。但他們往往對自身的使命認識不足，感情色彩較重，在領導過程中往往表現出隨意性有餘、原則性不強的言行。

四、群體、群體心理特徵、群體領導者的心理特徵與公關

群體是公眾存在的一般形式，是在公關活動中必須要面對的。所以，作為組織必須要瞭解群體心理特徵和領導者心理特徵，並且利用公眾的群體心理特徵和領導者心理特徵，抓住公關活動的關鍵，從而使自己的公關活動取得事半功倍的效果。

補充材料5－13：

勒龐（法國學者）在其代表性著作《烏合之眾》中認為，群體心理是種族無意識的顯現，是一切群體分析的思想基礎。要瞭解勒龐的思想，必須明確這一點。勒龐還認為，群體心理一旦形成，「群體精神統一性的心理學規律」就開始發揮作用。在這樣的規律支配下，群體將表現出鮮明特徵：①群體的感情和道德觀。由於群體幾乎完全受著無意識動機的支配，此時，群體感情特徵表現為衝動、易變、急躁；

易受暗示、輕信；偏執、專橫和保守。在群體狀態下，群體感情指向可以超越個人利益，起著道德淨化器的作用。②群體的觀念、推理與想像力。群體觀念的形成要有無意識領域的中轉，因此，只有讓某種觀念進入無意識領域，變成一種積澱的情感，才會產生影響。群體接受的觀念要具有絕對的、簡單明瞭的形式外衣，觀念的社會影響與它是否包含真理無關。群體不受理性的影響，只有較為低下的推理能力，群體所接受的觀念只有表面上的相似性或連續性。群體只會形象思維，有著很強的想像力。③群體的信仰具有宗教感情的色彩。歷史上的大事件都是群體宗教感情引發而非個人意志的結果。④群體的意見和信念中的因素（包括間接的和直接的）。間接因素有種族、傳統、時間、教育、政治和社會制度，其不易被用來影響群體意見和信念；直接因素包括形象、詞語和套話，還有幻覺和經驗。⑤群體服從領袖和權威的心理趨向。「只要有一些生物聚集在一起，不管是動物還是人，都會本能地讓自己處在一個頭領的統治之下。」「聚集成群的人會完全喪失自己的意志，本能地轉向一個具備他們所沒有的品質的人。」

基於對群體心理的這種認識，勒龐對群體領袖提出了說服建議和斷言、重複和感染，即「做出簡潔有力的斷言，不理睬任何推理和證據」，而「不斷重複的說法會進入我們無意識的自我的深層區域，我們的行為動機正是在這裡形成的」，當「一個斷言得到了有效的重複，在這種重複中再也不存在異議……此時就會形成所謂的流行意見，強大的傳染過程於此啟動」。在領袖說服手段上，勒龐格外強調名望的說服作用。

勒龐的說法還從群體心理學角度，而非傳統的媒介功能角度，解釋了為什麼社會緊急時期要控制大眾媒介。因為在類似於法國大革命那樣的社會變革環境下，個人易受暗示，聽命於群體力量，表現為一種從眾心理，而這種從眾心理有一定的聚集、鎖定效應。某種輿論或觀念的支持率達到一定規模後，就會像滾雪球一樣自發地越滾越大。從初始點的穩定狀態開始，輿論合力會在自平衡點附近不停發生一定的偏離——漲落，但每一個漲落若不被其他外力加強，就會被系統的自我穩定性壓制下去。領袖和大眾傳播媒介便可以充當這種外力，只要媒介外力突破一定的閾值或臨界值，就會發生不可逆的系統狀態的改變。正是由於這種作用，所以有必要控制大眾媒介，調整系統狀態，使其朝著某一特定的方向發展。

［資料來源：何晶. 從群體心理的視角看媒介說服［J］. 中國青年政治學院學報，2003（6）.］

課後思考練習：

農夫山泉發布三款重量級新品，
頂級水源、絕美包裝、動人故事震撼登場

2月1日，溫度為零下26°。我們在長白山撫松工廠內召開了新品發布會，邀請了全國各大媒體親臨水源和工廠。撫松工廠位於長白山北麓，四周是一望無垠的森林。如圖5-1所示。

圖5-1 撫松工廠環境圖

農夫山泉董事長鐘睒睒在發布會上做了講演，介紹了水源、產品以及整個創新研發過程。發布會展示了多段視頻，講述了一個又一個關於追求完美產品的故事。

不論時代怎麼改變，總會有人，為了創造更美好的產品，可以忍耐寂寞，可以跋山涉水，可以忘卻功利。

水源——低鈉淡礦泉

距離工廠3.5千米處，便是水源地莫涯泉。

莫涯泉為泉群，由多個泉眼組成，位於露水河國家森林公園之內，距離天池主峰約60千米。水源補給則來自長白山自然保護區。工廠則位於森林公園旁。如科5-2所示。

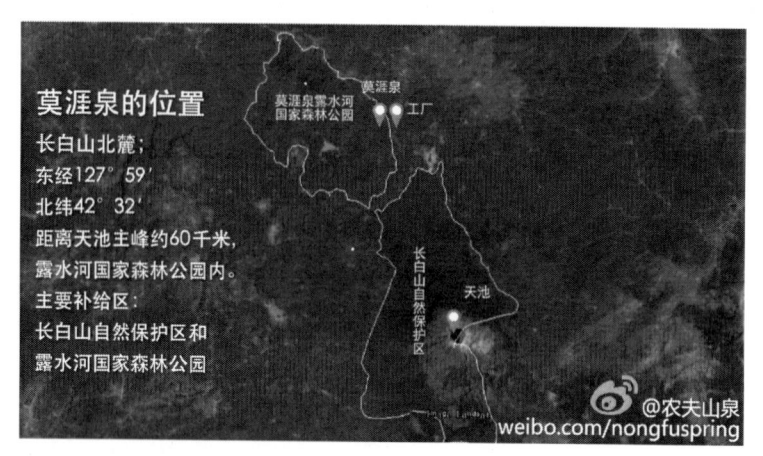

圖 5-2 莫涯泉位置圖

莫涯泉屬於極其珍貴的低鈉淡礦泉。一般來說，普通礦泉水的鈉含量比較高，口感較為鹹澀。而低鈉淡礦泉則不同，它滿足礦泉水標準，但鈉含量特別低，其他常量元素含量相對均衡，因此喝起來特別清冽甘醇，帶有松軟冰雪的味道，散發著宛如森林中第一場雪的氣息。

只有鈉含量小於 20mg/L 的礦泉水才能稱作「低鈉礦泉」，國內絕大部分礦泉水不符合這一特徵。世界上滿足這種特徵的礦泉水亦十分稀有，一般都會用來開發頂級瓶裝水。如圖 5-3 所示。

圖 5-3 莫涯泉礦物元素特點

莫涯泉周邊森林屬於針闊混交林，森林中繁衍生息約 1,500 種動

物和 2,800 種植物，這裡是全中國森林生態系統最健康的地區。如圖 5-4 所示。

圖 5-4　莫涯泉周邊森林

為了找尋頂級的礦泉水源，農夫山泉的水源勘探師方強歷盡艱辛，進入長白山森林腹地 70 多次，考察了 30 多個水源，均無收穫。就在他心灰意冷的時候，偶遇了一個老獵人，告訴他撫松露水河東北有個非常不錯的水源。所以，與其說我們找到了長白山，不如說是長白山選擇了我們。

高端玻璃瓶水

新品發布會首先發布的是玻璃瓶高端水。

新品發布會介紹，這款產品的包裝設計歷時 3 年，共邀請了 3 個國家 5 家設計事務所進行創作，一共經歷了 50 餘稿、300 多個設計。

其實早在 2012 年 6 月，農夫山泉已經收到了中意的設計稿，但當時的制瓶和印刷工藝難以將其完全付諸現實。農夫山泉不願降低要求，於是又尋覓新的設計公司。但經過 2 年的比較，農夫山泉最終覺得放棄原先方案太可惜，於是重新迴歸，並重新設計瓶型，遠赴歐洲尋覓玻璃生產商，解決了工業化問題。

新品發布會介紹，該款產品包裝一共有 8 種樣式，瓶身主圖案選擇了長白山特有的物種，如東北虎、中華秋沙鴨、紅松，圖案邊寫有諸如「長白山已知國家重點保護動物 58 種，東北虎屬於國家一級保護動物」等文字說明，透露出濃濃的生態和人文關懷氣息。如圖 5-5 所示。

圖 5-5　高端玻璃瓶水

嬰兒水

近年來，嬰兒水產品在國外越來越多，已經成為科學育嬰的必備產品。農夫山泉本次發布會也著重介紹了其最新研發的嬰兒水，在此之前，國內還沒有專門針對嬰幼兒直接飲用和調製配方食品的瓶裝水產品。與一般飲用水不同，嬰兒水在礦物元素含量和微生物控制上的要求更為嚴格。通常，礦物元素過高，或沒有礦物元素的飲用水都不適合嬰幼兒。此外，嬰兒水還有商業無菌的要求，國內此前的所有瓶裝水都未將之列為指標。2003年，世界衛生組織在日內瓦就飲用水中的營養召開了專題會議，並公開發表了論文《飲用水中的營養礦物質對嬰幼兒營養的影響》。論文指出，嬰幼兒更容易受到高礦物鹽攝入的影響，因此提出適合嬰幼兒的飲用水鈉含量應不高於 20mg/L，硫酸鹽含量應不高於 200mg/L。瑞士兒科學會、英國衛生局、保加利亞兒科醫院、法國食品衛生安全署等機構也對嬰幼兒飲用水的礦物鹽含量提出了推薦限值。莫涯泉2號泉的主要礦物元素含量完全符合國際專業機構的建議值，礦物鹽含量比較適中，尤其適於生產適合嬰幼兒飲用的瓶裝水。如表 5-4 所示。

表 5-4　莫涯泉 2 號泉礦物元素含量與專業機構推薦值比較情況

項目	莫涯泉2號礦物元素含量	國際專業機構建議
溶解性總固體，mg/L	20~100	≤100（保加利亞專家）
鈣，mg/L	4.0~20.0	≤200（瑞士兒科學會）
鈉，mg/L	0.8~20.0	≤20（德國兒科學會）
鎂，mg/L	0.5~10.0	≤40（瑞士兒科學會）
硫酸鹽，mg/L	≤50	≤140（法國食品衛生安全署）
氟，mg/L	≤0.5	≤0.5（法國食品衛生安全署）

莫涯泉2號泉主要礦物元素含量完全符合國際專業機構建議值

法國食品衛生安全署已經針對礦泉水用於嬰幼兒飲用出抬了標準，對鈣、鎂、硫酸鹽都有了明確的規定。如圖5-6所示。

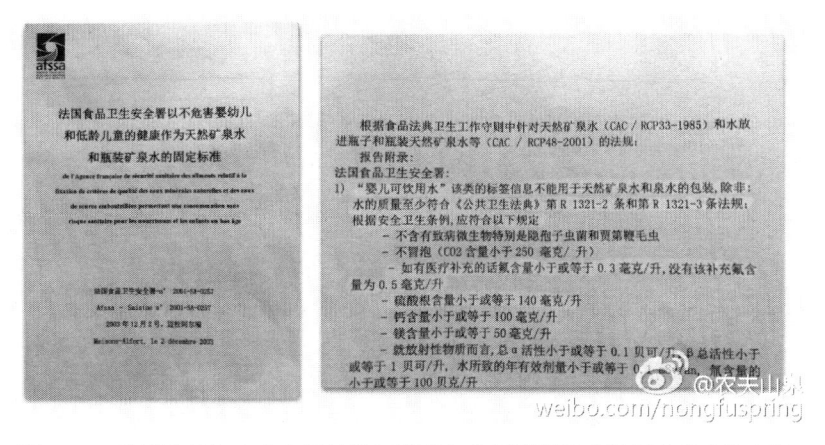

圖5-6　法國食品衛生安全署針對天然礦泉水用於嬰兒水飲用時給出的意見

為了做到無菌，農夫山泉撫松工廠引進了世界頂級的無菌生產線。

此外，農夫山泉還制定了非常嚴格的飲用天然水（適合嬰幼兒飲用）企業標準，並報吉林省衛生和計劃生育委員會備案。

該標準共43項指標，遠遠比國家相關標準嚴格，並對微生物相關指標做了嚴格的規定。

圖5-7就是農夫山泉飲用天然水（適合嬰幼兒飲用）的產品圖：

圖5-7　農夫山泉飲用天然水（適合嬰幼兒飲用）產品圖

學生礦泉水

20年前，農夫山泉推出了運動蓋包裝，受到了孩子們的熱烈歡迎，那句「上課的時候不要發出這種聲音」的廣告語令人印象深刻。為了紀念20年前這個充滿童趣的產品，農夫山泉推出了運動蓋升級版：學生天然礦泉水。

為了讓青少年獲得更好的消費體驗，農夫山泉設計了一個瓶蓋，單手就能開關。瓶蓋內設專利閥門，只有在受壓情況下才會開啟。在開蓋狀態下，普通的側翻、倒置都不會使水流出，非常適合孩子使用。

此外，農夫山泉還邀請了英國著名插畫師畫了一組極富想像力的標籤，表現長白山春、夏、秋、冬四個季節，整個設計充滿童真，彷彿孩子們想像中的長白山自然世界。如圖5-8所示。

圖5-8 學生礦泉水

工廠設計和建築

為了將這方好水運送出去，農夫山泉選擇在水源地建廠，只有如此才能最好地保證水質。但是農夫山泉在森林中建廠卻要面對各種意想不到的挑戰，付出巨大的成本。

我們首先面臨的問題，就是如何讓建築與周圍的環境相和諧。我們邀請了老朋友——美國傑出的設計師約翰（John）來完成這一工作。John已經為農夫山泉設計了10餘座工廠。他出色地完成了這個任務，為我們設計了一座壯觀而和諧的建築。如圖5-9、圖5-10所示。

圖 5-9　撫松工廠

通常建設一個工廠只需要 1~2 年,但是農夫山泉撫松工廠的建設用了近 5 年時間。這一切都是為了品質。

圖 5-10　撫松工廠

我們感恩為此付出巨大努力的施工人員。

水源保護

為了更好地保護水源,我們專門邀請了在森林環保領域有著豐富經驗的挪威奧斯陸建築學院教授奧拉夫(Olav),請他設計一條環保走道和出水口保護房。如此,參觀者進入森林時,就不會踩到草木。如

圖5-11所示。

圖5-11 水源保護

Olav 的設計理念是「做森林的過客」。他創造性地採用了化零為整的設計理念，用可拆卸的基建拼接成一條懸空的走道。確定走道樁基之前，工作人員必須先探明地下是否有樹根，如果有，則須繞開。如圖5-12所示。

圖5-12 工作人員探索地下情況

发布会的最后，农夫山泉董事长钟睒睒向与会的所有人员宣布，2015年，农夫山泉八大水源地的工厂将向公众开放，欢迎所有人前来农夫山泉看水源，看工厂。

（资料来源：农夫山泉官方微博，《新品发布会全记录》，2015.02.02）

练习题：

农夫山泉是如何根据公众的心理特征开展公关活动的？

第六章

公眾的心理定勢

公眾的心理定勢是研究公眾心理的另一重要內容。它揭示的是公眾在對象相同或相似的情境中，所表現出來的共同的心理特點及其規律性。

心理定勢是一種普遍的、常見的心理現象，它全面地影響和推動人的行為，對人的行為活動具有一定導向作用。在公關實踐活動中，為了有針對性地開展公關工作，使公關活動有良好效果，就必須研究公眾心理定勢。

第一節　公眾心理定勢概述

案例：

前些年，杭州市有幾家商店曾推出了像賣金魚那樣出售石英手錶的廣告促銷新招，即將手錶放在裝滿水的魚缸裡，讓顧客親眼看見表在水中正常運轉的情景，深受消費者的歡迎。

一位青年顧客在某店鐘表櫃臺選中一只手錶後，要求試一試。營業員熱情地接過表投在店中央的金魚缸裡，15分鐘後撈出手錶，秒針仍在正常地走動，獲得了這位顧客的連聲稱讚。有的顧客甚至指定要購買已浸泡在缸中數天的手錶。「在金魚缸內浸泡手錶」，將產品關鍵內在質量毫無遮掩地展示在消費者面前，這一招贏得了消費者的信任，吸引了更多的消費者。據悉，採用這種方式促銷後，石英手錶每天的

銷量比原來增加六倍左右。

此案例中的商家之所以在石英表銷售中取得佳績，就是利用了公眾的心理定勢。因為大家都知道手錶怕水，如果其在水裡浸泡還能正常運轉，那麼表的質量一定可靠。

一、什麼是公眾心理定勢

心理定勢也叫心向、定向趨勢或固定模式，是指由一定心理活動所形成的準備狀態，對以後的感知、記憶、思維等心理活動和行為將起正向或反向的推動作用。公眾的心理定勢，是指在一定社會條件下，人與環境相互作用而出現的公眾對某一對象的共同心理狀態與一般的行為傾向。

日常生活中，一個人對某人產生好感，就可能認為他一切都好，也可能對其缺點和錯誤視而不見、聽而不聞；當看到一個笑模樣、胖乎乎的人，就可能認為他是一個厚道、寬容的人，因為人們總認為心寬才能體胖。這些都是人的心理定勢在起作用。這種心理定勢對人的心理活動的影響既有積極的促進作用，也有消極的干擾作用。前者有助於認知思維活動迅速、敏捷而有效地進行；後者則相反，它使創造性思維活動受到限制，難以突破舊框框，或使思維僵化缺乏靈活性，甚至造成認知的歪曲。

公眾的心理定勢不是先天就有的，形成心理定勢的心理因素有兩類：一類是剛剛發生過的感知經驗，這些經驗很快整合為一種心理準備狀態，對隨之而來的知覺活動產生影響，制約著知覺的程度和方向；另一類是在較長時間內起動力作用的一些心理因素，如需要、情緒、價值觀以及已養成的習慣、行為方式和個性傾向等，都可構成某種心理定勢，它將不自覺地，甚至無意識地對人的活動發生影響。

二、公眾心理定勢的分類

在普通心理學中，心理定勢主要是指個體的心理定勢，研究的範圍也主要局限於社會認知方面。實際上，心理定勢不僅僅是個體的心理現象，群體也具有心理定勢；心理定勢不僅表現在社會認知方面，而且還表現在認知、情感、意志、行為等一切方面。公關心理學研究的心理定勢包括以下三類：

（一）個體心理定勢

個體的心理定勢也就是普通心理學中研究的心理定勢。個體的心

理定勢是在具體事件中表現出來的、綜合反應當事人心理素質的心理定勢，其特點是易受暗示、情感性強，理智往往被情感所抑制。常見的個體的心理定勢主要包括首次效應、暈輪效應、經驗效應和移情效應等。

（二）群體心理定勢

所謂群體心理定勢，是指一定範圍內人群積澱深厚、作用廣泛的心理定勢。人數眾多、根深蒂固、作用廣泛是其基本特點。群體的心理定勢具有更大的潛在性、固著性和綜合性，具有更大的社會意義。在群體心理定勢的作用下，一定群體的人就會形成共同的認識傾向、情感傾向和行為傾向。群體的心理定勢主要包括社會印象心理、民族文化心理和地域文化心理。

（三）流行心理定勢

這類心理定勢的特點是在內容上、指向上具有較強的可變性，往往一哄而起、風靡一時或轟動一時，但又很快銷聲匿跡、無影無蹤。時尚、流言、騷亂等都是典型的流行心理定勢的表現，它們都在一定的時間範圍內影響一定範圍的人群。流行心理定勢雖然是一時性的，但「流行」本身卻有其驅動心理活動和行為活動的衝擊力。它在被感染的人群中是一種心理準備狀態，而且會反覆出現，因而它也是一種心理定勢。

三、公眾心理定勢的特性

（一）潛伏性

定勢作為一種內在的心理傾向，它潛伏在公眾心中，是外界環境與公眾行為之間的仲介環節。心理定勢在其表現出來之前是看不見的，它有一個醞釀的過程，只有達到一定的程度之後，在外界因素的刺激下才會突然表現出來。例如，一些較大規模的搶購行為出現之前，我們是看不見這種心理傾向的。

（二）自發性

定勢的自發性也就是不自覺性。定勢是人們對特定情境的適應性反應，是公眾經過相互作用自發產生的，其中公眾的無意識心理佔有重要的地位，起著舉足輕重的作用。在心理定勢形成的過程中，人們一般並未意識到，但當心理定勢形成後就一定會在人們的活動中反應出來。例如，當名牌商品在市場上流行走俏時，很多人都趨之若鶩，願花高價購買，形成一種穿名牌、用名牌的時尚。而這種心理定勢在

形成初期，人們並未意識到它的出現，一旦定勢形成，便開始制約人們的行為。定勢的自發性有時表現為一種盲目性，即在無計劃、無目的、無意識和無準備的狀態下表現出的心理傾向和行為。

（三）動力性

心理定勢一經形成並成為公眾的內在心理傾向之後，便具有某種動力的性質，表現為激發人的行為的一種強烈的主動精神。定勢的這種特性類似於物理學中的「慣性運動」，它讓人們有一種不可遏制地去從事某種活動的內在衝動。例如，當街上流行的某種服裝式樣成為一種時尚時，它就會很快在大眾心目中形成一種定勢，使人們在從眾心理的驅使下去追趕時尚。心理定勢的這種動力性由於帶有一點盲目性，因而有時會導致人們做出非理智的行為，造成不必要的失誤。

（四）穩定性

公眾心理定勢是公眾社會實踐活動的產物，一旦形成以後，就具有一定的穩定性。這種穩定性主要表現在：公眾心理定勢形成以後，在人的心理活動中佔有一定的位置，不會輕易地消失。例如，當大眾形成了對某一名牌產品的心理定勢後，就會對這一產品給予高度的信任，而不會輕易改變態度。

（五）可變性

公眾心理定勢並非是固定不變的，當它受到情境特徵、近期經驗和時代潮流的影響後會發生變化。心理定勢的變化性主要表現為它會受外界環境因素所左右，舊的定勢總是會被新的定勢所取代。心理定勢的穩定性一般都是相對的。在定勢形成之後的一段時間內，它是基本穩定的。但是，當外界環境發生變化之後，公眾的心理定勢也會隨之發生改變，進而形成新的心理定勢。例如，在市場經濟中，公眾對某種商品的搶購、對某種服裝式樣的熱衷就是明證。因此，在進行公關活動時，要注意這一特性，根據其變化規律，制定相應的公關策略。

（六）感染性

感染是人們感情的傳遞與交融。公眾的心理定勢一旦形成，往往會使很多人在情感方面受感染，發生連續反應，從而形成一種無形的力量，使更多的人被捲入其中。例如，有某一消息傳來，大家都感到吃驚，於是許多人不管真假，很快地一傳十、十傳百……心理上的感染性，是公眾心理定勢的一個顯著特點。

（七）整體性

公眾心理定勢，不是由心理過程的某一方面構成的，而是由整個

心理活動過程的諸多因素所組成。這主要包括認識過程的社會知覺因素、思維因素、想像因素；情感過程的理智因素、情緒因素；意志過程的目的性等因素。這些因素的有機結合，就構成了特定的公眾心理定勢。

四、公眾心理定勢與公關

承認公眾心理定勢的存在，並不是說公關傳播只能一味地順從和遷就公眾的價值觀念、道德標準和趣味傾向，一味地遷就其一時的需求和情緒。公關傳播還擔負著改變公眾態度、說服公眾的任務。因此，對公眾心理定勢的迎合和利用只能是戰術性的，其目的是更好地實現與公眾的溝通。

在實際公關活動中，要針對個體心理定勢、群體心理定勢和流行心理定勢的特點，分別採用不同的公關策略與技巧。對於個體的心理定勢應予以理解，並給予相應的溝通渠道和服務，使之採取與公關工作相互合作的行為和態度；對於群體的心理定勢要注意社會輿論的導向、文化氛圍的建設，以影響整體的心理效應；對公眾的流行心理定勢，要針對流行的內容予以充分的預測和估計，同時還要有應變的思想準備和必要的物質準備，以此來滿足公眾追逐流行的需求，進而引導流行趨勢，利於公關目的的實現。

第二節　個體心理定勢

公眾個體心理定勢是個體在長期生活中形成的，通過具體事件表現出來的一種穩固的心理狀態和心理活動方式。公眾個體心理定勢主要表現在以下幾方面：

一、首因效應

首因效應或第一印象，是指首次接觸某一對象而留下深刻的、難以改變的印象，並對以後的認知有著重要的影響。這種印象帶有明顯的非理性特徵，但卻會在事物的認知方面發揮明顯的、甚至是舉足輕重的作用，由此而形成難以逆轉的心理定勢。在社會活動中，首因效應有著先入為主的作用，給人們戴上「有色眼鏡」，使人有意或無意地把以後的印象同第一印象相聯繫，把以後的印象作為第一印象的補

充。第一印象良好，以後的不良印象相對來說就不那麼使人反感；第一印象不良，以後的良好印象也會相形失色，不那麼令人賞心悅目，而要改變這種狀態，需做出很大努力。

S. E. 阿希是最早進行有關首因效應對認知影響的社會心理學家。阿希早在1946年就以大學生為研究對象做過一個實驗。他讓兩組大學生評定對一個人的總的印象。對第一組的大學生，他告之這個人的特點是「聰慧、勤奮、衝動、愛批評人、固執、妒忌」。很顯然，這六個特徵的排列順序是從肯定到否定；對第二組大學生，阿希所用的仍然是這六個特徵，但排列順序正好相反，是從否定到肯定。研究結果發現，大學生對被評價者所形成的印象高度受到特徵呈現順序的影響。先接受了肯定信息的第一組大學生，對被評價者的印象遠遠優於先接受了否定信息的第二組。這意味著，最初印象有著高度的穩定性，後繼信息甚至不能使其發生根本性的改變。

心理學家盧欽斯1957年運用文字描述材料所做的研究，也驗證了首因效應的存在。他用兩段文字材料描繪一個叫吉姆的學生。一段將吉姆描繪成一個友好、外向、樂於交往、快樂的人，說「吉姆去買文具，與兩個朋友一起邊走邊曬太陽。他走進一家文具店，店裡擠滿了人，他一面等待店員招呼，一面與一個熟人談話……」。

另一段文字則將吉姆描述成呆板、害羞和內向的人，說吉姆「放學後，獨自一人離校，在陽光明媚的馬路上，他走在有樹蔭的一邊……」。

陸欽斯的研究發現，只看外向段描述的被試，絕大多數將吉姆看成了友好、外向的人；只看內向段描述的被試，絕大多數將吉姆看成了沉默、內向的人；而當兩個段落一起呈現時，多數被試對於吉姆的印象只是根據先出現的第一段材料，無論將哪段材料放在前面都是如此，第二段材料所產生的影響很小。

對於是什麼引起了首因效應，雖然有一些爭論，但許多實驗研究表明，當我們試圖形成對某人的第一印象時，我們對最先的信息很注意，但卻很少注意那些後來的信息。

由於第一印象難免以偏概全，妨礙人們對於事物的準確感知。所以，公關人員必須認清公眾的這種心理定勢，在第一次與公眾接觸時，就應努力塑造企業和個人的美好形象，避免因工作疏忽而影響公眾對組織和公關人員的感知。比如，對於餐飲業來說，預訂與迎賓服務是顧客與餐飲企業最早發生「接觸」的服務環節，這兩項服務的好壞對

於顧客看待後續服務起著重要作用。在預訂服務中，店客雙方雖然往往採用電話、網絡等間接接觸方式，但卻要求預訂服務人員不僅要具備全面、熟練的業務知識，以滿足客人信息諮詢的需求，同時還要有認真、敬業的態度，確保預訂資訊的準確性、及時性，並注意在接聽電話、發送電子郵件時的禮貌，給客戶留下良好印象。迎賓引座是顧客與服務人員發生直接接觸的首個環節，應安排領班或經驗豐富的迎賓人員擔當其事。對於初次光臨的客人，迎賓員應立即趨前以懇切誠摯的態度去接觸，消除客人的陌生感，使其感到自己受到了尊重與歡迎。但是，在公關活動中，我們還應該認識到良好的第一印象並不能一直保留下來，必須有與之相應的一系列的服務措施，來強化和維護給公眾留下的良好的第一印象。有的產品在剛面市的時候，非常注重產品質量和服務質量，給公眾留下了良好的第一印象。然而當它在公眾心目中占據一定地位後，卻開始忽視產品質量，這就無疑損害了公眾的利益，最終無法避免被市場淘汰的命運。許多名牌產品的衰落就是最具說服力的證據。

二、近因效應

近因效應指某一對象的最近的印象對人的認知的重要影響。印象形成中的近因效應，最早是由盧欽斯1957年在《降低第一印象影響的實驗嘗試》一文中提出的。在該文中，他以另一種方式重複了前面提到的那個經典實驗。具體的做法是：在讓被試閱讀有關吉姆性格的兩段描寫文字之間，有一時間間隔。即先閱讀一段後，讓被試做數學題或聽歷史故事，再讀第二段。實驗結果與前述實驗正好相反，這時對被試進行的吉姆性格的評價起決定作用的已不是先閱讀的那段材料，而恰恰是後閱讀的那段材料。

在社會知覺中既存在首因效應，又存在近因效應，那麼，如何解釋這一似乎矛盾的現象呢？換言之，究竟在何種情況下首因效應起作用，何種情況下近因效應起作用呢？

社會心理學家對此進行了多種解釋。具體說來有這樣幾種看法：①盧欽斯認為，在關於某人的兩種信息連續被人感知時，人們總傾向於相信前一種信息，並對其印象較深，即此時起作用的是首因效應；而在關於某人的兩種信息相隔一段時間被人感知時，起作用的則是近因效應。②也有人指出，認知者在與陌生人交往時，首因效應起較大作用，而認知者與熟人交往時，近因效應則起較大作用。③懷斯納則

認為，首因效應和近因效應究竟何者起作用，取決於認知主體的價值選擇和價值評價。他在 1960 年的一項實驗中，使用了兩套刺激語做實驗，一套是前述阿希實驗的 7 種人格修飾語，另一套是測驗被試的選擇能力和比較能力的測驗表。讓被試對兩套刺激語進行評價，然後計算被試對人物人格修飾語的評價值和每對測驗表中各項內容的評價值之間的關係。結果發現，被試對人物性格特點的評價取決於對測驗表各項內容的評價，即被試究竟喜歡哪一種人格特點取決於他們的價值觀念。

在公關活動中，應充分重視近因效應。當給人的第一印象不好時，並不是不可救藥，只要不斷努力，以誠相待，仍然可以扭轉局面；當給人的第一印象很好時，也不要沾沾自喜，因為任何有損公眾的行為都會讓以前的公關宣傳前功盡棄。

三、暈輪效應

暈輪效應又稱光環效應，它是指當認知者對認知對象的某種特徵形成好或壞的印象之後，人們還傾向於據此推論其他方面的特徵。這就像刮風天氣之前月亮周圍的大圓環（即月暈或稱暈輪）是月亮光的擴大化或泛化一樣，故稱之為「暈輪效應」。

較早對暈輪效應進行實驗研究的是著名社會心理學家凱利。在 1950 年做的一次實驗中，他告訴學生，教經濟學的教授有事要做，故暫請一位研究生代課。他對兩組學生介紹說，該研究生是個既好學又有教學經驗和判斷能力的人，並對其中一組學生說，此人為人熱情，又對另一組學生說，此人比較冷漠。介紹了代課的研究生的情況之後，凱利讓這位代課的研究生在兩個組分別主持了一次 20 分鐘的課堂討論，然後，再讓學生陳述對他的印象。實驗結果發現：①兩個組的學生對代課教師的印象大相徑庭：一組認為老師有同情心、體貼人、有社會能力、富有幽默感等；另一組卻認為老師嚴厲、武斷。這表明，兩個組的學生對老師的印象都夾有自己的推斷成分在內，或由熱情的特點推斷出一系列優點，或由冷漠的特點推出一系列缺點。②兩個組的學生對老師的印象進一步影響到他們的發言行為：印象好的那組積極發言者達 56%，而印象差的那組積極發言者只有 32%。

許多社會心理學家都對暈輪效應的存在及一般規律進行過許多有趣的研究。蘇聯學者博達列夫在一次實驗中，曾向兩組大學生分別出示同一個人的照片。在出示照片前，實驗者向第一組被試說，照片上

的人是一個惡貫滿盈的罪犯；而向第二組被試說，此人是一個大科學家。然後讓兩組被試對照片上的人進行描述。第一組的評價是：深陷的眼窩，證明了他內心的仇恨；突出的下巴，意味著他將沿罪惡道路走到底的決心。第二組的評價則是：深陷的雙眼，表示了他的思想深度；突出的下巴，體現了他在認知道路上克服困難的意志力。博達列夫的研究證實，人們在日常生活中常常有根據一個人的面容來推斷其心理特徵的傾向（參見安德烈耶娃. 社會心理學［M］. 天津：南開大學出版社，1984：130.）。

暈輪效應實際上就是個人主觀推斷的泛化、擴張和定型的結果。在對人的認知中，由於暈輪效應，一個人的優點一旦變為光環被誇大，其缺點也就隱退到光環背後被遮擋住了。

暈輪效應是一種以偏概全的主觀心理臆測，其錯誤在於：第一，它容易抓住事物的個別特徵，習慣性地以個別推及一般，就像盲人摸象一樣，以點代面；第二，它把並無內在聯繫的一些個性或外貌特徵聯繫在一起，斷言有這種特徵必然會有另一種特徵；第三，它說好就全都肯定，說壞就全部否定，這是一種受主觀偏見支配的絕對化傾向。

補充材料6-1：

百圓褲業：服務激發暈輪效應

百圓褲業有限公司從1995年起步。1998年走上特許經營之路，歷經八年時間，時至今日，已擁有了六百多家特許加盟店，發展速度逐年遞增，銷售收入連續兩年突破億元大關。

百圓褲業的服務對象是大眾消費者，多年來之所以能站穩腳跟並飛速發展，服務起到了關鍵性的作用。在百圓褲業全國六百多家專賣店裡，步入任何一家店堂，牆上都有這樣一句溫馨的話：「在百圓褲業，您購買時只需要試試褲子，然後喝點水，休息一下，其餘的事讓我們來做。」公司創立伊始就率先提出了「無障礙退換貨、終身免費熨燙、撩邊」的服務項目和服務理念。多年來，百圓褲業是這樣承諾的，也是這樣去做的。曾經在河南就發生過這樣的一件事情：百圓褲業河南新鄭分店開業當天，有一位大娘拿著10條褲子進了店，她小心翼翼地問道：「我的褲子不是在這裡買的，可以給我免費撩邊、熨燙嗎？」店員熱情地接過褲子，微笑著說：「大娘，不管您是在哪裡買的褲子，都可以在本店免費熨燙、撩邊，您坐在這裡喝點水，休息一下，我們馬上就開始做。」店員麻利地撩好邊並將褲子熨燙好、包裝後交

到大娘手裡，大娘握住店員的手不放，激動地說：「你們的服務真是沒得說！」從這以後，這位大娘成了百圓褲業忠實的消費者，而且還帶動了她周圍相當多的人成了忠實消費者，這就是暈輪效應的典型案例。百圓褲業的服務是讓顧客產生暈輪效應的核心力量，百圓褲業依託良好的口碑，擁有眾多忠實的消費者。

暈輪效應是由於對事物的部分特徵印象深刻，這部分印象就會泛化為全部印象，所以帶有強烈的主觀色彩，常常是一葉障目，只見樹木不見森林。因此在公關活動中，公關主體應該充分注意重視這種效應，一方面要從小處著手，給公眾以深刻的、美好的印象，然後利用暈輪效應達到公關的目的和要求；另一方面，要避免因為自身某方面的缺點導致對整個組織的消極影響。

四、權威效應

美國心理學家曾經做過一個實驗：在給某大學心理學系的學生們講課時，向學生介紹一位從外校請來的德語教師，說這位德語教師是從德國來的著名化學家。試驗中這位「化學家」煞有介事拿出了一個裝有蒸餾水的瓶子，說這是他新發現的一種化學物質，有些氣味，請在座的學生聞到氣味時就舉手，結果多數學生都舉起了手。對於本來沒有氣味的蒸餾水，為什麼多數學生都認為有氣味而舉手呢？

這是因為有一種普遍存在的社會心理現象——權威效應。所謂權威效應，就是指說話的人如果地位高，有威信，受人敬重，則所說的話容易引起別人重視，並相信其正確性，即「人微言輕、人貴言重」。在現實生活中，利用「權威效應」的例子很多，做廣告時請權威人物讚譽某種產品，在辯論說理時引用權威人物的話作為論據等。

權威效應的普遍存在，首先是由於人們有「安全心理」，即人們總認為權威人物往往是正確的楷模，服從他們會使自己具備安全感，增加不會出錯的「保險系數」；其次是由於人們有「讚許心理」，即人們總認為權威人物的要求往往和社會規範一致，按照權威人物的要求去做，會得到各方面的讚許和獎勵。

在公關活動中，利用權威效應，能夠達到引導或改變對方的態度和行為的目的。如派克公司的一則廣告，在這方面對我們頗具啓發意義。廣告是三張著名的照片：其一，美國艾森豪威爾將軍滿面笑容地手持「派克」金筆，這是他作為戰勝國的代表正用派克筆簽字的鏡頭。時間：1945年5月7日，德國法西斯戰敗投降；地點：德國。其

二，美國麥克阿瑟將軍正用「派克51型」筆在日本投降書上簽字，眾將環立其後，麥克阿瑟神情嚴肅。時間：1945年9月2日；地點：密蘇里號戰艦甲板上。其三，美國副國務卿克里斯多夫在簽署文件：伊朗釋放52名美國人質。他用的也是派克筆。刊登這三張照片，兩頁廣告文字，用通欄大標題：The pen is mightier than sword and some pens are mightier than others。在這些英文表述中，前面的the pen有「文治」之意（原意為「筆」，所以也可以一語雙關地暗喻為派克筆），意為文明擊敗黷武，文字力量勝過刀劍。後面「有些筆」指的是派克筆。全文為「文治強於武攻，有些筆比其他筆更強些」，就把這些具有歷史意義的照片、著名人物與現時的派克筆廣告巧妙地聯繫在一起，而廣告詞又如此含蓄、深刻，整個作品頗具歷史感，使人產生聯想，因此具有較強的宣傳效果。

補充材料6－2：

　　從2003年年初開始，統一潤滑油的「品牌突圍」策略開始執行，在行業內第一個投放電視廣告，並投放在中央電視臺黃金時段。2003年春天，伊拉克戰爭爆發，統一又迅速行動起來，「多一些潤滑，少一些摩擦」的廣告語一時廣為流傳，品牌與市場效果直線上升。統一潤滑油，在2006年度央視黃金資源的廣告招標中，共中標1.098,4億元，占預計銷售額的2.5%～3.5%，比2005年4%的占比略有下降，但是廣告投入的絕對數額比去年增加不少。

　　統一潤滑油為什麼要增加這麼多的投入在中央電視臺的廣告上？總經理李嘉在招標結束後，回顧2005年的廣告效益時算了一筆帳：比2004年增加47%的銷售額！記得投放「多一些潤滑，少一些摩擦」廣告的2003年，當年的銷量額同比增長90%，全國經銷商數量同比增加37%，盲點市場同比降低18%，高端產品增長150%，並進而帶動另兩大企業崑崙和長城參與潤滑油市場的廣告角逐，使潤滑油市場火了起來，統一的做法可謂功不可沒。

　　嘗到甜頭的統一在央視的廣告投入逐年增加。從統一潤滑油在廣告投入上的逐年攀升便可看出，總經理李嘉對央視的情感依然很深。他坦言：「在樹立品牌形象和企業地位方面，中央電視臺具有省級衛視和其他地方臺所無法取代的權威作用。通過在央視投放廣告，統一確立了企業產品的高端定位，經過兩年的投放，統一的低端產品比例從40%以上下降到目前的5%。在央視投放廣告，對於企業的全國性

招商、維護股東關係、區域品牌開拓全國市場等方面，仍然有著不可替代的優勢。」

五、移情效應

案例：

江蘇省無錫太湖針織制衣總廠，是一家鄉鎮企業，經過近十年的努力，他們生產的「紅豆牌」針織衣暢銷日本、歐美、中東、東南亞及中國港澳臺地區。1991年他們的銷售額已突破億元大關。有人向他們請教成功的奧秘何在，他們竟首推那小小的「紅豆牌」商標。

這商標取自唐代大詩人王維的名作：「紅豆生南國，春來發幾枝，願君多採擷，此物最相思。」「紅豆」，這名取得好，頗有文化寓意！它能勾起人們的相思之情。年輕的朋友願用它饋贈情侶，表達愛慕之意；海外華人更樂意於欣然解囊，寄托思鄉之情；對中國古文化十分向往的日本人，由於熟悉王維的這一絕句而愛屋及烏，對之格外青睞……試想，這「紅豆衫」能不走俏嗎？

愛屋及烏也就是心理學上所說的移情效應。

移情效應是指把對某一對象的情感遷移到與該對象相關的人或事物上來的心理現象。移情效應由三個方面的內容組成：人情相移效應，是指以人為情感對象而遷移到相關事物的效應；物情相移效應，是指以物為情感對象而遷移到相關事物的效應；事情相移效應，是指以某一事件為感情對象而遷移到相關事物的效應。

生活中，許多廠家請名人做廣告、請名人做形象代言人等，就是想利用移情效應。例如，2006年3月在成都舉行的一年一度春季全國糖酒交易會上，紫林醋業斥資數百萬元與國內知名影星徐帆簽約，並請徐帆現身糖酒商品交易展廳為其產品助陣。廠家利用移情效應，就是投公眾所好，請公眾所喜歡的明星來代言某個產品，使得那些因喜歡這個明星的人而喜歡他們的產品。所以，現在的廠家寧願花很多錢請那些受到大家喜歡的明星來打廣告就是這個原因。

移情效應的效果如何與合適的代言人有很大的關係。選擇代言人有五大參考要素：其一，明星要有與品牌相稱的知名度，如全國性品牌選擇的代言明星一般是在全國有影響力的明星，體育產品選擇的代言明星一般是體育明星；其二，明星的個人特質要與品牌特質相稱，

如商務通選擇濮存昕；其三，明星不能有代言過與品牌有衝突的其他產品，如企業不應選擇一個代言過其競爭對手產品的明星代言；其四，明星形象要正面，不能有負面報導，一個人氣大部分來自緋聞和負面報導的明星，企業應該敬而遠之；其五，明星應具有發展的潛力，企業要選擇那些具有發展潛力的名人。

補充材料 6-3：

新飛簽約黃磊，傳遞品牌新內涵

從《媽媽咪呀》到《爸爸去哪兒》，再到《非誠勿擾》嘉賓，影星黃磊的「居家必備」暖男形象風靡全國。對於一直致力於冰箱技術升級改造的新飛電器來說，溫暖、可靠是最突出的品牌個性。新飛可以說是家電行業的「暖男」——不張揚，不浮誇，穩健務實，給予消費者最貼心的呵護。

談及簽約黃磊，新飛電器相關負責人說，「在《爸爸去哪兒》中，擁有一手好廚藝的黃磊，在家庭中的角色就是一把撐起全家的保護傘，贏得了超高人氣，從而成為公認的國民暖男。新飛電器也正是發現了這一契合點力邀黃磊作為新飛品牌代言人。」

黃磊「暖心、貼心、安心」的暖男特質，正是新飛「專業、體貼、可靠」的品牌個性的解碼與對標。事實上，簽約暖男，新飛傳遞的不僅僅是產品的「暖心」特徵，更重要的是新飛品牌對消費者生活方式上的溫暖。

同時在公關活動中，利用移情效應也要講道德、講效果。在諸如減肥、美容、保健等產品的電視廣告片中，從來都不乏明星面孔，有的產品甚至花大價錢請來多位港臺和內地明星大腕談自己的使用效果和感激之情。但名人的誇大其詞、不負責任，不僅損壞了自身的形象，也讓公關活動的效果大打折扣。

六、經驗效應

經驗效應指個體憑藉以往的經驗進行認識、判斷、決策、行動的心理活動方式。經驗效應產生的心理基礎是人們認識的連續性和心理慣性。人們總是基於現有的認識、經驗來對外界做出反應，將以往的經驗、經歷是當前思考和行動的基礎。這些經驗和經歷就不可避免地被帶入新的認識過程中，從而導致經驗的產生。

在認識一些不太熟悉的人或事時，由於其給予的信息較少，缺乏

必要的線索，人們就可根據經驗來對之進行推理和歸類，從而迅速做出反應判斷。例如，人們購物總是選擇大型超市或大商場，認為質量可靠、價格公道、品種齊全；到醫院看病總是找老醫生，在這種時候，經驗是一筆財富。然而很多時候，經驗也是一種包袱，尤其是不顧時間、地點套用經驗，會導致一些失誤。如有的人信任大品牌，殊不知，個別的大品牌也有劣貨、次貨、假貨等，價格也不一定公道；包裝好的商品不一定就好。因此，消費者既不要迷信經驗，也不要一概否認經驗。

由於經驗效應的廣泛存在，因而在公關活動中注重經驗效應是十分重要的。它有對公關有利的一面，也有不利的一面，最重要的是要認真地調查研究，客觀地把握公眾對公關活動、對本組織等有關方面的看法，並有針對性地開展公關工作。一方面，如果公眾對本企業、本組織有好感，持信任態度，則可充分利用這種先前的認識、經驗來鞏固自己組織在公眾中的良好形象。另一方面，如果印象不佳，或持有某種不良評價、消極影響，則應設法改變公眾的經驗模式。組織應該用危機性公關手段重塑形象，如在公益性公關活動中淡化、隱去商業成分；強調本公關活動與其他組織的公關活動或本組織先前的公關活動的不同之處；突出本組織目前的發展態勢和良好信譽。因此，要達到公共關係活動的預期目的，不僅要有良好的主觀願望，還應重視分析公眾的經驗效應。

第三節　群體心理定勢

群體心理定勢一般反應不同地區、不同民族、不同國家由於文化背景不同而產生的不同習慣心理和思維認知模式。主要包括以下幾方面：

一、社會刻板印象

(一) 什麼是社會刻板印象

社會刻板印象就是指人們對某社會群體或事物所形成的一種共同的、概括的、固定的看法。一般說來，生活在同一地域或同一社會文化背景中的人，總會表現出許多心理與行為方面的相似性。如同一民族和國家的人有大致相同的風俗習慣、性格特徵和行為方式；職業、

年齡、性別、傾向、信仰一樣的人，在思想、觀念、態度和行為等方面也較為接近。這些相似的人格特點被概括地反應到人們的認知當中，並被固定化，便產生了社會刻板印象。

人們的社會刻板印象一般是經過兩條途徑形成的：其一是直接與某些人或某個群體接觸，然後將某些人格特點加以概括化和固定化；其二是依據間接的資料形成的，即通過他人的介紹、大眾傳播媒介的描述而獲得的。在現實生活中，大多數社會刻板印象是通過後一條途徑形成的。

(二) 社會刻板印象的特性

1. 社會刻板印象的類別性

社會刻板印象不是對某一個人或某一事物的印象，而是對某類人或某類事物的印象。各類人或各類事物，總有自己共同的特性，認識這種特性不僅有助於區別某類別的事物與其他類別的事物，而且有助於迅速認識這一類型中的個體。

2. 社會刻板印象的共識性

社會刻板印象不是個人特有的看法和印象，它是一部分成員的共識。這種共識雖然也會不可避免地發生錯誤，但它相對於個人的觀點來說，正確的概率要大得多。個人雖可以發表自己的見解，但卻不能強制他人接受自己的觀點。一般而言，個人在多數情況下，也只能按照多數人的看法行事。

3. 社會刻板印象的依據性

不論是什麼樣的社會刻板印象，多少都有一定的依據，這種依據有的是親身體驗的，有的是通過傳媒獲得的。儘管這種依據中也有虛假的成分，但畢竟不是無中生有的。

4. 社會刻板印象的呆板性

社會刻板印象是固定而籠統的看法，是呆板而沒有變通的印象（儘管在事實上它往往是評價同類個體現象的依據），所以有著很大的局限性。

性別角色刻板印象是社會生活中為人們廣泛接受的對男性和女性的固定看法。比如，人們普遍認為男性是有抱負的、有獨立精神的、富有競爭力的，而女性則是依賴性強的、溫柔的、軟弱的。1968年，美國心理學家羅森克蘭茲等人發現，即使是那些自詡為思想民主的男女大學生也都認為男女之間存在而且應該存在心理差異。他們對男性和女性分別賦予了不同的期望特徵，見表6-1。

表 6－1　　男女大學生對兩性角色賦予了不同的期望特徵

男性特徵	女性特徵
攻擊性強　善於經營	喜歡聊天
獨立性強　直率	做事得體、分寸感強
情緒穩定　諳於事理	賢淑溫柔
客觀性強　感情不易受打擊	敏感
不易受外界影響　冒險精神強	虔誠篤信
支配感強　果敢	陶醉於自己的容貌
愛好數學和科學　從不哭哭鬧鬧	居室整潔
臨危不懼　往往以領導者自居	文靜
競爭力強　能夠區分理智與情感	有強烈的安全需要
邏輯性強　抱負宏大	欣賞藝術和文學
無依賴感　不因相貌而自負或自卑	善於表達、脈脈溫情

（資料來源：海登，羅森伯格．婦女心理學［M］．昆明：雲南人民出版社，1984：127．）

5. 社會刻板印象的共通性

（1）一個人的類別特徵越明顯，與此類別相聯繫的刻板印象越易浮現在腦海中。如一個女人的長相越甜美，穿著越女性化，人們越容易認為她是具有女性特徵的人。

（2）對待匿名的、可互換的群體成員易用刻板印象知覺他們，從而忽略了個人獨有的特徵。

（3）當時間緊迫，需快速對他人做出判斷時，易使用刻板印象。

（4）當獲得的信息很複雜，不易加工分析時易使用刻板印象。

（5）當人們處於極端的情緒狀態時易使用刻板印象。

（6）當人們意識到對個體的判斷重要，人們也許會進一步收集有關個體的信息，而不是只用有關群體的刻板印象來認識個體。

（三）社會刻板印象與公關

社會刻板印象對人們的社會認知會產生積極和消極兩方面的影響。從積極方面來看，刻板印象本身包含了一定的合理的、真實的成分，或多或少反應了認知對象的若干實際狀況，因此，刻板印象有助於簡化人們的認識過程，為人們迅速適應社會生活環境提供一定的便利。從消極方面來看，由於刻板印象一經形成便具有較強的穩定性，很難隨現實的變化而發生變化，因此，它往往會阻礙人們接受新事物。

既然社會刻板印象對社會認知有積極與消極兩方面的影響，所以在公關活動中要充分重視社會刻板印象。一方面要利用刻板印象作為我們認識客觀事物的手段和工具，順應人們的認識規律；另一方面，

要看到刻板印象的消極作用，避免由此產生的不利影響。通過深入地、長期地、一對一地與公眾進行交往，這樣既可以克服對公眾群體的刻板印象，同時還可以改變公眾對組織的刻板印象，從而更有利於組織與公眾的正常交往與溝通，實現公關目的。

二、區域文化心理

案例：

可口可樂公司這幾年在企業形象上，通過公關活動與廣告互相配合，做出了真正的本土化的品牌運作：2002年公司在中國市場推出泥娃娃「阿福」的新形象。阿福邀請小朋友們一起剪紙、喝可樂，伴著「龍騰吉祥到，馬躍歡樂多」的對聯展開共迎新春。之後，可口可樂一直沿用阿福的形象，2003年推出「剪紙篇」，2004年推出「滑雪篇」，2005年則推出「金雞舞新春」篇，讓濃濃的中國味和「阿福」的形象深深地刻在了中國消費者心中。

可口可樂在全球第一個提出「Think local，Act local」的本土化思想，並在世界各地真正走上了有特色的本土化之路。春節是中國人最重視的節日與風俗，如果能夠融入這一中國的傳統文化，不僅可以在春節期間使飲料的銷售量大增，更是實施品牌本土化的一個絕好契機。所以，可口可樂決定淡化可口可樂的美國情結和美國式的溝通方式，更關注如何適應中國的傳統文化。通過調查發現，身穿紅色小肚兜、頭上有一小撮頭髮的小阿福形象是消費者喜愛和最受歡迎的農曆新年吉祥物之一，完全符合可口可樂的「Think local，Act local」戰略。於是，可口可樂在2002年至2005年春節，連續四年結合中國幾千年以來形成的民俗風情和民族習性，分別推出了小阿福、小阿嬌拜年系列品牌活動——這些具有強烈中國民族色彩的公關活動與廣告把可口可樂與中國傳統春節中的民俗文化元素（如鞭炮、春聯、十二生肖等）結合起來，以層層遞進的主題公關與促銷活動，傳遞了中國人傳統的價值觀念——新春如意，合家團聚，實現了國際化與本土民俗的完美結合。

在此案例中，可口可樂正是利用了區域文化心理，達到了公關目的。

（一）什麼是區域文化心理

在不同的區域，由於自然情況不同，政治、經濟、歷史等情況不同，因而形成不同的區域文化。這種區域文化反應在人們的心理活動中，就是區域文化心理。研究區域文化心理，有助於組織在改革開放

的條件下更廣泛、更有效地與不同國家、不同地區的人民進行交往。

曾經有一家美國公司為了表示對環境的關注和友好，作為形象宣傳，將綠色棒球帽作為禮品分發給消費者，這一做法在美國促銷時頗有成效。但這家公司以同樣的方式在臺灣促銷時，卻遭遇了失敗。因為對中國人來說，帶綠色的帽子意味著妻子對丈夫的不忠。所以，對不同區域文化的禁忌保持足夠的敏感性並相應地調整廣告策略，對區域營銷至關重要。

補充材料 6-4：

中國西部的帕米爾高原矗立於歐亞大陸的中心，向四面八方輻射出多座山脈像拱起的脊梁，支撐著這塊地球上最大的陸地。中國西部較為顯著的特徵就是高原和山地眾多，且大都處於干旱、半干旱或荒漠、半荒漠的自然狀態中，屬於典型的「高地」環境。西部有著綿延的待開發的荒原地帶，它們以一種幾乎是原始的、亙古不變的姿態感受著大自然的暴烈、粗獷與雄奇。惡劣的生態和艱難的生存條件，對人的精神系統又構成一種「另類」的營養，世世代代在險惡的自然環境和災害中搏鬥，使西部人在多舛的命運中鍛造了堅韌的性格。這種性格，有時表現為含蓄內斂，有時表現為達觀自信，且都閃射出凝重的憂患意識的光彩，它促使西部人確認自己的社會責任。個人力量在大自然面前顯出的微不足道，使群體力量成為維持生存的支柱，使人們互助互愛的需求更為迫切，內向的團隊凝聚精神成為傳統。

與大自然更密切更深刻的直接交流，又使西部人對大自然的各種精神內涵有著更強的領悟和感應能力。大自然對人精神上的直接啟迪，又鑄就了西部社會心理的純潔質樸，以致多情重義、古道熱腸、坦誠率真，倫理重於功利、道德超越歷史，成為西部文化心理的一大特色。凡此種種，也養成了西部人濃重的社區意識、地域意識和宗教法律意識。這種心理意識使西部人的觀念文化和自然經濟、農耕文化相適應，促成了西部人安分知足、注重經驗、依戀權威、重土思家、怕冒風險等觀念特質。這種心理意識和觀念文化在計劃經濟的條件下，曾得以充分地張揚，但在當下現代化的經濟大潮中則顯得相去甚遠。西部很多地區的經濟活動至今還主要依賴於農業，農民對土地的依附感格外強烈，農耕文化的延續力和生命力更強。

〔資料來源：趙學勇，王貴祿．地域文化與西部小說〔J〕．陝西師範大學學報：哲學社會科學版，2007（9）．〕

（二）區域文化心理的特性
1. 區域文化心理的潛在性
區域文化心理是某一區域文化環境長期對人發生作用的結果。由於它形成的漸進性及其內在的累積性，所以使得區域文化心理對人的行為不具有顯著的導向作用，但它卻以潛在的方式，對人發生持久的作用。
2. 區域文化心理的穩定性
區域文化心理一旦形成，就會不自覺地、固執地影響著人們的以後的心理和行為。比如人們眷戀故土的區域文化心理，就是中國傳統區域文化的積澱，不論家有多窮，總是捨不得遠離家鄉。正如俗話所說：「金窩，銀窩，不如自己的土窩」。
3. 區域文化心理的綜合性
區域文化心理的形成，不是一兩種因素作用的結果，而是多種因素綜合作用的結果。這既包括大的環境因素，如政治、經濟、文化等因素，也包括小的環境因素，如風俗習慣、語言習慣等。因此，區域文化心理是某一區域綜合因素的折射，對這一區域人們的行為起著無形的影響作用。比如，Golden lion 領帶最初在香港上市的時候，取了一個中文名字「金獅」，儘管廣告投入很多，但營銷效果卻很糟糕。營銷者一開始百思不得其解，在一次偶然的考察活動中，他們發現粵語中「金獅」讀起來不是非常吉利，而香港人是特別講究「吉利」的，比如特別喜歡數字「8」等。經過一番市場調研之後，最終 Golden lion 把中文名稱改成了「金利來」，意味著黃金和利潤滾滾而來，因此在香港市場的銷售立刻火了起來。
4. 區域文化心理的可變性
隨著現代社會的發展與交往，區域文化心理又具有強烈的可變性，中國許多的春節習俗，如煮臘八粥、掃塵送竈、置辦年貨、書貼春聯、剪貼窗花、張貼年畫、敬祭祖先、吃年夜飯、除夕守歲、燃放爆竹、送壓歲錢、新春賀年、送窮迎富、元宵燈會等民俗文化活動，現在的很多年輕人不太知道。2005 年年初，年俗專家陳竟教授曾在某城市發起舉辦「2005 年華夏年俗文化活動月」，邀請一些酒店參與舉辦「送竈節」活動，有位專做中餐的大酒店的年輕經理竟問道：「送哪個姓趙的？」還有一個專做中餐飲食生意的老闆也不知「竈王爺」，這實在是笑話。又如，南京有家媒體曾報導有位教育工作者問十多歲的小孩子：春節有什麼習俗？絕大多數孩子回答不出。這些事例都充分說明

了區域文化心理具有一定的可變性。

(三) 區域文化心理與公關

以區域文化心理因為它的潛在性、穩定性、綜合性，就決定了它會不自覺地、固執地影響著人們的心理和行為，這就要求組織在進行公關活動時，一方面不能忽視地域文化心理，要入鄉隨俗、入鄉問俗。隨著國內經濟的飛速發展，在大力提倡與國際接軌的今天，在國內產品衝擊全球市場的大潮中，不時出現讓人頓足的「意外事故」。如中國的「藍天」牌牙膏出口到美國，其譯名「Blue Sky」，含義為「企業收不回來的債券」，銷售就無疑成了問題。還有「紫羅蘭」男襯衣，「紫羅蘭」英語俗指「沒有陽剛氣的男子」，作為男士襯衣自然不會受到歡迎。

另一方面，組織要根據地域文化的特點有的放矢地開展公關活動。如東風雪鐵龍為了深入挖掘現有產品的內在品質和優勢，結合中國的「龍」文化心理，組織了一系列與「龍」有關的活動：「龍行天下」富康體驗之旅、「龍騰天下」愛麗舍中華民居行和「龍騰天下」夢想之旅等活動。通過創新的營銷推廣方式，讓消費者深入體驗產品內在的優秀品質，更好地瞭解了東風雪鐵龍的品牌文化和優勢。

三、民族文化心理

案例：

民族文化心理往往制約人們的消費觀念，同時也影響著一個廣告的成功與否。越是民族的就越是世界的，也就越是有生命力的。例如，在長虹系列產品中，有一款電視系列稱「紅太陽一族」，將紅太陽作為產品的名稱既有文學色彩更有民族親情。長虹一句廣告語「太陽最紅、長虹最新」暗示太陽每天都是新的，長虹人孜孜以求，充滿生機和活力；同時，表達了長虹人在競爭中進取，創造中國人的世界名牌的願望。「長虹產業報國、以民族昌盛為己任」這一充滿分量的廣告詞，既表達了長虹人對消費者的充分信任，同時又表達了自己對於承擔責任，挑起振興民族經濟重擔的信心。又如，長虹還有一款電視機叫「紅雙喜」，同樣表達了民族化的親和力，充分考慮國內消費者喜歡吉祥、吉慶、紅紅火火的心理。只要觀眾打開電視，屏幕上立即就顯示出四個紅燈籠：「福」「祿」「壽」「喜」，還展現出「福如東海」「壽比南山」「恭賀新禧」襯以柔和雅致的藍背景，突出喜慶色調，給

人以開機見喜、處處見喜的新感受。「福祿壽喜」這四個字可以說是中華民族特有的心理及人們的普遍追求,而火一樣的紅色則象徵熱情奔放、象徵長虹對國家人民的忠誠,把摯愛灑向人間。

在廣告創意中,如果能夠把民族文化心理與產品特徵有機地結合起來,就可以喚起和強化公眾的愛國之情與民族美德,誘發其產生購買動機。

(一) 什麼是民族文化心理

民族文化心理是指某一民族表現在共同文化上的共同心理傾向。世界上各個民族都有自己的歷史進程、社會形態、居住地域(地理環境),也都創造出了各自的物質文化與精神文化。各個民族的物質文化和精神文化都各有其特點。例如,東方的信仰和西方的信仰不一樣;中國的傳統建築與歐洲、拉美等地的建築也不一樣,至於各個民族的語言文字的差別,文學藝術風格的不同,那就更顯著了。每個民族的成員,都免不了要經常看到、聽到、接觸到這些客觀存在的特點。因此,這些特點必然要反應到人們的思想感情中,從而逐漸形成民族文化心理。

民族文化心理主要包括民族意識、民族感情和民族習慣。民族意識是對本民族及其民族文化特點的認同,它是民族文化心理的基礎;民族感情是對本民族及其民族文化特點的一種熱愛和依戀,它是民族凝聚力的核心,是在民族意識的基礎上產生的;民族習慣是民族文化傳統的延伸,是在民族意識與民族感情基礎上形成的一種穩定的生活方式,是民族心理的直接表現,它和民族語言等一起構成民族文化的特色。民族文化心理的三個組成部分是相互貫通、缺一不可的,其中民族習慣最具有代表性。民族習慣被同化,意味著民族特有的文化心理的喪失,所以每個民族總是極力地維護本民族的習慣。而我們常說的尊重各民族主要是尊重其習慣。由此可見,民族心理就是一個民族的社會經濟、歷史發展、生產與生活方式以及地理環境的特點在該民族精神面貌上的反應,是一種客觀存在的精神狀態。它通過社會文化、精神生活的各個方面來表現出一個民族的愛好、興趣、傳統、氣質、性格和能力等特徵。

(二) 民族文化心理與公關

民族文化心理是群體心理定勢中最敏感、最強大的一種心理定勢。這就決定了組織在開展公關活動時,首先要瞭解公眾的民族文化心理,並在把握其性質的基礎上,予以充分的理解和尊重,提供相應的服務,

這也是實現與公眾溝通的有效手段。如果侵犯和傷害了民族文化和民族情感，公關活動就會以失敗而告終。

當然，公關活動在努力追尋民族特色的同時，還要與當今的社會生產、現代科技、精神風貌、生活方式、價值觀念巧妙地融為一體，依據社會思想、觀念變革所引起的心理、價值取向的變化，不斷充實豐富公共關係的內容，美化其形式，從而增強與擴大組織形象的吸引力和影響力。

補充材料 6-5：

傳統中國文化因深受儒家思想中「禮」的影響，在抒發情感上，包括對愛情均比較內斂含蓄。中國式的「浪漫」不似西方激情澎湃、蕩氣回腸，中國人喜歡愛情、婚姻的大團圓結局，更注重細水長流般淡泊雋永的情感。這或許就是「百年潤發」這則具有中國特色的經典廣告如此震撼人心的奧秘吧！畫面中：在火車站這樣一個演繹聚散離合之地，失散多年的戀人不期而遇，相視無言中響起悠長的京劇曲調：「相愛永不渝，忘不了你」……他們的愛表現出東方人的溫情含蓄和忠貞不渝。

廣告以世紀末特有的懷舊思緒為主調，將廣告的商業性與中國傳統文化完美結合，在瞬間便引起了多數人的心理認同。

第四節　流行心理定勢

案例：

2005年4月中旬，湖南衛視「先下手為強」，搶先拿下了《大長今》的內地播映權和音像版權，更何況是獨家的播映權和音像版權。隨後湖南衛視緊鑼密鼓地開始進行廣告招商、專心炒作，以吸引商家和觀眾。在此過程中，它成功借助「超女」的人氣提升了觀眾對《大長今》的期待。而在電視劇播到一半的時候，又通過不停地透露信息、組織活動、邀請演員「韓尚宮」——梁美京到長沙舉辦影迷見面會等形式，有效地提升了長時段電視劇的吸引力，被拖沓、冗長的電視劇弄得有點失去耐心的觀眾又開始提起了精神。在湖南衛視的有力推廣下，《大長今》的收視率節節上升，實現了經濟效益與社會效益

的統一。

在此過程中，湖南衛視借助各種方式，成功地將大眾的眼球聚集在了電視劇上。借助「超女」的風潮，細心的觀眾一定發現了，在「超級女聲」最後幾場的演出中，排位前幾名的歌手開始唱起了一首很多觀眾未曾聽到過的歌，這就是《大長今》的主題歌；邀請全國著名網絡媒體對電視劇不停地發布新聞，提出「韓國電視連續劇為何一直都比較吸引人」等觀點，引起網友熱議；還特邀唱《大長今》粵語版的陳慧琳到長沙做「音樂不斷」節目，整個節目中都用《大長今》的劇情內容、歌曲穿插……湖南衛視把《大長今》電視劇的播出，演繹成了一場熱鬧的社會輿論話題，甚至是一種文化現象。而將電視劇與「超女」等娛樂節目和活動相結合，更是極大地提升了電視劇的影響力，在影視公關領域開創了全新的推廣模式。

在此案例中，湖南衛視成功的關鍵就在於製造時尚、引導時尚、利用時尚。

一、時尚、時尚心理與公關

（一）什麼是時尚、時尚心理

社會心理學認為，時尚是在大眾內部產生的一種非常規的行為方式的流行現象。具體地說，時尚是指一個時期內相當多的人在較短的時間內對特定的趣味、語言、思想和行為等各種模型或標本的隨從和追求。

時尚的生活方式由少數人引起，經過人們的相互影響，感染和模仿，為多數人迅速接受。對於這一概念，可以從幾個方面來理解：第一，時尚總是和一定對象相聯繫的，其對象就是有關事物的規格和樣式。如房子的外形、服飾的質地和款式、歌曲的旋律和演唱風格、髮型以及言行舉止等；第二，時尚表現為對一定規格和樣式的認可、模仿和追求，即通常所說的入時、應景等；第三，時尚是眾多的人相互影響，並在相當大的範圍內普及流行的現象，因此又稱為潮流；第四，時尚是一種時效性極強的現象，猶如一陣風、一股潮，因此常以「新潮」「風行一時」來形容。

時尚心理是追求時尚的心理定勢。從心理學的角度來看，時尚就是時尚心理的表現形式，時尚心理就是時尚表現的心理定勢。

（二）時尚的心理分析

對時尚的心理機制做出較為系統、完整的解釋的，是美國社會心理學家揚（K. Young）。他發現，儘管舒適與方便常常是人們選擇一種

服裝或行為方式的理由，但它們絕不是左右時尚變化的最終原因。促使人們追求時尚的原因與其說是外在的、實用的，不如說是內在的、心理的。因此，他對時尚的心理動機做出了下述基本解釋：第一，人們所以追求時尚，是因為時尚在心理上為人們實現「那些在生活中未能實現的願望」提供了補償的機會；第二，追求時尚的願望與想得到社會承認的利己主義願望有著極大的聯繫，這種試圖引起他人注意的願望源於幼兒時的「表現欲」；第三，時尚對人們來說具有補償自卑感的功能，如身著最新潮的服裝時，會產生一種勝過他人的優越感；第四，追求時尚，即將社會上引人入勝的事物或行為歸己所有，能夠實現人們自我擴張的願望。

　　中國學者周曉虹則這樣解釋：從短暫的相對的滿足，到永久的絕對的不滿足，這是時尚即人們通常所稱的『流行』現象變動不羈的心理之源。但構成這從滿足到不滿足的心理變化基礎的，與其說是人類的求新、求異的本能，不如說是在時尚的領潮者與趕潮者之間展開的「雙邊運動」或稱心理互動。在社會生活中，人們追逐時尚的心理是由這樣一對互為矛盾的動機構成的，即人們既要求同於勝過己者，又要樹異於不如己者。正是這對互為矛盾的心理動機，使得人們在社會生活中互相模仿、互相追逐、互相競爭，使得時尚的鐘擺永無停息之日。他還把人們追求時尚的心理動機歸結為兩類——樹異於人和求同於人。具體說來，社會上層或想成為社會上層的人要樹異於不如己者，所以他們往往是最先嘗試尚未有人嘗試的新事物的領潮者；而社會下層或不甘再為社會下層的人則要求同於勝過己者，所以他們往往是想方設法成為趕潮者。

　　通過總結以上諸多解釋，我們可以把時尚的心理動機歸結為以下幾個方面：

　　1. 標新立異

　　標新是表示與以往不同、與歷史不同，具有強烈的時代感。這種心理常為青年人所有，他們總想表述自己對生活的理解，顯示自己在社會中的特殊地位，因此總想創新、標新，以區別於老年人，區別於過去的歷史。由於年齡和經驗的關係，他們還不能涉足對社會影響較大的政治領域，因此就不斷地改變自己的生活方式，力所能及地顯示這種區別。許多人喜歡別出心裁的打扮，實際上就是自覺或不自覺地追求新奇，以達到自我顯示，引起他人的注意，滿足心理上的需要。

　　人們的求新慾望與流行的新奇性、短暫性有關。人們即使生活上

自由自在，精神生活與物質生活十分滿足，但若長期處於沒有任何變化的社會情境中，總會逐漸感到厭倦，甚至不堪忍受，終於會產生擺脫陳舊生活模式的慾望，追趕一種新的生活方式，用不斷變化的新的面目滿足其求新慾望。

　　立異是個體想表示與其他個體的不同，在生活方式上的創新，這是青年人好勝心強在時尚方面的表現。一些青年人舉辦婚禮為了顯示自己非同一般，花多少錢也在所不惜，因此，在婚事操辦上越辦越新奇。海底婚禮之所以是許多年輕人願意選擇的新異的婚禮形式，是因為海底婚禮拋開了傳統的婚紗、禮服，新婚夫婦身著彩色潛水服，在潛水教練的幫助下，迎著海浪潛入海底世界，將神奇的海底景觀盡收眼底。魚兒是他們婚禮上的嘉賓，海龜是他們的唱詩班，這種感覺真的很奇妙。

2. 模仿與從眾

　　對於大多數人來說，都是要努力去適應周圍環境的，以保持心理上的平衡。保持心理平衡，可供選擇的簡便而又可靠的方法，便是模仿社會上流行的東西，如周圍人們的服裝、髮式、行為、言語等，以適應環境。人們在追求與模仿流行事物時，心理上會產生一種安全感，既然這麼多人都這樣做，一定是合乎時宜的，一定是正確的，自己與他們一樣，也不會錯。

　　其實，模仿不僅是一種時尚得以普及的手段，也是其最終走向消亡的剋星。換句話說，一種新的行為方式沒有模仿就不能普及開來，就不能成為一種時尚；但一種時尚最終也會在普遍的模仿中失去其賴以立足的新穎性，失去它成為人仿效的全部理由，這的確是一種矛盾現象。一方面，人們追逐時尚是為了樹異於人，為了顯示自己與眾不同的個性；另一方面，人們追逐時尚又是為了求同於人。而在這過程中，時尚所具有的標準化特徵又限制了個性，使它變成刻板的公式。

　　時尚一旦形成，對社會成員就會產生一定的壓力，迫使人們以群體和社會的規定作為自己行為的準則，最後使社會成員從內心到行為與群體和社會相一致，形成從眾心理。這種從眾心理是在大眾的暗示、感染的影響下，通過模仿表現出來的，這是時尚最重要的心理基礎。另外，對那些被動的趕潮者來說，他們追逐時尚可能更多的是受著從眾而不是模仿心理的支配。

3. 自我防禦與自我顯示

　　有些人認為自己社會地位不高，承受著種種束縛，希望改變現狀，

以避免受到心理上的傷害與壓抑。他們往往認為，追求某種潮流便可實現自我防禦與自我顯示。於是，他們或者是為了發洩自己被壓抑的感情而追逐流行，或者是為了克服自己的自卑感而採用華麗的流行服飾。例如，美國黑人為追求社會地位，他們特別喜歡最新潮的、奇特的服裝；又如，有些經濟條件不寬裕的青年，他們結婚時特別講排場、擺闊氣。這些都是自我防禦和自我顯示的例證。

（三）時尚的流行領域、地域特點、年齡特點與公關

從時尚的流行領域來看，美國社會心理學家曾對 170 位各類職業的人的進行長達 10 年的調查，列出了 1914—1923 年美國社會時尚最為流行的七大領域及其頻數：女子服飾（72.2%）、男子服飾（10.8%）、消遣和娛樂（5.7%）、俚語（3.6%）、汽車（3.1%）、建築（2.0%）、教育和文化（1.7%）。

同半個多世紀前相比，現代社會生活方式的豐富多彩極大地拓展了時尚的流行領域。1993 年 10 月，為了瞭解現代中國社會的時尚流行及中國公眾的時尚意識，周曉虹教授在南京市進行了「社會時尚的流行與演變」調查。其結果如表 6-2 所示：

表 6-2　　　　　　　時尚的流行領域及其頻數表

時尚現象	總人數 人數	總人數 百分比	男性 人數	男性 百分比	女性 人數	女性 百分比
服飾	158	39.1	77	35.3	81	43.5
髮型	5	1.2	3	1.4	2	1.1
鞋	5	1.2	3	1.4	2	1.1
流行音樂	74	18.3	34	15.6	40	21.5
流星語	9	2.2	5	2.3	4	2.2
流行色	4	1	2	0.9	2	1.1
紙牌、麻將	33	8.2	24	11	9	4.8
體育	11	2.7	9	4.1	2	1.1
跳舞等娛樂活動	15	3.7	8	3.7	7	3.8
書刊	17	4.2	8	3.7	9	4.8
人生觀、思潮	58	14.4	31	15.6	24	12.9
其他	15	3.7	11	5	4	2.1
總計	404	100	215	100	186	100

資料來源：周曉虹：《社會時尚的理論探討》，載《浙江學刊》，1995 年第 3 期。

从时尚的流行年龄阶段来看，青少年是时尚是追随群体。由于青少年时期是好奇心与求知欲最旺盛的时期，事事都想尝试和体验，希望得到人们的称赞、重视。因此，青少年总是追求时髦，成为时尚的追随者和推动者。

从时尚的流行地域上看，都市的时尚必然先于农村，中心城市的时尚必然优于边远城市。繁华都市的范围愈大，人口愈多，工商业愈发达，宣传功能愈强大，人们的思想也愈加开放，时尚事物的流行速度也更快；而中小城镇和农村由于外界输入信息较少，流行的变换形式也较少，那些早被大城市淘汰的过时货，往往在小城镇还要流行一阵子。

补充材料6-6：

全聚德推出手机在线订餐服务

「中国餐饮第一股」全聚德推出了App订餐服务。昨日，北京商报记者登录全聚德集团官网发现，「手机在线订餐App下载」图标出现在醒目位置。相关负责人介绍，为满足消费者集中预订年夜饭的需求，集团近日推出了手机在线订餐服务。

打开全聚德官网上「手机在线订餐App下载」连结，会出现安卓和iOS两个系统二维码，消费者扫描安卓或iOS版本的二维码进入下载界面，进行App客户端软件安装包的下载并安装，在手机上生成「全聚德App」应用的快捷方式，可实现手机订桌、预订菜品、顾客点评、地图导航等多种功能，及时享受各店的优惠活动，拥有更多的订餐服务选择。

据悉，「全聚德App客户端」是依托全聚德在线服务平台的互联网服务，将包括全聚德、仿膳、丰泽园和四川饭店所属25家直营餐饮门店的餐位、菜品资源在线上提供给消费者，便于利用移动互联网技术实现手机端的订桌、点餐、点评、导航等实用功能。

全聚德App网上订餐服务的推出，是老字号品牌使用现代电子营销手段开拓市场业务的新尝试，对消费者应用互联网电商平台进行消费的培养、老字号品牌的推广和企业发展有著深远的影响，是老字号餐饮企业在新的市场形势下转型升级的又一举措。

（资料来源：北京商报，2015.01.27）

对于组织的公关人员来说，一方面，瞭解时尚的规律，是为了更好地顺应公众的心理欲求，从而也达到组织本身发展的目的。另一方

面，公關人員應從理論和實踐的角度預測流行，製造時尚和引導時尚。組織應該在不同層次的人群中，善於推波助瀾，出奇制勝，使企業的產品和信譽成為人們追求和崇尚的時尚。例如，李維斯牛仔褲廣告就以製造黑色代表流行的理念。牛仔褲的正統顏色無疑是藍色，但是李維斯卻推出了黑色牛仔褲。在一家歌舞廳門口，告示稱凡是穿藍色牛仔褲的人不得入內，而一個帥氣的小伙子卻因為身穿黑色牛仔褲而備受歌舞廳的歡迎。這是李維斯黑色牛仔褲的廣告宣傳內容。也就是說，當消費者信服廣告所宣傳的產品就是時尚的代名詞時，其實就已經被說服，並且願意為時尚付費了。

二、流言

（一）什麼是流言

流言是從非正式渠道傳出，在社會上迅速傳播的消息。這種傳播一般是口頭的，內容不一定真實、可靠。流言可以使本來被關注的問題更加被關心，使本來不被關注的問題成為關注的焦點，所以它具有煽動性。

流言具有以下的特點：

（1）流言的基礎是不確切的信息。絕大部分流言都是建立在這個基礎上的。因此，流言常常受到人們強烈的貶抑。但在有些情況下，被稱之為流言的東西也可能是真的，只是未經證實而已。

（2）流言背後有一定真實的原型。現代許多流言的產生是有一定的真實原型的，在傳播過程中被有意無意地增補、刪改，最終變得面目全非。由於流言一般很難有明確的信息的最初發布者，又沒有比較規範的傳播途徑，因此很容易造成信息的失真。

（3）流言內容涉及的是公眾日常關注人物的事。某些涉及公眾人物的事，或者有些稀奇古怪的事都容易成為人們注意的中心，對這些事情的議論自然也就會增多，因而流言容易滋生。

（4）流言開始容易停止難。由於種種心理因素和社會因素，流言不僅在傳播速度上非常快，而且在傳播範圍上也非常廣。流言一旦傳播開來其影響就很難徹底消除。有些流言往往會經歷一種反覆出現與消失的過程，只要形成它的社會環境因素沒有改變，「闢謠」就難以最後成功。另外，人們往往會對「闢謠」形成一種「逆反心理」，在某些情況下，越是闢謠，相信和傳播流言的人就越多。

（5）流言既是一種信息的傳播過程，同時也是這一過程的產物。

某種信息一旦進入大眾流通渠道，它就會經過信息持有者的編碼、解釋、傳遞直到輸送到其他信息接受者那裡；隨後又經這些信息接受者的譯碼、加工、解釋之後再傳遞到其他人那裡。這樣就形成了一個循環往復、連續不斷的信息傳遞鏈條。在這個傳播過程中，由於某種信息被不斷地加工、改造、補充、豐富，流言也就會不斷地滋生、助長。社會心理學家曾經認真研究過流言與謠言在分散的社會大眾中傳播的具體過程。他們發現，流言與謠言是一種自發性的、擴張性的社會心理現象，隨著一傳十、十傳百，其內容就會越傳越失真。

（二）流言的產生的因素

補充材料6-7：

當代大學生面臨網絡流言滋生和加速蔓延的環境，往往自覺或不自覺地參與到網絡流言的傳播過程中。網絡流言在大學生中的傳播路徑為：大學生的「媒介化生存」和技術優勢造就了接觸網絡流言的多元渠道，「對話」和「關注」是大學生獲取網絡流言的主要方式，大學生對網絡流言內容的興趣點取決於話題的公共性和相關性，線上線下關聯互動構成大學生網絡流言傳播的主要模式，以「轉發」為主要表徵的傳播行為背後隱藏著態度的多種可能。社會參與意識強烈與公民責任缺失的矛盾、獨立思辨能力與盲目從眾心理的博弈、理性訴求表達與感性應激心態的交織是大學生參與網絡流言傳播的內在動因。

［資料來源：孫琦琰. 網絡流言在大學生中的傳播路徑及應對策略［J］. 思想理論教育，2015（1）.］

1. 流言產生的客觀因素

（1）社會事變。流言總是發生在和人們生活有重大關係的問題上，奧爾波特指出流言的產生在以下兩種社會情境下最易出現：

一是社會發生事變之前，最易產生流言。這是因為社會事變之前，社會的固有秩序開始紊亂，社會組織日趨松懈，制度綱紀職能低下，人們憑直覺感到社會將發生重大事件，所以對社會現狀和未來做出種種猜測，議論紛紛，以訛傳訛，流言四起。

二是社會重大事變過程中，流言最盛。例如，在戰爭、變革或自然災害時期，人心惶惶，最容易產生流言；調整物價時，只要社會上流傳說某某物品要漲價，幾天之內，該物品就會被搶購一空；在整頓鄉鎮企業的精神下達後，不少人又認為要限制鄉鎮企業的發展。總之，有關國計民生的事都會被人們當作敏感話題，從而引發出種種流言。

（2）個體的顯要地位。在社會上無足輕重、不引人注目的人，不會引起流言。一個人一旦成為某群體內的著名人物，居於顯要的地位，關於他的流言就會多起來。當然此類流言有好的，也有壞的。社會上的關於個人方面的流言，大多數都是娛樂圈內的，因為他們是人們共知的對象，常常成為議論的中心，所以，他們的工作和生活最易成為流言的內容。

一般地講，流言都是言過其實的，好意的內容少，而攻擊性的內容多，即使是好意的，也不可信。

（3）信息缺乏。流言產生的另一個重要的客觀因素是信息缺乏，大眾傳播渠道不暢。正常的信息渠道受到阻礙時，或缺乏信息、信息不清時，個人可能會依據猜測、想像，對事物做出自己的解釋，這就難免會產生流言。尤其是在有關某一重要事件的信息缺乏的情況下，人們急於瞭解真相，得出結論，於是，那些街談巷議、毫無根據的斷言、「小道消息」就會乘虛而入，填補由於情況不明造成的空白。從這個意義上說，流言能迎合不明真相的人的心理需求。問題越是嚴重或具挑戰性，同時有關信息越是匱乏，流言也就越容易急遽發生和蔓延。

2. 流言產生的主觀因素

流言的產生除客觀原因外，還與個體的主觀因素有關，即由於某些人類固有的心理基礎——人們在觀察、記憶、理解等方面的不足或偏差，由此造成信息傳播過程中的遺漏、顛倒、增補等現象。有時還出於一些人喜歡自圓其說，即人們往往有這樣的傾向——希望自己的話在別人聽來是真實的、合理的。為了達到這個目的，發言者便可能有意無意地增補、刪改事實，最後終成流言蜚語。具體而言，主要表現在：

（1）觀察不詳盡。人們對任何事物的觀察，即使集中注意力，也難免有所疏忽，將這種觀察結果傳播給他人，就可能成為滋生流言的溫床。

（2）遺忘。人們不可能記住所接受的一切信息，總會有遺忘。隨著時間的推移，遺忘的內容會增多，如若不反覆記憶，根據遺忘的一般規律，幾周後就所剩無幾了。人們在傳播信息過程中的遺忘，也是信息失真的一個重要原因，而且，遺忘還可能會導致信息要素的顛倒和張冠李戴。

（3）個體認知上的偏差。在與他人的交往過程中，人們可能對對

方的某些含糊的、曲解之言詞，憑自己的經驗來理解，自圓其說，致使外界信息失真、失實、遺漏。再加上受自己願望、恐懼、憂慮、怨憤等情緒的作用，所以當個體把自己耳聞目睹的事件轉告他人時，就有可能不知不覺地對信息進行了歪曲。於是無根據的流言也就隨之而起。

此外，還有些個體為了聳人聽聞，往往誇大其詞；或者是為了附會以往的某種傳說、民間的某種願望以及為了滿足某種因果關係，發言者也可能會無中生有地製造流言。

綜上所述，客觀的社會環境，加上人們對於某些問題的關注和對事實真相的不明，是流言傳播的基本條件。

（三）流言傳播的影響

流言一經產生，傳播一般都較為迅速，一傳十、十傳百之後面目全非，而且會越來越離奇、荒誕，甚至演變為一種精神上的傳染。因此，流言對個人和社會都會產生消極的影響。

1. 流言對個人心理、行為的影響

流言形成並廣為傳播之後，就會成為一種社會心理環境，人們處於這樣的環境之中，自然而然會受到影響。每當聽到流言，特別是被許多人相互傳播的流言，都有人會信以為真。由於周圍屢次出現相同的情形，因而在這一情境中的人們往往容易聽信流言。

2. 流言對社會、對群體的影響

由於群體中人與人之間相互接觸，使流言不斷變化，就會進一步增強它的力量。尤其是有關社會穩定方面的流言被散布時，往往會引起人們強烈的情緒反響，甚至對社會造成危害。

（四）如何反擊流言

補充材料6-8：

微博改變輿情危機應對格局

人民網輿情監測室發布的《2010年中國互聯網輿情分析報告》中指出，微博話題也從日常瑣事轉向社會事件，逐漸發展成為介入公共事務的新媒體，改變了傳統網絡輿論格局的力量對比。微博客成為網民收發信息的首選載體之一，其涉及領域已滲透到網民社會生活的各個層面，無論是在重大事件、防災救災，還是公民權益、社會救助等各個領域，往往也對事件的發展產生重大的影響和起到推動作用。微博客帶來的更大社會震動，在於實現了對突發事件的「現場直播」，

通過手機等無線終端，每個人都可以輕而易舉地成為信息發布者。在微博的應用中，人民網輿情監測室提出如下建議：

（1）設立企業帳戶。無論你是什麼行業的，只要你關注自己的品牌，就必須有企業帳戶，作為微博這個無邊界媒體上的一個正式渠道，代表公司行使言權；

（2）參與行業圈子，並建立專業領域的人脈，以幫助樹立正面形象，並更快地拓展信息源，及時瞭解與企業相關的信息；

（3）遇到問題，及時反饋。微博上是非較多，遇到非議也很正常，不用太較真，但一定要及時反應，有則改之，無則加勉，在微博時代，不再是人微言輕了。危機公關，就是要把對品牌不利的東西變成對品牌有利的東西；

（4）與企業聲譽相關的重要信息，要主動發布，避免口舌誤傳。
（資料來源：人民網，2011.01.13）

流言的本質決定了它的作用必定是弊大於利。其實流言是完全可以制止的，因為它缺乏事實依據。怎樣反擊流言，可以做以下思考：

1. 流言止於透明

透明包括政府工作的透明、媒體的透明、群體的透明和個體的透明。在2003年抗擊「非典」的過程中，起初流言不斷，後來，媒體每天公布全國防治非典的疫情，許多流言也就銷聲匿跡了。這種透明能正本清源，使大家增強信心。

2. 流言止於法治

流言往往是社會擠壓的非體制產物，但這並不是說，社會權威機構對流言就聽之任之。權威機構應追查流言的源頭，對惡意傳播者予以懲治。當然，辨別流言性質一定要體現理性，要把流言的一般傳播與惡意製造和傳播區分開來。

3. 流言止於科學

古人雲：「流言止於智者」。「智」，就是理性，就是科學。科學知識、科學精神、科學思想和科學方法是對付流言的有效武器。一般來講，愚昧與流言的傳播是內在地聯繫在一起的。

4. 流言止於「釜底抽薪」

所謂「釜底抽薪」就是要研究、解決流言所涉及的具體問題。流言風起是現象，其根源在於社會內部有產生流言的土壤。

5. 人們處在恐懼不安和焦慮狀態時，流言易於發生、易於傳播

心理的失衡狀態歸根究柢是社會失衡的反應，因此，要從根本上消除流言產生的基礎與種種動因，首先要保持社會的安定和民主渠道的暢通，並且應該用各種方法提高公眾的成熟度和抗干擾能力。對具體的社會組織來說，要避免流言的傷害，首先應該完善自身的運作機制，尊重公眾利益，與公眾保持密切的溝通。可以說，那些易成為傳聞對象的組織，在一定程度上都是未能與公眾建立良好的公共關係的組織。因此，制止流言的最根本所在，還是一個社會或一個組織的自身內在素質的提高。

補充材料6-9：

流言產生和消逝的機理

流言不是個人智力游戲的結果，而是群體議論和傳播的結果，同時也是社會生活中常見的與傳播有關的一種集群行為方式。

這次搶購碘鹽的事件，屬於同一類流言的循環再現。在2003年中國非典疫情的傳聞之下搶購板藍根，後來幾年裡發生禽流感、豬流感、大地震、泥石流，以及香蕉致癌、松花江水污染、「柑蛆」事件等公共危機事件中，都存在不同程度的搶購（或拒購）相關商品的風潮。這是公眾對危機的應急反應，不論怎樣防備，以後還會發生，只是在有所防備的情況下，流言爆發的程度可能輕些、地域狹小些，但難以完全避免。企業企圖通過控制傳媒來封鎖信息或只強調某一方面的信息，基本是徒勞的。抓幾個傳謠的人充當替罪羊或把事情歸罪為遊資炒作，是舍本逐末。在這類事件中，其實沒有真正的信息源和陰謀實施者。

某些謊言為何不斷變異重現

隨著城市化進程的加快，人口膨脹、流動增加、技術發展和全球化等因素，世界進入了風險社會時期：突發性公共危機事件、群體性衝突事件、恐怖襲擊、技術性災難事件出現的頻率增大。一旦人們新獲取的信息（例如這次的日本核輻射）與原有的經驗（例如2003年非典疫情下的搶購等）相聯繫，從而進行判斷和採取行動，就會流言四起，隨後發生搶購或拒購，這是由於眼下的事情與人們的記憶結構和社會認知心理相關聯。這是社會一體化的焦慮表現之一。處於緊張、焦慮狀態中的個人心理承受能力往往很差，對相關信息很敏感，在一時無法從權威渠道獲知對事件的解釋時（或假冒權威信息出現），便

極有可能受到群體壓力的暗示和感染，相信並進而傳播流言。

現實生活中我們經常可以看到這樣的例子：一則若干年前曾盛行一時，將人心攪動得不得安寧的流言在經過長久的「休眠」之後，在某種外來因素激發下又「新瓶裝舊酒」般地變異為另一番模樣粉墨登場……

當人們獲知了一條新信息時，會把這部分信息和認知結構中屬於同一主題的其他信息聯繫在一起，形成一個同類的認知結構。當同一主題結構中某個信息被提起或者喚醒時，其他的關聯信息也會被喚醒。這便意味著，儘管流言可能消失或被否定，它的「印象」會殘留為記憶的一部分；一旦相關主題再次被激發，流言造成的這部分印象會和其他相關信息一起，成為判斷新情況的依據。只要流言曾經傳播開來過，就很難在人們的記憶中抹去。人們在認知框架中接受了流言對原有主題的改變，所以會有意無意地受到流言的影響而採取行動，而行動又使得流言在人們頭腦中更加根深蒂固。長此以往，循環往復，從而某些流言不斷地變異重現。例如愛滋病扎針的流言從美國傳到中國，在中國各地多次重複出現同類的謠言。

媒體自身具有「自淨化」功能

這次搶購碘鹽的事件中，消息來源之一是假冒的BBC，這是流言得以迅速傳播的原因之一。流言在傳播過程中引用具有權威性的消息源或強調「每個人」已經如何，或傳播給你的人是較為熟悉的人，這就會產生一種權威歸屬、全體歸屬、親近歸屬的心理，導致公眾產生恐慌。當年數次發生在中國不同地區的「香蕉致癌」流言，就與信息傳播中的歸屬心理有關。雖然後來「香蕉致癌」的流言被戳穿，但香蕉與「癌症」的聯繫卻長存於人們的頭腦中。這次搶購碘鹽的事件雖然很快平息，但「輻射」與「碘」的聯繫，在以後的什麼時候肯定還會重複出現。

這次事件中中國的大眾傳媒基本沒有炒作流言，至少多數報紙版面處理得不錯，並在傳統媒體力所能及的時效內做到了及時闢謠。主要不是傳統媒體，而是新媒體（例如微博）自身的淨化作用（理性戰勝非理性）最終抑制了謠言的繼續蔓延，使得搶鹽現象持續不到一天，就變成了被嘲笑的事情。

這一事件讓我們認識到，我們應該以開放的眼光看待微博，它既可能比傳統媒體更為迅速地傳播流言，但也正是微博，成為迅速制止流言傳播的最有力的渠道。因為在微博這個渠道上呈現的是一種意見

多元的狀態，這種狀態有可能使得健康的意見通過觀點的交鋒而戰勝非理性的意見，在學理上這是一種信息載體的「自淨化」現象。而中國控制信息傳播的部門，習慣於以輿論一律的標準來防範各種不喜歡的觀點。其實，意見多元本身是最安全的和諧狀態，希冀只有一種意見存在和流通，反而意味著潛在很大的不安全因素。

危機應對需把握的度

當然，這要對輿情有一種把握。一般情況下，如果持某種健康觀點的人在一定範圍內占據接近三分之二的份額，這就已經是可以控制全局的量了，不要追求九成以上的人都說你希望聽到的話，那是不可能的，即使出現也存在自我欺騙的假象。另外，如果某種你不喜歡的觀點在一定範圍內不到總體的三分之一，這種意見的存在對於當權者來說是安全的，沒有必要非得剷滅它。只是在超過三分之一的時候，才需要予以注意了。這是運籌學的道理，但管理信息的官員們目前主要是憑經驗和按照上級要求來辦事，於是，一些事情做得形式上異口同聲，頗為成功，其實已經把事情辦得非常糟糕。

危機傳播理論有成套可以借鑑的程序。只是我們在某些方面沒有貫徹好而已，特別是信息公開的原則；其次是傳媒要在危機事件的關鍵時刻及時履行監測環境的基本職責，告知哪裡可以避難，哪裡有食物和水，哪裡能夠提供幫助等。

（資料來源：人民網，2011.04.25）

三、騷亂

案例：

1. 球迷騷亂

1985年，利物浦隊和尤文圖斯隊比賽時，發生了球迷騷亂，導致39人喪生，歐洲足聯禁止英格蘭足球俱樂部參賽直到1990年；瑞典球迷在1970年一次比賽時衝進球場，搗毀記分牌，並和警察搏鬥；巴西球迷在1990年的6個月時間裡就有8人被槍擊身亡，其中包括一位足球俱樂部主任；1974年美國棒球聯賽發生的球迷騷亂導致克利夫蘭印第安隊被得克薩斯州棒聯罰款；1990年慶祝底特律隊在NBA籃球聯賽中獲勝導致球迷異常騷亂，造成7人死亡……

2. 印尼騷亂

據印尼全國人權委員會和人道志願者組織公布的材料，1998年5

月 13 日至 15 日在雅加達發生的騷亂中，約有 1,200 人喪生，5,000 多間房屋和商店被搶劫和燒毀。此外，5 月 13 日至 7 月 3 日期間，有 168 名婦女遭到強奸，其中 20 人死亡。

從以上案例中，我們可以看到騷亂帶來的危害。在公關活動中，公關人員必須要瞭解騷亂，從而避免騷亂對組織帶來的消極影響。

(一) 騷亂及其特點

騷亂是在某一特定場合或局部範圍發生的擾亂和衝擊社會正常秩序的群體行為，是公眾在非正常狀態或危機下的一種行為方式。

騷亂具有以下特徵：

(1) 突發性。這是指騷亂一般沒有事先充分準備和醞釀的過程，常常突然發生，難以預見。騷亂是無計劃、無組織的群體行動，是一群人對某種刺激的過敏反應。騷亂中可能有為首者，但為首和隨從者的關係一般不是事先確定的領導和被領導的關係；而且在騷亂中誰來帶頭也是不確定的，往往誰的言行舉止最激烈誰就是「頭兒」。這種由人振臂而起的騷亂具有突發性，因而很難預防。

(2) 發泄性。騷亂一般是喪失理智的衝動行為，是一種盲目的情感發泄，是一種狂熱狀態。騷亂的參與者常常以狂呼亂叫、吹口哨、跺腳、推擠、砸瓶子等表現自己的情緒，騷亂現場周圍的人或物都可能成為他們的發泄對象。

(3) 交互感染性。這是指騷亂中的人群會成為一個臨時性的群體，情感和言行會相互感染和模仿。騷亂使參與者「忘記」自己是獨立的個體，只感受到群體的力量，往往做出自己在單獨情境下不敢做或不會做的事情。

(4) 破壞性。這是指騷亂衝擊或擾亂正常秩序，常常引起圍觀、起哄，使事態進一步擴大和惡化，嚴重的會造成財產損失和人員傷亡。

(5) 短暫性。這是指騷亂靠的是激情的一時支持，即使沒有強有力的外部力量壓制，也會自行停止。騷亂參與者一般靠激情支持，激情的特點是時間短、爆發猛烈、消失得也快；而且騷亂依靠的激情是群體的激情，群體的激情比個體的激情更容易消退，所以騷亂總是一時性的。當然騷亂如果被人利用，有可能演變為有目的、有組織、有領導的鬧事和進一步擴大為政治性的動亂，這就該另當別論。

(二) 騷亂與公關策略

騷亂屬於擾亂社會秩序的行為，具有破壞性。所以，各級政府部門和各類組織，要瞭解騷亂的特點，掌握騷亂發生、發展的規律，做

好騷亂的預防和平息工作。具體地說，可以從以下幾個方面入手：

（1）在組織大型集會、大型活動時，要對可能發生的騷亂引起足夠的重視，事先做好周密的計劃，並做好安全和保衛工作。

（2）建立健全的組織與公眾的溝通渠道，廣泛傾聽公眾的意見和要求，並通過信息反饋，及時化解公眾的積怨，防患於未然。

（3）當有緊急情況發生時，要有應急措施，要及時做好解釋和說服工作，化解矛盾，取得公眾的支持，緩解公眾的恐慌和對立情緒。

（4）當騷亂發生時，應迅速控制和制止少數人的過激行為，防止騷亂的擴散與傳染，遏制事態的進一步擴大。

課後思考練習：

一、超市奇遇

上海建築材料工業學院的蔡林根先生同妻子來到美國紐約。一次，他們到一家超級商場購物。貨架上商品豐富，琳琅滿目，蔡先生的妻子推著採購車，一邊走一邊瀏覽貨架上的商品，一不小心，採購車碰到了貨架，貨架搖晃了一下，兩瓶茅臺酒掉落下來，酒瓶摔碎了，酒液四濺。他們大驚失色，連聲說道：「糟了！糟了！唉，賠款吧！」蔡先生忙去找售貨小姐說明情況，表示道歉，並稱願意賠償。

誰知，那位售貨小姐問明緣由後，卻反而連聲說：「對不起，非常對不起！由於我沒能照顧好先生和夫人，讓你們受驚了！」她隨即打電話向經理匯報此事。不一會兒，一位四十多歲的經理，滿面笑容地向他們走來，謙恭地說：「我已從閉路電視上看到剛才發生的一切，我的職員沒有將貨架放穩，令兩位受驚了，責任在我。」他看到蔡先生的褲腿上還殘留著點點酒漬，立即掏出手帕替他擦拭。接著，他又陪著蔡先生夫妻選購貨物。

蔡先生夫妻倆看到店家不僅沒有要他們賠償，而且還反過來向他們道歉，很受感動，他們傾其囊中所有，買了一小車貨物。後來，他們還多次光顧這家超級商場。

練習題：

本案例與哪些心理定勢有關？這個案例中售貨小姐和經理的做法對你有什麼啟示？

二、莊吉：從膽量到智慧

20個世紀90年代中期，溫州商品曾一度與假冒偽劣產品劃等號，1995年，全國服裝行業百強評比，溫州服裝業竟然無一家企業上榜。溫州服裝界開始反思，很多業內有識之士再也坐不住了，開始尋找出路。莊吉集團就是在這一歷史背景下誕生。

當時溫州許多服裝企業的產品不敢亮明產地，而莊吉集團從成立那天起，就確立了為溫州服裝正名的經營理念。所以，他們走得很堅決，當然也很艱難。

當時那樣的背景，莊吉既然選擇正面對待，其實就是背水一戰，就必須要有勇氣、有膽識、要果斷。就好比一個人已經病入膏肓，是該下猛藥的時候了。

莊吉集團成立後，大膽果斷地推出了三大舉措：

第一，品牌升位。現在的「莊吉」其實是沿用了以前的商標，但最初「莊吉」兩個字只是一個沒有意義的詞組。莊吉集團成立後第一件事就是給「莊吉」品牌賦予真正的含義——「莊重一身，吉祥一生」。別看這只是一個簡單的「廣告語」，但它確定了莊吉的品牌定位。隨後，莊吉重新進行了商標設計，改進視覺形象，從此，一個嶄新的「莊吉」品牌開始誕生。

第二，給產品重新定位。莊吉西服原來是以中檔、批發加工為主，而當時溫州市90%以上的西服企業都是這種狀況。鑒於這種情況，莊吉毅然轉向，瞄準溫州服裝業的最高點，徹底放棄原已打下的「天下」，走向高檔西服、連鎖專賣的經營模式。

現在看來，這一步棋是走對了。然而，當時走這一步其實是有很大風險的，因為做高檔服裝是需要高投入，需要新廠房和新設備。

第三，電腦帶刀同步縫紉機、自動縮絨機、義大利成套整燙設備……一批批世界先進生產設備和生產線需要引進來。1998年下半年，占地100畝（1畝≈666.67平方米）的現代化工業園區試投產……

當時整個溫州的服裝市場正走向蕭條，莊吉這樣的大投入、大規模，是否「太冒險」？

莊吉這樣做自然有他們的道理：面對市場大環境不佳，別人都在設備改造、技術改造方面停頓不前時，市場肯定會有「空檔」，這就需要經營者有超越常規思維的膽識。

重新調整產品策略後，莊吉不得不作出一個更為艱難的抉擇，那就是拋棄原有的老客戶、老營銷網絡。這一步的確走得很難，但是要

想實現自己的目標，就必須義無反顧地執行自己制定的策略和思路。

這些舉措當時在同行看來都是不可理解的，可令他們更加不能理解的是，等產品調整到位以後，莊吉又推出了具有顛覆性的舉措——經營商「零風險」。

生產企業不承擔流通領域的風險，這早已是一條定律。而莊吉卻承諾，只要經營商按公司要求去統一經營，不管產品屬於換季，還是賣不出去，公司都給予100%退貨，經營商承擔「零風險」。

當年，莊吉參加了在北京舉辦的國際服裝博覽會，展示「莊吉」品牌新產品，面向全國招商，並一炮打響。全國各地有70多家代理商加入，一下子將新「莊吉」形象在全國市場展示出來。

莊吉步步為營，環環相扣，完成了莊吉服飾從產品經營到品牌營銷的質的飛躍。莊吉很快走進溫州服裝企業界的「第一艦隊」，並成為領頭羊企業。

莊吉還嘗試各種創新，包括同類產品的創新和多元化的品牌延伸。「99新概念西服」「非黏合襯西服」「短袖清涼西服」，莊吉西服總在不斷推陳出新，追趕西服行業最新潮流。

在莊吉西服邁開一步步創新之路的同時，莊吉品牌也開始滲透相關的服飾行業，如今莊吉已在襯衫、領帶、時裝、皮鞋、皮件等領域大顯身手。今天的莊吉可以說是處在了發展的旺盛時期。

（資料來源：http://www.51dh.net/magazine/article/1004-759X/2004/10/49641.html）

練習題：

1. 為什麼溫州企業當時不敢亮明產品產地？
2. 莊吉是如何樹立自身的健康形象，實現企業騰飛的？

第七章 公共關係傳播心理與實務

組織與公眾的溝通，在很大程度上依靠信息傳播，而組織與公眾之間的誤解，也往往是由於信息不暢造成的。因此，一個社會組織不但要有明確的目標、符合公眾利益的政策和措施，還要充分利用傳播手段開展公關活動，贏得公眾的好感和輿論的支持，獲得良好的經濟效益和社會效益。

第一節 公共關係傳播概述

公共關係傳播，是信息交流的過程，也是社會組織開展公共關係工作的重要手段。離開了傳播，公眾無從瞭解組織，組織也無從瞭解公眾。如果我們把社會組織看作公共關係工作的主體，把公眾看作公共關係工作的客體，傳播就是二者之間相互聯繫的紐帶和橋樑。

一、公共關係傳播的概念

為了弄清楚公共關係傳播的基本內涵，有必要將它與含義相近的幾個概念進行比較，找出它們的「同中之異」。

（一）人際傳播與公共關係傳播

人際傳播泛指人與人之間的相互接觸與彼此往來。它與公共關係傳播有許多共同點：兩者都屬於社會範疇、都是能動的交流行為、都是以人為主體的活動過程、並具有相互作用的功能，而且，人際傳播可以作為公共關係傳播的輔助手段。

但是，它們也有著明顯的不同之處：

首先，人際傳播和公共關係傳播的主體——人的含義不同。前者指單個的個人，後者指組織化了的個人；前者研究的是人與人之間的交往及信息交流活動，後者研究的則是代表組織的個人有目的、有計劃地傳遞組織信息的過程。

其次，從社會關係的總體上看，人際關係是一種較低層次的社會關係，而公共關係則是從社會群體或組織的基礎上建立起來的一種較高層次的社會關係。與此相適應，它們所採用的傳播手段各不相同。人際傳播手段一般比較簡單，而公共關係傳播手段相對複雜一些。

再次，人際傳播的對象可以是一群人，也可以是一個人，而公共關係的傳播對象則是與組織有著某種特定聯繫的群體。

（二）公共關係傳播與大眾傳播的區別

大眾傳播是專業化群體通過各種技術手段向為數眾多的讀者、聽眾、觀眾傳遞信息的過程。它具有公共關係傳播的一般特性，是公共關係傳播的組成部分。但是，它們之間又有著明顯的區別：

首先，大眾傳播的主體是以傳播信息為職業的團體或個人；公共關係傳播的主體則是一般的社會組織，是代表組織行使傳播職能的公共關係機構或公共關係人員。

其次，大眾傳播的內容是由職業傳播者根據新聞價值規律採編的、需要告知公眾的信息；公共關係傳播的則是由組織部門行使傳播職能的人，根據公共關係計劃編製的對組織有利的信息。

再次，大眾傳播的渠道一般不會由感官和簡單的表達工具組成，而是一種包括大規模的、以先進技術為基礎的分發設備和分發系統。因此，專門的信息傳播機構既需要充足的資金、設備，又需要大量的專業化人才。公共關係傳播則不受技術水平和專業化政府的限制，它的製作過程也相對簡單一些。

最後，大眾傳播的流程在很大程度上說是單向的，因為它的主導者始終是傳播者，受傳者既不確知，也不穩定，很難取得直接的反饋；而公共關係的傳播對象是可知的和相對穩定的，它的傳播過程具有明顯的雙向性特點。具體表現在：組織通過信息傳播將自己的目標、政策和具體措施告訴公眾，公眾則通過被調查或主動匯報兩種方式把自己的要求、意見和建議告訴組織。與大眾傳播相比，公共關係傳播能夠更加及時、有效地取得反饋。

（三）公共關係傳播

以上我們將公共關係傳播同其含義相近的概念進行了比較。那麼

公共關係傳播的基本內涵是什麼呢？

公共關係傳播是一種有組織、有計劃、有一定規模的信息交流活動。它的目的是溝通傳播者與公眾之間的信息聯繫，使組織在公眾中樹立良好的形象。

公共關係傳播可以利用的媒介很多，但是在當今社會，要想與公眾取得廣泛的信息交流，最有利的手段莫過於大眾傳播媒介了。這是由大眾傳播媒介本身的特點決定的。首先，它具有普遍性的特點。大眾傳播媒介，無論是報紙、廣播還是電視，幾乎家家必備，人人必聽、必看，影響面非常廣，可以滿足不同職業、不同年齡、不同文化程度的受眾的需要。因此，借助於大眾傳播媒介，能夠達到與理想的傳播對象接近的目的。其次，它具有迅速、及時的特點。由於科學技術的發展以及交通、通信條件的改善，今天的大眾傳播媒介能夠以最快的速度向公眾傳遞信息。在這方面，電子傳媒的作用更加明顯。因此，只有借助於大眾傳播媒介，信息傳播才能不失時效。

公共關係傳播的客體是公眾。公眾一般由兩部分組成，一部分是組織內部公眾，另一部分是同組織有著某種特定聯繫的外部公眾。公共關係傳播的一個重要任務，就是影響公眾，改變他們的態度，引起與組織期望相應的行為。

至此，我們可以為公共關係傳播下一個定義了。

公共關係傳播是組織通過報紙、廣播、電視等大眾傳播媒介，輔之以人際傳播的手段，向其內部及外部公眾傳遞有關組織各方面信息的過程。

這個定義至少包括三方面的內容：

第一，公共關係傳播的主體是組織，不是專門的信息傳播機構；

第二，公共關係傳播的客體由兩部分組成，一部分是組織內部公眾，另一部分是組織外部公眾；

第三，公共關係傳播以大眾傳播媒介作為主要手段，以人際傳播作為輔助手段。

二、公共關係傳播的基本要素

1948年，美國著名的政治學家哈羅德·拉斯韋爾補充提出了傳播過程五因素即所謂5W的公式：誰（who）、說什麼（says what）、通過什麼渠道（in what channel）、對誰（to whom）、取得什麼效果（with what effects）。這個公式描述的雖然是單向傳播現象，卻為我們提供了

一個分析傳播過程的簡易的模式。因為其中包含了構成傳播的基本要素：傳播者、傳播內容、傳播渠道、受傳者和傳播效果。

公共關係傳播是組織運用傳播手段向公眾傳遞信息的過程，它經歷了由傳播者到受傳者的全過程，因此，也應當包含傳播過程的五個要素。

對哈羅德·拉斯韋爾的傳播五要素稍加改變，就形成了公共關係傳播的基本要素：公共關係傳播者、公共關係傳播內容、公共關係傳播渠道、目標公眾以及公共關係傳播效果。

（一）公共關係傳播者

公共關係傳播者是公共關係的主體，因為它是構成傳播過程的主導因素。在協調公眾關係、改善周圍環境的過程中，在樹立自身形象、提高信譽的過程中，在溝通內外聯繫、謀求支持與合作的過程中，公共關係傳播者居於主動地位，起著控制者與組織者的作用。它的任務是將外部的信息傳達給組織內部公眾，將有關組織的信息發布出去，傳遞到目標公眾那裡。

（二）公共關係傳播內容

公共關係傳播內容是指傳播者發出的有關組織的所有信息。它大體上可以分為如下兩類：

一類是告知性內容：向公眾介紹有關組織的情況、組織的目標、宗旨、方針、經營思想、產品和服務質量等等。

在信息傳播過程中，告知性內容往往以動態消息或是專題報導的形式出現。前者是關於組織新近發生的某一事件的基本事實的描述，通常包括五個「W」，比如關於商店開業、展覽會閉幕、新產品問世、超額完成產值等情況的報導；後者是對事件全景或某一側面進行的放大式描述，它不但包含五個「W」，而且包括對基本事實具體情節的勾勒。例如，介紹新產品的設計過程、製作工藝、用途、專家鑒定情況等等。

另一類是勸導性的內容：即號召公眾回應一項決議，呼籲公眾參與一項社會公益活動，或者勸說人們購買某一品牌的商品。在利用大眾傳媒進行宣傳的過程中，政黨、政府及其他非營利性組織發布的勸導性的內容，往往以社論、評論、倡議書的形式出現，而營利性組織發布的此類內容，則多以商業廣告的形式出現。

（三）公共關係傳播渠道

所謂傳播渠道，是指信息流通的載體，也稱媒介或工具。人們通

常把用於傳播的工具統稱為傳播媒介，而把公共關係活動中使用的傳播媒介，稱之為公共關係媒介。可供公共人員利用的傳播媒介有兩種：一種是大眾傳播媒介，一種是人際傳播手段。我們也可以把公共關係媒介分為基本媒介和綜合媒介兩種。所謂基本媒介，主要包括人與人之間的傳播、廣播、電視、印刷品、攝影作品、電影等；綜合媒介則包括與新聞界的聯絡、特別節目、展覽、會議等。顯然，所謂綜合媒介是各種基本媒介的集大成。

（四）目標公眾

目標公眾是指那些與組織有著某種利益關係的特定公眾。它們是大眾傳播受傳者中的一部分，是組織意欲影響的重點對象。這類公眾的特點是：

（1）目標公眾是有一定範圍的、是具體的、可知的、也是相對穩定的，即每個組織都有自己的特定公眾。

（2）公眾是複雜的。儘管某些個人由於某種共同性構成了某一組織的公眾，但他們之間還是有著明顯的差異。

（3）公眾趨向集合。組織與公眾之間的利益關係變得突出時，原來松散的公眾集合體就會趨於集中，顯示出它特有的集體力量。

（4）公眾是變化的。組織與公眾之間的利益關係結束了，這一類公眾就不復為該組織的公眾。

（五）公共關係傳播效果

公共關係傳播效果，是指目標公眾對信息傳播的反應，也是公共關係人員對傳播對象的影響程度。

三、傳播過程階段分析

（一）傳播過程

溫德爾‧約翰遜（Johnson）曾經從心理學觀點將傳播過程描繪為：

（1）某一事件發生了……

（2）這一事件刺激 A 先生的眼、耳朵或其他感覺器官，造成……

（3）神經搏動到達 A 先生的大腦，又到他的肌肉和腺體，這樣就產生了緊張及未有語言之前的「感覺」等；

（4）然後，A 先生開始按照他慣用的語言把這些感覺變成字句；

（5）通過聲波和光波，A 先生對 B 先生講話；

（6）B 先生的眼和耳分別受到聲波和光波的刺激，結果……

（7）神經搏動到達 B 先生的大腦，又從大腦到他的肌肉和腺體，產生緊張（張力）、未講話之前的「感覺」等等；

（8）接著 B 先生開始按照他慣用的語言表達方式把這些感覺變成字句，並且從「他考慮過的」所有字句中「選擇」，或者抽象出某些意思，並以某種方式安排這些字詞。然後 B 先生開始講話，或做出行動，從而刺激了 A 先生——或其他人——這樣，傳播過程就繼續進行下去……

若將約翰遜的描繪更簡略一些，傳播作為傳播者與受傳者之間的信息互動的過程，至少應包含以下幾個階段：

1. 編碼階段

編碼是將目的、意圖或者意義轉換成符號或代碼，即把需要傳遞的信息內容轉換成一定的適合傳遞的符號形式。簡單地說，編碼實際上就是一個使事物符號化的過程。

2. 媒體傳輸階段

將經過編碼的信息內容，選用一定的傳播通道和媒體傳遞出去，是整個傳播過程中核心的一個環節。通過它，傳播者與受傳者之間才得以實現信息的分享、意見的交流及思想感情的溝通。

3. 解碼階段

解碼即接收和解釋信息的過程，是指受傳者將接收到的符號翻譯為所能表達的思想內容，使之完全或基本還原為本來的信息內容的過程。解碼是編碼的逆過程。

由於意義在很大程度上存在於人的主觀理解之中，同個人的許多主觀心理因素有關，就使得每個人都有自己獨特的「意義體系」。它同眾所周知的符號所具有的多義性一起，導致千差萬別的受傳者對同一符號做出各不相同的甚至是截然相反的解釋。這一現象的出現，常使傳播者本來想傳遞的意義被歪曲或誤解，即受傳者理解的意義不同於傳播者所傳的意義，這對傳播目的的實現是很不利的。沒有一個傳播者能夠假設一則信息可以對所有受傳者都具有自己所希望的意義，或者他甚至不能指望一則信息能對所有受傳者具有同樣的意義。

4. 反饋階段

受傳者對傳播者所發出的信息的反應就構成了對傳播者的反饋。由於反饋可以起到修正偏差的作用，因此它使人類傳播過程成為一個可以調節、控制的過程。對於改進和提高傳播效果而言，反饋具有極其重要的作用。

(二) 傳播過程的實質

所有形式不同的傳播活動從本質上看，都是傳播過程參與者借助信息這一仲介實現的彼此之間的心理互動，而傳播者和受傳者正是據此來實現心理和行為上的相互作用和相互影響。

傳受雙方的心理互動一方面表現為傳播者對受傳者心理的影響，另一方面也表現為受傳者對傳播者心理的影響。

受傳者通過把信息同自己的參考框架相結合，借助種種錯綜複雜的心理過程對信息進行對照、比較、思考、評價，最終產生觀念、態度或行為上的變化。儘管這種變化可能同傳播者的預期相一致，也可能不一致，但總是會在受傳者的心理上留下一定的印記，決不會像「什麼事都沒有發生過」一樣。

受傳者對傳播內容的接受、理解、疑惑或無動於衷等都將成為反饋信息，並通過各種反饋渠道，有意無意地對傳播者產生影響。作為反饋的結果，傳播者可能會調整自己的傳播目的和預期，可能會重新組織傳播內容，可能會改進傳播的手段和技巧，可能會更多地考慮受傳者的願望，甚至可能會對自己原有的觀念、態度和行為產生懷疑和動搖。

理想的互動稱為彼此相倚型互動，其特徵是互動雙方既根據自己帶入互動情境的計劃、也根據對方的所作所為來做出反應。只有當傳播過程中傳受雙方的心理互動是彼此相倚型的互動時，即傳受雙方既強調自己計劃的影響、也強調對別人的反應時，傳播才能收到最明顯的效果。因為人類的互動需要行為的相互協調和互補的期望，也不應離開自己的目的和動機。

四、公共關係傳播方式與功能

企業的公共關係傳播溝通是多層次、立體化的。在現代信息社會，傳播媒介和溝通技術的發展，完全突破了傳統的溝通障礙，使企業和消費公眾之間有可能通過多層次、多元化的溝通縮短相互之間的社會距離。我們大致可以將傳播方式劃分為四個層次：

1. 大眾傳播的形象推廣功能

大眾傳播主要是指通過報紙、雜誌、廣播、電視等大眾傳播媒介，向人數眾多、範圍廣泛的人們公開地定期傳遞信息的過程。大眾傳播具有受眾面廣、傳播速度快等優點。大眾傳媒可以將企業的經營決策告知消費公眾，增進消費公眾對企業的瞭解，加強和消費公眾的溝通，

提高企業的美譽度；企業通過對大眾傳播的監測，可以搜集大眾輿論對自身形象的反應，不斷改進和調整自己的決策和行為，完善企業形象。

運用大眾傳播不僅具有對外宣傳的功能，也具有對內溝通的功能。企業的許多市場政策，通過大眾傳播迅速地為消費公眾所瞭解，較快地形成社會共識，從而較快地產生政策效益。如果政策在消費公眾中有爭議，可以在大眾傳媒上開闢討論專欄，讓消費公眾充分地發表意見，達到與消費公眾溝通的目的。

2. 消費公眾傳播的形象塑造功能

消費公眾傳播是一種「公開的說話」，它既可能是一個人、也可能是幾個人作為傳播者，在特定的環境中與面臨共同問題的社會群體進行的面對面交流。

面臨共同問題的社會群體即消費公眾。消費公眾的傳播是一種發生在諸如大禮堂、演講廳、展覽館、露天廣場等公開場合的傳播行為，傳播的時間、地點一般都事先進行了計劃安排，傳播的過程具有明確的行為標準和進行程序。因此，消費公眾傳播是一種社會性很強的傳播活動。可以適當地組織消費公眾傳播活動，安排有關企業及部門領導與消費公眾見面，既讓消費公眾有面對面瞭解、諮詢的機會，亦使企業有面對面交流、引導的機會，從而實現企業與消費公眾之間公開化的雙向溝通。

尤其是當國家或某一地區出現事故或遇到危機時，企業應該懂得利用消費公眾傳播這個重要的傳播媒介來宣傳自身所採取的措施，這對於樹立企業在消費公眾中的形象具有良好的作用。

3. 組織傳播的形象管理功能

組織傳播即組織內部成員之間、組織與群體之間開展的信息交流活動。組織傳播具有明顯的目的性和可控性。什麼時候、什麼人對什麼人發出什麼信息，都有其目的性，都有相當嚴格的規定。這種情況下，組織傳播中發出的信息具有某種程度的正規性和權威性，因而有針對性強、信任度高的特點。

把公共關係作為一種有效的管理方法加以應用，也是由於現代科技的發展為其創造了條件。在以前，因為傳播手段的落後和時空的限制，企業的市場政策難以建立在互相溝通的基礎上。現在，先進的傳播設備和強大的傳播媒介，可使廣大的消費公眾加深對企業各項市場措施的理解，幫助企業樹立良好的形象。在這方面，應不斷健全與完

善企業的新聞發布制度，提高企業的透明度，滿足消費公眾的知情權。這是現代企業形象的一個重要標誌。

4. 人際傳播的形象滲透功能

人際傳播主要是通過人與人之間的接觸、交往來傳遞信息，溝通感情，以爭取理解、獲得好感。在這方面，除了做好日常的交際工作和禮賓工作之外，需要特別強調企業高層決策者與中層管理者對待消費公眾的服務態度。在一般消費公眾的心目中，企業高層決策者是企業形象的縮影，他們的言行不僅代表個人，而且代表企業。因此，企業高層決策者應該具備現代的形象意識和形象素質，要在生理形象、心理形象、行為形象、語言形象、職務形象、休閒形象等方面具備自己的獨特魅力。

此外，每一個企業員工也都是企業形象的生動載體。抽象的企業形象在企業員工的日常工作中都具體化了，工作人員熱情有禮會贏得消費公眾對企業的好感，工作人員作風不正則會損害企業在消費公眾中的聲譽。消費公眾對企業的評價不會停留在「張三」「李四」「王五」的個體上，而會延及整個企業。因此，應該對企業的員工進行廣泛的形象教育，使全體員工都成為現代企業形象中最優秀的社會群體。

五、大眾傳播媒介的比較

在大眾傳播媒介中，信息傳播方式是多樣化的。除了傳統的紙媒體傳播方式以外，還有廣播、電視、電子出版物、網絡傳播等傳播方式。分析和比較不同傳播媒介的特點，將有助於我們提高對不同傳播媒介的認識。

(一) 紙媒體傳播的特點

紙媒體傳播就是以紙張作為傳播載體，通過印刷、發行來實現傳播，因而，紙媒體傳播依賴於印刷技術並伴隨著印刷技術的發展而發展。儘管其他傳播方式形式多樣、發展迅速，但由於紙媒體傳播方式有著上千年的發展歷史，人們對於它有著廣泛的認同；同時紙媒體所獨有的隨意、舒適和簡單的特性是其他傳播方式所不具備的。因此，在各種傳播方式中，紙媒體傳播方式仍然占據著主導地位。相對於其他的傳播方式，紙媒體傳播方式具有以下幾個方面的優點：

(1) 良好的閱讀性。紙媒體適合於人們的閱讀習慣，相對於人眼具有較適宜的亮度和對比度。

(2) 瀏覽的隨意性。紙媒體在閱讀時不需要借助於其他的輔助工

具，所以它不受時間、地點等的限制。

（3）價格的低廉性。紙媒體由於不需要借助其他的輔助閱讀工具而直接閱讀，並且材質低廉，所以它是最為廉價的大眾傳播方式。

（4）不可替代的物質性。雖然像新聞、電視節目等信息可以通過電視、網絡等方式更快捷、更廣泛地進行傳播，但是諸如商品包裝、美術作品等、紙媒體不但要承載各類信息，還必須作為商品的載體，因而具有不可替代的物質性。

紙媒體傳播也存在著一些不足，這主要表現為以紙張為傳播載體的圖文信息，其表現的形式和空間均較為有限。同時，人們對於信息的接受也主要以視覺為主，難以涉及其他感覺器官，並且紙媒體傳播由於受到其物質性和所依賴的印刷技術的限制，其傳播範圍受到了一定的限制，時效性也相對差一些。

（二）可視聽媒體的傳播

可視聽媒體主要包括廣播、電視和電子出版物等，它們或借助於通信設備，或以磁盤、光盤為載體，以各種電子設備作為輔助工具來實現傳播。廣播以其生動而富有感染的話語打動了千百萬聽眾，電視則以聲像合一的畫面吸引了無數觀眾，而電子出版物更是以其互動性使人有如臨其境之感。雖然這幾種傳播媒體間有差別，但它們與紙媒體傳播相比，均具有以下特點：

（1）傳播的容量大。一張藍光 DVD 的容量可達 30G，而現在硬盤的存儲量已經達到了幾百 G 甚至更高，這都是紙媒體所無法比擬的。

（2）具有文字、圖像和聲音綜合傳播的能力。可視聽媒體在傳播中，能把文字、圖像和聲音多種信息有機地結合起來，有效調動人們的多個感覺器官，從而創造出一個動態的、立體的傳播效果。

（3）一定的交互性。人們借助於現代通信技術和計算機技術，可以實現異地對話、人機對話，從而在一定程度上實現了人們的即時交流。伴隨著電子技術的發展而發展的可視聽傳播，使人類進入了一個全新的、前所未有的信息社會。

雖然可視聽媒體在某些方面比紙媒體前進了一步。但同樣也存在著不足：

（1）受傳播時段和傳播內容的限制。無論是廣播，還是電視，當你要瀏覽某些內容時，你必須受到相應時段的限制，並且所瀏覽的內容往往不具有重複性。

（2）受傳播工具和傳播載體的限制。無論是廣播、電視的收聽和

收看，還是計算機的使用，都必須有相應的輔助工具或手段，否則無法實現信息的傳播。

（三）網絡傳播的特點

網絡傳播是指通過計算機網絡進行人類信息（包括新聞、知識等信息）傳播的活動。在網絡中傳播的信息，以數字形式存儲在光、磁等存儲介質上，通過計算機網絡高速傳播，並使用計算機或類似設備進行閱讀。網絡傳播集中體現了新經濟時代的特點，與上述兩種傳播方式相比，其特點是非常鮮明的：

（1）它突破了傳統媒體在時間、時段和版面上的限制，傳播及時，更新速度快，信息量大，兼容性強。

（2）它是一種多媒體傳播。可以將文字、聲音、圖片、圖像等傳播符號和手段有機結合起來，因而網絡媒體可以融合報紙、廣播、電視三大傳統媒體上的內容集中加以表現。

（3）網絡傳播具有全球性，可以將影響力擴大到國際範圍。

（4）網絡傳播的雙向交互性使受眾產生強烈的意見互動，並減少其抵觸心理。

網絡傳播方式雖然具有較突出的優勢，並且發展迅猛，但也存在一些缺陷：

（1）受傳播工具的限制。由於網絡傳播必須依賴於網絡，並以計算機為終端，因而信息獲取必然受到傳播工具的限制。就目前而言，網絡的基礎建設仍處於初級階段，要達到較完善的程度是要經歷一個長期建設和發展過程。

（2）受眾面受到限制。由於網絡傳播必須採用計算機作為瀏覽工具，而計算機的應用又受到受教育程度、國家的發展狀況、文化背景等諸多條件的制約，這些都在一定程度上影響了受眾範圍。

（3）採編能力。大部分網站無獨立的採編隊伍，其信息的來源主要依賴於其他的傳播媒介，因而缺乏獨立性、新穎性和權威性。

（4）可閱讀性差。由於計算機屏幕亮度較高，並時常伴有閃爍及亮度的變化，閱讀時的舒適感不好，易於疲勞。

通過上述比較和分析，不難看出，雖然上述幾種傳播方式出現於不同的時代，但都有自己的特點和不足。一種傳播方式很難完全取代另一種方式，並且由於科學技術的發展，各種傳播方式間相互滲透、互為補充、共同發展、共同繁榮，必然是今後傳播媒介發展的主要方向。

第二節 受傳者心理分析

公關傳播活動是具有一定目的性的,傳播者總是期望自己的傳播行為能夠達到預期的意圖或目標,產生良好的傳播效果。傳播效果的產生始終離不開一個重要的傳播因素——受傳者,即傳播活動的對象。受傳者是接受信息的認識主體,是具有反作用於信息的能動者。受傳者心理是其自身態度改變的內因,而來自於傳播者的特點和傳播者在信息傳播中所採用的策略方法,則屬於受傳者心理改變的外部力量。外因只有通過內因才起作用,所以需要重點研究受傳者心理及其特點,以增強信息傳播效果。

一、有關受傳者的理論

在傳播過程中受傳者並不是被動、機械地接受傳播的,對此,西方傳播學者進行了一系列的研究,提出了各種不同的觀點。美國著名傳播學研究者梅爾文·德福勒在其《大眾傳播理論》(1975)一書中把關於受傳者的理論歸結為4種:①個人差異論;②社會範疇論;③社會關係論;④文化規範論。1967年巴倫又提出了社會參與論。這5種受傳者理論從各不相同的側面給受傳者畫了一張張側面像,把它們結合在一起,就能對受傳者產生一個立體的整體印象。

(一)個人差異論

個人差異論以行為主義心理學為基礎,關注同個體受傳者有關的變量,認為世界上根本不存在一成不變、整齊劃一的大眾傳播的接受對象,受傳者之間普遍存在的個體差異決定了他們對信息有不同的接受和理解,進而就有不同的態度和行為。這一理論使人們認識到,受傳者是有著鮮明個性和一定主見的傳播主體。傳播媒介的信息符合受傳者的興趣、態度、信仰,便容易得到他們的注意與理解;反之,這些信息就可能被迴避、歪曲或忘記。於是,有效勸服的關鍵就在於改善受傳者個人內部的心理結構。

德福勒在《大眾傳播理論》中將這種廣泛而普遍存在的個體差異分為5種:①人們各自的心理構成是千差萬別的;②人們的先天稟賦和後天習性各不相同;③一個人的心理結構之所以不同於其他人,是由於人們所處的環境不同,以及自身在認識客觀環境時所獲得的立場、

價值觀念和信仰的不同所造成的；④個性的千差萬別來源於人們在認識客觀事物時所處的不同的社會環境；⑤通過學習而形成的素質不同。

（二）社會範疇論（社會分類論）

這一理論是通過對個體差異論進行修正與擴展而最終形成的。它以社會學為基礎，著重強調人的社會群體特性的差異。它承認受傳者具有各不相同的個性，但進一步看到這些各不相同的受傳者在性別、年齡、文化程度、社會地位、興趣愛好、價值觀、甚至信仰等方面總會有大體相同的特點，匯總起來就形成了社會群體範疇。屬於同一社會群體範疇中的成員對於大眾媒介的信息會做出大體相同的反應。於是，大眾媒介可以針對不同社會群體的特點去選擇和製作信息，把節目或內容安排得更具特色，更有吸引力。

（三）社會關係論

社會關係論主要著眼於受傳者參加的組織或團體的壓力、合力對受傳者本人接收信息的影響，強調群體關係在傳播活動中的作用。媒介傳播的任何信息，都將受到個人的生活圈的抵制或過濾，很少暢通無阻。如果傳播媒介的信息與團體的意見相左，或有損於團體的利益，團體中的堅定分子必將首先起來抵抗傳播，或攻擊媒介，其餘的人則可能採取迴避或歪曲傳播的方式，以削弱媒介的力量和作用。即使有少數人對團體持否定態度，他們雖然或許會在心底裡認同與團體意見相反的觀點，但不敢把它公開化，不敢公然與自己所在的團體中的大多數人作對，明目張膽地去接收對團體有害的或團體認為不好的信息。可見，團體的壓力和合力對個體接收信息的態度、行為的影響是很大的。

（四）文化規範論

文化規範論認為，大眾傳播媒介通過有選擇地、反覆地提供一貫的信息，使受傳者體會或知道什麼是社會上所讚同或認可的規範、信仰和價值觀，就可以形成一種道德的文化的規範力量，並使之成為人們認識事物的一種「參考框架」。人們在傳播媒介長期的潛移默化的影響下，將不知不覺地依據媒介逐步提供的「參考框架」來認識和解釋社會現象與事實，闡明自己的觀點和主張，即受傳者如何處理媒介信息與媒介傳播的文化規範有著直接的關係。

（五）社會參與論

普通群眾和群眾團體應該既是信息傳播中的受傳者，也是信息傳播中的傳播者，他有權利用大眾傳媒來反應自己的處境、發表自己的

見解或看法。大眾傳媒應當成為公眾的講壇。有關受傳者的社會參與論逐漸地得到了國際社會的承認，聯合國國際交流問題研究委員會就曾經在1980年編寫的《多種聲音，一個世界》中強調：「大眾傳媒的負責人應該鼓勵他們的讀者、聽眾和觀眾在信息傳播中發揮更積極的作用，辦法是用更多的報紙篇幅和更多的廣播時間，供公眾或有組織的社會集團的個別成員發表意見和看法。」

二、受傳者的選擇性心理

受傳者在接受信息的過程中具有自身的能動性，他們原有的態度趨向、觀點和興趣導致受傳者對傳播的信息是有選擇的，這就是受傳者的選擇性心理。受傳者的選擇性心理主要包括選擇性注意、選擇性理解、選擇性記憶。

（一）選擇性注意

1. 選擇性注意的特徵

人們在接收信息時，總是不由自主地、自動地把那些與自己毫不相干的信息排除在自己的注意範圍之外，同時也會主動地迴避那些與自己固有觀念相悖的或自己不感興趣的信息，只注意那些與自己固有觀念一致的，以及自己需要和關心的或者對自己有用的信息。

2. 影響選擇性注意的因素

影響受傳者選擇性注意的因素主要有：①受傳者原先的態度和立場。人們出於認知的和諧和自我確認的需要，總是更樂於注意那些支持其態度和立場的信息，因為這些信息有助於其認知的和諧和自我確認。當然，對相反的信息則會加以排斥和迴避。②信息內容同受傳者的接近程度如何，即信息內容是否同受傳者有關，是否會對受傳者產生影響。如有關兒童保健和教育的信息內容對家有處於兒童期的孩子的母親來講，就比未婚婦女或雖然已婚但沒有孩子的婦女更為接近；有關上海最近五年的建設規劃對於上海人而言，就比東北人更為接近。而信息內容同受傳者越是接近，就越有可能成為受傳者選擇性注意的內容。

3. 提高信息的競爭力

受傳者對信息內容的選擇性注意是客觀的存在，但並不表明傳播者對此就只能束手無策。實踐證明，只要傳播者採取各種有助於提高信息競爭力的方法，就可以增強自己的傳播內容吸引受傳者注意的能力。如不斷強化和更新傳播的內容、改進和變換傳播的形式、揭示傳

播內容同受傳者的需要和生活的關係、利用內容本身的矛盾性質等，以及採用吸引人們無意注意的各種有效手段。

（二）選擇性理解

1. 什麼是選擇性理解

選擇性理解意味著不同的人以不同的方式對同樣的信息做出的解釋和反應。通常，人總是依照某些經驗來接受和理解傳播內容，或根據自己已有的觀念來理解信息，對那些與自己原有觀念相反的內容則加以排斥或曲解，使它符合自己已有的觀念和立場。

2. 影響選擇性理解的因素

（1）受傳者的需要和動機

有時受傳者之所以對信息做出自己的理解，就是在某種動機推動下試圖滿足自己的某一種或某幾種需要。理解的目的往往是想通過理解得到某些東西。美國學者麥克萊勒和阿特金森（McClelland, Atkinson, 1948）的實驗表明了對於一些似乎隱約可見的東西，處於高度饑餓狀態的被試把它們理解成同食物有關的東西的概率很高，而不太饑餓的被試則較少地把它們理解成同食物有關的東西。可見，只有外界刺激與內在需要相一致時，外界刺激才能起作用，也才能被受傳者注意和理解；否則，就可能被迴避或歪曲。

（2）受傳者原有的態度

受傳者原有的態度或立場也是導致選擇性理解的一個極為重要的因素。美國猶太人委員會有志於研究諷刺在減少偏見方面的效果，庫珀和雅霍達（Eunice Cooper, Marie Jahoda）為了研究反偏見的漫畫在減少偏見方面的效果，塑造了一個誇張的漫畫形象「比戈特先生」（Mr. Biggott），令他在規定情境下有意顯示出偏見的可笑。例如，其中有一幅漫畫：比戈特先生躺在醫院的病床上已經奄奄一息，可他還在對醫生說：「萬一我必須輸血的話，醫生，你要保證給我輸第六代美國人的藍血（blue, sixth - generation American blood）！」漫畫的意圖是讓觀眾看見偏見的可笑並減少自己所持的偏見。可是大約有三分之二的被試誤解了漫畫的意圖，說漫畫的目的在於使偏見合理化，因為漫畫表明別人也有偏見，所以自己有偏見就不足為怪了；而原本不太有偏見的人多能理解漫畫的意圖。可見，無論有無偏見的人從漫畫中看到的都是能夠穩定和加強他們原有態度的因素。

（3）受傳者的情緒狀態

盧奔和盧卡斯（Leuba, Lucas, 1945）利用催眠術將被試引領進

入不同的情形狀態後，給他們看一張一群年輕人在一片沼澤地裡挖掘的圖片，發現由於個人所處的心境不同對圖片的描述有極大的差異。同一個被試處於愉快心境時對圖片的描述是：「看起來很有意思：喚起了我對夏天的記憶。這就是生活的目的：在野外鍛煉——挖掘泥土、種植、看著它們成長。」而當他處於批評性心境時則描述為：「相當可怕的地方。對處於這種年齡的孩子來說應該做一些更有益的事情，而不是在這種地方進行挖掘，這樣做不僅不乾淨、骯髒、而且毫無益處。」在被引領進入焦慮心境時，則對同一幅圖片的描述為：「他們會弄傷自己，應該有大人在旁看護以防事故。我真想知道水有多深。」

(4) 受傳者的個性特點

受傳者的個性特點也會對人的理解能力產生影響。有一個故事說一位父親有兩個兒子，一個兒子非常樂觀，另一個兒子極端悲觀。父親覺得過於樂觀或過於悲觀都不好，於是，父親在一間房間裡堆滿了馬糞，讓樂觀的兒子在裡面待一天；在另一間房間裡堆滿了各種各樣吸引人的玩具，讓悲觀的兒子在裡面待一天。到了這一天的晚些時候，父親進到堆滿馬糞的房間，看見樂觀的兒子正喜氣洋洋、揮汗如雨地刨著馬糞，絲毫沒有沮喪或悲傷，他告訴父親在馬糞的下面肯定藏著好東西。父親又到另一間房間，發現悲觀的兒子坐在玩具堆前傷心地哭著，兒子告訴父親他擔心這些好玩的玩具會被弄壞。

選擇性理解的存在，使得在實際的信息傳播過程中，編碼和解碼兩個過程並不對稱，所受的信息常常並不等於所傳的信息，二者可能相去甚遠甚至相反。傳播者在組織傳播活動時應該充分考慮受傳者的選擇性理解，控制和引導傳播內容，盡量減少和消除受傳者對傳播內容可能產生的歪曲，提高傳播的質量。

(三) 選擇性記憶

1. 什麼是選擇性記憶

選擇性記憶是指對信息的記憶受到需要、態度及其他心理因素的影響，從而使記憶的結果常常表現為對記憶信息的某一部分印象很深，或只記憶其中對自己有利的部分，或只記住自己願意記住的部分，而忽略其餘部分。

2. 如何增強受傳者對重要內容的記憶

通過運用以下這些方法，可以對受傳者的選擇性記憶施加影響，使他們更好地記住與傳播主題相關的內容。

(1) 創造良好的記憶環境，如接受信息的場所與休息、娛樂的場

所分開，對環境加以布置使受傳者不受其他信息干擾和刺激。
（2）重視受傳者的最初和最後印象。
（3）組織座談討論。
（4）進行必要的獎懲（大棒加胡蘿蔔）。

三、受傳者的心理效應

傳播活動所針對的對象並不是孤立的，受傳者作為社會群體的一員，它具有鮮明的群體性和社會性。傳播者在考慮傳播的效果時，不應該忽視受傳者的群體心理特徵及其產生的心理效應。所謂心理效應，是指傳播活動中的一些心理現象對傳播過程和傳播效果的影響。

（一）威信效應

這裡指傳播者個人或群體的權威性、可信性對受傳者的心理作用以及由此產生的對傳播效果的影響。傳播者是大眾傳媒中的信息採集者、製作者、把關者，社會對傳播者具有一種與此種身分相聯繫的期待。受傳者接受信息，總要求所接受的信息是真實的，而不是虛假的，是可靠的，而不是虛無的。對信息本身的驗證固然是一個重要方法，而對傳播者形象的審視也是一個重要途徑。受傳者接受信息時，總要瞭解一下，信息是誰發布的，來源可靠嗎？如果答案是否定的，就很可能拒絕視聽，即使視聽，也會抱懷疑的態度去看待信息的內容。在此種情況下，信息傳播很難收到積極的效果。西方傳播學者曾經提出一個「睡眠者效果」說，即認為如果告訴受傳者一種意見是由一個他不信任的人提出來的，效果會很差。過了一段時間當受傳者已忘記了意見的來源而只記住意見本身時，傳播就會出現反彈，效果有所提高。如果再提醒受傳者這個意見是誰提出的，效果又會隨之降低。因此，西方有的傳播學者提出，要改變一個人的看法，最好改變他對傳播者的看法。應該說這是有道理的。傳播學研究認為，傳播者或信息來源的可信度越高，其說服的效果就越大；可信度越低，傳播的說服性效果越小。可信性通常包括兩個要素：其一是傳播者的道德信譽，如是否誠實、客觀、公正等品格條件。名記者、名節目主持人之所以可貴，不僅在於其有深邃的觀察力、敏捷的文思、生動的表現力，而且更在於他在廣大受傳者心目中享有很高的聲譽。在中國市場經濟大潮中，有的記者、節目主持人為金錢所誘惑，或搞「有償新聞」，或「走穴」要高價，或做不實廣告，以致受到受傳者的批評或冷落，這種教訓是很值得人深思的。其二是傳播者的傳播內容的權威性，即傳播者在他

傳播的內容的範圍內，具有一種為受傳者信服的力量和威信。這種權威性無疑等於增加了內容的真實性和可信度。

在傳播活動中，受傳者威信效應的產生主要取決於信源在受傳者心目中的威望和地位，且這種威望和地位是受傳者授予的，受傳者掌握著主動權。一旦受傳者發現信源的可信度並不如心目中所期待的那麼高時，此後，信源在受傳者心目中的威望和地位就會大打折扣。畢竟，傳播效果需由事實來說話。從長期的傳播效果來說，最終起決定作用的還是傳播內容本身的說服力。

（二）順從、認同和內化效應

順從、認同和內化效應，是指受傳者態度改變的心理層次。

順從，作為受傳者群體中的個體接受信息時所採取的與大多數相一致的心理和行為的對策傾向，表現為外顯行為上的一致，是出於一種趨利避害的動機。大眾傳播活動通常是在「一對多」的場合下進行的，在這種情況下，受傳者群體中的多數意見會對成員中的個人意見或少數意見產生壓力。個體往往因為害怕被孤立而被迫或潛移默化地服從多數意見，與群體達成一致。用榮格的集體無意識理論來解釋，「少數服從多數，個人服從集體」，這種潛意識在很大程度上制約著現代人的心理活動。譬如對於一本書的評價，如果大多數人都說這本書好看，內容深刻，而個別人本來看不大懂卻因為害怕被人認為沒水準而被迫保持沉默或隨聲附和。在信息接收中，順從效應一方面能夠規範人們的接受行為模式，趨向於群體一致；另一方面又通常會導致個性的壓抑，影響個人獨創性的發揮。

認同，即受傳者對大眾傳播內容保持一致，這種一致並非只是表現在外顯行為上，而是在心理上與傳播內容產生了一種不可分的整體感覺。認同與順從相比，是較高的心理層次。認同主要不是受趨利避害動機的驅使，而是受傳播內容的吸引，被傳播內容所感動，因而願意與傳播內容保持一致。比如，傳媒發表某人對某事的看法，受傳者因為對此人一向尊敬，欽佩他的學識，所以就對他的看法表示認同。這種認同並非是為了趨利避害，而是為他所欽佩的人所吸引，願意在態度上與他保持一致。

內化，是把傳播內容納入自己的思想體系中，把傳播的觀點和情感作為自己的觀點和情感的一部分。內化與認同不完全相同：其一，認同更多的是出於情感上的原因；而內化則更多出於理智上的考慮。其二，認同往往與傳播者有更密切的聯繫，因此，如果對傳播者的態

度改變了，對傳播內容的態度也會隨之改變；而內化則是新態度已成為自己態度結構中的一部分，即使對傳播者的態度改變了，新態度也不會受其影響。因此，內化與認同相比，更深地扎根於心理結構中，是最持久、最牢固的態度改變。

以受傳者態度改變的心理層次而論，大眾傳媒應當期望自己的傳播能內化為受傳者自身心理結構的一部分，這無疑是十分必要和正確的。但是大眾傳媒不能因此輕視受傳者改變態度的順從與認同形式，因為要求受傳者具有不同的反應，而又要收到同樣的傳播效果是不現實的。受傳者對傳播的順從和認同，也是傳播效果的重要組成部分。受傳者順從、認同有益的傳播，對於建立一個既有大方向又生動活潑的社會是有意義的。當然，順從、認同與內化之間也並非截然分開的，當受傳者對傳播內容抱順從與認同的態度時，就可能願意進一步去接近相關的內容，這就為傳播內容的內化創造了條件。受傳者在順從與認同中如果不斷體驗到態度改變的積極意義，更有可能使態度的改變進一步向內化轉化。

（三）逆反效應

這是指受傳者由於受某種既定立場、思維定勢的影響，在接觸、接受傳播過程中產生的與傳播者的傳播意圖相反的心理傾向。

大眾傳播中逆反心態大致表現為以下幾種情況：

一是評價逆反，即受眾對傳播的事實判斷或價值判斷與傳播者所持的判斷截然相反。傳播者持正面態度而受眾卻持反面態度；傳播者將真正的新聞進行傳播，受眾卻當作虛假的新聞加以否定或排斥；傳播者宣揚的正面形象，受眾卻偏持反面的評價；等等。

二是情感逆反，即傳播者在過程中所蘊涵和表現的情緒或情感，不僅未被受眾所接受，反而激起受眾的反感。比如，傳播者喜歡的，受眾厭惡，傳播者褒揚的，而受眾卻排斥。

三是行為逆反。即傳播者企盼受眾採取某一種行為，受眾卻反其道而行之。比如，傳播者勸說受眾不要閱讀某種書刊，而傳播的結果竟是刺激受眾千方百計地去閱讀此種書刊。

致使受傳者產生逆反心理的原因是多方面的，包括受傳者因素和傳者因素。從受傳者方面的原因來看：

第一，是對傳播的懷疑、不信任。傳播內容失實、虛誇、片面或極端，受傳者感到傳播內容的描述與實際生活本身不相符合，因而對傳媒的其他內容，即使是真實、全面的內容也不信任；還有傳播方式

不當，即我們常採用的一種「反面文章正面做」的傳播方式。比如對於一些災難、事故不是去報導災難、事故的實際情況，給社會或當事人造成的不幸和損失，災難、事故所產生的原因等，而往往將主要篇幅用來報導對災難、事故發生後，組織或個人與之抗爭的英勇行為。應該說此種傳播方式並非完全不可取，正面宣傳人物的英勇行為，可能使受傳者獲得精神上、道德上的啓迪和鼓舞，產生積極的傳播效果。但是經常採用此種傳播方式，也可能產生另一種負面效應，受傳者不僅會因不瞭解關於災難、事故本身的實際狀況感到不滿，而且還會由此誘發逆反心理，使其對於正面的報導也持消極的視聽態度。更有甚者，可能形成受傳者「正面文章反面看」的逆反心態，這對於受傳者接受正面報導無疑是一種巨大的心理障礙。

　　第二，是對傳播的反感。受傳者有一種心理傾向，即對傳播內容的評價與對傳播者的評價保持平衡，如不喜歡甚至厭惡傳播者，就會持否定態度。如果傳播者在傳播態度或者在所傳播的內容中，缺乏公正、平等、客觀的態度，說理簡單化，不僅會削弱傳播的說服力和感染力，而且還會誘發受傳者的逆反心理。這些是受傳者本身所持有的思維定勢。對此，傳播者如果利用得好，就會產生積極的效果；利用不好，則可能會產生負面效果。對消極的心理定勢，傳播者應該好好引導，使其向積極的方面發展。

　　第三，是受傳者的好奇心太強，有時也會導致逆反心理。當大眾傳媒對某一事物越是表示否定時，受傳者對之瞭解的願望反而會越加強烈。某一作品本來不被人所注意，但在大眾傳媒對其進行批判後，此作品反而會一時成為人們注意的對象。越禁越熱，這種似乎反常的「禁果效應」往往是源於好奇心的逆反心理而產生的。大眾傳媒對於具有新聞價值的事件保持傳播沉默時，受傳者對它的注意程度反而會增加，這就賦予了事件一種神祕色彩和某種誘惑力，使受傳者產生探究它、注意它的慾望。「大道不傳，小道傳」的現象的產生，往往就與受傳者的這種心理有關。

　　一般說來，就很多情況來看，受傳者逆反心理的形成是大眾傳媒傳播不當所造成的，逆反效應通常是傳播中的一種失誤，應該盡力加以避免。傳播要力求真實全面，防止過度傳播，同時要給受傳者必要的選擇空間。傳播者必須有強烈的受傳者意識，把受傳者當作服務的對象，逐漸消除受傳者的逆反心理，把逆反心理變為順從心理，溝通受傳者的感情，增強受傳者心理的親近感，盡可能選準受傳者心理的

共振點。唯有如此，才能在受傳者中產生預期的傳播效果，達到傳播者的目的。

第三節　傳播效果的提高

在傳播學領域，傳播效果具有雙重含義：一是指傳播行為在受傳者身上引起的心理、態度和行為的變化，這意味著傳播活動在多大程度上實現了傳播者的意圖或目的；二是指大眾傳播媒介的活動對受傳者和社會所產生的一切影響與結果的總體，不論這些影響有意無意、直接間接或顯在潛在。

一、傳播效果的層次性

傳播效果包括認知層面、情感層面、態度層面和行為層面。從認知到態度再到行為，是一個效果累積、深化和擴大的過程。

1. 認知層次的傳播效果

認知層次的傳播效果又稱環境認知效果。它僅僅形成於受眾的感知層面，為了幫助公眾瞭解有關組織的信息，甚至與組織沒有直接關係的信息，以直接或間接地提高組織的知名度與美譽度。衡量它的尺度通常用受眾對傳播內容的「知曉度」來表示。這一層次是公關傳播效果的最低層次，也是最基礎的。

2. 情感層次的傳播效果

它不僅作用於受眾的感知覺，還進一步影響情感，引起公眾的情感共鳴，增加對組織的好感，拉近公眾與組織的心理距離。衡量它的尺度可以用公眾對組織的好感度、親近度來判斷。

3. 態度層次的傳播效果

組織通過公關傳播，促使公眾對組織的看法、印象發生變化，朝向組織所期望的方向發展（包括增加對組織原有的好印象和改變原有的不良影響）。態度的公眾的行為傾向，對人的言行有較強的支配作用，它是衡量公關傳播效果的重要指標。衡量標準主要是看公眾接受傳播信息前後態度的變化程度，往組織所期望的方向改變越多，態度層次的效果就越好。

4. 行為層次的傳播效果

行為層次的傳播效果又稱社會行為示範效果。組織通過傳播活動，

導致受眾在行動上的變化符合組織的期望。評定效果主要是觀察公眾的實際行動。

二、傳播效果主要理論

傳播效果是傳播學研究的重點，為了實現傳播效果，從 20 世紀 30 年代起，傳播學研究者和傳播學家就對傳播效果問題進行了深入細緻地研究，創造了許多有價值的或者在一個時期起著重要作用的傳播效果理論。按國內有關學者對傳播效果研究歷程的認識，主要有以下 5 種理論：

1. 超強效果論

超強效果論，即槍彈論、同一效果論、魔彈論、皮下注射論。這一理論將受眾看作完全被動的實體，將大眾傳播過程中發生的情況比作靶場上發生的情況，認為只要信息「命中目標」（受眾）或「注入」受眾腦中，它就會產生傳播者預期的效果。

2. 有限效果論（亦可稱為最低效果法則）

有限效果論強有力地動搖和駁倒了「魔彈論」（這一理論無視受眾力量和作用將受眾當作被動的「靶子」）。其核心思想是：傳媒並非萬能的，而是在多種制約因素的互動關係裡產生相當有限的效果。同時，它對大眾傳播過程中涉及的一系列複雜關係和仲介因素進行了探討。

3. 適度效果論

它既不同意大眾傳播媒介威力無比的觀點，又不同意用受眾的固執態度來否定大眾傳播媒介的效果。如果說「魔彈論」否定了受眾的主動性與選擇性，「有限效果論」忽視傳媒的勸服效果，過分重視受眾態度的固執性，那麼「適度效果論」則認為在傳受雙方的互動關係中，由於所處境遇不同，傳授者的主動性與選擇性也就千差萬別；傳媒的勸服效果和受眾態度、思想、信仰和行為等方面相關，不可絕對而論。

4. 強大效果論

它是在適度效果論基礎上發展起來的，與早期的媒介威力不相同，它從受眾出發探討媒介間接的、潛在的、長期的影響，同時將傳播過程置於整個社會政治經濟環境中進行多元化的宏觀分析。有學者認為，強大效果論是適度效果論的存在方式之一。其重要原則是：在一定的社會、歷史、文化境況中，如果能順應事態的客觀發展和公眾普遍的

內在需求；如果能抓住時機，控制局面，引導受眾的感知、認識、情緒和行為；如果能根據傳播理論的原則，謹慎地籌劃節目和傳播活動，確立明確的傳播目標，妥善重複有關信息，那麼，傳播就可以產生強大的效果。

5. 談判效果論

它是指在傳受雙方互動的意象建構過程中，傳播產生的效果。該理論揭示：大眾傳播的內容不僅是傳者所傳導的內容，而且還要受到受眾的深刻影響，傳受雙方在批評與批判中積極建構大眾傳播內容的意義系統；大眾傳播的效果取決於傳受雙方在具體的社會、歷史、文化環境內的批評與批判關係。

三、傳播效果的提高

隨著傳播效果研究的深入，人們逐漸認識到傳播是一個系統，必須用系統的觀點才能全面地、準確地把握傳播效果，才能真正發揮傳播的作用。

企業的傳播活動是一項典型的說服性工作。以下將從傳播的四個核心因素來分析如何提高傳播效果。

（一）慎重選擇信息傳遞者

傳遞者對消費者態度改變有著重要的影響，以其自身的信息源特徵影響著說服效果。一般來說，影響說服效果的信息源特徵主要有四個，即傳遞者的權威性、可靠性、外表的吸引力和受眾對傳遞者的喜愛程度。

由專家、權威傳遞信息，可以增強信息的可信度和影響力。一種新藥的評價如果是出自一位名醫之口，顯然會較普通人的評價更具有說服力。在報刊、電臺上，經常請有關專家、學者宣布某項研究成果或信息，目的就是為了增加信息的可信度和影響力。

借助第三方或對手傳遞信息，進行溝通勸服，可以讓勸服對象感到客觀公正。例如，再有名的權威專家如果是在為自己開的公司做宣傳，人們對其評價的可信度就會存在疑問。很多消費者之所以對廣告和推銷員的說辭表示懷疑，原因也恰恰在於他們認為後者在宣傳中難以做到客觀公正。若借助新聞媒體、政府機關、民間團體、甚至是自己的競爭對手或消費者之口來宣傳自己，商家或產品生產者就可以大大提高信息傳播的可信度。

傳遞者相貌姣好、富有魅力，能引人注意、引起好感，便能增強

說服效果；很多商業廣告，用俊男靚女作為打動顧客的手段，就是運用的這一原理。但應注意有選擇地使用，因為傳遞者的外表魅力的發揮要受制於其他因素，如信息源自身的特徵。當產品是香水時，具有高吸引力的傳達者能引發更多的購買意向；相反，當產品是咖啡時，不太具有吸引力的傳達者能產生更好的影響效果。所有能增加信息接受者喜愛程度的因素都有利於改變態度，是因為人具有模仿自己喜愛對象的傾向，較容易接受喜愛者的觀點。

（二）合理安排傳播內容和傳播方式

傳播是指以一定的方式和內容安排把一種觀點或見解傳遞給信息的接收者或目標靶（Target）。信息內容和傳遞方式是否合理，對能否有效地將信息傳達給目標靶並使之發生態度改變具有十分重要的影響。在說服內容方面，當傳遞者發出的態度信息和消費者原有的態度出入較大時，信息傳遞所引起的不協調感會增強，消費者面臨的改變態度的壓力會變大。在這種情況下，差異和信息源的可信度同時作用，來影響消費者的態度改變，即信息接收者不一定以改變態度來消除不協調的壓力，而可能以懷疑信息源的可信度或貶低信息源來求得不協調感的緩解，這時候可選取專家或權威組織機構的說明來增加信息的可信度。例如，一些日化用品，特別是牙膏和香皂類產品的營銷，常伴有中華預防醫學會的證明測試和推薦。在營銷實踐中，建議商家注意把商品本身所表達的理念與目標消費者之間的差距控制在一定的範圍內。企業經營者可以通過一定的市場調查，如問卷調查等手段來獲取消費者的信息，以及瞭解他們對某一事物所持的心理，瞭解目標消費群的接受程度，並將這些結果考慮進去，及時跟進，根據市場反應靈活調整策略。

在考慮說服方式時，對知識水平較高，非常確信自己的判斷水平，不喜歡別人替自己做判斷的消費群體，宜採用雙面論述，給消費者一種客觀、公正的感覺，可以降低或減少消費者對信息源的抵觸情緒。但對判斷力較差、知識面狹窄、依賴性較強的消費者，則採用單向式呈遞信息的方式。這個層次的消費者喜歡聽信別人的判斷，自信心較差，宣傳產品時應明確指出商品的優勢，它給使用者能帶來什麼好處，直接勸說他們應該購買此物。

恐懼喚起是廣告宣傳中常常運用的一種說服手段。頭皮屑帶來的煩惱、蛀牙帶來的嚴重後果、腳氣患者的不安表情，無不是用恐懼訴求來勸說消費者。雖然恐懼訴求的有效性在其發展過程中說法不一，

但是近些年來，恐懼訴求越來越多地被視為是有效的。人壽保險公司、防盜器具生產商、汽車製造商正日益增多地運用恐懼訴求，以喚起消費者對其產品的興趣。對於人們生活中一些會產生恐懼心理的事物，廣告不妨從喚醒做起，給予高度重視，也許會產生更好的勸說效果。

（三）瞭解組織的消費者

目標靶即信息接收者或企業試圖說服的對象。說服對象對信息的接收並不是被動的，他們對於企業或信息傳遞者的說服有時很容易接受，有時則採取抵制態度，這在很大程度上取決於說服對象的特徵。

如果消費者堅持某種信念，如在多種公開場合表明自己的立場與態度，或者根據這一信念採取了行動，出於維護自尊的需要，就很難改變其態度。因此，首先要瞭解消費者的喜好、需求，要從他們首肯的方面入手，盡量避免「不」字從消費者口中說出，應在消費者公開表態之前或輿論形成之前行動。

消費者對某一購買問題或關於某種想法的介入程度越深，他的信念和態度可能就越堅定。在購買電腦時，消費者可能要投入較多的時間、精力，從多個方面搜尋信息，然後對電腦功能、配置等形成一些目標要求。這些目標要求一經形成，就會相當牢固，要使之改變就比較困難。而在購買一般日用品的情形下，比如購買飲料，消費者在沒有遇到原來熟悉的品牌時，可能就會選擇售貨員所推薦的某個品牌。高價位、高社會象徵性的產品，消費者的介入程度都比較大。對於這類產品的宣傳，應考慮讓消費者主動發言，然後從其購買意願中尋找機會，或者借助情感手段贏取消費者的心。

消費者的人格因素會對態度改變產生直接影響，如自尊心不太強者較自尊心強者更容易被說服。前者可能不太重視自己的看法，遇到壓力時很容易放棄自己的意見；而後者往往很看重自己的觀點與態度，在遇到他人的說服或攻擊時，常會將其視為是對自身價值的挑戰，所以不會輕易放棄自己的觀點。

總之，在面對消費者尤其是單個消費者時，更要注意根據消費者的人格特徵採取靈活的說服方式。

（四）不可忽視的情境因素

說服不是在說服者與被說服者之間孤立進行的，而是在一定的背景下進行的。這些背景條件以及情境因素對於說服是否能達到預期效果，成功改變消費者態度起著重要的作用。

預先警告對消費者有兩種影響作用，一是抵制說服，一是促進其

態度的轉變。如果消費者對其原有信念不是十分信服，則預先警告就會減弱消費者抵制力，促進消費者態度的轉變。例如，對於多種人體所需微量元素是否能同時補充屬於醫學研究方面的專業問題，大部分消費者可能都存在一定的疑惑。企業要為自己的產品宣傳，最好以醫學專家的口吻，用事實和實驗結果告訴消費者：當人體需要一種以上的微量元素的補充時，最好分開補充，以免相互影響，互爭受體。這時的預先警告就起到了促進消費者態度改變的作用。另外，個人利益的介入程度也是態度改變的影響因素。一般而言，個人利益牽扯較深的消費態度較難改變。競爭對手也是消費者，如果要讓競爭對手改變對本企業產品的態度恐怕要比普通受眾困難得多。因此，預先警告的對象應盡量選擇個人利益牽扯較輕的消費者。

此外，在宣傳過程中適當的信息重複和分心是很重要的。重複的真正意義是使人們獲得一種熟悉感，從而更傾向於認同和選擇。不過，只有適當的重複才可以增加人們的接受性；過分的重複將產生慣性，會使消費者由於厭倦而不再注意那些信息。所以，聰明的廣告商總是以豐富、變化的廣告畫面與創意去重複強調同一主題，而很少以廣告的反覆播放來獲得重複效果。可口可樂就是以獨具風情的廣告來打開不同國家市場的。

分心對態度轉變的影響，實際上應視分心程度而定。適度的分心有助於態度的改變，過度的分心則會降低勸說效果，從而阻礙態度改變。如在廣告的傳播過程中，有計劃、有目的地加入適當的「噪音」，農夫果園中「來自北緯40°的番茄汁」讓人垂涎欲滴的露珠番茄圖案；小護士佟晨潔清新可愛的形象；蒙牛酸酸乳深受青少年喜愛的「酸酸的，甜甜的」廣告歌……這些元素在與主題商品緊密掛勾、步步跟隨的前提下，能夠不讓受眾集中精力去思考和組織反駁理由，勸說效果更好。由此，適度分心就有達到改變消費者態度的可能。

通過分析瞭解在信息傳遞全過程中，影響受傳者改變的各種因素，有助於企業傳播者從這些方面著手，系統地規劃和制定相應傳播策略，以收到良好的傳播效果。

課後思考練習：

聖元乳業「致死門」

2012年1月11日，媒體報導江西都昌縣一龍鳳胎一死一傷，疑因食用聖元優博而造成。消息一出，一石激起千層浪，將剛走出「激素門」的聖元乳業再次推向了輿論的風口浪尖。如何澄清事實，還原事件的本相，對於聖元乳業來講，這又將是一個不可迴避的也無法迴避的問題……最終，事情的結果如聖元所願，聖元乳業得以沉冤昭雪，成功地化解了此次危機。對聖元乳業此次危機事件處置過程的解讀，也可以給我們很多企業很多的啟示。

事件回放

2012年1月10日死者去世後，家屬找家家福超市和聖元奶粉經銷商，事件開啟。

2012年1月10日死者家屬將死者屍體擺放在超市門前停屍問責，聖元江西分公司主動向當地工商和公安部門報案，事件升級。

2012年1月11日聖元營養食品有限公司、客服部人員、生產總監表態積極配合相關部門調查，公司統一向外界發布信息。

2012年1月12日聖元發布《20111112BI1批次出廠檢驗報告》，所有檢驗項目檢測結果均為「合格」，國際董事長兼首席執行官（CEO）張亮表示，非常同情遭受了這一悲劇的家庭，與此同時，堅信這是與聖元產品無關的孤立事件，已決定不召回其任何產品。

2012年1月13日第三方檢測結果出爐，九江都昌縣人民政府也對該事件發布公告，江西二套「都市現場」就事件採訪了都昌縣工商局秦局長，事情得以澄清。

危機公關的解讀

此次聖元危機事件能夠得到圓滿結局，可以講得益於在此危機事件的處理過程中，聖元乳業很好地把握了公共關係傳播的規律，並積極運用到該事件的處理過程中，具體表現在以下幾個方面：

（1）在該事件發生伊始，從10號死者家屬將屍體擺放在超市門口的一幕開始。聖元江西分公司一方面主動向當地工商和公安部門報案，並配合派出所穩定家屬情緒和配合當地工商部門進行產品的下架和封存工作；另一方面聖元公司對於家屬小孩死亡表示非常痛惜，並稱正等待檢驗結果，若是奶粉問題，絕對不會推卸責任，這種做法很

好地運用了承擔責任的原則，即對事件發生後就解決問題而解決問題，沒有採取迴避的態度，而是在對家屬小孩死亡表示非常痛惜同時強調不迴避責任的態度，避過了輿論的矛頭指向。

（2）在事件進入調查的過程中，聖元乳業通過各種途徑傳遞出一個聲音，避免了說辭不統一而讓媒體誤解的誤區。如在事發後的第二天，聖元營養食品有限公司生產總監穆喜森表示，該公司將會通過公關公司向外界統一發布信息，對此事不予置評；又如聖元營養食品有限公司稱，目前所有關於該事件的最新進展都會在其官方網站公布。在此後對事件的進展情況的介紹，聖元很好地把握了這個關鍵點，使真誠溝通的原則得以盡顯。

（3）對於任何一個危機事件的處理速度是解決問題的關鍵，即危機發生後，企業應首先控制事態，使其不擴大、不升級、不蔓延，在這一點上聖元乳業也做得恰如其分，從事件在媒體的曝光到事情的澄清，聖元乳業充分發揮了速度第一的原則。首先，從事件發生的11月7日算起到被媒體曝光的11月1日，可以講在如此短的時間裡聖元乳業能拿到檢測結果，並通過相關媒體、政府官員和政府予以公示，為平息此事件提供了最有力的證據，也使聖元乳業由被動轉為主動，其速度之快不言而喻。其次，在「狗咬人不是新聞，人咬狗才是新聞的」的年代裡，往往都是「好事不出門，壞事傳千里」。而對於此次聖元事件，筆者在百度進行了關於此次事件的搜索，發現對於此次事件的報導相對有限，尤其是一些知名的主流媒體採取了高度一致的克制，未出現過去先入為主的觀念，這個一方面表示媒體的成熟，另一方面也很好地說明了聖元在問題出現後與核心媒體之間的溝通，使此事件沒有被擴大化傳播，將事件的影響限制在最小的範圍，為事件的解決贏取了時間。

（4）過去很多企業在危機出現後，往往採取的方式或是自己為自己辯解，或是以企業一己之力為消費者澄清事實，或是只重視所謂的大媒體、大政府而忽略當地媒體、政府力量。在此次事件中聖元採取的方式卻有所不同，一方面聖元始終聲稱自己的產品沒有問題，並在2012年1月12日通過公司網站公布企業《20111112BI1批次出廠檢驗報告》，顯示該批次奶粉根據GB10765－2010檢測結果均為「合格」，另一方面聖元也積極借助外部權威主管部門或者機構力量作用來為自己驗明正身。但是，與其他企業不同的是，在此次事件的解決中，聖元沒有忽略當地媒體和當地政府的作用，而是積極依靠當地媒體和政

府還原事件真相。在隨後13日第三方檢測結果出來後，聖元乳業先選擇使用的是當地媒體江西二套《都市現場》播報採訪都昌縣工商局秦局長和九江都昌縣人民政府對該事件發布公告兩種形式，借助當地政府官員和當地政府在百姓心目中的公信力為自己澄清事實。可以講聖元乳業對該事件的澄清依靠當地主要媒體、借助當地工商局局長的聲明以及當地政府發布的公告的處理方式，一方面充分展現了聖元乳業充分發揮了權威證實的原則，另一方面，相比較其他企業只重視所謂的權威媒體而忽視當地媒體和政府的支持，聖元選擇了更明智更有效的方式，聖元此舉起到了事半功倍的效果，也為迅速平息此次事件起到了相當重要的作用。

（5）在此次事件的處理過程中聖元利用趨勢原則，根據事態的變化，適時調整策略。如聖元在事情進展中發表聲明稱：「我公司對同批次產品留樣進行的自檢完成，結果顯示微生物指標全部符合國家標準。自此，加上1月12日公布的產品追溯核查結果，我公司完成了自身能夠做的全部自查工作。事實再次說明九江都昌男嬰死亡事件與公司產品沒有關聯。」尤其在事情事實澄清後，聖元及時在其官方網站公布稱：「九江都昌政府在江西電視新聞發布：權威檢測結果已出，聖元奶粉合格，與孩子死因無關。」聖元還在一些其他相關媒體發表正面文章為自己證明和消除事態的後續影響，如：網易財經《工商部門為聖元正名，龍鳳胎一死一傷事件與奶粉無關》、新華網《權威檢測結果還聖元奶粉清白！》、新華報業網《聖元奶粉最新事件結果：質量才是硬道理》、新浪博客、大周網《聖元奶粉檢測合格 嬰兒死因與奶粉無關》等。

至此，聖元「致死門」事件畫上一個圓滿的句號。

（資料來源：佚名. 2012年企業危機公關經典案例分析［OL］.［2015－04－15］http://wenku.baidu.com/view/5947186c561252d380eb6eb0.html.）

練習題：

1. 試分析聖元乳業危機公關的傳播過程。
2. 試分析影響聖元乳業公關傳播效果的因素。

第八章
利用社會影響改變公共心理

　　人作為社會的人，永遠是同社會相聯繫的。任何一個個人，都是特定社會的一員，必定會受到社會其他成員及團體的影響。個人從一個自然的人成為社會的人的社會化過程，正是在社會影響的作用下實現的。社會影響是社會心理學的重要研究領域之一，許多社會心理學家對此進行了大量研究。本章在探討社會影響規律的基礎上，介紹在公關活動中恰當運用社會影響的方法。

補充材料 8－1：

　　美國「福特」汽車公司在世界汽車市場競爭激烈之時，想打入臺灣市場，便與臺灣的「六和」汽車製造廠合資，辦了「福特六和」汽車製造公司，推出「cortina」牌轎車。他們首先遇到的廣告問題是，這個牌名如何翻譯。經過反覆思索，他們認為該產品首先是面對青年人的，所以便譯成了諧音的「跑天下」。為了擴大市場，需要進一步去做廣告。該公司又調查了顧客心理，發現臺灣人對本地車是不信任的，對美國車又怕耗油多。

　　如何打消顧客的疑慮而改變臺灣公眾的心理呢？廣告策劃人員調來了「cortina」在世界其他地方的銷售額報表，發現已有240多萬人買了這種車。看到這個報表，廣告策劃人員頓生靈感，就決定將廣告詞表達為：「世界超過二百四十二萬六千八百五十四名車主，已經為您試驗過」，並且在廣告上打出許許多多帶笑的人像，以表示對使用該車的滿意度。廣告一宣傳，效果極好，於是銷售量直線上升。

　　此廣告之所以能促進「cortina」銷售量的大幅上漲，就是因為廣

告策劃人巧妙地運用了社會影響的方法。

承認公眾的心理傾向、心理特徵與心理定勢的存在，並不是說公關宣傳只能一味地順從和遷就公眾的價值觀念、道德標準和趣味傾向，一味地遷就其一時的需求和情緒。公關傳播還擔負著改變公眾態度、說服公眾的任務。因此，組織要善於利用各種社會影響來鞏固、改變或發展公眾的某些態度和行為。

第一節　他人在場

社會心理學的研究發現，在一個人從事某項活動的時候，如果有其他人在場，他就會感到有一種刺激。這種刺激會影響他的活動效果，在一些場合會促進社會活動的完成，在另一些場合卻會干擾社會活動的完成。我們把這兩種情況分別稱為社會助長和社會阻抑，也常常合稱為「他人在場」。

一、社會助長和社會阻抑

(一) 什麼叫社會助長

個人的活動由於他人同時參加或者在場旁觀，從而活動效率得到提高，就叫作社會助長，或社會促進。

社會助長包括兩種情況，一種是在同他人共同活動時活動效率得以提高，這叫共同活動效應；另一種是當他人在場旁觀時活動效率得以提高，這叫觀眾效應。

有關社會助長最早的實驗是由法國學者特里普萊特（N. Triplett）在1898年進行的。他發現一個人在同他人比賽騎自行車時，其成績比他單獨騎車的最好成績還要好，平均提高30%；兩人成組纏線也比個人單獨纏線效率高5%。

奧爾波特（H. H. Allport）在20世紀20年代做了一項實驗，要求被試完成難易程度不同的五種活動：從句子裡抹掉元音字母、辨別圖形、自由聯想、計算乘法題、反駁古代哲學家的語錄。結果，前四種活動都是在與他人共同工作時效率高，只有最後一項活動是個人單獨工作時質量更高。

社會助長的現象在動物身上也可以見到。S. C. Chen對螞蟻在單獨、成對和三個一群時挖掘沙土的數量做過比較，結果在後兩種情況

下，螞蟻所挖的沙土是單獨工作時的 3 倍。

(二) 什麼叫社會阻抑

他人在場旁觀或共同活動並不總是導致個人活動效率的提高，相反，可能還會降低個人的活動效率。例如，一個演員在家裡把臺詞背得滾瓜爛熟，可一上舞臺，面對眾多觀眾，卻變得結結巴巴，甚至忘掉整段臺詞。皮森 (J. Pessin, 1933) 發現，有一個旁觀者在場，能減低有關記憶工作的效率。同時，達施爾 (J. F. Dashiell, 1930) 提出，有觀眾在場時，簡單的乘法運算會出現許多差錯。這種由於他人在場或者同時參加從而降低個人活動效率的現象，叫作社會阻抑，或者叫社會干擾。

此外，還有一種社會惰化 (social loafing) 的現象，這是一種由於他人同時參加而使個人有意「偷懶」，從而降低個人人活動效率的現象。達施爾要求被試蒙上雙眼，在「拔河機器」上拔河。結果發現，當被試覺察只有自己一個人拔時，平均用力 63 千克；而當 3 人一起拔時，平均每人用力 53.5 千克；8 人一起拔時，平均每人只用力 31 千克。

可見，由於他人的在場或參加，既可能出現助長作用，也可能出現社會阻抑、社會惰化的作用。這些不同的現象如何予以解釋呢？在什麼條件下會產生助長作用，在什麼條件下又會產生阻抑呢？

二、對社會促進和社會阻抑的解釋

社會心理學家從不同角度研究這個問題，提出各種各樣的理論，做了許多有趣而又有說服力的實驗，將這些實驗和理論歸納起來，主要是從主體狀態和客體條件兩個方面進行了不同程度的探索。下面我們就根據這樣一個基本原則，對造成和影響社會促進和社會阻抑的基本原因和因素作一個簡單分析。

(一) 優勢反應強化說

對社會促進和社會抑制的科學解釋，應當來源於 20 世紀 60 年代查榮克 (R. B. Zajonc) 的科學假說。1965 年，查榮克提出了優勢反應強化說，總體上概述了社會影響的原理。

查榮克研究發現，有他人在場是產生社會促進作用還是社會干擾作用，取決於個體從事活動的性質。他由學習理論中的動機原則想到，一個人在動機很強烈的時候，他的優勢反應能夠很輕易地表現出來，而較弱的反應會受到抑制。所謂優勢反應，是指那些已經學習和掌握

得相當熟練，成為不假思索就可以表現出來的習慣動作。如果一個人從事的活動是相當熟練的，或者是很簡單的機械性動作，則他人在場能使動機增強，活動更加出色。相反，如果他所從事的活動是正在學習的、不熟練的，或者需要費腦筋的，他人在場反而會產生干擾作用。查榮克的這一理論可以用下圖表示：

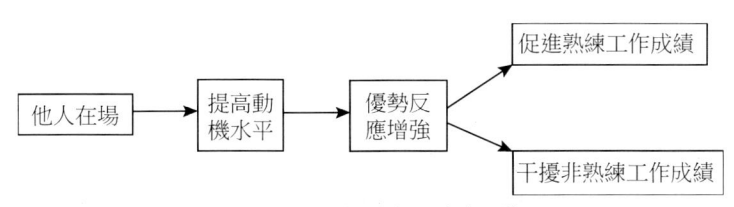

圖 8-1　他人在場對人活動的影響過程

(二) 具體因素說

還有學者把影響社會促進和社會抑制的因素分為六個方面：作業性質、個體特徵、競爭、評價的自我知覺度、外界刺激的干擾、注意的分配和轉移。

1. 作業性質

他人在場起促進作用還是抑製作用，取決於受影響者的作業性質。如果所從事的工作是簡單的機械操作或手工操作，則有其他成員在場時，會使活動者工作得更出色；如果從事的是正在學習並需要一系列複雜的判斷推理的思維活動，則其他成員的在場就會干擾其工作。這就揭示了社會促進和社會阻抑的外部原因之一——工作內容的難易。這一點與查榮克的優勢反應強化說是一致的。

2. 個體特徵

他人在場對兒童的活動影響比較大。兒童正處在迫切需要瞭解自己的時期，對外界有一種較強的依賴性，對他人的評價，反應十分敏感。同時，他們又希望充分地表現出自己的能力，獲得他人的好評。而成年人的社會經驗比較豐富，各方面的發展已趨穩定，在很多問題上都有自己的成熟看法，受外界的干擾相對較小。

性格、氣質不同的人，受他人在場的影響也有所不同。內傾、順應困難、獨立性差、易受暗示的人對他人在場的反應更加強烈一些。這些人自信心和自主精神比較差，而很重視外界的評價，易受環境的左右。對他們來說，有他人在場往往會產生干擾。

3. 競爭

他人在場可能提高了多種動機，而不同的具體條件，可能會使某

一種動機突出地提高起來。在一般情況下，被提高的動機包括競爭動機、社會讚譽動機、成就動機、歸屬動機等等。應當指出，這種動機的提高是個體幾乎意識不到的，因此，它和有意的競爭、競賽有著明顯的區別。

人們都有一種求成動機，希望把自己的才能與潛力發揮出來。這種動機對一個人的活動將會產生巨大的推動作用，求成動機越強烈，其推動的力量也就越大。求成動機在團體情況下作用尤為明顯，個人與團體內各成員共同作業時，求成動機表現為競賽動機，希望自己的作業比其他成員做得更好。這種動力可以激勵個人全力以赴，以獲得好成績。

一個人如果單獨工作，沒有他人在場，就不會想到或很少想到要得到他人的讚譽和表揚，成就感就不那麼強烈；而他人在場就會產生被人評價的意識，強化這種動機，努力工作，希望得到他人對自己的肯定，從而產生社會促進作用。

但是，競爭的心理和被人評價的意識如果在外部條件作用下被過分的強化，就會分散人的注意力。處於這種主體狀態的人如果面對的是較為熟悉的工作，工作程序已近乎一種習慣動作，達到「自動化」的水平，那麼，注意力的暫時分散就不會破壞非常連貫的動作而產生致弱作用；而處於主體狀態的人如果面對的是較為複雜的工作，那麼，注意力稍微轉移就會干擾本來就不熟悉的工作，以致產生阻抑作用。

4. 評價的自我知覺度

利布林（Libulin）和菲利浦（Philip）為考察人對評價的知覺度的關係做了一項實驗。被試是40名女大學生。試驗的第一階段，所有被試在5分鐘內抄寫同一段瑞典散文，要求她們盡可能快和準確。第二階段，同樣的工作，其中一半人面對鏡子而坐，可以看到自己工作，稱為「帶鏡條件」；另一半人不面對鏡子，稱為「無鏡條件」。第三階段，對帶鏡條件的一半人（10人）說，她們的操作將受到評價，以反應她們的智力水平，對另一半人（10人）則事先說明，她們的操作不受評價；而對於「無鏡條件」的被試，對其中一半人說她們的操作將受到評價，對另一半人則說，她們的操作不受評價。這樣第三階段的評價就出現了四種條件，即帶鏡高評價，帶鏡低評價，無鏡高評價，無鏡低評價。

實驗結果表明，帶鏡高評價的被試由於自我知覺度很高，比帶鏡低評價條件下被試的工作成績要差。無鏡條件下的被試，無論是低評

價的還是高評價的，比帶鏡無評價（第二階段的 20 人）條件下的被試的工作成績要差，出現的錯誤更多。這個結果說明，外部有無評價條件和活動者對這種評價的感知程度，是影響活動者行為的基本因素。但是，這兩個因素的地位和作用是不同的，前者最終要通過活動者對它感知才能發揮作用。

因此，只要有他人在場，就可以提高活動者的動機水平，影響他的活動效率。但是，後來的研究發現，並非在任何條件下，他人在場都可以提高動機水平。要提高活動者的動機水平，其一，需要在場的他人對活動者的活動進行明確的評價；其二，需要活動者能夠對於這種評價有適度的認知。

不僅如此，在這一過程中，還應注意兩點：

第一，要予以明確的評價。社會促進或社會阻抑不是簡單的取決於他人在場，而是依賴於被試知覺到他的操作正在被別人評價與否。不同的在場的他人，對於活動者操作的影響是不同的。當活動者對在場的他人瞭解甚少時，往往產生心理壓力，而如果對這些人比較熟悉，則容易適應。對於青年人來講，同齡異性在場，對其活動有顯著影響，因為同齡異性的評價，往往有一種特殊的刺激作用。許多青年反應，有異性在場的時候，幹起活來勁頭大，心情格外好；也有些青年說，有異性在場，反而顯得笨手笨腳，心裡很緊張。可見，有異性在場，往往可以提高青年人表現自己，取得對方好感等多種動機，因為青年人總希望自己把工作做得更好一些，得到異性的較高評價。

第二，對於這種評價有適度的認知。僅有他人在場，僅有在場的他人予以評價，而沒有活動者對這種評價的適度認識，還不能產生社會促進或社會阻抑效果。因為外因通過內因才能起作用。這裡說的適度，主要是指活動者對他人評價的認知需要達到一定的強度。如果對於他人在場的意識度很低，則社會促進或社會阻抑的效果便不顯著。另外，活動者對他人評價的認知程度太高，往往只會造成社會干擾的結果。

5. 外界刺激的干擾

在團體活動時，還會發生外界刺激的干擾作用。一般來說，他人的在場對個人活動也有不利的一面，即干擾活動者的注意。活動者的注意由於受到外來刺激的影響而分心，對其活動成績就會起到抑製作用，尤其是活動的性質越複雜，他人的干擾作用越大。另外，還會發生個人自身機體變化的干擾。因為有人在場觀察時，被觀察者的汗腺

分泌多、呼吸快、血壓升高、心跳加快，這些生理變化都會成為干擾因素，從而影響了活動的效率。當然，個人的注意力受不受干擾，還視當時情境而定。在一些重大場合，他人在場並不會發生很大消極作用。另外，干擾作用的大小還會有個別差異，有些人求勝的情緒特別強烈，這種情緒本身對自己的注意也會發生強烈的干擾作用，從而影響了活動成績。

此外，評價者的地位和態度也會對活動者發生不同程度的作用。內行、權威和領導者在場，對活動者操作的影響顯著。

6. 注意的分配與轉移

也有些社會心理學家從注意分配和轉移的角度來解釋社會促進和社會抑制現象。他們認為，從事生疏的或複雜的工作，必須把注意高度地集中在工作上，否則就會影響工作效率。他人在場，勢必造成工作者注意的分散和轉移，這樣就影響了他工作的正常進行。這時，他可能非常想把工作幹好一些，不使別人認為他無能。但是，恰恰就是這個「非常想」，使他分散了注意，反而幹不好。從事簡單熟練的工作，可以認為工作者已經形成了一定的習慣動作，有的幾乎達到近似「自動化」的程度，注意的短時轉移或部分分配到別處，不會影響動作的連貫性。

總之，對社會促進和社會抑制現象的解釋，既不能只分析其客觀條件，也不能過分注重人的心理因素，而應當具體地分析外部條件的不同情況和人的心理素質的差異，然後將二者結合起來，進行綜合研究和具體分析，才能真正地對某一特定的社會促進和社會抑制現象做出科學地解釋。不過，這一因素還必須和活動的性質結合起來。如果活動難度大而複雜，自己雖然懷有想獲得他人「好」評價的動機，但這種動機越強烈，焦慮情緒也越大，心理上的干擾作用也越大，從而產生抑製作用。

三、他人在場與公關

對於內部公眾而言，管理者與組織成員之間以及組織成員之間平時應該多接觸多瞭解。這樣的話，組織成員對他人在場就會適應，就不會因為社會阻抑帶來生產效率的下降。

在組織內部要適時引入競爭機制，尤其是對於比較簡單的工作。他人在場的競爭可以進一步激發成員求成動機，同時組織管理者要及時對成員的工作給予明確、公正的評價，而且還要讓成員及時、全面、

適度地瞭解組織對他的評價，從而促進生產效率的提高。而對於那些從事著複雜工作的成員來說，要給他們提供相對獨立、安靜的環境，避免他人在場帶來的干擾。

第二節　從眾

在日常生活中，從眾現象隨處可見，人們常說的入鄉隨俗、隨大流等都屬於從眾行為。本節主要探討從眾這一常見的現象。

一、什麼是從眾

從眾是個體在群體中常常會不知不覺地受到群體的壓力，而在知覺、判斷、信仰以及行為上，放棄自己的意見，轉變原有的態度，表現出與群體中多數人一致的現象，這就是從眾現象。

社會心理學家認為，從眾行為是由於在群體一致性的壓力下，個體尋求的一種試圖解除自身與群體之間衝突、增強安全感的手段。

二、影響從眾行為的因素

(一) 群體規模

從眾行為與群體規模密切相關。群體規模越大，讚成某一觀點或採取某一行為的人數越多，則群體對個人的壓力就越大，個人很容易採取從眾態度；反之，群體規模小，個人感受到的心理壓力較小，則容易產生抵制行為。一些社會心理學家所做的研究表明：人們的從眾率是隨群體人數的增加而上升的，但達到最高的從眾率（中國社會心理學家實驗約為40%）後，即使一致性的群體規模再擴大，也不再導致從眾率的增加。

(二) 群體的凝聚力程度

群體凝聚力是群體成員相互之間吸引的程度。群體凝聚力與群體成員認同於群體規範、標準及期望的程度成正相關。實驗研究證實了這樣的心理原則：如果群體的凝聚力比較高，各成員目標一致、活動協調、團結友愛，則群體對個體有較大的吸引力，個體也對群體存在著依戀性，其從眾傾向就越強烈；相反，如果群體是一個松散的群體，群體內部四分五裂、矛盾重重，成員間意見分歧比較大，群體對個體的心理壓力就難以形成，自然就較少有從眾行為。阿希在實驗時曾設

置過這種環境：故意安排一個假被試，並做出不同於多數人的反應，這時，真被試的從眾行為就減少了75%。因為，只要有一個人反對群體的錯誤意見，就會大大減輕被試的心理壓力，使他堅定自己的判斷，敢於和群體對立。

同時，群體之外的社會力量是否大力支持群體的意見，對於個體從眾也有較大的影響。群體存在於一定的社會環境之中，和這種環境中的各種力量都有聯繫，如果群體的意見得到社會的大力支持，則個體難以與之對抗。

（三）個人在群體中的地位

個體在群體中的地位高低，對於個體是否從眾有直接的關係。個人地位的高低可在群體結構中得到反應。居於較低地位的群體成員常常感到來自高地位者施加給他們的從眾壓力，往往願意聽從權威者的意見。高地位者之所以能影響低地位者，使之屈服於群體規範，乃是因為地位高的成員一般經驗比較豐富，能力比較強，能夠得到較多的信息，能夠贏得地位低的成員的信任和依賴，其思想傾向能夠較大地影響地位低的成員。這些因素綜合在一起，使高地位者成為權威人物，而低地位者相對受人輕視，不得不表現出從眾行為。

一個新進入某群體的成員，一般都有較強的從眾表現，這是因為他要取得群體其他成員的好感，被他們所接納；同時還在於他不瞭解這個群體及群體的規範。

（四）個性特徵與性別差異

社會心理學家認為，個體的智力、自信心、自尊心以及社會讚譽需要等與從眾行為密切相關。智力低下者接受信息能力較差，知道的事情比較少、思維靈活性不夠、自信心較低，從而自尊程度也遠不及自信心強的個體，因此易產生從眾行為；而有較高社會讚譽需要的人，比較重視社會對他的評價，希望得到他人的好評，因此也容易表現出從眾傾向。

人們通常認為，女性的從眾傾向比男性要強烈。有學者做了一系列實驗，發現女性的從眾行為是28%，男性為15%，並且解釋說是因為人類文化鼓勵婦女溫良順服，鼓勵男子獨立自主。然而，20世紀70年代的一項研究對這一結論提出了質疑。研究者指出，過去的實驗研究之所以得出女性比男性更容易從眾的結論，是因為實驗的材料大多為男性所熟悉而為女性所生疏的，後來選擇了一些對男女均適用的材料重新實驗，比如汽車、烹調、服裝、教育兒童等等。結果表明，婦

女和男子在各自不熟悉的材料上,都表現出較高的從眾傾向;而在那些熟悉程度相仿的實驗材料上,從眾比例差不多相等。所以負責該項研究的有關人員說,從眾行為在男女之間的差異是不存在的。

三、從眾與公關

從眾有兩種不同的性質:一種是對規範壓力的自覺遵從,即不喪失個性的合理從眾;另一種盲目的、去個性的不合理從眾。從眾的兩重性必然使其對社會和個人既產生了積極的影響也產生了消極的影響。

(一)利用從眾的積極效應

從眾的實質就是通過群體來影響和改變個人的觀念和行為,增加群體行為的相似性和一致性。群體對其成員有吸引力,說明個體對群體有依附、有向心力。這樣就可利用群體對個體進行正確的引導和感化,增強群體的凝聚力和工作效率。利用從眾效應可以促進人們維護社會秩序和發揚良好的道德風尚,抵制不良的社會風氣和消除不正確的思想觀念。當社會上形成一種良好時尚時,就要進行大力宣傳,造成一種社會輿論,利用群體對個體進行正確的引導和感化,使人們感到有一種無形壓力,從而發生從眾行為。例如,宣傳愛護環境,節約能源,各部門都要加大宣傳力度,形成一股輿論壓力,讓這種壓力化為無形的能量,督促人們自覺去履行。

補充材料 8-2:

在社會風氣日漸浮躁,讀書逐漸邊緣化的今天,央視廣告中心將「讀書」主題公益廣告列為2014年重點項目,計劃在4月23日「世界讀書日」之際大力播出「讀書」系列公益廣告,倡導全民閱讀意義更加重大。央視廣告中心以公益廣告為源頭,同時推出相應的線上話題,在線下與新浪、搜狐、百度、當當網等展開相關的公益活動,發起一場聲勢浩大的全民讀書活動,形成線上線下讀書熱,助推中國文化夢的實現。

廣告邀請白岩松、張越、李潘、郎永淳、歐陽夏丹、月亮姐姐六位央視名嘴參與拍攝,以自己的真實感悟向觀眾傳遞「閱讀」對於生活的意義,讓觀眾領略閱讀帶來的美好,以主持人的影響力大力倡導全民閱讀,使閱讀成為時尚的生活方式。廣告在畫面設計上簡約大氣,在剪輯手法上靈動多變,為觀眾呈現耳目一新的視聽感受。由央視廣告中心策劃製作的「讀書」主題一系列公益廣告擬於近期陸續在央視

播出，逐步形成氣勢，形成品牌，形成話題，助力構建書香社會、文明中國。

在公關活動中還要認識到，因為從眾表現為模仿，所以我們就要選擇一些先進的、優秀的「參照物」，並且大力宣傳號召人們向他學習，產生正面的從眾效應。但要注意在宣傳時切勿人為地拔高，不要搞假、大、空，否則使人產生逆反心理，結果會事與願違。

「大寶」化妝品便是成功地利用從眾這種社會影響達到了廣告和宣傳目的的。在它的宣傳片中，利用影星、小學教師、工廠職工、攝影師、記者來說明和宣傳「大寶」的好處，使公眾產生了一種大家都在用我也要試試的想法，從而達到了廣告宣傳的目的。

(二) 避免和消除從眾的消極效應

1. 提高個體的認知能力

從眾行為傾向於「輿論一致」，這種壓力容易窒息成員的獨創性，因為一個人如果不敢掙脫「與輿論一致」的束縛，而受其控制，便會人云亦云，埋沒創見，創造力就難以發揮。所以，組織應當通過各種適當的手段和途徑，努力提高個體的認知能力。一方面可以避免盲目的、無個性的消極從眾給人帶來的副作用，提高個體的創新意識，保持追求理想和真理的鋒芒，獲得接受挑戰的機會和個性發展的空間；另一方面可以避免盲目的、無個性的消極從眾給人帶來的不加分析地跟隨某種消極的社會風氣或思潮，助長不正之風。

2. 消除因為從眾而帶來的隱患

組織內的個體如果被迫的從眾行為過多，可能會成為大的事故隱患，一旦遇有合適條件，容易引起群體的極端行為，給組織和群體造成重大損失。另外，從眾行為過多還可能導致組織內部風氣的變壞。因此，要盡量避免大規模的群體集結，降低個體在群體中由於情緒互相感染、暗示和模仿而做出失去理智行為的可能性。在群體中出現不良的情緒時，各責任人應盡可能將聚集的人群分散開來，以免發生破壞性的群體活動。

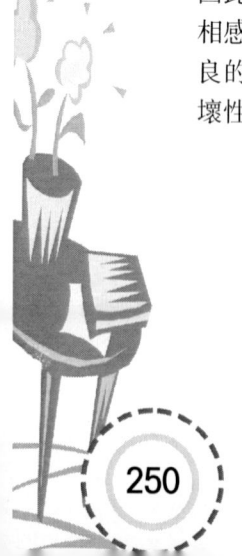

第三節　暗示

案例：

　　國外有一家飲食店開張營業以後，由於資金不足，沒有錢可做廣告經費，經營收入越來越少，瀕臨關閉的邊緣。出於無奈，店老板急中生智，想出一個辦法，他專門讓外賣端菜到顧客家裡去的店員，拿著一個寫有自己店名的空箱子，裡面裝著空碗，四處跑來跑去。經過了一段時間，附近的住戶看到店員那麼忙忙碌碌地跑來跑去，就問：「哦？什麼時候開設了這家餐館呢？看他們這樣忙碌地端來端去，生意可能不錯，我們也去吃吃看。」這種假裝忙碌的宣傳方式，沒花多少錢，卻收到了很好的效果。沒過多久，就有不少顧客來訂菜，使得這家飲食店生意火了起來，營業額不斷提高。與此同時，該店還不斷地提高飯菜質量，增加品種，很快就扭虧為盈了。

　　此案例中的老板雖然沒有大肆渲染他的飯菜是如何的好，但人們通過那些忙忙碌碌的店員，得到一個信息——這個飲食店的飯菜一定很好吃。這就是一個利用暗示這種社會影響而使經營取得成功的案例。

一、什麼是暗示

　　暗示是指在無對抗的條件下，通過交往中的語言、手勢、表情、行動或某種符號，用含蓄的、間接的方式發出一定的信息，使公眾自然地接受所示意的觀點、意見，或按所示意的方式進行活動。

　　發出暗示的人，有的是有意的，有的是無意的；而無論是有意的還是無意的，都會對人的心理和行為產生影響。

二、暗示的類別

　　按照暗示的性質可將暗示分為他人暗示、自我暗示和反暗示。

（一）他人暗示

　　暗示信息來自他人，稱為他人暗示。他人暗示包含直接暗示與間接暗示。

1. 直接暗示

　　凡是暗示者將事物的意義直接提供於對方，使人們迅速而無懷疑地

加以接受的，稱為直接暗示。這種暗示不僅迅速，而且不容易產生對信息的誤解。羅斯（E. A. Ross）曾經舉過這樣一個直接暗示的例子：有一位化學教授，把一個空玻璃瓶放到講臺上後對學生說，瓶子裡裝有有惡臭的氣體，並且說，現在要測這種氣體在空氣中的傳播速度。他接著對學生說，等我打開瓶蓋後，誰聞到這種氣味，請把手舉起來。這位教授一邊開瓶蓋，一邊看表，15秒鐘後，前排的多數學生把手舉了起來。1分鐘後，有四分之三的學生都舉了手。成語故事「望梅止渴」，也是一個直接暗示的絕妙例子。事實上，教授的空瓶子裡沒有臭氣，然而僅靠語言的提示，就達到了影響他人心理和生理反應的目的。

2. 間接暗示

凡是暗示者將事物的意義間接地提供給人們，使其迅速並無懷疑地予以接受的，稱為間接暗示。間接暗示往往不把事物的意義講清楚，或者不顯露自己的動機，使人們在言語之外、從事物本身瞭解其意義。間接暗示發出的刺激信息比較含蓄，不如直接暗示那麼直截了當，因此有可能不被他人理解。然而一旦被人接受，產生的效果往往要大於直接暗示。本節剛開始的案例中的暗示就是間接暗示。比如，某商場門前排了一條長隊，有很多過路人都會不自覺地過去看看，因為排隊的行為暗示了該商場有商品值得買。

（二）自我暗示

自我暗示是依靠思想、語言，暗示者向自己發出刺激，以影響自己的情緒、情感、意志、認識的行為。和他人暗示一樣，自我暗示也是一種十分普遍的現象。據說古時有位婦女曾誤食一條小蟲，於是自感身體不適而生病，多次求醫都毫無效果。後來有個醫生讓她服藥以吐瀉，並告訴她小蟲已經瀉出。當她聽說體內的小蟲已經排出，病馬上就痊愈了。這位婦女前後兩個階段的身體狀況都是自我暗示的結果。

自我暗示可分為積極的自我暗示和消極的自我暗示：

1. 積極的自我暗示

積極的自我暗示，是用積極向上的思想、語言不斷地提示自己，使悲觀、沮喪的心情開朗起來，使恐懼不安的情緒鎮定下來，使猶豫不決的態度堅定起來，使自己變得勇敢堅強，能夠克服本來難以克服的困難。一個人的自信心其實就是自我暗示。當個人面臨一項挑戰性的新任務時，如果能看到自己的力量，並且有足夠的勇氣來承擔這一任務，那麼他一定能很好地完成任務。

2. 消極的自我暗示

消極的自我暗示則有很大的危害作用，它能使一個心理健康的人

變得萎靡不振，疑神疑鬼，甚至使人頹廢夭折。

自我暗示對個人的心理和生理有著重要的影響。在嚴重的消極的自我暗示下，一個人可以變得突然耳聾眼瞎，但其視力與聽力的喪失並不是因為視神經和聽神經受損，而僅僅是大腦中分管視覺與聽覺的有關區域的功能受到擾亂，使相應的功能失調，神經細胞喪失了正常的工作能力，不能正常地攝取外界信息，當然也就不能對外界信息做出反應了。

（三）反暗示

反暗示是指暗示者發出刺激後，卻引起了受暗示者性質相反的反應。暗示的結果是由受暗示者的個性特點所決定的，反暗示現象則正好表明具體個性對暗示的抵抗程度。

反暗示有兩種：一種叫作有意的反暗示，另外一種叫作無意的反暗示。

1. 有意的反暗示

有意的反暗示即故意說反話以達到正面的效果。美國一家菸草公司為了在西歐一處海灣旅遊區打開該公司「皇冠」牌香菸的銷路，派了一名推銷員去推銷。他一再宣傳這種香菸尼古丁含量低、菸味好，可公眾始終以為這是自詡之詞，因此收效甚微。該推銷員苦思冥想，無計可施。一次，他在公共汽車上忘記熄掉燃著的香菸，被服務員禁止後猛抬頭看到「禁止吸菸」的標語。於是他想出了一個絕妙主意，別出心裁地製作了多幅大型廣告牌，上面寫著「此地禁止抽菸」幾個大字，並在下方又突出地書寫一行「連皇冠牌香菸也不例外」。這一招大大吸引了顧客的興趣，人們不禁發問：連皇冠牌也要禁止，倒要試一試它究竟有什麼與眾不同之處。最終使得皇冠牌香菸銷售量激增。廣告製造者達到了有意的反暗示的目的。

2. 無意的反暗示

無意的反暗示即有意進行正面暗示，卻無意引起了相反的結果。大家熟悉的「此地無銀三百兩，隔壁王二未曾偷」的故事，就是無意反暗示的絕妙例子。在對暗示者缺乏敬意的時候，也容易引起無意反暗示的結果。例如，許多廠家在宣傳自己的產品時常常把自己的產品吹得天花亂墜，這也容易給公眾造成無意的反暗示作用。所以，廠家在宣傳自己的產品時要恰如其分，不要誇大其詞，以免受到無意的反暗示的作用。

三、影響暗示效果的因素

暗示效果的大小既受主觀因素影響，又受客觀因素影響。

(一) 受暗示者的年齡與性別

年齡幼小、獨立性差和身體衰弱者比較容易接受暗示。這些人獨立自主的能力比較差，依賴性較強，較少分析和判斷能力，對於別人的暗示，往往無條件地接受。心理變態的人也容易接受暗示，比如懷疑狂，對於他人的一點點暗示，都會引起強烈的反應。

從另一方面看，年齡越小則越有可能不會被暗示。因為年齡小，知識經驗少，切身感受亦少，所以無法接受暗示，暗示效果也就無從產生。

暗示的效果表現出性別差異。美國學者勃朗（W. Brown）曾研究過暗示的性別差異，發現女子比男子更易接受暗示。許多社會心理學家指出，由於女子富有感情，當情緒高漲時最容易受外界影響，較易受暗示。另外，女子因受傳統思想影響，往往對男子表示順從，故較易受暗示。另一學者指出，若女子在社會上受到同樣的待遇，參加同樣的社會活動，具有同樣的社會地位，則暗示效果的性別差異就會小得多。

(二) 受暗示者的心理狀態

人們在疲倦時易受暗示，而精神振作時則不然；人們對於毫無經驗的事物易受暗示，而對於具有充分瞭解的事物則不然；人們對於嗜好的事物或習慣的行為易受暗示，反之則不然；意志堅強者或感情冷漠者均不易受暗示，而缺乏主見、隨波逐流的人容易接受暗示者的影響。獨立性很強的人往往具有反暗示性，反對順從，反對壓服，特別是當意識到或猜測到他人企圖施以暗示影響的時候，更不會接受暗示，因此暗示者對其施加的影響就不起作用。

(三) 暗示時的情境

人們是否接受暗示，往往與當時的情境有關。人在情況不明時，在困難和焦慮時，最容易接受暗示。因為人要順利地開展活動，要尋找出路，要消除顧慮，便存在著對他人的較高的期望值，一旦得到他人暗示的刺激，就會出現如漂流在大海中突然抓到一塊木板一樣的反應，會牢牢地把它抓住。奧爾波特指出，人們往往屈服於多數人的意志。「當群眾站起時，我們亦自然站起；當群眾拍手時，我們亦隨之拍手；當群眾表示反對時，我們亦常不持異議。」

（四）暗示者的影響力

人們在社會生活中相互發生影響，但有人影響力很大，有人則很小。暗示者的地位越高，暗示的效果往往越好。一般說，職務較高、知識豐富、甚至年齡較大等都能構成高地位的因素。在被暗示者看來，這樣的人更值得信賴和依靠，所以更有可能接受他的提示。

羅斯指出，凡是最有影響力的人，就是最有力量的人。羅斯提出9種影響力對應9個階層，後有學者又補充一種，共有10種影響力（見表8－1）。

表8－1　　　　　　　　　　暗示者的影響力

影響力	數量	年齡	體格	神聖	思想	地位	金錢	靈感	學問	門第
所屬階層	群眾	老者	壯士	教士	哲學家	官員	資本家	先知先覺	專家學者	貴族世家

（資料來源：時蓉華．現代社會心理學［M］．上海：華東師範大學出版社，1994：440．）

上述10種情況都具有影響力時，暗示作用就大。生活中確有這樣的情況，同樣一句話，出於有社會地位的人，比普通人更有效果。中國有句諺語講「人微言輕，人貴言重」，說的是人的地位不高、名聲不響，則說話沒有威望，不能引起別人的重視；如果聲望高的、有地位的權威說話，就容易博得人們的相信。前者不易發生暗示作用，後者的暗示作用就大。

（五）暗示刺激的特點

暗示效果大小與暗示者出示的刺激特點有關。

一種刺激經過多次反覆，更易發生效果。任何暗示刺激，其表現的範圍愈廣、區域愈大、分量愈多而又不斷反覆的，其暗示效果必然就大。

暗示刺激具有特殊性或具有新奇性都較易產生暗示作用。人們對於環境中的事物，總是注意其特殊的或新奇的方面，容易接受暗示。

四、暗示與公關

案例：

2005年5月23日，香港迪斯尼樂園選擇在北京進行開園推廣活動。僅隔兩天，香港特區政府「財神爺」唐英年等高官又抵廣州，為迪斯尼開業再作鋪墊。迪斯尼公司的意圖很明顯：以香港為跳板，切

入充滿誘惑的以北京為主導的中國娛樂傳媒市場。而香港特區政府借迪斯尼樂園振興香港旅遊業的迫切心態，也使之對此進行了有效的支持。

香港迪斯尼公園的開業充分借助了政府的力量，從政府支持、媒體宣傳、事件推廣工作方面都具有借鑑作用。而這只是迪斯尼公司戰略的第一步，它採取的是迂迴戰術：從主題公園切入中國市場，通過吸引一部分內地遊客到香港遊玩，採取搭便車方式傳輸迪斯尼的娛樂文化。隨著香港迪斯尼樂園的落地，隨之而來的就是迪斯尼的電影、電視節目、報刊、網絡到系列卡通衍生商品。正是借著這種「一魚多吃」的商業模式，迪斯尼不斷地充實著傳媒帝國的根基，將其中國產業鏈融會貫通，布下它的「天羅地網」。

（資料來源：http://news.a.com.cn/News/Infos/200512/28520338548.shtml）

暗示的關鍵是一個「暗」字。「暗」在這裡是「不露聲色」「隱含」的意思。對於公關活動尤其是商業廣告來說，「不露聲色」會給消費者留有思考、選擇的餘地，表現出對消費者更多的尊重，較少引起消費者的心理抵觸，更容易被消費者接受。

那麼，公關人員如何在公關活動中更好地利用暗示這種社會影響來達到自己的公關目的呢？

結合上面的案例我們認為，在公關活動中注意以下幾方面，才可以充分發揮暗示的作用。

1. 公關宣傳要選擇影響力大的暗示者，提高公關宣傳的效果

為了推銷商品，商家不惜重金聘請名演員、名運動員為他們做廣告是很有道理的。這些廣告宣傳對人們發生了暗示作用，人們就會自願去購買他們的商品，產生了所謂「名牌效應」，比如聯通把姚明作為代言人，可口可樂選擇劉翔……但明星代言的產品如果名不副實，欺騙公眾，就會影響明星本人和產品在公眾當中的地位。

2. 公關宣傳要選擇恰當的暗示時機

當公眾在焦慮、困惑、困難時期，最容易接受暗示，所以當推出新產品時，要加大宣傳的力度，消除公眾的疑慮，為公眾提供解決問題的途徑與方法，讓公眾無意識地接受暗示。如臺灣一家信託銀行儲蓄公司在創作宣傳廣告時，其業務經理向鄰居偶然問道：「你存錢幹什麼？」鄰居回答：「讓孩子上學，省得將來再賣菜了！」受此啓發，於是這位經理想出了這樣一句宣傳詞：「教育是留給孩子們最好的財富！」然後配上了這樣一張照片：一個小學生背著書包，上方有一雙

捧著學士帽的手。這則以宣傳教育為意境的廣告作品問世後，為正在猶豫是否應該儲蓄的公眾解決了問題，所以深深打動了儲戶的心，而且受到了社會的稱讚。

3. 公關宣傳要選擇恰當的暗示對象

在開展公關宣傳活動時，可以選擇女性和青少年作為宣傳對象，因為他們較容易接受暗示。如果選擇獨立性較強的男性作為暗示對象，可能收不到預期的效果，有時甚至會產生相反的效果。

4. 公關宣傳要達到一定的強度

暗示一定要達到一定的強度才能被感知，所以公關宣傳要加大力度。有些商業廣告往往連續刊登，甚至終年不停，其他如標語、座右銘等，若能經常出示，總會發生暗示作用。刺激的反覆持久若能從多方面發出，則其暗示效果更大。有些商業廣告不僅反覆刊登，而且同時刊登在多種報刊上，甚至同時在幾個城市啓動報刊廣告，這樣的暗示效果就會更理想。

第四節　模仿

模仿是一種常見的、普遍的社會現象，也是社會存在與發展的基本形式之一。

一、什麼是模仿

模仿是在沒有外界控制的條件下，個體受到他人行為的刺激影響，仿照他人的行為，使自己的行為與之相同或相似。模仿是普遍存在的一種社會現象，從個體對他人的無意識的動作模仿到衣、食、住、行，到對他人的風度、姿態、工作方法、生活方式的模仿，乃至於在整個社會生活方面，如風俗、習慣、禮節、時尚等，都存在著模仿現象。模仿的特點在於，它不是僅僅接受別人行為或群眾心理狀態的外部特點，而且個體也要對表現出的行為特點和範例進行複製。

模仿者模仿他人的行為，總是他自己所傾向、所希望達到的行為，最低限度是對自己無害的。模仿了這種行為，一般的能使自己適應環境，得到好處，或者能產生一種滿足感。無論模仿者目的是否明確，被模仿的對象都是模仿者心中的楷模。

在模仿過程中，模仿者是主動的，在許多場合下是有意識的，自

覺的，並且不受外界其他人的控制，即沒有其他人強迫模仿者非要模仿某種行為不可。和模仿者比較，被模仿者一般是被動的、無意的，但是在某些場合也可能是主動的、有意的。

二、影響模仿的因素

(一) 年齡因素

兒童和青少年的模仿性遠遠強於成年人。一方面，兒童的好奇心強，一些在成人看來是很平常的事情，他們感到很稀奇，可以引起模仿；另一方面，模仿是兒童在一定的年齡階段掌握實際生活的基本形式。兒童和青少年時期是個體學習語言、行為和各種基本知識的主要時期，這個學習過程就包括了許多模仿的過程。而成年人見多識廣，形成了自己比較固定的一套行為模式，模仿行為相應比兒童少。

(二) 地位因素

在有意識模仿的時候，一般總是年紀小的人模仿年紀大的人，水平低的人模仿水平高的人，子女模仿父母，學生模仿教師，下級模仿上級。父母、教師、領導、權威有較多的知識和經驗，按照他們的模式去活動，比較容易獲得成功。另一方面，模仿這些人的行為，容易得到他們的好評，得到表揚和獎勵，使模仿行為得到強化。

(三) 類似特質

如果認為某人與自己在某一方面有相類似的人格特質或生理特點，而又略勝自己一籌，就容易將其作為模仿對象。斯塔蘭德（Stotland）曾經做過一個實驗，研究人際影響中相似特質的作用。有 70 個女大學生作為被試參加了實驗。在實驗第一階段，被試分別被帶到一個個隔開的小房間裡去欣賞唱片。唱片共分為八組，每組有兩支樂曲，主試要求每個被試必須從兩支樂曲中選出自己所喜歡的一支。主試告訴被試之一的她說，根據實驗要求，她和另外兩個女學生組成一個小組，那兩個女生也在隔壁的房間裡選樂曲，三個人可以通過對講機取得聯繫，彼此通知自己選擇的結果。實際上，那兩個人不是被試，而是主試的助手。在互相通知選擇結果時，有一個助手總是等被試說完以後再說，而且總是故意和被試作同樣的選擇。這樣做，使被試感到此人的音樂興趣與自己相似。在實驗的第二階段，在同樣的條件下，讓被試從 10 組無意義的音節中選出自己比較喜歡的音節。但是在她選出之前，那兩個助手總是搶先報出各自選擇的結果。由於被試深受第一階段選樂曲活動的影響，最終做出了和她特質相似者同樣的選擇。這一

實驗說明，在特質相似的人之間容易產生模仿。

三、模仿的心理分析

（一）好奇

在人類生活中，因好奇而模仿的現象十分普遍。人們看到一種新奇的行為，就會模仿著去做，以得到一種心理上的滿足。尤其是兒童，看了一場電影，或看了一本小人書，就常常模仿令他們感興趣的人物的行為。在這種因好奇而模仿的時候，模仿者不一定對行為的意義有清楚的瞭解，所以有可能模仿消極的、甚至是完全錯誤的行為。

（二）消除焦慮，適應環境

人在遇到困難的時候會感到焦慮，同時又會產生擺脫困難、消除焦慮的動機。如果某個人的行為能使人擺脫這種困難，他就會成為別人模仿的對象。有人曾經做過這樣一個實驗，先讓一些人吃咸餅干，然後讓他們到一個大廳裡等待「實驗」。大廳裡有一飲水處，卻掛著「請勿使用」的牌子。大家都感到非常渴，但是看到那個牌子後誰都沒有去喝水。後來，一個假裝被試的人跑去喝水，於是大部分人也都跟過去紛紛喝了起來。

（三）取得進步，獲得認同

具有高尚的品德、淵博的學識、過人的能力的人，可以成為其他人敬慕的對象，他的性格、風度、生活方式和舉止行為，也往往為敬慕者所模仿。這種模仿，是模仿者希望獲得被模仿者那樣的成就，成為被模仿者那樣的人，而受到他人的稱讚和認同的動機所驅使。

四、模仿與公關

模仿的作用，從社會角度看，既有積極的一面，又有消極的一面。因此，從組織團體和公共關係工作出發，需要做好以下兩方面的工作：

（一）利用模仿，提高公眾素質

由於模仿的對象具有榜樣的力量，因此可以通過大眾媒體或組織內的各種途徑和方式，有針對性地宣揚和樹立正面的典型，幫助和引導公眾建立積極向上的世界觀和人生觀，規範公眾的思想和行為，並從不同組織團體的實際需要出發，開展有針對性的宣傳教育活動。

（二）利用模仿，達到經營目的

在對於外部公眾而言，模仿和時尚有著密切的關係。組織可以根據影響模仿的特點和規律，尋找大眾偶像和知名人物為企業和產品做

廣告，引導公眾模仿心理與組織的經營目標向同一方向發展。1999年盛夏，《還珠格格》餘波尚存，《還珠格格》（續集）再掀收視狂潮，「小燕子」趙薇由此一舉成名。與此同時一舉揚名荊楚大地的還有一個產品，那就是稀世寶純天然硒礦泉水。稀世寶礦泉水在全國率先啟用「小燕子」趙薇做形象大使。在「小燕子」形象的伴隨下，稀世寶廣告與《還珠格格》一起熱播，頻繁出現在熒屏上，掀起了一股看《還珠格格》，喝稀世寶礦泉水的熱潮。

（二）有效控制模仿的消極作用

盲目的、非理性的、不健康的模仿，會污染社會環境、敗壞社會風氣，會對社會、組織和個體造成一定的危害。有一段時期，警匪片、武打片曾充斥文化市場，這種刺激性迎合了青少年的好奇心理。青少年由於人格尚未定型，思維批判性差，模仿性強，特別是對暴力文化中的黑道人物、犯罪方式、人物矛盾的暴力解決方式等感興趣，因此喜歡進行有意或無意地模仿，以致釀成暴力犯罪行為。為此，各級教育、文化部門要重視暴力文化對青少年的危害，加強文化市場管理，淨化文化環境，創造有利青少年成長的空間。

補充材料8-3：

近年來，媒體幾次報導過有的地方學生喝奶「集體中毒」的事件，但技術檢驗又查不出奶製品中含有致病細菌。專家經過調查分析發現，所謂「中毒」多是因個別學生的「乳糖不耐症」而引發的「從眾心理反應」。

某地一所小學發生了一起喝奶「中毒」事件，送到醫院進行觀察治療的大多數學生，很快就消除了身體不適的感覺，醫學採樣化驗也沒查出病菌。這是為什麼呢？有的同學反應，其他同學身體不舒服，老師問他是否肚子疼，他就不由自主地感覺身體不舒服了。對此，兒童心理專家解釋說，這些孩子正處在心理學上所稱的「危險期」，其心理傾向易被暗示而發生「從眾行為」。他痛我也痛，模擬情景試驗結果也表明了這一點。因此，在學校這一特殊環境裡飲用牛奶，一旦個別孩子感到異常或不適，很有可能就會在群體中迅速發生心理上的連鎖反應而使事態擴大。學校、老師、家長對待這樣的事情應該沉著冷靜，切莫造成多米諾骨牌式的恐慌。

［資料來源：何徽．莫讓「從眾心理」引起恐慌［N］．家庭保健報，2004－11－02（012）．］

第五節 感染

案例：

以中國國際公共關係協會（CIPRA）常務副會長兼秘書長鄭硯農為團長的中國公關業代表團一行15人，應國際公共關係協會（IPRA）邀請，專程前往土耳其參加2005年6月26日至28日在伊斯坦布爾舉辦的第16屆世界公共關係大會暨IPRA 50週年慶典活動。

鄭硯農常務副會長在大會專設的中國分會場代表中國公關業發表了題為「中國公關業發展狀況」的主題演講，並接受了與會者的提問和土耳其媒體的專訪。安可顧問公司北京副總裁梁啓春、嘉利公關顧問王世永分別代表在華國際公關公司和本土公關公司發表了演講，中國代表團的演講贏得了與會代表的熱烈掌聲。

最為精彩和激動人心的場面是2008北京世界公共關係大會會旗交接儀式。當地時間6月28日下午4：30，鄭硯農常務副會長在大會上熱情洋溢地介紹2008年北京大會的準備情況，歡迎各國代表屆時能參加大會，瞭解中國歷史悠久的文明和飛速發展的市場。2008北京世界公共關係大會宣傳片《北京歡迎你》在沉著、激越的擊鼓聲中推出，向與會代表展示了中國博大精深的文明、開放活躍的市場、飛速發展的中國公關業，與會代表多次予以熱烈掌聲。當IPRA年度主席查爾斯‧斯特萊敦先生從土耳其公共關係協會主席馬尼索爾特女士手中接過IPRA會旗並轉交給鄭硯農常務副會長時，全場起立，雷鳴般的掌聲響徹伊斯坦布爾希爾頓酒店國際會議中心會議廳，中國公關代表團全體成員熱淚盈眶，歡呼雀躍！

中國代表團的2008北京大會推介活動在會議期間掀起了「中國風暴」，代表團成員的熱情、誠意和專業精神深深打動了與會代表，給伊斯坦布爾2005年大會與會者留下了深刻印象。

這次交接儀式，是世界公共關係大會的交接，更是中國公關業自身的公關，是向全球公關業推廣中國公關業、推廣北京、甚至是推廣中國的大好契機。中國代表團在會議上表現出來的專業能力、熱忱態度和國際化風範，展現了一個文明古國和新興的經濟大國的公關人應有的素質，極大地感染了與會人員，為中國公關業走向全球進行了一

次成功的公關。

一、什麼是感染

感染是指通過言語、表情、動作以及其他方式引起他人相同或相似的感情共鳴,它是十分普遍的人際間情感的同化反應方式,是情感的傳遞和傳染。

感染作為一種普遍的社會影響,具有以下特徵:

第一,感染是在無壓力的條件下產生。在發生感染的時候不能有強迫,如果有人強迫某人接受某種快樂情緒的感染,只會使這個人產生一種反感、討厭或者懼怕的心理。這個時候,他怎麼能接受快樂情緒的感染呢?

第二,感染是無意識的和不由自主的屈從。這一點和自我暗示有區別,自我暗示是有意識的向自己發出刺激,調節自己的認知、情感、意志和行為;而感染則是在不知不覺中發生了情感的變化。例如,當我們置身於熱鬧非凡的演唱會現場時,會不自覺地投入到那種熱烈的氣氛中。

第三,感染的同一性。感染者產生與發出刺激者相同的情緒,並可能產生相同情緒控制下的行為。看到小孩加入少先隊後快樂地笑著,你自己也會深受感染而笑起來。當然,人的行為不單單只受情緒的控制,它還受到多種因素的影響,這裡只是說受感染者可能產生,並且容易產生與發出刺激者相同情緒控制下的行為。

第四,感染的非單向性。暗示、模仿是單向性的影響,而感染是人們之間情緒的相互的傳遞與感染,是雙向的或多向的影響。如明星演唱會的現場,歌星的激情演唱使觀眾受到了強烈的感染,歌迷們都情緒熱烈,一個人尖叫可以引起眾多人的尖叫,一個人鼓掌可以引起眾多的人鼓掌。歌迷的全身心地投入,從而又激發了歌星的情緒,使他的表演更加充滿激情。

二、感染的類別及特點

(一) 直接感染

直接感染是指通過言語、表情、動作、行為等直接呈現當時的情緒情感,在無強加條件下影響周圍公眾的感染形式。直接感染具有三個特點。

(1) 情境性。直接感染的發生和效果受當時特定環境的影響,而

在特定的情境中發生的感染現象，感染的效果也更好一些。例如，一個總是嘻嘻哈哈的人，處於肅穆莊重、哀傷悲痛的情境中，自然會體驗到一種沉重悲涼之感，從而變得嚴肅起來；一個總是鬱鬱寡歡的人，處於歡聲笑語的集體氣氛中，也會受到他人愉快情緒的熏陶和感染，漸漸忘掉個人的傷感，使自己樂觀、舒心起來。

（2）即時性。正因為感染具有情境性，因此，當這情境消失之後，感染的力量就會淡化，這就是感染的即時性。感染的時間是短暫的，帶有一定的衝動色彩，在受到感染時，情緒亢奮，過後會很快地恢復平靜。比如，我們在看電影、讀小說時，情緒會隨著劇情而發生變化。

（3）互動性。感染會使一個群體中的成員在觀念和行為上相互影響、相互制約、相互模仿，由此又反過來進一步地加深相互的感染。如球場上球迷們的情緒激動，會使周圍的許多觀眾受到感染而激動起來。

（二）間接感染

間接感染是指通過語言或形象等媒介物（如報告、講演、新聞報導、影視、戲劇、小說、音樂、詩歌等）所產生的感染。間接感染具有兩個特點。

（1）借助媒介物進行。在間接感染中，感染者和被感染者不直接接觸，而是通過一定的媒介物使被感染者受到影響。如英模人物通過作報告、講演等形式，以親身經歷的現身說法來傳遞情感信息，使聽眾或讀者受到感染；再如通過其他人的介紹、表演及創造，以典型人物或藝術形象的感情魅力來感染對象的形式也屬間接感染。

（2）感染面較廣。間接感染的感染力較強，它不是時過境遷、過眼菸雲式的感染，它能廣泛而深刻地震撼人心，從心靈的深處打動人，有時還能超越時空影響更大範圍的幾代人。如雷鋒精神不僅感動激勵了中國的幾代人，而且還跨過國界，成為教育和感染美國西點軍校學生的精神力量。

三、感染的心理分析

感染的心理基礎包括以下幾個方面：

（一）背景相近

受感染者與發出刺激者要有相近的背景，主要包括：情境相近、態度、價值觀相近和社會地位相近。

1. 情境相近

情境在這裡指物理的、社會的和個體心理的狀態等等。如果你看到一個路人哭泣，恐怕你很難產生相同的情緒，但是假如你與他置身於同一場合（如在追悼會場），那麼，相似的情景會使你很快受到感染。我們常說的同病相憐，就表明個體的心理狀態相同易於相互感染。健康者很難理解病人的情緒，新婚者很難被他人喪子之痛所感染。總之，相似的自然和社會環境，以及個體的心理狀態，是感染的一個重要條件，沒有相似之處，就難以構成感染。

2. 態度、價值觀相近

感染還受個體的態度和價值觀的制約。在同一種刺激面前，兩個態度和價值觀不同的人，其情緒感染情況可能大不相同。在劇場裡你常可以見到這樣的情景：當搖滾歌手上臺演出時，上了年紀的人、有一定社會地位和身分的人或一臉嚴肅，或一言不發，或拂袖而去；而與此同時，場內的年輕的「搖滾迷」們卻會跟著「呼天喊地」，一派過節的景象。這種區別與年長一代和年輕一代的價值觀、生活態度的不同極有關係。

3. 社會地位相近

不同階層的人在不同的物質條件下生活，在很多情況下，他們對同一個事物所產生的情緒不相同。社會地位相近的人之間，彼此較少戒備感，心理距離較近，從這種意義上講，感染容易發生。而社會地位差距大，就很難在情緒和行為方面相互感染。

補充材料 8-4：

在中國的思想史上，強調親情仁愛，提倡「血濃於水」。「老吾老以及人之老，幼吾幼以及人之幼」等儒家學說向來被奉為經典，世代承襲。中國人珍視和遵循傳統習俗與價值，慶佳節、重團圓，以享受天倫之樂為人生之大喜。為了迎合中國人的這種文化心理，近年來，以親情、仁愛為訴求點的廣告層出不窮，他們通過真摯的情感感染了公眾，達到了公關的目的。

以母子親情為主線的雕牌洗衣粉廣告就不失為這一題材的代表作。畫面中媽媽拍著小女孩入睡。待媽媽出去後，未曾入睡的小女孩不開心地說：「最近媽媽總是唉聲嘆氣」。接著，畫面又轉向下崗了的媽媽邁著沉重的步伐在街上找工作。此時，懂事的小女孩想起「媽媽說，雕牌洗衣粉只要一點點就能洗好多多衣服，可省錢了。」於是，她

收來一些髒衣服放入盆中，倒好了洗衣粉，用稚嫩的小手洗衣服、晾衣服，然後自己收拾好上床睡覺。待媽媽回來，小女孩早已入睡，媽媽發現桌子上放著小女孩寫的字條：「媽媽，我能幫您干活了。」媽媽頓時熱淚盈眶，俯下身深情地凝視已懂事的女兒。這則廣告深深地觸動了觀眾的心弦，令人心酸而又溫暖；與此同時還讓人記住了雕牌洗衣粉的特徵——物美價廉。

（二）理智制約

個體的理智水平高低，是決定是否受他人感染或者受多大程度感染的重要因素。蘇聯學者波爾什涅夫曾指出：社會發展的水平越高，個體對吸引他們的某些行為或心境的力量越具有批判的態度，因而感染機制的作用就越弱。一個人自我意識的水平越高，越有理智，就越有能力控制自己的感情，越能以分析批判的態度看待周圍的事物。因此，也就會較少地受他人情緒的感染，能夠保持獨立性。

感染是情緒交流傳遞的一種基本形式，在許多場合，它都會在人們不知不覺中發揮作用。對於一個頭腦冷靜、自制力強的人，在自我控制的注意有所分散、自我控制的意志有所放鬆時，也會發生情緒感染現象。因為一個人不可能始終保持高度的自我控制狀態。

四、感染的意義

（一）感染可以調整個體的心理狀態

一方面感染可以使個體適應當時的環境氣氛，採取比較恰當的反應形式，與別人和諧相處。例如，當你看到別人情緒緊張恐懼時，也會立刻受到感染，渾身緊張起來。這樣就有可能調動全身的力量，有效地應付可能發生的危險事件。另一方面，感染可以改變個體的情緒，使個體在他人的影響之下擺脫悲觀消極的情緒，處於積極樂觀的精神狀態之中。

（二）感染對人群可以起到一定的整合作用

感染可以整合一群人，人們相互之間依靠感染達到情緒的傳遞交流，使之逐漸一致起來，成為一個臨時群體，進而採取比較一致的行為。

五、感染與公關

（一）對於內部公眾而言，組織需要運用感染這種影響方法

組織要想在競爭中取得勝利，更好地生存發展，就需要提高組織

的凝聚力。因此，組織應該建立一種積極向上、融洽和諧的群體氣氛，提高組織的凝聚力。所謂的群體凝聚力其實就是指群體對成員的吸引力和群體成員之間的相互吸引力。影響群體凝聚力的因素很多，如人際因素、群體活動、群體目標、群體滿足成員需求的狀況。假如企業的發展目標和個人的奮鬥目標方向一致，或說企業目標的實現有助於員工個人目標，如實現自我價值，提升能力等，那麼群體吸引力就大。在這樣的組織裡，成員就能自覺或不自覺地產生與組織相同的情感，通過情感的變化進一步來調整自己的認知和行為。

補充材料 8-5：

美國國際通用機器公司（IBM）每年都要舉行一次規模隆重的慶功會，對那些在一年中做出過突出貢獻的銷售人員進行表彰。這種表彰活動被稱作「金環慶典」。這種活動常常是在風光旖旎的地方，如百慕大或馬霍卡島等地進行。在慶典中，IBM公司的高層管理人員始終在場，並主持盛大、莊重的頒獎酒宴，然後放映由公司自己製作的表現那些做出了突出貢獻的銷售人員工作情況、家庭生活乃至業務愛好的影片。被邀請參加慶典的人員，不僅有股東代表、工人代表、社會名流，還有那些做出了突出貢獻的銷售人員的家屬和親友。在慶典活動中，公司主管會同那些常年忙碌、難得一見的銷售人員聚集在一起，彼此毫無拘束地談天說地。這種交流，無形地加深了彼此心靈的溝通，增強了銷售人員對企業的「親密感」和責任感。

為了聯絡感情、增進友情，企業除了可以舉辦像IBM公司這樣的慶典活動之外，還可以採用諸如組織全體職工開展文體活動，利用各種有意義的事件（如廠慶日、新產品投產和新設施的剪彩等）和有意義的節目（如新年、元旦、國慶節、五一節以及職工的生日等）舉辦各種形式的工作聚餐會、文化沙龍、知識競賽以及其他聯誼活動。企業通過這些活動，可以增強企業職工與領導、職工與職工之間的感情聯繫，從而提高組織的凝聚力。

（二）對於外部公眾而言，組織也需要運用感染這種影響方法

組織為了改變公眾的態度與行為，更好地實現公關目標，就需要運用感染這一種能夠達到「潤物細無聲」的社會影響方法。許多廠家為了達到這樣的目的，通過廣告語和廣告畫面的作用，使商品擺脫了冷冰冰的面孔，戴上了溫情脈脈的面紗，如臺灣星辰表的廣告：「媽媽的時間換取了我的成長，推動搖籃的手是統治世界的手，也是最舍

不得享受的手。四分之一的媽媽沒有表，只是因為她們認為自己忙於家務，沒有必要戴表；四分之二的媽媽還戴著舊手錶，是因為她們捨不得享受，即使是舊的，她們也認為是蠻好的；四分之三的媽媽還應該戴手錶，是因為她們外出購物、訪友、娛樂身心時，還是需要一只手錶的。向偉大的母親致敬，別再讓母親辛勞的手空著。母親節，星辰表，送給母親一份意外的驚喜！」試問，有哪個做兒女的看了這則廣告，會不為之動情呢？當消費者被廣告所渲染的情感打動的時候，就是消費者被說服的時候，從而在聲情並茂的語境下變成了廣告的「俘虜」。

補充材料8-6：

《媽媽洗腳》是一個電視公益廣告：睡覺前媽媽給兒子洗了腳，然後又給自己的媽媽洗腳，這個情節讓孩子看在眼裡，小小年紀的他給媽媽打來一盆洗腳水，用稚嫩的童聲叫道：「媽媽，洗腳。」

人的情感是最豐富的，也是最容易激發的。情感是廣告一個很重要的切入口，這個案例運用情感訴求的方式相當出色，以情動人，取得了很好的社會效應。廣告中沒有什麼波瀾，沒有我們所說的故事中的矛盾衝突，它完全是一個普通家庭裡發生的一件普通的事情，正是這樣一件普通家庭的普通事卻不知賺走了多少人的眼淚，不知喚醒了多少人，讓多少人開始感受到他們父母的辛苦，開始理解父母。該廣告畫面樸實、溫馨，幾許鄉清，幾許溫馨，幾許關懷，幾許回憶，涵蓋於此。母親與孩子，關懷與成長溢於畫面。它所表現的情感顯得十分親切，有動人心弦的魅力，從而突出了「其實父母是孩子最好的老師」，點明了廣告的主題「將愛心傳遞下去」，使人們感到無比溫馨。

課後思考練習：

「學者證言」廣告

1998年9月，長嶺集團公司在首都各大報紙刊登的系列廣告引起了人們的注意。廣告與眾不同之處就在於：隆重推出7位在科技領域取得了相當成就的學者和專家的形象。據說，請出如此陣容的專家、學者做廣告，在國內尚屬首次。這個以「卓越，是他和長嶺的共同追求」為主題的系列廣告，醒目處或刊登一組或刊登一位學者的頭像，旁邊是學者成就的簡單介紹，大標題是「他（她）也用長嶺冰箱」。

敢於「第一個吃螃蟹」，站出來為國企名牌的質量作證的專家陣容甚大，他們當中有：國家科技委員會專業評委、博士生導師陳慶壽；玉柴集團董事長王建明；語言學家、北大東方學系教授巴特爾等。

　　據悉，這些專家無一例外均是長嶺冰箱的新老用戶，他們此次為長嶺冰箱做廣告的起因，源於長嶺集團董事長兼總經理王大中親自帶領的一次客戶回訪活動。王大中在用戶檔案中發現，在長嶺冰箱十幾年的老用戶和最近購買長嶺冰箱的新用戶中，有很多是為國家做出了突出貢獻的專家和學者。於是他派出專門的訪問小組對這些學者進行了專訪，訪問中專家的話使王大中怦然心動。他想，在人們看煩了千篇一律的各類「明星」做的廣告時，讓社會形象較好的專家走上廣告說一說實在話，也許能收到意想不到的效果，就這樣長嶺集團首家推出了「學者證言」廣告。

　　（資料來源：http://202.96.111.92/media_file/2007_01_10/20070110162211.doc）

練習題：

　　長嶺集團董事長兼總經理王大中為什麼要推出「學者證言」廣告？

第九章 人際交往心理與實務

人際交往是公共關係最基本的活動之一。從某種意義上說，公共關係是擴大了的人際關係。雖然說人際關係是以個人為支點，研究個人與個人、個人與群體的關係，但是它與公共關係實質是相通的，況且公共關係工作的完成，需要靠個人活動和個人行為。也就是說，公共關係活動終究要通過人際交往來實現。因此，研究公關人員的人際交往心理是開展好公共關係工作的重要內容。

第一節　人際交往概述

進入本章內容學習之前，首先需要對幾個概念作一區分，如人際交往與人際關係，公共關係與人際關係等。

一、人際交往與人際關係

人際交往是指人與人之間通過一定的方式進行接觸，從而在心理和行為上產生相互影響的動態的過程。人際交往是把人與社會聯繫起來的重要媒介。

人際關係是指在人與人的交往活動中所發生的直接的、可感的心理關係。

通過以上分析可以發現，人際交往與人際關係是兩個不同的概念，兩者之間存在著區別。

人際交往與人際關係的區別在於：前者是一個動態的過程，這一

動態的過程緣於人際交往總是以獲得一定的信息為目的的。從交往的動機來說，任何人際交往都是從一定的信息需求開始的，只有當一方擁有比另一方更多的信息時，雙方的交往才會成為可能。從交往的效果來說，一段成功的交往離不開信息的正常溝通。而後者是一種相對穩定的關係。人際關係的形成需要以一定的情感來維繫，這便決定了人際關係具有相對穩定性和非指向性的特點。眾所周知，情感的建立是一個逐漸的過程，人們對情感的需求表現為對情感的依賴和信任，而這種依賴和信任是一個長期累積的過程，需要在不斷交往的過程中相互接納並融合，在達到一定程度後才能產生信任感和依賴感。所謂「日久生情」，正是說明情感依賴建立的長期性。另外，情感的建立是有選擇性的，只有那些有相同價值觀和相同信念的人才能在交往中形成穩定的關係，否則，兩者之間的關係就會終止於人際交往，不會形成人際關係。

　　一般的觀點認為，人際交往是人際關係的前提和手段，人際關係是人際交往的結果和表現。

二、公共關係與人際關係

　　沒有系統地學過公共關係理論的人，往往把公共關係和人際關係混為一談，並對人際關係存有誤解，認為公共關係就是人際關係，而人際關係就是拉關係，是不正之風。所以，這裡要對二者的聯繫和區別作簡要的介紹。

（一）公共關係與人際關係的區別

　　公共關係是一種社會關係，人際關係是在社會關係內部所形成的一種特殊關係。既不能認為公共關係就是「迎來送往」的人際交流活動，也不能忽視了人際關係在公共關係活動中的地位和作用，兩者的區別在於：

1. 兩種關係的對象不同

　　從兩種關係的對象上看，人際關係的主體是人，締造這一關係的雙方都是由一個一個的個體所組成。也就是說，它是個體與個體的心理關係，或個體與群體的心理關係，維繫這一心理關係的紐帶一般來講是人的感情，它的表現形式體現為人際間的心理吸引與排斥。公共關係則是一個社會組織所面臨的公共的、社會的關係，締造這一關係的雙方是組織與公眾，是一種客觀存在。

2. 兩種關係運用的手段不一

從兩種關係運用的手段來看，公共關係主要是運用信息傳播的原理，運用現代化的大眾傳播媒介來傳送信息，人際關係則主要是通過直接的、面對面的交往過程形成一種心理關係。在人際交往中，人們用自身的心思、情感、言談舉止來實現彼此間的溝通，達到個人之間的情感交流和思想融合。

(二) 公共關係與人際關係的聯繫

公共關係與人際交往關係雖是兩種不同事物，但它們之間卻存在著密切的內在聯繫。公共關係活動離不開個人交往這一活動的基本方式。公共關係與人際關係的聯繫主要體現為：

1. 公共關係與人際關係都屬於社會關係

公共關係與人際關係都是社會關係的一個分支，彼此交叉包容、相互滲透、相互依存，是你中有我、我中有你的關係。但仍要指出的是，交叉包容關係並不是等同關係，就產生的基礎而言，人際關係的範疇遠遠大於公共關係的範疇。因此不能將二者混為一談。

2. 公共關係與人際關係在許多基本原則上是相通的

作為人類社會關係的產物，無論是公共關係還是人際關係，在實踐中都以互利互惠為最基本的準則。因為滿足各自的精神與物質需要是各種社會交往背後的普遍動機。人與人之間的交往，既以滿足自己需求為前提，又以滿足對方需要為必要條件。互補是社會關係建立和發展的動力，互利是互相交往的基礎。只有在互利互惠的基礎上，才能建立和維持相互之間的關係互動。個體的人與人之間的交往如此，公共關係中的社會組織之間的交往亦同此理。此外，誠實信用、平等協調等也是公共關係活動與人際交往中最為基本的價值準則。

3. 良好的人際關係是構建良好的公共關係的基礎，人際交往是開展公關活動的一種手段

在實踐中，公共關係作為「內求團結，外求發展」的管理藝術，也要經常借助於人際關係中的某些手段，通過個體交往以構建健康有序、平等和諧的人際關係，來實現「內求團結，外求發展」，塑造良好組織形象的目的。20世紀初，一度被「扒糞運動」（又稱「揭醜運動」）弄得聲名狼藉的老洛克菲勒，為了改變不良的公司形象，接受了「世界公關之父」艾維·李的建議，開始贊助社會福利事業，建醫院辦學校，在街上向兒童施舍，並主動與普通員工打成一片，與工人的妻子跳舞，打破等級觀念等等。通過上述努力，終於逐步改變了一

度被認為是巧取豪奪、不顧社會公眾利益的壟斷寡頭的形象，成了一位樂善好施的企業家，從而使洛氏集團走出了困境。由此可見，人際交往是開展公關活動的一種常用的手段，良好的人際關係有助於塑造良好的組織形象，良好的人際關係是構建良好的公共關係的基礎。通過人際交往構建和諧的內外人事環境是公共關係的主要目標之一。

三、公關活動中人際心理特點

處於公共關係狀態中的人際各方，或主動意識到其行為與特定組織的公共關係有著某種牽連的人，在參與組織的新聞發布會、聯誼會、慶典、專題公共關係活動時，他們的人際心理特點與平常的人際心理特點有著明顯的差異。具體表現為如下幾方面：

（一）人際心理的指向差異

人際心理的指向性差異，是指人際各方的心理活動是否圍繞著特定的目標和組織的活動來進行思考與行動。如果人際各方（不論是組織者一方，還是參與者一方）參加一個企業的開業慶典，人們的心理活動總是主動地圍繞慶典的有關儀式活動，組織者有意圖地引導公眾投入活動，參與者則有意識地配合組織者開展活動，彼此心領神會、心照不宣。這說明人際心理的指向性高。而在日常的人際交往中，人們的人際心理儘管有時帶有指向性特點（如求人辦事、幫忙，對方也願意），但更多的時候處於一種隨意性的狀態。也就是說，日常交往中的人際心理並不一定具有指向性的特點，很可能是此人意東彼人意西。人際心理的指向性並不是指人際一方的心理指向性，而是指人際各方心理的共同指向性。人際心理指向性的高低，取決於人際活動本身的趣味性和利益的關聯性，活動越是有趣味，人際心理指向性越高；利益越是接近人際各方，人們心理的指向性也就愈高。公共關係活動的開展，把組織者與參與者聚集在一起，處於公關狀態下的人際各方，只要活動開展得當，一般心理狀態即具有較高的相同指向性。這是與日常交往中的人際心理有較大差異的一個特性。

（二）人際心理的主動性與應承性差異

在日常生活中，人際交往處於一種無組織的自然狀態，交往很可能是松散的、隨意性的，即使一方在交往中帶有明確的目的性，但也未必能得到對方的認可，因而，在人際心理上會出現明顯的一致性差異。在公共關係狀態下，公共關係活動的組織者在人際心理上會表現出較高的主動性，而參與者則會有較強的心理應承性。人際各方都會

在共同的公關主題下，彼此配合，心理相融。組織者發布各種信息，向參與者徵求意見，以求社會各界的支持，進而樹立良好的組織形象。而參與者在主人的熱情感召下，或是基於理智的認同，或是出於情緒的感激，總是要在一定程度上應承對方的旨意和目標，並表示言語或內心的讚許。公共關係活動的開展，為人際各方提供了心理交流的環境。

(三) 人際心理的順行性與逆行性差異

人們在自然生活狀態下，要接受或改變某種觀點是很難的，特別是那些在我們生活中似是而非、離生活有一定距離的事物，要我們接受它或改變它更難。

處在公關狀態下的人際心理，與自然生活狀態下的人際心理，在心理順行性與逆行性方面也同樣存在很大差異。心理的順行性是指人們在瞭解和認識事物的過程中，表現在心理發展上的一致性特性；心理的逆行性則是人們接受某種新概念時，表現在心理發展上的不一致特性。日常生活中人們常說吸菸有害健康，但有些吸菸者在心理上則不以為然，逆行思維，認為吸菸對人體並沒有多少妨害。組織開展公共關係活動，能創造一種情境或氛圍，使參與公共關係活動的公眾在心理的順行性和逆行性方面都會有較大改變。如在順行性方面，公眾將強化自己的觀點與組織保持一致，提高組織的美譽度；而在逆行性方面，通過公關活動的潛移默化，削弱公眾對組織的不良印象，最終達到改變反面形象樹立正面形象的目的。危機公關活動的開展尤其如此。

四、人際關係在公共關係中的作用

(一) 組織內的人際關係是影響公共關係的重要形式

公共關係活動的開展，最終要靠人去實現，並落實在人與人之間的關係上。從組織的領導者、專職公關人員，到組織裡的每一個成員的人際關係狀況，都將對公共關係產生一定的影響。特別是個人代表組織的人際交流活動，這種影響更為重要。因為個人在交流活動中表現出來的風度、氣質、態度、能力等，往往直接影響到對方對組織的印象，從而奠定組織公共關係的基礎。如果一個組織的領導者、公關人員和政府部門、新聞媒體、知名人士以及其他一些組織的領導者建立了良好的人際關係，同樣也能使這個組織在眾多的社會關係中有著一個和諧的公共關係環境。

一個組織的領導者或公關人員的人際關係對組織的公共關係活動的影響雖然很大，但組織中的每個員工的人際關係狀況對組織的公共關係的影響也不能忽視。組織中的每一個成員在組織的內、外部都必然會形成一些人際關係，如朋友關係、同學關係、同鄉關係、親戚關係等等。他們在日常的交往活動中，不同程度地能為組織的公共關係起到宣傳作用，因此，公共關係理論中提出了「全員公關」的要求。這並不是說要求組織的每一個員工都從事公共關係工作，而是要求組織的每一個成員都必須具有強烈的公關意識，為提高組織的知名度和美譽度做貢獻。

（二）良好的人際關係是公共關係傳播媒介的重要組成部分

儘管組織公共關係的開展經常是憑藉著大眾傳播媒介（如電視、廣播、報刊等）來塑造組織在公眾中的良好的形象，但並不是幾次大的宣傳活動就能使組織在公眾心目中有一個美好、完整的形象，而更多的是靠組織長期一點一滴的宣傳。這種宣傳主要渠道之一就是運用人際關係方式。社會中的每一個人都是信息源，每一個人的信息傳播，或多或少都能起到一定的宣傳作用，而且個人之間的交往活動具體、生動、真實，有針對性和直接性的反饋，能收到大眾宣傳媒介難以達到的效果。據調查資料表明：人們對親友的宣傳相信程度在 75% 以上，而對廣告的宣傳只能達到 30% 左右。由此可見，良好的人際關係不僅對組織公共關係的傳播媒介有輔助補充的作用，而且是公共關係最有效的傳播媒介，特別是與政府官員、新聞記者、科學家、影視體育明星、著名社會活動家等知名人士之間的人際關係，作用更明顯。知名人物的態度和言論在某種意義上會超過大眾傳播媒介宣傳的能力，他們不僅可以在廣泛的人際關係活動中宣傳組織的形象，而且人際關係宣傳比專門憑藉大眾傳播媒介進行公關更具經濟效益和社會效益。

（三）善於處理人際關係，是公共關係工作的專業技能之一

人際關係的好壞，會直接影響、制約公共關係職能的發揮。因此，怎樣建立和發展良好的人際關係，是衡量公共關係人員專業素質和能力的直接尺度。公關人員作為社會組織的「外交家」，要與各方面的社會公眾交往，必須具備人際交往的素質和能力。因為人際間的密切關係是鋪墊公共關係的基石，良好的人際溝通是公共關係傳播溝通的重要組成部分，富有魅力的個人形象，有助於塑造組織的良好形象。因此，人際交往的能力和素質是公關人員的必備條件。

（四）組織領導者人際關係的好壞，直接影響組織內外部的公共關係

領導者一般是制定組織目標，聯繫團體內成員的人際關係，建立

協調成員間結合力，提高成員積極性，推進團體向目標前進的帶頭人。組織內領導者的人際關係處理得好，領導者之間就容易搞好團結，形成較強的凝聚力；反之，領導者的人際關係處理得不好，彼此之間就容易鬧矛盾，造成組織的「內耗」現象，使組織的元氣遭到損傷。這樣的組織在外部公眾心目中，也不會有好的形象。因此，一個組織要在內、外部創造良好的公共關係環境，領導者的人際關係狀況是關鍵的因素。

第二節　人際吸引與人際關係發展階段

要獲得公眾的好感與接納，建立與公眾的關係，需要瞭解影響人際吸引的基本因素和人際關係發展階段。

一、人際吸引的基本因素

人際吸引（Interpersonal Attraction）指人與人之間產生關注、欣賞、傾慕等心理上的好感，進而相互接近而產生感情關係的過程。建立和發展人際關係的前提是互相吸引與喜歡，所以，人的吸引力對人際交往行為的影響是非常明顯的。只有吸引了別人，才能得到別人的喜歡，產生進一步交往的願望及行為。可見「吸引」是人際交往的藝術之一。「吸引」也就是魅力的散發，是一種無形的力量，它能在人際交往過程中起著互相接受、認同和影響的促進作用。人們在社會交往中，希望自己被對方所喜歡、尊重和讚賞，那麼怎樣實現自己這一願望呢？首先就要增強自己的吸引力。社會心理學家認為，在人際吸引的過程中，引發人際吸引的主要因素有外貌與才華的因素、空間與交往的因素、相似性和互補性的因素、個性品質因素、互惠互利因素等。

（一）外貌與才華的因素

儘管我們常說：「人不可貌相」，但是相貌所產生的「暈輪效應」是不可低估的，也是不以我們的意志為轉移的。從心理學角度講，人們見到相貌好的人，心理上會產生一種好感、親切感；而對於相貌差的人會產生一種排斥感，尤其是和陌生人打交道的時候，這種現象更為明顯。當然，外貌的吸引，不僅僅指人的長相，還包括人的衣著打扮、儀表風度。人的相貌幾乎是無法經過個人的主觀努力而改變的，

但是人的衣著打扮、儀表風度卻是能夠經過個人的努力而改變的。所以說，人們在向社會推銷自己的時候，務必注意在各種場合中自己的衣著打扮、儀表風度、言談舉止，盡量給人們留下良好的印象，這是走向成功的第一步。古往今來，人的外貌與才華並非像人們想像的那樣統一，外貌美固然好，但如果「金玉其表，敗絮其中」，人們也會很快厭倦。再者，外表的美是表面和短暫的，它可以隨著歲月的流逝、環境的變化而變化，而才華是本質的東西，可以隨著人的閱歷而增長。較之喜歡外貌美，人們更喜歡才華，喜歡性格美。所以，一個人在日常生活中，應注意學習才藝，完善性格，使自己的外貌與才華合為一體，其魅力就無法抗拒。

（二）空間與交往的因素

外貌與才華儘管具有相當大的吸引力，但是，如果人與人之間不能經常在一起互相接觸和交往，也達不到預期的目的。可見，空間和交往可以創造良好的人際關係。首先，「天時不如地利」，空間的作用是不可低估的，空間位置的接近是建立親密關係的便利條件。其次，交往也是如此。沒有交往就沒有瞭解，交往是兩個以上的人為了交流有關認識和信息而相互作用的過程。有了交往才能彼此感知，產生情感，沒有交往就沒有瞭解和認識，就談不上感情，談不上理解及建立人際關係了。值得一提的是，隨著信息時代的到來，日常網絡上的聊天信息、電話交談使人們有一種同伴就在身邊的感覺。一般來說，交往頻率越高，越容易形成密切的關係。可見，交往頻率對人際關係來說，有很大的現實意義。所以，我們要勇敢地走進社會生活，接近自己所要接近的人，與對方經常來往，讓對方熟悉你、接受你，這也是人際吸引的重要條件。

（三）相似性和互補性的因素

相似性的概念很廣泛，它可能是民族、信仰的相似，可能是性別、年齡的相似，可能是社會條件、社會身分的相似，也可能是思想觀念、文化水平的相似，還可能是志向、性格、興趣愛好的相似。相似性是人際吸引和喜歡的重要因素，因為人們總是喜歡那些信念、價值觀、個性品質與自己相似的人。所謂「酒逢知己千杯少」「相逢何必曾相識」就是這個道理。因此，我們在生活中要注意尋找與別人的相似性，從而引起別人的喜歡，吸引別人。

那麼，是不是相似性越多彼此就會越加喜歡呢？這不是絕對的。因為喜歡的另一方面往往是互補，它指雙方的需要以及對於對方的期

望正好形成互補關係時,才會產生強烈的吸引。如脾氣暴躁的人和脾氣隨和的人會友好相處。這是由於雙方在氣質、性格上都各有優點和缺點,彼此之間可取長補短、「剛柔相濟」、互相滿足對方的需要。由此可見,需要的互補性也是形成人們之間良好關係的一個重要因素。要學會在公共關係中,在與人的交往中取別人之長,補自己之短,用自己之長,補他人之短。這樣,交往的雙方都能得到滿足。同時,由這種滿足所產生出來的肯定性情感又將反作用於交往的雙方,使人際關係更為牢固。

(四) 個性品質因素

個性品質對人際交往的影響個性是指一個人的整個心理特徵的總和。它包括一個人的性格、氣質、能力、興趣、愛好、理想、信念、人生觀、世界觀等。交往中,一個人熱情、誠實、高尚、正直、友好,人們易於接受他而與之交往;相反,一個冷酷、虛偽、自私、奸詐、卑劣的人就會令人生厭,人們就會迴避他、疏遠他。對於一個口是心非、陽奉陰違、無中生有、嫉妒誹謗、搬弄是非的人和一個誠實正派、心誠意善的人,顯然人們傾向於後者,更願與之結交。在國外,心理學家安德森(N. Anderson, 1968)對大學生的一項研究表明:「大學生高度喜愛的品質,排在前六位的是真誠、誠實、理解、忠誠、真實、可信」。可見,良好的個性品質易於建立和諧的人際關係,不良的個性品質則會影響正常交往。此外,那些聰明能幹、知識豐富而又熱情的人也能引起人們的喜愛、欽佩、尊重和敬慕,在人際交往中也具有很強的吸引力。人們崇敬名人,實際上就是被名人較強的能力所吸引的緣故。為什麼真誠的人會受人喜歡呢?因為與真誠的人交往,不用提防和戒備,心底有安全感。這樣的人讓人放心,別人會信任你所說的話、所做的宣傳。因此,公關人員的人格在公關活動中起著至關重要的作用。

廣州有一個售樓人員,銷售業績的提成每年竟達一百多萬元。她成功的秘訣是什麼呢?其實就是一個「誠」字!她在個人的經驗介紹中一語道破天機:她把客戶當作自己的親人,站在客戶角度,想客戶之所想!盡可能地為客戶多爭取一些利益。比如有一次,一個穿戴相當樸素、騎著自行車的客戶到售樓處瞭解情況時,其他售樓人員不理不睬,只有她趕緊處理完手頭事務,上前熱情地接待並詳細介紹了樓盤中每一棟、每一套的利弊、價格等。該客戶被感動,透露了準備為公司的高層雇員買10套住房時(該客戶為某公司辦公室主任),這位

售樓小姐又站在客戶利益的角度，建議他現在先別下定金，等國慶節開盤搞活動時再來。這樣不僅為客戶爭取了更多的折扣，還額外為顧客爭取了五個免費車位。結果該客戶在公司受到嘉獎，老板及雇員都皆大歡喜。後來該客戶十分信賴這位售樓小姐，又源源不斷地為她介紹新的客戶。從這個典型案例中可看出，該售樓小姐之所以業績突出就在於善於與客戶建立相互信任的關係。銷售如此，公關更是如此。公關人員要與公眾建立良好關係，其人格特徵就十分重要，因為人們都先相信你的人品，然後才會相信你做的公關宣傳。可以這麼說，公關人員的人格特徵就是公關宣傳的一面旗幟，公關人員的人品如何決定公關工作的成敗。

（五）互惠互利

人際間的交往準則是互惠互利。一個人對另一個人的交往包含著對回報的期待，這個回報可能是及時的，也可能是日後的。從某種意義上講，人是功利的動物，人際間交往的根本動力在於價值關係的制約。人際間的相互吸引除了能帶來互惠互利外，更深層的原因就是交往帶來更深層次的、心靈的互惠互利，因為心理價值、情感獲得都是人類心靈活動的動力。這裡所說的回報既可以是物質的，也可以是精神的。精神的報酬很重要的一點是喜歡的相互性，即人們喜歡那些同時也喜歡自己的人，喜歡的相互性是決定一個人是否喜歡另一個人的關鍵性因素。

在人際關係建立的過程中，除上述因素外，一個人的能力、特長、職業、經濟收入和社會背景，甚至年齡、性別、籍貫等也可能成為影響人際關係的因素。特別是在建立人際關係的初期，彼此不夠瞭解的情況下更是如此。

公關人員應該培養自己具有較強的人際吸引力，這樣才能為對方心理相容，從而建立起融洽的人際關係。增進人際吸引力，一是要注意自身修養，培養良好品質。只有加強自身修養，才能以自己的人格魅力感召人。二是廣泛與工作對象接觸，縮小空間距離。接觸越多、越廣泛，就越有可能擁有共同的話題，找到共同的語言。三是培養與工作對象類似的觀念態度。相同的觀念、信仰、人生觀、世界觀是產生人際吸引力的極其重要的因素。四是掌握豐富的知識和技能。有知識、有特長才能讓對方產生欽佩感、讚同感，並願意互相接近。五是注意儀表，舉止得體。任何不雅觀、不文明的舉止都容易引起對方心理上的反感和厭惡。

二、人際關係發展的四個階段

人與人的交往，都是由淺入深，從彼此陌生到相互熟知。心心相印成為知己，是需要一個逐步發展的過程的。一般來說，人際關係的發展分為四個階段：初次見面、友誼關係、融洽關係和牢固關係。只有彼此能正確判斷相互間的人際關係的發展階段，才能更好地運用不同的交往技巧，加深彼此間的友誼。

（一）初次見面

初次見面是人際交往的起始點，人與人之間的接觸是從初次見面開始的，所以，應十分重視初次見面時給人留下的印象。注意初次見面時要以自己的內在氣質和才華打動對方，盡量不發生衝突，不流露出不滿，盡量表現出一種親切感，表現出對對方的興趣。盡量談論對方感興趣的話題，給對方以恰如其分的讚美，以引起對方的好感，使對方產生心理上的快樂和滿足。初次見面在人際交往中是很重要的，它往往可以決定雙方是否可以繼續交往下去。

（二）友誼關係

友誼關係表現為相互之間只是生活、學習、工作上的幫助和協作，彼此不承擔任何義務。這種關係往往會隨著時間和空間的變化而解體。在這一階段，雙方彼此間樂意表達自己的感情和思想，但有一定的界限，對自己的隱私是不說的，所以，雙方在這一階段中可以適當地對某些觀點、事件等發表自己的看法，比較直率地進行批評與自我批評。

（三）融洽關係

在這一階段，相互間對各自的背景和情感都比較熟悉和瞭解，所以遇到問題時，大致能估計對方會採取什麼態度，對對方的語言和非語言信息能夠心領神會。此外，在這一階段，相互間敢於冒犯對方的尊嚴，如當對方不在場時，替他表達意見，當然這樣做是冒險的，可能使雙方關係大大推進，也可能使之退步甚至破裂。這主要取決於你的冒犯是否真誠、善意，是否把握了分寸。

（四）牢固關係

人際交往發展到這一階段時，彼此會心心相印、水乳交融，你中有我、我中有你，坦誠相見、傾訴衷腸。這時，雙方都可以準確地理解和把握對方的思想感情，善於站在對方的角度考慮問題。這一階段是人們希望和追求的人際關係的境界，這一階段要求交往雙方都有現代交往的良好品質，如誠實、謙虛、自我犧牲等，還要有相互間志趣、

性格等方面的相符和相補，要有交往的技巧和能力以及彼此間的配合，否則，即使達到了這一境界也是無法維持的。

第三節　瞭解人際交往中的人性特點

在社會生活中，利用人性的弱點與人打交道，是常用的方式，公共關係利用的就是人自重、自尊和自私等弱點。在這裡說得較多的是人際交往中人性的劣根性。我們必須先承認人際交往中的人性有好的一面，也有不好的一面，然後去管理它，才可能更好地發展自己的人際交往能力。

一、尋求歸宿性

人生來都有遠離孤獨的傾向，因此人們都希望歸宿於某個社會團體，擁有一定的社會人際網絡。

尋求歸宿性的一個特點就是群體能使個人力量增強。因為一個人就算再強大，也還是渺小的，尤其是面對困難、面對障礙、面對災難的時候。人生就來具有自卑感，克服自卑感的一個重要方式就是把自己融入群體當中，這樣就會感到自己力量的增強。有研究表明，當人們受到重大創傷的時候，如果有社會的支持，患心理障礙的可能性就要小得多。因此，外在人際力量會內化為自我力量的一部分，有一個好的人際網絡會使得自己感到更強大。那麼，人什麼時候最孤獨呢？是高興的時候無人分享。不管是高興也好，悲傷也罷，人們都希望自己的情感被共享。

尋求歸宿性的另一個特點就是相伴性，簡單來說，就是希望有人陪著。即使是一個特立獨行的人，若知道一個行為是所有人都不認可的，那他（她）也不會去做。尤其是我們在面臨孤獨的時候，更加渴望這種相伴性。比如，假設你在大海中航行時遇到風暴，茫茫大海上只有你一個人，你自然會感到非常恐懼；但這時你發現了另一個人和你一樣，這種恐懼就會減輕；要是發現有好多人和你一樣，那你不但不會感到恐懼，反而覺得有趣了。當處於緊張中的人發現原來還有和自己一樣的人，甚至比自己還緊張的人，就不覺得那麼痛苦了，這就叫作情緒的共有感。

二、獲得他人尊重性

在人際交往當中，人們不僅希望自己不孤獨，還希望得到他人的認可、尊重。

他人尊重性首先表現為人們的顯示欲。每一個人都希望把自己好的一面展現給大家，因此，要想成為一個好的交際夥伴，你就要給別人表現的機會。如果一個人佔有了所有表現的機會，處處爭強好勝，那麼別人也不會願意與之做朋友。比如，在一個大型活動中，你是關注那些非常活躍的人，還是坐在角落裡的人呢？活躍的人自然而然會受到關注，相反，那些坐在角落裡的人，如果你給他們一次表現的機會，很可能將改變他們的一生。

他人尊重性還表現為在乎別人的評價，這是人社會化的一種表現。由於在乎他人評價，因此人們常常好面子，因為好面子，就會帶很多面具。要成為一個好的交際夥伴，就要懂得給別人留面子；給別人留面子，也就是給自己留退路。

他人尊重性最後還表現為攀比性。人們常常會將自己與別人相比，希望自己比他人強，尤其是過分在乎別人評價的人，會拿自己的缺點與別人的優點相比。俗話說，「人比人，氣死人」，所以你要比的對象不應該是別人，而是要跟自己比：今天的我比起昨天有進步，就應該值得高興。

三、展示個別性

個別性表現為我們每個人在個性上的獨特性。社會文明程度越高，給個性的空間就越大。在人際交往時，要尊重自己和他人的個性，只有做回自己，一個人才能活得最精彩。個性往往是人們的魅力所在，因此，不要忽略自己的個性，不要為了別人而改變自己的個性。另外，一個人的能力也常常反應在他的個性上。

個別性還要求人們在情感上的獨立，人們需要有屬於自己的情感上的淨土，有自己的隱私和獨處的機會，哪怕是戀人、夫妻。人和人之間都會有距離，要做一個好的交際夥伴，就要懂得給別人留空間，而不要涉及他人的禁區。我們的傳統文化在這方面有一個誤區，就是要求親密無間，要求肝膽相照，其實這是不應該的。人與人就像兩個氣球，放在一起，一定的重疊是可以的，但也有一個極限，再近就會被擠爆。

四、偏好的正性刺激

每個人生來都喜歡聽表揚的話，不喜歡聽批評的話，但是人們常常對別人的優點視而不見，卻很善於發現別人的毛病、缺點。其實，多多注意別人的優點，並表達出來，你只需說一句話，對別人來說卻是很重要的。這就是一個人際不等式：讚揚者所付出的小於被讚揚者所得到的。國外有一個心理學家，在銀行排隊的時候，看到前面一個老態龍鐘的老人滿臉的不高興，他就開始思索怎樣讓他高興起來。結果他發現這個老人的一頭金髮很是漂亮，於是就由衷地誇獎了一句：「您的金髮真是漂亮啊，怎麼保養的？」這個老人一聽，腰也直了，滿臉笑容，說這是他一生最引以為自豪的地方，然後就高高興興地走出了銀行。這位心理學家只說了一句話，但對這個老人的影響卻是顯而易見的。不過，「馬屁」不能隨便拍，讚揚也有兩個原則：一是真誠；二是讚揚的地方是對方所在意的。你對一個少年讚揚「你真年輕」，沒有用；相反，如果讚揚一個三十多歲、每天花很多錢在保養上的女人，人家就會很開心。每個人都有自己的優點，只要善於發現，就能做到真誠地讚揚別人。

五、關注自我性

自我性就是指思維和行為的目的指向自我。因此，在遇到如競爭提升、發獎金等生活中常見利益相關問題時，人們自然而然地會為自己多考慮一些。這就很可能帶來對人際往來利益判斷的失真，於是另外兩個不等式又出現了：實際付出小於感覺付出，實際得到大於感覺得到。人們常常會關注自己付出的，而不是得到的，因而會出現感覺的不平衡。當然，以上所提到的「自我」並不是狹隘地指自己一個人，而是在很少情況下可以外延，例如家人、朋友、學校、民族、祖國、人類等。

自我性帶來另一個特點就是嫉妒心。嫉妒心誰都有，只有瞭解了這一點，才可能更好地處理人際關係。舉個例子，一個看上去處處比上級強的下級，如果不注意上級的嫉妒心，不給上級留面子，不給上級表現的機會，就很可能招致上級更多的嫉妒。

人首先是對自己感興趣，而不是對別人感興趣！換句話說──一個人關注自己勝過關注別人一萬倍。認識到「人們首先關心的是自己而不是別人」這一點，是交往成功的關鍵所在。

交談的時候要令別人喜歡你，應該以對方為主。「說別人有興趣的話題」比起「說自己喜歡說的話題」更有力。一位職業經理人說「人是追求快樂，追求懶惰的。他們關心的是自己，例如家庭、興趣、夢想，可以隨心隨意地問，如果怕話題太隱私，則可以由工作開始，問他們工作上最享受的是什麼。」

六、情緒的人際轉移性

情緒的人際轉移性指的是將自己的情緒轉移給他人的特性，也就是說，情緒可以在人際當中蔓延。

瞭解了這一點，人們就可以對正性情緒的轉移予以利用。比如你向別人借錢的時候，當然是在別人高興的時候去借才更可能成功。在進行重要公關時要注意營造良好的心理氛圍，激發公眾的正性情緒，這樣就容易接受來自你的建議和要求。

另一方面，我們也要對負性情緒的轉移予以理解。丈夫在公司受氣了，無處發洩，就回到家對妻子發火，妻子就把氣撒在兒子身上，而兒子可能就對家裡的寵物撒氣。因此，當我們被別人傷害的時候，應該站在對方的角度去理解對方，不要以為這種情緒是對你的，這只是一種情緒的表達。有這樣一句名言：「傷害別人的人都是不幸的。」當你受了別人的氣，你要想想他（她）可能有很多煩惱和痛苦，比你還不幸，所以才會對別人發火。

七、兩性相吸性

這是人們生來具有的特性。與異性交往具有緩解不良情緒的作用。國外有一個實驗，將抑鬱症病人分成兩組，一組交給醫生治療，另一組讓他們與漂亮的異性聊天，發現同樣有效，因為與異性的交往可以緩解抑鬱症病人的不良情緒。與異性交往還能部分滿足被壓抑了的慾望，我們常說的「男女搭配，幹活不累」也表明與異性交往可以調節人際氛圍和個人行為。所以，我們要認識到，與異性的交往是必不可少，也是正常的。在對待兩性相吸性時，我們常常會有這樣三種不恰當的態度：看到他人兩性相吸現象時感到不愉快，不能接納自己對其他異性的渴望，將與異性的一般接觸誇大化。尤其是在親密關係當中，人們常不能忍受戀人對別的異性的喜好。我們都希望得到更多異性的愛，但同時又希望自己愛的人只愛自己一個，這是一個不可調和的矛盾。認識到這一點，我們就要坦然對待戀人與異性的一般交往。

第四節　掌握人際交往的原則與方法

公關人員要想成功地進行人際交往，還必須掌握一些人際交往的原則與技巧。

一、人際關係改善的理論

研究人際關係的目的，就是為了改善人際關係，形成良好的人際交往環境。為了達到這個目的，國外社會心理學家提出了許多關於改善人際關係的理論與方法。

（一）海德的平衡理論

這種理論常被用來解釋人際關係的變化情況，這在第二章已有論述，在此不贅述。

（二）紐科姆的溝通活動理論

紐科姆的溝通活動理論社會心理學家紐科姆（T. Newcomb）把海德的理論推廣到了人際溝通的領域。因此，在紐科姆的理論中就更加明確地討論了人際關係的改善問題。如果說海德的平衡理論重點是考察知覺者內部的認知結構的話，那麼紐科姆主要討論的則是通過人際溝通而對現實的人際關係的改變。

紐科姆的理論被稱作「A—B—X」模式。A 表示知覺主體，B 表示另一個體，X 表示與 A、B 都有關係的客體。當 A 和 B 對 X 的關係相似或相同時，將產生 A 與 B 之間的依戀性；相異時，這些關係的差別將產生 A 與 B 之間的不和睦。同樣，A 與 B 之間溝通的發展，也將導致他們對 X 關係的相似性。

紐科姆的這一公式，對於人際關係改善的意義就在於三者之間的關係由不協調到協調的轉變。如果在對待 X 的態度上，A 與 B 之間產生了差別，並且 A 與 B 本來是處在相互肯定的關係之中，那麼在 A、B、X 之間就會出現協調。為了達到新的協調，可能的方法有如下 3 種：

A 改變自己對 X 的關係，以便使自己對 X 的態度與 B 對 X 的態度相類似；

B 改變了自己對 X 的態度，從而使自己對 X 的態度與 A 對 X 的態度相一致；

A 改變自己對 B 的態度，從而使三者之間的關係趨於特殊的協調。

第一和第二種情況無疑會增進 A 與 B 之間的和睦與友誼，第三種情況則有可能破壞 A 與 B 之間的友好關係。但如果本來 A 與 B 是相互對立的，現在由於雙方對 X 產生了相同的看法，因而改變了兩個人之間的關係類型，則應另當別論。

（三）T 小組訓練法

人際關係的改善不僅僅是一個理論問題，更重要的是一個實踐問題。除去以上的一般理論原則之外，還有一些具體的操作技術，T 小組（T-group）訓練法就是一種常見的改善人際關係的方法。

T 小組訓練法（又叫作「敏感性訓練」）是美國社會心理學家勒溫（K. Lewin）於 1946 年創造的。T 小組訓練法的主要目的是讓接受訓練者學會怎樣有效地交流，細心地傾聽，瞭解自己和別人的感情。其通常的訓練方式是把十幾名受訓練者集中到實驗室，或者是遠離工作單位的地方，由心理學家來主持訓練，時間為一兩週或三四周。在 T 小組裡，成員沒有要解決任何特殊問題的意圖，也不想控制任何人，人人赤誠相見，互相坦率地交談，交談的內容只限在「此時此地」發生的事情。這種限定在狹窄範圍裡的自由討論，逐漸使受訓者陷入不安、厭煩的情緒當中。所謂「此時此地」的事情，實際上就是人們的這些心理狀態和心理活動。隨著這種交談的進行，人們逐漸地更多地注意自己的內心活動，開始更多地傾聽自己講話。同時，由於與他人赤誠坦率地交談，也開始發現別人那些原來自己沒有注意到的語言和行為上的差別。經過一段訓練之後，人們慢慢地發現了自己的內心世界，發現了平時不易察覺到的或者不願意承認的不安和憤怒的情緒。另外，由於細心傾聽了別人的交談，也能夠逐漸地設身處地地體察別人、理解別人。

實踐證明，T 小組訓練法是一種有效地改善人際關係的方法。一些研究還證明，參加過 T 小組的學生比沒有參加 T 小組的學生在達到自己的目標方面有了更大的進步。另外的一些研究則表明，參加過 T 小組的人的偏見明顯減少，他們比未參加 T 小組的人有一種更大的內部控制傾向以及增強了對他人的信任感等。

二、人際交往的原則

在公共關係活動中的人際交往中應遵循一定的交往原則。其內容如下：

（一）互惠互利

人際關係的建立與改善，必須在雙方平等互惠互利的基礎上，互相滿足彼此的利益與需要。公共關係的定義是「選擇有用的朋友」，雙方皆然。如果一味追求自己利益而忽視對方需要，交際關係則無法建立，即使建立也不可能持久。

（二）重在感情交流

交際是一種有目的的直接接觸的社會活動，常言道：「見面三分情」「相逢一笑泯恩仇」。直接的交流，容易建立感情，而感情又是人際關係牢靠的紐帶。交際中重視感情交流，是建立良好人際關係的最有效手段。信息與情感是一對孿生姐妹，沒有信息交流，互相不瞭解，就無從建立融洽的感情，融洽的感情又能促進相互更深的理解與信任。

（三）知己知彼

交際雙方都是活生生的、有思想有感情的社會人，要使交際達到目的，必須瞭解對方的需要與特點，必須善於根據客觀變化情況而隨機應變，調節自己的行為：或淡化緊張氣氛，融洽關係；或抓住時機，廣交朋友，聯誼四方；或臨危不亂，失意不失禮。否則會因不識時務而說話得罪人，或做出不合時宜的愚蠢之舉，致使關係的緊張，甚至瀕臨破裂，最終導致公共關係工作的失敗。

（四）差異性原則

由於人們在年齡、文化程度、社會經歷等方面存在著不同的差異，因而在交往時應注重因人因事給予不同的對待。

1. 與不同年齡的人交往方式

如對方是年紀大、地位高、經驗豐富的長者，交往中應虛心、尊重和耐心請教，以爭取他的好感，進而得到幫助和指教；若對方是同齡、同層次的同事或朋友，交往應平等、友好、真誠，以贏得他的友情、信任和合作；若對方是年齡小、資歷淺的小輩，交往時應主動表示關心、鼓勵和幫助，你的成熟、穩重和熱情會博得他的欽佩、忠誠和協助。

2. 與不同性格人的交往方式

按照人們在社會生活中不同的態度和行為方式可將人的性格分成三種基本類型，即理智型、情緒型和意志型。

理智型的人在為人處事上總是三思後行，注重實際，情緒穩定、思維嚴謹、善抓問題的關鍵。與這類人交往，應真誠、認真、重事實根據、講信義、禮貌待人，並善於發現他們的長處加以讚賞，以肯定

成績的方式來獲取對方的信任和友情。

情緒型的人為人隨和、熱情、細心周到、容易接近、情緒不穩定、好感情用事。情緒高漲時對人主動熱情，情緒低落時則冷漠、敷衍。與這類人交往要重視感情交流，善於尋找對方關心和感興趣的話題，並學會對他的看法表示理解、同情和支持，以友好、尊重、親切的態度爭取他的好感和共鳴。

意志型的人行動堅定、目的明確、為人耿直、責任感強、看問題有較強的分析判斷力，有時顯得固執、死板。與這類人交往要有一定的寬容度，談話時盡量用請教、協商的口氣，切忌發生正面衝突，努力以認真、坦誠、謙讓的態度贏得他們的友誼和合作。

3. 與不同性別人的交往方式

有人說：女人是感性動物，男人是理性動物。這一說法雖有些片面，但有一定道理。女性生活中常表現為處理問題時思維簡單、直觀、缺乏主見，情感豐富而脆弱，為人處事時常瞻前顧後、優柔寡斷。與女性交往，要注重第一印象，談吐自如、態度親切，恰當地讚美和體貼地關照會受到女性的歡迎和好感，輕鬆、愉快、幽默的話題易引起女性的興趣及共鳴。男性在為人處事方面表現出實際、理智、思維嚴謹、深入，他們情緒較穩定，意志堅強。與男性交往，應為人誠懇、謙和、通情達理，說話辦事多從他人角度考慮，善於欣賞和肯定他人的長處，有時必要的妥協及讓步是解決衝突、改善關係、友好相處的最佳途徑。

三、公關人員在人際交往中應注意的問題

為了提高人際關係在公共關係工作中的效果，在進行交際性公共關係時還應注意以下幾個問題：

(一) 注意交際形式

在人際交往中，無論是公關部門，還是公關人員，在公關工作中還要注意公關交際的形式。接待方面，公關部門或公關人員能否給予熱情、禮貌和周到的接待，做好迎來送往的工作，決定了來訪者對本組織的第一印象。對任何上門來訪的客人，都應該面帶微笑、禮貌相迎、熱情招呼，委婉地瞭解來訪者的身分、來訪目的和具體要求，以便決定接待的規格、程序和方式。一般情況應盡量滿足來訪者的要求，讓他們高興而來，滿意而歸。會見、會談和談判方面，為融洽雙方關係，增強雙向溝通和相互瞭解，以便和諧合作，公關人員需要為賓主

雙方組織負責人安排會見、會談或談判的相關事宜。這是一種正式的交際形式。會見，就內容而言，有禮節性會見、事務性會見，或兼而有之。會見通常為初步接觸，一般事先約定時間、地點，有時一方臨時提出要求或直接登門拜訪，另一方願意接待也可。形式不太講究。

贈送節日禮品。在人際交往中，可以小件紀念品（如賀卡）給予對方節日問候等，保持感情聯繫。這不僅能增進人與人間的感情，同時也增進了企業與企業間的感情交流，為今後開展公關工作打下良好的感情基礎。

（二）善於維繫友誼，鞏固良好的公關構架

由於公共關係涉及的因素很多，受各種因素影響的可能性和必然性都很大。已經建立的良好的公共關係網絡也並非長久不變。即使是在穩定發展之際，也必須採取相應措施對自我的公共關係結構進行加固，以確保其可靠性、延長時效性。維繫良好的公共關係有兩種方法：一是「硬維繫」，二是「軟維繫」。所謂「硬維繫」，是指活動形式所表現的「維繫目的」很明確，一目了然，主客雙方都能理解活動的意圖。例如，企業在新年到來之際，往往喜歡互贈一些賀年片或掛曆之類的小紀念品，特別是一些平時不太往來，但又有一定的工作關係或業務往來的人，這種一年一度的互贈活動一般都是很認真的。所謂「軟維繫」，即是指這種活動的目的不是十分具體，表現也比較超脫，往往帶有「醉翁之意不在酒」的味道。所以，「軟維繫」的方式很能體現公共關係工作的藝術性，也能產生一些特殊的作用，收到一些特殊的效果。

（三）進行「人的整體形象設計」

「人的整體形象設計」是國外有關社交方面興起的一專門學科，整體形象概括起來包括四個方面的內容：①儀容，包括美容、整容、美髮和健美；②著裝打扮，指從事禮儀活動時的服裝、鞋、帽及裝飾品；③儀表與禮儀，指從事禮儀活動的人員的言談舉止、接人待物的禮貌風度；④自身修養與行為，指禮儀參與者的社交行為、職業行為、倫理行為、宗教與政治行為。儀容、打扮可以體現參與社交活動的「外觀美」，而儀表與禮儀、自身修養與行為，尤其是自身修養與行為則主要體現參與社交活動者的「心靈美」。隨著中國改革開放的步子加快，國際交往日益頻繁，「人的整體形象設計」這一主題越來越受到有識者在社交活動中的關注，對於企業公關者當然也不例外。

某廠經理在陪同外賓參觀中，發現地毯上有一扔棄的菸頭，即俯

首拾起扔進垃圾箱,這一舉動讓外賓很受感動,認為從該廠領導人身上即可看企業的文明程度和企業形象,與這樣的企業合作定會十分愉快,因此,很快與之簽訂了合作協議。

某廠公關人員在歡迎宴會結束,送外賓走出大廳時,一口痰吐在了紅地毯上,使外賓很驚訝,認為該廠人員素質和文明程度太低,於是決定另選合作夥伴。

拾起菸頭、隨地吐痰,看起來事情不大,但是從「個人整體形象設計」理論上看,前者詮釋了完美的形象,後者則是形象設計的失敗者。此兩種形象導致社交活動的兩種截然不同的效果,很值得人們深思。

在撫順商貿大廈超級市場絲寶集團產品促銷櫃臺,先後有兩名促銷小姐工作,前者平平,日銷售額不足 200 元,後者日銷售額 1,000 元左右。究其原因,前者不注意儀表、言談,後者比較注意「人的整體形象設計」即重視儀表,同時也注重內涵修養,努力去塑造個人完美的形象。若能視顧客為上帝,不分老幼貧富,一律平等對待、不歧視,熱情介紹產品吸引新老顧客的購買欲,則可達到較為理想的效果。

公關人員如果注意「個人的形象設計」,從言行舉止、儀表風度中為企業樹立起良好的形象,就能為企業帶來好的公關效益。但也可因不注意「個人形象設計」,不去創造美的交往環境,甚至於為一樁小事使企業形象毀於一旦,而導致社交活動失敗。

(四) 分析關心點,人際公關便有指南

關心點是指基於需要而對相關事物的關心焦點和關心重點。雖然馬斯洛五層次需要理論揭示了個人需要的一般規律,但每個人由於所處的時空環境及當前所經歷的事件不同,其關心點也就千差萬別,不易歸類分清楚。公關人員在初次會見目標公眾的幾分鐘內,要通過觀察大致摸清對方的關心點,可以通過以下三個渠道獲得。

1. 在問候中瞭解

通過寒暄後的接觸性交談,一般對方關心某事,而某事恰被對方提到時,總是呈現兩種極端情況:若避而不談,此事屬敏感點;若侃侃而談,此事屬興奮點或成就點。公關人員可據此掌握分寸,決定下一步如何開展工作。

2. 從公眾的體態語言中瞭解

當談及客戶的敏感點和興奮點,客戶總會在眼神、表情和其他態勢語言中流露出來,公關人員應細心觀察。如當你讚美女客戶的衣飾

典雅、秀美宜人時，她便會流露出難以掩飾的體勢語——喜悅。此時，她可能臉色泛紅，靜靜地享受你的讚美，也可能詞不達意地回讚你兩句，但眼神明顯閃耀出喜悅的光，因為你的話切中了她的關心點。而對年紀較大的領導，話題可從他的成就開始。

3. 從其他非直接渠道瞭解

公眾出於需要，在其周圍構建了以家庭和工作為中心的各種關係，這些關係都是我們瞭解其關心點的重要渠道。任何重要關係，均是在關心點或利益點上建立起來的。常見的關心點是物質性關心點、形象性關心點、情感性關心點、成就性關心點和興趣性關心點。因此，我們應關注公眾對產品需要的變化，並對目標公眾的子女升學、形象塑造、父母健康等問題多加留意，從而使客戶心存感激。

（五）把握和保持最佳的空間距離

所謂空間距離，是一種空間範圍，指的是在社交場合中人與人之間所保持的距離間隔。空間距離是無聲的，但它對人際交往具有潛在的影響和作用，有時甚至決定著人際交往的成敗。美國西北大學人類學教授愛德華·霍爾博士在其著作《無聲的空間》中指出，人與人之間的親密程度與雙方的空間距離成正比。在書中，他還對人際交往時雙方的一般方位距離作過大致劃分，提出了大多數人都接受的四個空間，即親密空間、個人空間、社交空間和公共空間。

親密空間（40~50cm）（父母和子女，情人、夫妻間），能清楚地看到對方的表情，甚至感覺到對方的氣息，並能接觸到對方的身體。擁抱、親吻等都屬於這個空間。

個人空間（50~120cm）（朋友、熟人間），能接觸到對方的身體，並進行對話，但感覺不到氣息。

社會空間（2.7~3.6m）（一般認識者之間），必須用周圍的人都能聽到的聲音進行交談，是處理公務或社交時所需的距離，也可稱之為商業空間。

公共空間（3.6m以上）（陌生人、上下級之間），指類似演講場所、教室等適合向公眾講話的空間距離。

隨著交往範圍的擴大，人與人之間的親密程度也隨之逐漸降低。人在無意中已在內心裡設定了與對方的心理距離，一旦不太親密的人過於接近自己，就會下意識地採取後退等被動的防禦姿態。

在公關交往中，公關人員把握最佳的空間距離應注意以下幾點：

第一，尊重公眾的個人空間。每個人都有自己的「私人空間」。

交往中，一般未經允許，不要貿然闖入他人的個人空間，問及個人私事，這樣很容易引起他人的反感。同時，也不要為親近對方而輕率地讓別人闖入自己的私人空間，導致他人的誤解或反感，或引起對方邪念，造成不必要的麻煩。

第二，注意公眾的生、熟差異。若交往的雙方互相認識，又是親朋好友，交往中距離可以近一些，這樣能促進關係的親密；若雙方是初次見面就靠得很近，甚至拍肩碰肘，這樣會引起交往對方的不快和反感。

第三，注意公眾的性別差異。性別不同，交往的時空間距離也明顯會有不同。交往中，男子與男子交談，距離不宜太近，近則會有不和諧之感；女子與女子交談，不宜太遠，遠則會有不投機之嫌。

第四，注意公眾的性格特點。人的性格一般可以分為內向型和外向型兩種。與內向型的人交往時，空間距離可稍遠些，如果距離太近，內向型的交往對象會感到不大自在；而與外向型的對象交往距離則可近些。

第五，注意公眾文化背景的差異。不同的國家、不同的民族，由於其文化背景不同，往往對交往的空間範圍具有不同的劃分習慣。一般而言，阿拉伯人、拉丁美洲人、南歐人以及日本人交往時習慣於空間距離近些；亞洲人、印度人、北歐人和北美人交談時空間距離稍遠些。這就要求我們在對外交往中，應慎重考慮對方的文化背景和生活習慣，避免不必要的誤會，以便能順利地交往。

課後思考練習：

挫折助他成功

沃道夫受雇於一家超級市場擔任收銀員。有一天，他與一位中年婦女發生了爭執。

「小伙子，我已將50美元交給你了。」中年婦女說。

「尊敬的女士，」沃道夫說，「我並沒收到您給我的50美元啊！」

中年婦女有點生氣了。沃道夫趕緊對她說：「我們超市有自動監視設備，我們一起去看一看吧。這樣，誰是誰非就很清楚了。」

中午婦女跟著他去了監控室。錄像情況表明：當中年婦女把50美元放到一張桌子上時，前面的一位顧客順手牽羊給拿走了，而這一情況，誰都沒注意到。

沃道夫說：「女士，我們很同情您的遭遇。但按照法律規定，錢交到收款員手上時，我們才承擔責任。現在，請您付款吧。」

這時，中年婦女說話的聲音有點顫抖：「你們管理有欠缺，讓我受到了屈辱。我不會再到這個讓我倒霉的超市來了！」說完，她丟下錢氣衝衝地走了。

超市總經理吉拉德獲悉這一情況後，當即做出了辭退沃道夫的決定。

一些部門經理，還有超市員工都找到吉拉德，為沃道夫說情和鳴不平。但是，吉拉德的態度很堅決。

沃道夫覺得很委屈。吉拉德找他談話：「我想請你回答幾個問題：那位婦女作出此舉是故意的嗎？她是不是個無賴？」

沃道夫答道：「不是。」

吉拉德說：「她被我們超市人員當作一個無賴請到保安監控室裡看錄像，是不是讓她的自尊心受到了傷害？還有，她內心不快，會不會向她的家人、親朋訴說？她的親人、好友聽到她的訴說後，會不會對我們超市也產生反感心理？」

面對這一系列問題，沃道夫都說「是」。

吉拉德說：「那位中年婦女還會不會再來我們超市購買商品？像我們這樣的超市，紐約有許多。凡是知道那位中年婦女遭遇的人，會不會再來我們超市購買商品？」

沃道夫說：「不會。」

「問題就在這裡。」吉拉德遞給沃道夫一個計算器，然後說，「據專家測算，每位顧客的身後大約有250名親朋好友，而這些人又有同樣多的各種關係。商家得罪一名顧客，將會失去幾十名、數百名甚至更多的潛在顧客；而善待每一位顧客，則會產生同樣大的正效應。假設一個人每週到商店裡購買20美元的商品，那麼，氣走一個顧客，這個商店在一年之中會有多少損失呢？」

幾分鐘後，沃道夫就計算出了答案。他說：「這個商店會失去幾十萬甚至上百萬美元的生意。」

吉拉德說：「這可不是個小數字。雖然只是理論測算，與實際運作有點出入，但任何一個高明的商家都不能不考慮這一問題。那位中年婦女被我們氣走了，我們無法向她賠禮道歉，無法挽回這一損失。為了教育超市營業人員善待每一位顧客，所以我做出了辭退你的決定。請你不要以為我的這一決定是在小題大做、亂加罪名，知道嗎？」

沃道夫說：「通過與您談話，使我明白了您為什麼要辭退我，我會尊重您的決定。可是我還有一個疑問，就是遇到這樣的事件，我應該怎麼去處理呢？」

　　吉拉德說：「很簡單，你只要改變一下說話方式就可以了。你可以這樣說：『尊敬的女士，我忘了把您交給我的錢放到哪裡去了，我們一起去看一下錄像好嗎？』你把『過錯』攬到自己身上，就不會傷害她的自尊心。在清楚事實真相後，你還應該安慰她、幫助她。要知道，我們是依賴顧客生存的商店，不是明辨是非的法庭呀！怎樣與顧客打交道，是我們最重要的課題！」

　　沃道夫說：「與您一席談，勝讀十年書。謝謝您對我的教導。」

　　吉拉德說：「你是個工作勤懇、悟性很強的年輕人。若干年後，你會明白我的這一決定不只對超市有好處，而且對你有益處。按照我們超市的規定，辭退一名員工是要多付半年工資作為補償的。如果半年後，你還沒有找到合適的工作，那麼你再來我們超市。我們是歡迎你來的。」

　　沃道夫，這個20多歲的青年，懷著無限感慨離開了吉拉德管理的這家超市。以後，他籌集了一些資金，干起了旅館事業。10年時間過去了，吉拉德、沃道夫都已擁有了上億美元的個人資產。

　　[資料來源：《公關世界》，2005（7）.]

　　練習題：

　　1. 你如何評價吉拉德的做法？

　　2. 從本案例來看，沃道夫和吉拉德成功的秘訣是什麼？對你有什麼啓發？

第十章
內部公關與組織內心理氛圍的營造

如何塑造組織形象？大多數組織存在一個誤區，即只注重組織外部公關，改造組織外部環境，忽視內部公關及內部心理氛圍的營造，以至最終破壞了組織形象，影響了企業的生存和發展。本章擬就組織形象與內部公關、組織內心理氛圍營造進行探討。

第一節 內部公關概述

隨著中國企業的迅速發展壯大，企業的子公司和企業的員工會越來越多，那麼各子公司、各部門和員工之間的溝通問題將會變得越來越突出。讓龐大企業的每一位員工都能夠樹立共同的發展願望和保持良好的正面的溝通，是企業正常運轉的重要保證。如果讓每一位員工都能夠代表企業在媒體、社區和公眾心目中的形象，為企業代言，將為企業的聲譽和品牌帶來不可思議的強大力量。從這個意義上說，企業內部公關的有效開展，可以進一步配合企業外部公關的順利展開。

一、內部公關含義

公共關係是一項專門的管理職能活動，通過對公共關係和與之密切相關的組織傳播活動進行管理，實現組織與公眾之間的相互信任關

係，獲得良好的企業形象，以促進組織戰略目標的實現。從結構看，企業的公共關係可以分為：外部公共關係和內部公共關係。

通過前面對公共關係涵義的探討，我們不妨這樣理解內部公共關係：它是企業的一種專門管理職能，是企業為實現其既定戰略目標和經營目標，基於與企業內部公眾的各種利益關係而形成的一種客觀的社會關係。正確理解內部公共關係，需要明確：它是一種管理職能，而絕非僅僅是一種非正式的公關。

企業內部公關的核心就在於「內求團結」。也就是說，促進企業內部組織與員工的溝通和理解、合作和團結，調動員工的積極性，充分發揮他們的潛力，使人人關心企業利益，珍惜企業形象，從而提高企業的工作效率和工作質量。

二、內部公關是塑造良好企業形象的根本手段

如何塑造良好的企業形象？公關手段即成為企業的首選。公關目標就是「內求團結，外求發展」，這就要求企業內部公關和企業外部公關雙管齊下。通過外部公關，處理好企業與外部公眾的關係，提高企業的知名度和美譽度，贏得消費者的信賴，為企業的生存和發展創造一個融洽和諧的外部合作環境和氣氛；通過內部公關，處理好企業與企業內部公眾的關係，使企業員工在長期的生產經營和管理活動中逐步建立起共同的價值取向、行為規範、心理定勢和內部上下左右融洽協調的關係，給企業創造一個和諧的內部環境。內求團結是外求發展的基礎。只有使全體員工團結一致，使企業的目標和職工的需要相一致，才能有效地增強企業的凝聚力和向心力，激勵企業員工的士氣，確保眾多的外部公關手段落實到位，達到不斷增強企業競爭力的目的。如果一個企業內部不能團結一致，要很好地向外拓展幾乎是不可能的。目前，許多企業在利用公關手段塑造企業形象時，存在的一個明顯誤區，即只注重外部公關，忽視內部公關，熱衷於通過媒體、大型公關活動、名人效應等來樹立和宣傳企業形象，追求轟動效應，為形象而形象，不重視內部公關。其結果是外部形象雖然像肥皂泡一樣很快吹起來了，但很快又會因缺乏內在基礎和動力而紛紛破滅，到頭來是「竹籃打水一場空」，創名牌是有「名」無牌，搞促銷是有「促」無銷。

（一）內部員工是企業產品形象的直接決定者

產品形象是企業形象的客觀基礎，沒有令人信賴的產品形象，僅

靠傳媒宣傳至多只能獲得社會公眾的短期認可，不可能建立長期的良好企業形象。在構成產品形象的諸要素中，產品的質量和服務特色最為重要，是企業形象的基礎，塑造良好的企業形象必須由此開始。

1. 企業職工是決定產品質量形象的最關鍵因素

不管什麼產品，整個生產過程不僅是人與物打交道，而且體現出人與人的關係。職工是企業的勞動主體，是產品的直接製造者；產品是職工思想情緒、態度、責任心、道德修養和整體素質的外在凝結。只有思想品質好、責任心強、職業修養好的高素質職工，才能製造高質量的產品。企業儘管可以通過制定質量標準、規章制度來對產品質量進行管理，但遵守制度的人則是有彈性的主體。如果企業沒有處理好與內部職工的關係，或上下關係不協調，企業利益與個人利益相衝突，職工對企業就會缺乏責任感，抑或左右關係緊張，職工為了洩私憤而相互拆臺，這種嚴重內耗最終會使企業外部形象受損。試想，如果質量標準明確規定某種產品應該10道工序，而職工卻將其變為5道工序，或在第1道工序就查出質量問題，這又怎麼能確保最終產品質量呢？所以，如果企業內部關係緊張，內耗嚴重，不管企業做出多大的外部公關努力都徒勞無功。

2. 企業職工是服務形象的直接決定者

一個企業要贏得消費者，除了提供優質產品外，更要以優質高效的服務去不斷爭取消費者。由於服務具有無形性和差異性的特點，其質量不像有形產品那樣容易測定，因而服務質量對顧客來講是一種主觀的範疇，它取決於顧客對服務的預期與其實際感受的對比。顧客對服務質量的感知，不僅包括他們在服務過程中所得到的東西，還取決於他們是如何得到這些東西的。前者與服務人員的水平、責任心有關，後者則取決於服務人員的態度好壞。因此，企業職工是服務水平和服務態度的直接決定者。

（二）職工是企業形象的傳播者

企業的產品形象和服務形象是可以直接被消費者所感知的，而企業的其他形象要素，如環境形象、組織形象、員工形象等則需要通過信息傳播，才能建立公眾印象。企業信息傳播方式有大眾傳播和非大眾傳播。大眾傳播主要通過廣告媒體和新聞媒體，非大眾傳媒主要是人際關係傳播和實物傳播。所謂人際關係傳播，是借助人與人之間的語言、活動等進行的交流、交往，是一種最普遍、最深刻、最直接的傳播方式。

人際關係傳播對於企業形象的塑造起著極其重要的作用。因為處於企業對外關係第一線的往往並非專職的公關人員，而是普通職工，如服務人員、電話接線員、供銷人員、維修人員等，他們是企業與外部公眾聯繫的重要觸角。其一言一行，都會在公眾中留下第一印象，直接影響到企業形象的優劣。即使是處於生產線、裝配線上工作的職工，也會通過他們生產的產品來影響企業形象。平常他們也會與親屬、朋友乃至各階層人士打交道，其一言一行也都是在影響企業形象，雖然影響面不及大眾媒體廣，但效果和影響力都不容忽視。公眾一旦接受了這樣的信息，就很難忘記，而且還會起到間接傳播者的作用，而且這種人際關係傳播的能量是巨大的。企業職工的言行對企業形象產生積極或消極影響，取決於企業內部公共關係。若企業內部人心渙散、內耗嚴重，職工在與外界接觸過程中就會大肆渲染企業的壞處，這不僅使企業對外公關努力毀於一旦，而且會毀壞企業在公眾中建立的形象。相反，如果企業有一個健康向上的價值觀，有一股強大的凝聚力，職工對企業就有一種歸屬感和使命感。他們在與外接觸中，對企業的自豪感就會溢於言表，自覺充當企業的宣傳員，這往往給消費者以信心，提高企業聲譽。

補充材料：

20世紀70年代初，三菱公司與松下、索尼等電器公司幾乎同時向市場推出彩色電視機，質量不相上下。儘管三菱公司做了很多廣告宣傳，但其產品市場佔有率卻日益下降，由初期的29%下降至14%，原因何在？這令公司管理層傷透了腦筋。有一次公司經理在走訪員工家庭時，才悟出其中究竟。原來，經理發現員工家用的彩電並非自己的三菱牌，而是其他公司的彩電。他立即醒悟到，三菱公司有10萬多員工，就算每位員工家中僅有10位親朋來訪，那也涉及上百萬人。當這些人看到某種產品連本企業的員工都不願買時，他們又怎會有信心買該產品呢？這豈不是一個最有說服力而且影響廣泛的「反面廣告」？為了扭轉這種局面，三菱公司開展了「做三菱人，用三菱貨」的大規模宣傳教育活動，使員工明白自己的言行關係到企業興衰的道理。經過內部公關努力，大多數員工換用了本公司生產的彩電，變反廣告為正廣告，使公司的經營狀況迅速好轉。

以上材料說明，企業要塑造良好形象，首先必須從內部公關入手。日本三菱公司的經歷對我們很有啟發意義。

第二節　組織內心理氛圍概述

　　內部公關的目標「內求團結」，其主要目的就是營造一個良好的組織內部心理氛圍。在企業文化理論中，營造良好的組織內部心理氛圍被認為是調動員工積極性、增強企業活力的有效措施，引起許多學者、企業家及管理人員的重視。

　　員工的活動直接受到環境因素的影響和制約。為了提高勞動生產率，員工必須適應環境、遵守各種勞動秩序、嚴格約束自己的行為，但嚴格的約束和管理卻又可能使人感到不愉快，影響人的情緒，進而影響到工作效率的提高。特別是在經濟和文化高度發達的今天，企業員工的素質和需求已經有了很大的變化，對工作環境自然就有了更高的要求。正如美國管理學者赫爾費爾特所說：「今天的工人喜歡鼎力合作、生產效率高而不拘形式的工作場所，而不喜歡那種充滿矛盾和衝突、墨守成規、以不尊重人格的勞動規則為特徵的工作場所。」所以，如何改善工作環境、努力創設一種心理氛圍，使人們在工作的同時感到心情舒暢、輕鬆愉快，就成為公關心理學研究中一個重要的課題。

一、組織心理氛圍的含義

　　德國心理學家勒溫曾提出一個公式，認為個體的行為是個體因素及環境的函數，即：

$$B = f(I \times E)$$

其中：B（Behavior）——個體的行為；I（Individual）——個體本身的特性；E（Environment）——環境。

　　這裡的環境包括物理環境和社會環境。構成社會環境的因素很多，諸如組織結構、管理模式、工作性質、人際關係狀態、領導作風、獎懲制度等等。這所有的因素綜合起來，最後以一種員工感受到的心理氛圍對自身產生直接影響。

　　組織的心理氛圍指組織團體內部的心理環境，是以群體意識為主要內容的對組織工作、內部人際關係和外部公共關係的認識和情感方面的綜合反應。體現了組織職工對本組織形象的普遍性態度以及相應的情感反應。這裡的企業群體意識亦稱企業團體意識，它是企業群體

成員對其所在的企業群體作為一個整體、自己作為企業群體的一分子的認識和領悟。

心理氛圍是一個主觀的概念，它代表了在一特定環境中個人直接或間接地對於此環境的看法，是組織成員對所在組織特點的共同感受。這種感受與組織的實際特點並不一定完全符合，但它作為組織成員對組織知覺的總和，卻可以基本上反應出該組織的整體的、綜合的特點。組織心理氛圍常常以一種組織內部環境給人以強烈印象的情感狀態的形式表現出來，因而對組織職工的感染性極強，會對職工的工作態度、工作效率產生潛移默化的影響，就像給整個組織染上了特定的心理色彩。

如同心理學中的「人格」概念一樣，心理氛圍表現了企業獨特的風格，並持續地、潛移默化地對組織成員及企業自身的行為產生綜合性的、深刻的影響。

二、心理氛圍對組織成員的影響作用

心理氛圍作為最重要的環境因素直接作用於人，在組織成員的心中引起不同的感受，直接影響到他們的情緒和態度，導致不同行為的發生，最後對其工作效率產生影響。心理氛圍對組織成員的影響大致有如下幾個方面：

（一）激勵作用

一定的心理氛圍總是體現了組織的價值觀，表明該組織所追求、所珍重的東西。這些目標、信念和價值觀念通過環境氣氛的仲介作用，植入個體心中，在個體心中喚起一種情感、一種慾望，激勵個體強烈的工作動機和高昂的精神狀態，將個體行為導向企業價值觀所倡導的方向，使個體煥發出巨大的工作能量。

（二）規範作用

心理氛圍是企業文化的一個重要構成要素。一定的社會組織所特有的心理氛圍常常體現為「一組習慣的、傳統的思維、感知和推理方式，這是一定社會在一定時期處理問題的特有的方式。」（克拉克霍爾姆語）在這種組織環境和社會心理氛圍熏陶下的成員，必然受到這種思維方式的影響、規範和制約，從而自覺地服從那些已形成的、無形的、非正式的行為準則，表現出與這種環境相符的思想與言行，並且由於合乎特定準則的行為受到承認和讚許而感到心理上的平衡與滿足。

（三）調節作用

寬鬆明淨的環境使人感到輕鬆舒暢，由此產生了愉悅的情緒。而

情緒本身具有彌散性和感染性，如同幕布上明亮的背景，使人的行為也籠罩上了舒展、明朗的色彩，有效地調節了個體對組織的態度。另外，良好的溝通使組織成員感受到了一種信任和尊重，縮短了管理者與被管理者的心理距離，有效地調節了管理者與被管理者之間的關係。

（四）凝聚作用

良好的心理氛圍可以增強企業的凝聚力。由於組織內部信息溝通渠道通暢、交流頻繁、氣氛民主、關係和諧，成員之間相互吸引、感情融洽，產生了較強的親和力和凝聚力，致使成員之間相互團結、共同協作、行為上自覺保持一致，對群體產生了整合作用，從而組織能夠發揮出巨大的整體效應。

三、心理氛圍的評價指標

我們可以從以下幾個方面對組織內心理氛圍進行評價：

1. 滿足感

滿足感即職工對企業是否滿足自身需要而產生的一種心理體驗。合理的報酬、穩定的職業、良好的工作條件、領導的關懷、成長與發展的機會等，往往可以使員工產生較高的滿意度。

2. 愉悅感

愉悅感指個體在特定環境作用下所產生的一種比較持久的、愉快的、積極的情緒狀態。整潔明亮的工作場所、融洽和睦的人際關係、順利通暢的情感交流、寬鬆和諧的心理氛圍均可以喚起員工良好的積極的情感體驗，產生愉悅歡快的心情。蘇聯的一項研究表明，情緒好的班組可望提高產量1.9%，而情緒狀態不好的班組生產效率則下降1.2%。

3. 歸屬感

歸屬感指社會組織在其成員心目中樹立起「可以依託和歸屬」的形象而在成員心裡引起的感受。這主要取決於企業與員工目標的相容程度、利益的相關程度和感情的融洽程度。歸屬感的積極意義在於它把個人與群體、組織聯繫起來，使員工與企業建立了一種文化認同，產生利益攸關、榮辱與共的「一體感」，成為聯繫成員與組織之間感情的紐帶。

4. 信任感

信任感即員工在寬鬆的、充滿理解與信任的環境氛圍中感受到的一種心理滿足。高度的信任、充分的尊重，為員工提供了充分施展才

能、釋放能量的舞臺，同時滿足了員工的尊重需要和成就需要，因而激發了員工的工作積極性。

第三節　協調內部人際關係，構建和諧組織

全體員工是企業賴以生存的細胞，是「內求團結」的根本、「外求發展」的基礎。因此，一個企業與員工關係處理的好壞，直接關係到一個企業目標的實現，企業的一切方針、政策、計劃、措施，都必須得到員工的理解、認可和支持，才能實現。處理好員工關係，應從以下幾方面入手：

一、協調領導與員工層際關係

（一）樹立良好的領導形象

企業的領導是企業的主心骨，在企業中處於核心地位。樹立良好的領導形象是企業內部公關是否協調的關鍵。美國的管理學家羅伯特提出：管理人員的一言一行都能影響自己的下屬。因此，作為一名優秀的企業領導必須做到三點：一是精神上要開拓創新。企業要在激烈的競爭中生存與發展，作為現代企業的領導必須進行開拓創新。企業的領導要通過始終如一的保持自己積極進取、奮發圖強的精神風貌，並自然而然地影響每位員工，使整個企業充滿生機和活力。二是行動上要率先垂範。「身教重於言教」，企業的領導要教育引導員工，首先必須從自己做起，真正起到表率作用。被海內外企業界譽為「經營之神」的日本企業家松下幸之助，經常以身作則，身先士卒，有時還自己動手清洗廁所。細節之處見精神，其影響力之大不言而喻。三是性格上要樂觀開朗。現代企業在變幻莫測的市場經濟大潮中，不時會遇到意想不到的困難和挫折，企業的領導必須舉重若輕，處變不驚，時刻保持樂觀開朗的情緒，以此感召員工始終堅信明天會更好。

（二）建立順暢的溝通渠道

企業領導者常用工資、獎金、升級、表彰等作為激勵員工的手段，卻往往忽視了一個重要的因素——溝通。上下級間從思想到感情、興趣的交流和理解比任何物質刺激都更有效。現代企業的規模日趨龐大，為了搞好企業管理，對外需要接收各方面的情報資料，對內需要加強溝通瞭解，並統一各方面的意見。而這只有在廣泛的、多樣化的、充

分的溝通交流中，才能增進員工對企業領導的決策、目標、計劃的瞭解，及時化解存在的或可能產生的各種矛盾，增強團結，增進感情。

企業領導者與公關人員應注重與員工間的交流，把企業的有關信息及時傳播給全體員工。同時，企業領導者除了耐心地接待員工的來訪與諮詢以外，還應採取各種方法主動搜集員工的意見，包括進行調查、開座談會、設意見箱、建立領導接待日等，或者讓員工通過其他正式或非正式的渠道向領導反應情況，提出意見或建議。通過這種縱向聯繫，可以增強領導與員工之間的相互瞭解和信任，及時協調和解決各種矛盾，消除各種不利因素。

（三）實行錯位的角色扮演

傳統的管理者強調權力和意志，認為上級指揮、下級服從是天經地義的。而在現代企業中，員工的素質普遍有了較大的提高，特別是知識型員工的不斷增多，他們都有自己的個性和民主意識。因此，領導者在處理與員工的人際關係中要少一些強制，多一些民主。在必要的時候，領導者要轉換自己的角色，在互換角色的交往中達到統一。中國有些企業實行職工代表輪流當一週「廠長」；在企業舉辦的各種文體活動中，領導者以普通員工的身分參與進去，當運動員、演員等。這些都在無形中就拉近了彼此的距離，融洽了領導與員工的關係。

（四）巧妙利用和改造非正式群體

每個企業都有一套正式的群體系統，如廠部、科室、車間、工段、班組等。同時，企業中又存在著非正式群體，即人們在交往中自發結成的，建立在共同利益、共同愛好、共同感情、共同目標和相互認同的基礎上的群體，如同鄉、同學等，具有內聚力強、信息溝通快等特點。由於非正式群體是出於自願自發的人際聯繫，比起自上而下的正規化系統來說，其聯絡往往更密切、更有效、更富於彈性，因此受到管理學家的特別重視。作為企業領導人和公關人員應有意識地利用非正式群體中的感情因素，形成良好的工作情緒和工作氣氛，以促進正式群體的效率。

1. 重視與非正式群體的信息溝通

利用非正式群體成員之間信息溝通快、交流範圍廣等特點，以及時地、準確地瞭解員工的思想動態、各種需求以及對企業各項政策的意見和看法，從而做到信息暢通、下情上傳，合理地採納員工的建議，及時妥善地化解不良因素，防患於未然。

2. 重視和利用非正式群體中的「意見領袖」

非正式群體中的「頭頭」或「意見領袖」，不一定有地位，也不是用強制手段迫使別人承認他的「領袖」身分，而是其在某些方面確有出色的才幹，如消息靈通、足智多謀、有一定的人際關係和工作能力等。儘管某些「意見領袖」平日可能是領導眼中的「調皮搗蛋鬼」，但平日總是有一批人圍著他轉，所以企業領導人和公關人員不但不應嫌棄他們，相反還應尊重、信任他們，樂於與他們交朋友，瞭解他們的長處，並委以適當的責任和權力，關懷和引導他們，增強其正向作用，減少或消除其負向作用，使他們成為組織領導的有力助手。

3. 避免非正式群體消極因素對正式組織的影響

非正式群體的出現，與正式組織存在著一定的對抗關係，具有消極作用。如非正式群體成員往往遵守一種非正式的行為準則，從而阻礙了正式組織的行為準則的執行、貫徹、實施。一旦出現此種情況，企業領導人與公關人員應注意細心查找原因，找到解決問題的渠道。再者，從非正式群體中傳播出來的小道消息，應引起正式組織的高度重視，一方面，它可能引起員工的思想混亂，影響和干擾組織的正常決策與計劃；另一方面，又可以從某一側面反應出民心民意，反應人心向背。企業領導人與公關人員應注意分析小道消息，深入瞭解小道消息背後的真正含義，掌握員工的思想動向，並針對那些不利於企業的傳言，有的放矢地做好公開的宣傳解釋工作，澄清事實；同時還可以利用非正式群體中的「意見領袖」，用非正式渠道抵消謠言或小道消息的不利影響，將員工的情緒引導到健康的軌道上來。

二、協調全員人際關係

(一) 營造平等民主的和諧氛圍

要在企業中實現全員人際關係的協調，首先必須堅持平等的原則。平等的實質是企業的全體員工在經濟、政治、文化等方面應機會均等。因此，生活在同一企業中的員工，在人格上是一律平等的，不能因職位高就受到尊重，職位低就受到歧視。其升降獎懲應憑自己的才幹，不能因血緣、家庭等關係而受到優待或阻礙。其次是要堅持民主的原則。每一位員工都是企業的主人。企業作為一個集合體，要依賴於全體員工積極性、主動性、創造性的共同發展。如果只享有權利而不盡義務，或只盡義務而不享有權利，必然導致員工之間人際關係的緊張，挫傷工作積極性。只有在平等民主的和諧氛圍中，才能建立健康而溫

暖的人際關係，進而激發員工的工作熱情。

（二）瞭解各方不同層次的需要

盡量滿足員工的需要，建立融洽的員工關係，激發員工的潛能，達到「內和」的目的，是企業不斷開拓奮進的原動力。

由於各方的需求往往存在著差異，因此，瞭解各方的需求是組織內部公關的關鍵。現將各方的需求分析如下：

1. 股東需求

股東是企業的所有者，他們與企業的生存和發展休戚相關，他們的信心和態度有時可以決定企業的存亡。為了增強股東的信心，並使他們做出有利於企業的行為，他們的要求應首先得到滿足。其需求主要有：①收益權。這是最重要的權利，他們對企業進行投資，無時無刻不在關心自己的收益。②決策權。股東關心自己的回報，自然需要一個強有力的領導班子，因此，他們往往通過股東大會和董事會選擇自己所欣賞和信任的經營者。③知情權。信息對於股東有著特別重要的意義，是他們進行分析、判斷和決策的基礎，他們希望能夠隨時獲得企業經營狀況的信息，從而來瞭解企業的發展動力和前景。

2. 經營者需求

經營者在企業中擁有經營決策權，他們首先希望的是企業在自己的管理下健康快速發展。他們固然需要足夠的物質回報，但更多的還是希望能夠在崗位上鍛煉自己，實現自己的人生價值。其次是追求個人報酬的最大化。企業經營者的報酬往往和企業的業績掛勾，如果企業發展了，其薪酬自然也應水漲船高。另外，他們也期盼良好的企業文化氛圍。這就意味著企業員工能夠彼此諒解、融洽，人際關係和諧實際上也是內部公關所要追求的最大目標。

3. 一般員工需求

一般員工需求，首先是合理的薪酬和較好的福利待遇。各種形式的薪酬是員工生存和發展的基礎，一方面管理者有責任引導員工發揚奉獻精神，另一方面也要切實關心他們的薪酬問題。其次是晉升機會。員工所理解的晉升不僅是更多的報酬，而且還有個人價值的昇華。再次是和諧的人際關係。企業員工在工作中離不開上級、同事和下級的支持，和諧的人際關係實際上也是一種自我滿足。

三、企業內部公關應處理好的幾種矛盾

（一）企業一般員工內部的矛盾

一個企業的生產、營銷及研發等活動都是由員工及專業人員進行

的，他們之間的職責分工和相互依賴使之常常發生各種矛盾。例如，生產人員可能抱怨存貨過多，而營銷人員則可能指責生產人員供應不足。搞好內部公關可以對企業價值鏈進行重新認識和評估，協調各方利益，實現效率最大化。

（二）企業經營者和一般員工之間的矛盾

由於企業經營者和員工處於不同的地位，擁有不同的權利，承擔著不同的責任，兩者之間發生矛盾便不可避免。例如，有的企業實行年薪制，企業發展很快，但一般員工對高層領導的高薪卻很不理解，甚至反對。因而這也反應出企業的共同價值觀遠未達到對兩者利益認識協調一致的程度。

（三）企業經營者、一般員工和股東的矛盾

股東是企業的所有者，企業經營者和一般員工是企業的雇員，兩個主體有著明顯不同的利益。前者可能注重長期行為，後者可能注重短期效益，他們之間自然地存在著某種對立衝突，兩者的矛盾常常集中在收益分配上。如何使兩者的利益達到均衡，引入企業內部公關機制是十分必要的。

補充材料 10－1：

化解員工矛盾的妙術——「五室工作法」

日本有家企業化解員工之間的矛盾的方法與眾不同，即安排鬧矛盾的員工依次進入五個房間。猶如流水線作業生產產品一樣，他們也用流水線作業的方式來解決矛盾。

第一個房間叫「哈哈鏡室」。讓兩個盛怒難平的員工先照哈哈鏡，看看自己那可笑的模樣，消解一下怒氣。

第二個房間叫「傲慢相室」。房內有一座橡皮塑像，用斜眼瞧著你，露出一副蔑視你的傲慢相。這時，工作人員要你拿橡皮榔頭去敲打橡皮塑像，讓你發洩、消解還沒消盡的怒氣、怨氣。

第三個房間叫「彈力球室」。房內牆上綁著一個球，球上連著強力橡皮筋。工作人員叫你使勁拉開球再放開，這時球會打在牆上並馬上反彈過來，打在你的臉上。工作人員乘機問：「痛不痛？」「為什麼痛？」並解釋說「這叫牛頓定律」，有作用力就有反作用力。你去招惹人家，人家就會報復你，這是很簡單的道理。

第四個房間叫勞資、勞工關係展覽室。讓員工看看該企業和睦友好的勞資、勞工關係。

第五個房間叫「思想座談室」。公司經理坐在房裡，徵求兩個員工的意見。這時鬧矛盾的員工，頭腦已冷靜下來，各自都做了自我批評。矛盾化解後，經理還對兩人勉勵一番，並當場給予物質獎勵。

以「五室工作法」化解員工矛盾是獨具匠心的：首先，它建立在充分相信員工的基礎上，從而達到化解矛盾的目的。其次，它化解員工矛盾的藝術是高超的。中國教育家葉聖陶說過：「教育的目的就是為了達到不教育。」「五室工作法」將息事寧人的大道理深藏不露，一切盡在不言中，最終達到解決問題的目的。

上例體現了企業管理者在內部公關上的現代管理意識，即始終把人的因素放在第一位，注重人的自尊、人的價值、人的情感、人的自悟、人的自我實現，這對企業的發展無疑是十分有益的。

第四節　培養員工的主人翁意識

如果一個企業希望獲得可持續發展，在市場上具有持久的競爭力，就必須培養員工的主人翁意識。

一、什麼是主人翁意識

主人翁意識，顧名思義就是員工把自己當作是企業的主人，把企業當作自己的家，把企業的事當作自己家的事來看待。顯然，這是建立在組織成員具有主人地位的基礎上的，有了主人的地位，才會有主人翁意識。

在一個組織中，組織成員的主人翁意識的產生主要基於以下條件：第一，具有財產所有權，這是主人地位在經濟上的直接體現；第二，具有直接的生產經營管理權；第三，具有管理者的監督權。但是，組織成員並不一定是組織財產確切份額的擁有者，也不一定直接參與管理，這就一定程度上妨礙了主人翁意識的形成。

在一個組織中，組織成員的主人翁意識主要表現在：第一，能積極主動地行使自己的權利，即不論在什麼情況下，都能積極發表自己的見解，主動做好分內的工作，事事以集體利益為主，不計較個人的利益得失；第二，積極參與組織活動，並具有強烈的義務感，對自己的地位、角色都有明確的認識和評價，認為自己負有對自身以外的環境進行改善、改造和發展的責任和義務，並積極地去從事這些活動。

二、如何激發員工的主人翁意識

企業要想員工盡快進入角色、融入企業,從局外人轉變成企業人,就需要通過規範系統的方法使其感到受尊重、被關注,從而形成認同感、歸屬感,激發其主人翁意識,並使其對自己在企業中的職業發展充滿信心。

(一) 培養員工的認同感

在一個企業裡面,要培養員工有主人翁精神,首先必須要有一個很公平、公開、公正的平臺,讓所有人在其中都有「自己是該組織的主人」的感覺。這就是培養員工「都在為集體工作、為集體創業,人人都平等」的意識。要破除社會上流行的不良現象,打破階級觀念、本位主義、官僚主義等,在組織裡,大家平等地學習和交流,就容易培養員工的主人翁的精神。要培養員工的認同感,需要做好以下工作:

1. 分享信息,縮短企業與職工的心理距離

在管理上,職工作為受命於管理者的執行者,以照章辦事、服從管理為天職;但若職工長期干規定的工作,無須過問企業的生產經營狀況,這就無形地拉大了企業與職工的距離,使他們對企業漠不關心。要改變這種狀況,使職工在心目中確立起「企業是自己的企業」的意識,就要盡可能讓全體職工知道企業重要的事情,這不僅可以喚起他們的主人翁意識,而且還可以消除隔閡。有時企業內部的很多意見、分歧、隔閡,常常是由於缺乏必要的溝通造成的。信息溝通可以引導職工達成共識。

企業領導要公開向員工介紹企業情況,把企業的困難向職工交代清楚,使其面對現實;把企業資產向職工交底,變被動為主動;把工作任務層層分解,落實責任,變壓力為動力;及時把國家政治、經濟形勢向職工分析透澈,增強工作透明度,激發職工同舟共濟、共渡難關的創業意識。只有這樣,才能使職工樹立起在困難面前與企業同呼吸、共命運,「企業興亡,人人有責」的憂患意識。

2. 參與決策,讓職工實現價值體驗和心理換位

讓職工參與決策,表明企業對職工價值的認定。當一個職工有機會對企業的經營管理提出意見時,其意義不在於意見的價值如何,更在於參與活動使職工在心理上對企業產生一種主人翁責任感,能調動職工的積極性和創造性,推動企業發展。要加強企業民主管理,從組織的大政方針、內部管理到生活福利的各個環節、各個方面,職工都

能有各抒己見的機會和條件。企業的重大決策、重大方案不經職代會通過的堅決不實施，使職工切實感到有家可當、有主可做。

3. 讓職工分享企業成功的果實

要使職工真正關心企業，把企業當成「自己的企業」，盡職盡責，關鍵在於讓職工能分享企業成功的果實。在中國的企業改革中，試點實行的職工持股制度，就是將職工與企業發展的長遠利益有機結合起來，讓職工分享企業成功果實的重要方式。這種方式可以把職工和企業以產權的關係維繫在一起，此時職工真正成了企業的主人，職工會將所從事的工作作為自己的一份事業。企業精神、企業文化由此得以真正形成，企業才有真正的向心力、凝聚力。當職工的股份在企業成長的過程中不斷增值時，職工就會像關心自己的眼睛一樣關心企業的發展，自然會加倍努力工作。

(二) 培養員工的歸屬感

要使組織的價值觀成為全體員工個人生活價值的一個重要組成部分，形成共同的價值取向，就必須使全體員工從心裡對組織產生認同感、歸屬感，或產生「家庭感覺」，使他為樹立自身的良好形象而盡責盡力。

培養員工的歸屬感是件很不容易的事，需要企業的領導人與公關人員付出不懈的努力，處處從小處著眼來進行「情感維繫」，加強員工的主人翁意識和參與意識，加強組織內部各種溝通活動，尤其是領導與群眾的溝通。要通過舉辦員工報告會、展覽會，向廣大員工報告企業的成就；通過邀請員工家屬參觀生產作業現場，取得家屬對員工和企業的支持；通過借助形式上的統一，如打造代表企業形象的口號、歌曲、徽章、制服等，求得心理上的認同；通過參加各類有意義的活動，據此提高企業的知名度和美譽度，從而激發員工的榮譽感和自豪感，強化員工的歸屬感。

補充材料 10-2：

西門子公司的「新員工融入計劃」

西門子公司開發的「新員工融入計劃」就是一個能夠很好地培養新員工歸屬感的典型。

西門子公司從新員工的實際出發，設身處地地考慮新員工進入一個陌生環境的心理，既關心新員工，又不給其壓力，盡量為他們創造輕鬆的第一天、溫馨的第一天、難忘的第一天。

進入西門子之前，人事部會通知公司前臺每一名新員工報到的時間，及時安排在職員工到前臺迎接新員工。新員工被帶到各自部門時，辦公桌、電腦、電話、名片、移動電話、網絡、電子信箱、文具等所有的辦公用品早已準備妥當，桌上擺著漂亮的鮮花以歡迎其到來，同時還有一張歡迎卡，上面詳細說明入職第一天的日程安排。周到、人性化的措施馬上給新員工以家的感覺，讓他們感受到西門子細緻的、人性化的管理風格。這也會讓新員工明白應該如何對待其他同事。接下來，公司會為新員工安排一名老員工做向導，引導新員工適應公司環境，帶領他們簽訂勞動合同，為其提供一些諸如員工手冊、公司內部管理制度等資料，指導他們登錄公司內部網站查閱瞭解更多的信息。

　　試用期內，西門子會為新員工介紹公司的組織機構、企業文化及其工作內容等，組織新員工參加新員工研討會，幫助新員工在融入過程中，瞭解自己在未來的幾個月時間內能夠學到什麼、理解什麼以及做到什麼，再就是幫助新員工建立內部的工作網絡等。西門子所做的一切無疑會使新員工有一種強烈的歸屬感，並在接下來的工作中自然地產生為企業效力的主人翁意識。

　　（三）樹立員工的職業信心

　　當員工真正認同並融入企業後，組織就該引導他們樹立職業信心，讓他們知道怎樣去創造和實現自身的價值。現在，很多企業新員工上崗前，在向其闡述組織前景的同時，也闡明員工個人發展空間，給員工在企業內部的職業生涯做個詳細的規劃，使員工能夠確信他們有能力在未來的組織中事業有成，從而喚起員工個人的成就感和積極性。

　　對於每一名員工所扮演的角色，西門子稱員工為「企業內部的企業家」，哪怕是剛進入不久的新人也如此。西門子倡導員工自己應該是自身發展的主導者、管理者，推動員工取得職業生涯成功的主要力量應該是員工自身。西門子認為，每一名員工都應該審視自身，知道自己的特長和興趣，給自己明確定位，確定長期發展目標，並分析達到這個目標需要具備什麼樣的知識與技能。如果某些知識和技能欠缺，就應該及時通過培訓完善自我，最終促進自身職業生涯的不斷發展。

　　（四）容忍失敗，鼓勵員工有冒險的精神

　　為了鼓勵員工不斷創新，就要創造一種寬鬆的氛圍，保護創新者。這裡包括理解創新者的「怪異」習慣（如「憨傻」「固執」「神經質」等），支持他們的創新行為（不斷行動、不斷嘗試），同時容忍創新者的失敗。所以，許多成功的企業非常注意創造一種文化氛圍，鼓勵員

工不斷冒險、不斷探索,並允許合理的失敗。如美國一家電腦公司其經營哲學要求「員工一天至少犯十次錯。如果你一天不犯十次錯,就表示你嘗試得不夠。」有一家公司發明了一種「完美的失敗」的做法:在公司中,每次發生「完美的失敗」時,都要鳴炮以示慶祝,以鼓勵員工在研究工作中不斷學習並樂於承擔風險。北京亞都公司設置一項「科技貢獻獎」,規定獎勵方向為:一是獎勵那些在技術上有突出貢獻者;另一則是專門獎勵那些因研究失敗而證明了此路不通者。可以設想,在這樣的組織氛圍中,員工怎麼會不努力地去嘗試、去創新呢?

補充材料10-3:

IBM的「野鴨精神」

美國國際商業機器公司(IBM)是一個擁有40萬職工的從事電子計算機開發的高科技公司,年銷售量占世界同類產業銷售總量的67%,年銷售額為500億美元,年產值10年翻一番。IBM公司所取得的這些驕人成績與它倡導的「野鴨精神」有著密切關係。

什麼是「野鴨精神」?簡言之就是創新精神。IBM公司強調每個職工都要有創造開拓精神,要有自己的個性。公司鼓勵職工創造發明,不斷開發新技術、新產品以把握市場制勝權。這已成為公司的管理原則。公司還不斷地向職工灌輸憂患意識,讓他們認識到,如果不創新,「野鴨」就可能變成「家鴨」「死鴨」。

在經營管理實踐中,IBM公司領導十分關注並鼓勵職工擁有「野鴨精神」,對於充滿「野鴨精神"的創新拔尖人才,毫不猶豫地予以提升,哪怕這些人並不討領導喜歡。公司對一些非正式科研群體中的出類拔萃人才也提供條件,如資金、材料、設備,讓他們在公司內部創辦風險性的小公司,鼓勵他們及時地把科研成果轉化為產品。難能可貴的是,公司還允許他們失敗。公司尊重員工的自我價值,並通過智力投資強化職工技術教育。

「野鴨精神」給我們的啟示至少有三點:

(1)「野鴨精神」是IBM公司精心塑造企業經營理念的真實寫照。該公司總經理托馬斯·沃森非常欣賞丹麥哲學家哥爾科加德的名言:「野鴨或許能被人馴服,但是一旦被馴服,野鴨就失去了它的野性,再也無法海闊天空地自由飛翔了。」他強調IBM公司需要的不是馴服、聽話、平庸的人才,而是那些不畏風險、敢於創新的拔尖人才。電子計算機是一種高風險、高收益、高發展的高科技產品,更需要一批高

素質的創造型人才。

(2)「野鴨精神」以另一種方式體現了以人為本的思想。人是否能主動地、積極地、創造性地完成自己的任務,直接關係到企業的生存和發展。人的能動性發揮與管理效應也成正比,人的能動性程度越高,管理的效應也就越大。「野鴨精神」正是挖掘了人性最重要因素—創造精神,這是以人為本思想所要達到的最高境界。

(3)「野鴨精神」也符合高新技術及其產業化發展所需要的時代精神。創新過程也是一個冒風險的過程。IRM 公司能為員工營造一個鼓勵創新、允許失敗的企業環境,讓人們懂得冒險創新是一種美德,並對失敗者給予理解、幫助,鼓勵其繼續奮鬥,直至成功。這種激勵冒險創新的機制,國外把它譽為「冒險文化」,是高技術文化的核心。「野鴨精神」就體現了這種時代精神。

第五節　增強企業凝聚力

人們常說,企業的競爭歸根到底是人才的競爭、人心的競爭。實際上,這也是企業凝聚力的競爭。企業經營必須具備強大的凝聚力,並且要不斷增強這種凝聚力,才能持續有效地運行下去。

一、 什麼是企業的凝聚力

所謂企業的凝聚力,就是一個行業或一個企業具有的優良素質所形成的吸引力。具體地說,企業的凝聚力就是能產生使內部職工充分發揮積極性和創造性的、磁石般的吸引力。企業凝聚力的大小反應了企業成員相互作用力的大小。凝聚力越強,企業成員之間的關係越融洽,企業的整體目標和成員的個體目標越容易實現。對於一個企業來說,凝聚力是活動的基礎,是發展生產力的源泉。

(一) 企業凝聚力的作用

1. 企業凝聚力與協同效應

企業的凝聚力主要表現在對企業成員的誘導作用方面。誘導即通過對企業成員的誘發、勸導,激發每個企業成員的積極性,以保證企業目標與個體目標的一致性。誘導的結果就是通常所說的協同效應,也就是 1 + 1 > 2 的效應。通俗地說,就是兩個單個的人團結起來創造的效益可以大於他們分別單獨創造的效益之和。

2. 企業凝聚力與生產效率

要使企業凝聚力與企業目標相一致，必須有一種作用力，使它得以規範化，這種作用力就是通常所說的管理能力。一個好的領導能夠引導企業成員，使他們的合力方向朝向企業目標，也只有這樣才能提高企業的生產效率。因此，不能簡單地說企業凝聚力與生產效率正相關，只有在有好的領導的前提下，它們才具有正相關性。

3. 企業凝聚力與企業士氣

士氣就是對某一群體或組織感到滿意，樂意成為該群體的一員並協助實現群體目標的一種態度，也就是一種團隊精神。從這一點上說，企業士氣與企業的凝聚力是一致的。一個企業士氣旺盛，則企業凝聚力就強，就能較好地適應外界變化，處理好內部衝突；而企業成員對企業及企業領導持肯定和支持的態度，企業的目標就能得以實現。與協同效應一樣，企業士氣同樣離不開企業管理者的正確引導。

(二) 影響企業凝聚力的幾個因素

企業凝聚力是一個複雜的變量，影響它的因素很多，既包括企業成員本身的心理、行為，又包括企業外界對企業的影響。任何一種因素的變化都可能使企業凝聚力的大小和方向發生變化。

1. 企業成員的相容性

企業成員的相容性即企業成員的相互接納程度，表現為各企業成員的同質性與互補性。企業成員之間的愛好、興趣、目標、信念等具有同質性，而性格、知識則具有互補性。同質性的多少與互補性的大小，關係到企業凝聚力的強弱。

2. 企業成員的需要

根據馬斯洛的需要層次理論，人的需要從低級到高級分五個層次，分別為生理需要、安全需要、社交需要、尊重需要、自我實現需要。需要的層次具有很強的發展性。在一般情況下，只有低層次的需要得到滿足後，才會產生高層次的需要。假如要讓一個薪水很少的人經常參加娛樂活動，一般很難，他往往會把更多的精力放在如何掙錢上，以首先滿足自己的生理需要。在五個層次的需要中，社交需要也叫歸屬需要，是建立在生理需要和安全需要基礎之上的，只有當社交需要得到滿足後，才會進一步產生尊重需要和自我實現需要。從這一點上來說，企業的凝聚力與企業成員的五個層次的需要均有關聯。

3. 企業領導的行為與方式

領導是企業的核心。如果一個企業的領導層內部不團結，勢必會

影響到企業成員。而一個精誠團結、廣開言路、善於聽取各種意見的領導群體會對企業成員起到示範作用，有助於企業成員的內部團結，形成一種良好的企業氛圍，進而增強企業的凝聚力。

4. 企業規範

企業規範是企業每個成員必須遵循的行為準則，是一系列的統一成員行為觀念的標準體系。企業規範包括成文的和不成文的，成文的如企業內部各種規章制度，不成文的如約定俗成的企業成員的思想觀念等。企業規範是維繫企業行為的無形力量，是評價企業成員行為的尺度。企業成員嚴格遵循企業規範，將會受到表揚、鼓勵；反之，則會受到來自其他成員的壓力和批評，迫使他重新回到企業規範上來，否則，就會受到企業規範的懲罰。因此，企業規範是形成企業凝聚力的動力，它能夠理順每個成員的個體目標，使之與企業目標一致。如果缺乏企業規範或有規不依，則企業的凝聚力就難以形成。

5. 外部環境

當今世界是一個快速變化的世界，科學技術日新月異，企業要想獲得發展，必須緊跟時代潮流，否則就會被淘汰。面對時代的壓力，多數企業成員都會有一種緊迫感，都會自覺或不自覺地團結起來，以適應環境的變化，這自然而然地就形成一種凝聚力。外界環境變化了，企業凝聚力也會隨之變化。企業領導只有善於利用外部環境，才能使企業凝聚力長久不衰，不斷增強。

二、增強企業凝聚力的方法

（一）加強企業成員之間的溝通

企業成員的溝通包括信息溝通與情感溝通。通過溝通，可以促使信息在成員之間的流動，使成員之間加強瞭解，增進友誼，促進成員之間的相互接納，提高企業成員之間的相容性。成員之間溝通的方式很多，既可以通過公開的方式，如召開座談會，也可以通過一些非公開的方式，如談心等。

（二）及時瞭解企業成員的需要，並盡可能給予滿足

根據企業成員的生理需要，如對薪金、福利、良好工作環境的需要等，應結合企業的情況，適當增加成員收入、縮短工作時間、定期進行體檢等。

根據企業成員的安全需要，如防止意外事故發生、職位保障等需要，應依照國家有關法律法規，建立健全本企業勞動保險制度、離退

休制度、用工制度等。

根據企業成員的社交需要，應開展經常性的各種娛樂活動，建立企業互助金制度等。

根據企業員工的尊重需要，如對職稱、地位、權力的需要，應建立健全人事考核制度、晉升制度、獎勵制度等。

根據企業成員的自我實現需要，應努力為其提供合適的工作崗位以及繼續學習的機會，安排一些具有挑戰性的工作，吸收其參加企業發展研究、制定計劃等。

（三）正確行使領導職能

行使領導職能是引導和影響個人或組織在一定條件下實現某種目標的行動過程，是一種借助他人完成目標的過程。領導者要在不斷增強自身素質、提高管理水平的同時，善於運用民主的方式、恰當的授權方式，給企業成員和各級管理者以參與企業管理、充分展示自己才能的機會。瞭解被領導者擅長什麼、不擅長什麼，以避其所短、揚其所長，從而調動下屬的積極性，達到增強企業凝聚力的目的。

（四）加強企業規範建設

健全完善的企業規範，如考勤制度、獎懲制度、質量檢查制度、財務制度等，是鼓勵先進，約束落後，增強企業凝聚力的重要保證。在一個企業裡，如果先進的得不到鼓勵，落後的受不到觸動，就會人心渙散，使企業的凝聚力大打折扣。此外，加強企業規範建設，還有利於培養健康向上的企業文化，倡導「比、學、趕、幫、超」的企業精神。

補充材料 10-4：

麥當勞管理方式

美國快餐麥當勞在增強員工凝聚力上堪稱典範。短短四五十年的創業史，麥當勞從一個小小快餐店發展成為全球快餐業巨頭，這與其「大家庭」的管理方式是緊密相關的。

麥當勞的內部公關工作佔有相當大的比例。麥當勞重視尊重員工，這種尊重不僅僅是姿態上、儀表上的，而是切切實實融化到了行動中。每位員工在他們的生日和麥當勞的週年紀念日時都能收到公司贈送的禮物以及總經理的鼓勵，這種舉動往往使員工深深地感動。因為在人們心中往往都有一個深愛的自我，有誰不愛自己？有誰真的不在乎自己的生日是否會接到禮物和祝福？又有誰不希望得到更多的鼓勵和重

視？尊重每個人內心的這種自尊、自愛，並真誠地用行動去表達，毫無疑問能獲得廣大員工對公司的信任和支持。總經理及公關部的這些努力，不僅拉近了員工們的距離，而且也促進了員工間的團結、友愛。用員工自己的話說就是「麥當勞是我們大家的家」。在這個大家庭中，員工們能夠獲得友誼、感受親情，有什麼比這更美好呢？

有親情，沒有責任是不能稱其為家的。麥當勞說自己是一個大家庭，除親情外，他們也沒有放棄責任──對每位員工的責任。麥當勞有終生的培訓制度。每位員工，只要進入麥當勞，就能享受終生的不間斷的培訓。大凡經過麥當勞嚴格培訓出的工作人員都能成為快餐行業的全才。麥當勞還有平等的競爭制度，即每個人只要肯干、能幹，都能夠在麥當勞取得成功，在它的領導階層中，三分之二的人來自基層（另外的二分之一是吸收外界的人才）。

事實證明了他們是成功的。

眾所周知，麥當勞的用工制度是小時工。在傳統觀念中，這是最不穩定的工作，但卻有不少人在人事處登記，等待成為麥當勞的一員。再看他現有員工的精神面貌，對顧客服務的那份仔細與耐心，這些遠遠不是金錢所能換取的，是責任和愛心的奉獻鑄造的凝聚力。只有這種凝聚力才是最堅韌的、最牢固的。

第六節　調動員工積極性

美國企業巨子艾柯卡有言：企業管理無非是調動員工的積極性，而調動員工積極性正是員工激勵的主要職能。其激勵核心就是調動人的積極性。

積極性這一概念從心理學的角度來看，主要是指人的行動的心理動力問題。心理動力大，積極性就高；心理動力小，積極性就低。要發揮職工的積極性，一般認為取決於兩個方面：一是能力，二是動力。能力強容易出成果，然而能力的發揮卻在很大程度上取決於動力。激發人的動機，使人有一股內在動力，朝向所期望的目標前進，這種心理活動的過程就是激勵。研究調動職工積極性的策略，也就是研究激勵人的方法。

一、激勵的含義及原理

什麼叫激勵？所謂激勵就是創設滿足員工各種需要的條件，激發其工作動機，使之產生實現組織目標的特定行為的過程。其基本含義包括：①它的出發點是滿足個體的各種需要；②必須貫穿於激勵工作的始終；③是各種激勵手段綜合運用的過程；④信息溝通需要貫穿於工作的始終；⑤最終目的是實現組織目標和個人目標的統一。

激勵需針對人的行為動機而進行。管理者通過激勵，使下屬認識到用一種符合要求的方式去做需要他們做的事，就會使自己的欲求得到滿足，從而表現出符合組織需要的行為。為了進行有效的激勵，收到預期的效果，領導者必須瞭解員工的行為規律，知道員工的行為是如何產生的，產生以後會發生何種變化，這種變化的過程和條件有何特點等等。

行為科學認為，人的行為是由動機決定的，而動機則是由需要引起的。動機產生以後，人們就會尋找能夠滿足需要的目標，而一旦目標確定，就會進行滿足需要的活動。如果其結果未能使需要得到滿足，則會出現三種情況：①目標不變，重新努力；②降低要求得到滿足的檔次；③變更目標，從事別的活動，以滿足相同或類似的需要。如果活動的結果使作為活動原動力的需要得到滿足，則人們往往會被自己的成功鼓舞，產生新的需要和動機，確定新的目標，進行新的活動。因此，從需要到目標，人的行為過程是一個周而復始、不斷昇華的循環。

上述分析表明：需要是人類行為的基礎；不同的需要在不同的條件下會誘發不同的行為；本期行為的結果會使人們產生新的需要，從而影響下期行為。管理者要正確地引導人們的行為，必須：①分析需要的類型和特點；②研究需要是如何影響人的行為以及影響程度是如何決定的；③探索如何正確評價人們的行為結果，並據此予以公正的報酬，以使人們保持積極、合理的行為，或改正消極、不合理的行為。

二、激勵理論的簡要述評

按照研究的側重及與行為關係的不同，管理激勵理論可分為內容型、過程型、強化型和綜合型四大理論類型。

（一）內容型激勵理論

由於需要是人類行為的原動力，因而這一理論實際上是圍繞人們

的各種需要來進行研究的,故又稱需要理論。其代表理論主要有:馬斯洛(A. Maslow, 1954)的需要層次理論、阿爾德弗(Alderfer, 1972)的 ERG 理論、麥克利蘭德(D. C. Mc. Clelland, 1961)的成就需要理論、赫茲伯格(F. Herzberg, 1957)的「激勵—保健」雙因素理論。

1. 馬斯洛的需求層次理論

心理學家馬斯洛將人的需要分為五個層次,由低級到高級依次為生理的需要、安全的需要、歸屬的需要、尊重的需要和自我實現的需要。這五個層次像階梯一樣從低向高逐漸增強,一個層次的需要滿足了,就會向高一層次發展。因為人的行為是受多種需要支配的,所以同一時期內可能存在多種需要,但某一種需要會占支配地位。這一理論表明,針對人的需要實施相應的激勵措施是可能的,但人的需要具有多樣性,會根據不同環境和時期發生變化,所以激勵的方式也應當多元化。近年來的研究還發現:滿足需要時不一定先從最低層開始,有時可以從中層或高層開始;任何一種需要並不因為滿足而消失,高層次需要發展時,低層次需要仍然存在;在許多情況下,各層次的需要是相互依賴和重疊的。

2. 阿爾德弗的 ERG 理論

阿爾德弗把需要層次理論概括為三種需要,即生存、關係和成長。其中,生存需要是人類最基本的需要,如衣、食、住、行等;關係需要指個體與他人交往的需要;而成長需要是指個體在事業、工作、前途等方面要求發展的需要。ERG 理論認為,較低層次需要的滿足會帶來較高層次需要的願望,但滿足較高層次需要的努力受挫會導致倒退到較低層次的需要。所以,阿爾德弗理論對工作激勵的貢獻在於:提出了當個體高層次的需求受到阻滯時達到激勵的其他可能的途徑,同時提醒管理高層應根據員工需要和自身素質特點設置適當的目標。如果組織目標設置過高,非員工能力所及,員工會因達不到目標、無法滿足需要而產生挫折感,進而產生退卻、害怕或消極心理,也就無法達到激勵目的,實現預期目標。

3. 麥克利蘭德的成就需要理論

麥克利蘭德提出人的三種基本需要:成就、權力和情誼。成就需要是追求卓越、實現目標、爭取成功的內驅力,權力需要指影響和控制他人的慾望,而情誼需要則是建立友好親密關係的慾望。麥克利蘭德的需要理論表明:具有高成就需要的人更喜歡具有個人責任、能獲

得工作反饋和適度冒險的環境，但高成就需要的人不一定就是一個優秀的領導者。因為他們所感興趣的是他們個人如何做好，而不是如何影響他人做好，所以該理論對高目標值的企業家或經理人員的激勵具有更為直接的指導意義。

4. 赫兹伯格的「激勵—保健」雙因素理論

赫兹伯格通過調查研究發現，人們對工作滿意時的回答和對工作不滿意時的回答大相徑庭。員工傾向於把工作滿意的因素歸於自己，而把不滿意的因素歸於外部和組織，因此不滿意的對立面並不是滿意。管理者消除員工工作中的不滿意因素，可能會帶來平衡，卻不一定有激勵的作用。赫兹伯格把促使員工在工作中產生滿意感的因素，如成就、認可、工作本身的吸引力、責任和晉升等稱為激勵因素，而把促使員工在工作中產生不滿意的因素，如工作待遇、條件、環境、企業政策和人際關係等稱為保健因素。雙因素理論很好地解釋了為什麼有時員工的收入和福利都已相當不錯時，還不能努力工作。管理者應重視工作本身的激勵意義，使工作豐富化，提高工作的挑戰性，設置合理的晉升渠道等，才能真正激勵員工。

（二）過程型激勵理論

過程型激勵理論著重研究人從動機產生到採取行動的心理過程。這類理論表明，要使員工出現企業期望的行為，須在員工的行為與員工需要的滿足之間建立起必要的聯繫。過程型激勵理論主要有：洛克（E. A. Locke）的目標設置理論、弗魯姆（V. H. Vroom，1964）的期望理論、亞當斯（J. S. Adams，1963）的公平理論等。

1. 洛克的目標設置理論

洛克認為，目標是激勵因素影響個體工作動機的主要手段，給員工設置目標應根據目標的具體性、挑戰性和認同性三大標準。目標設置理論的前提假設是每個人都忠於目標，即個人做出決定不降低或放棄目標。設置目標可以提高一個人對能勝任某項工作的信心，即個體的自我效能感。目標設置理論奠定了目標管理的理論基礎。

2. 弗魯姆的期望理論

弗魯姆認為，人們從事任何工作的激勵將取決於經其努力後取得的成果的價值（不論是正的或負的），乘以經其努力後將在實質上有助於達到目標的信念。弗魯姆提出一個公式：激勵 = 效價 × 期望率，式中的激勵是指一個人受到激勵的強度，效價是指這個人對某種成果的偏好程度，而期望率是指通過特定的活動導致預期成果的概率。從

這一公式我們可以看出，要使激勵強度最大，效價和期望率都應最高，即只有員工偏好並抱有很高期望的工作才真正有激勵意義。

3. 亞當斯的公平理論

亞當斯指出，員工激勵不僅受報酬絕對數量的影響，更受到工作報酬相對比較的影響，同等的報酬不一定獲得同樣的激勵效果。個體只有通過對報酬的橫向社會比較和縱向歷史比較，感到公平，才能激發工作積極性。

(三) 強化理論

強化理論主要研究人的行為結果對目標行為選擇的反作用，通過對行為結果的歸因來強化、修正或改造員工的原有行為，使符合組織目標的行為持續反覆出現。具有代表性的是斯金納（B. F. Skinner, 1938）的強化理論和凱利（Kelley. HH, 1967）的歸因理論。

1. 斯金納的強化理論

斯金納認為，人的行為是由外部環境刺激所做的反應，強化物就是能影響行為頻率的刺激物，其作用可分為正強化、負強化和消退強化，只要創造和改變外部的強化條件，人的行為就會隨之改變。這種理論的意義在於用改造環境的辦法來保持積極行為，修正錯誤行為。

2. 凱利的歸因理論

所謂歸因，就是指為了預測和評價人們的行為並對環境和行為加以控制，而對他人或自己的行為結果所進行的因果解釋和推論。對行為結果的不同歸因會影響人們在未來的行為選擇。這一理論的啟示是：可以通過影響個體的歸因，引導他反覆選擇組織期望的行為。

(四) 綜合型激勵理論

綜合型激勵理論主要是將上述幾類激勵理論進行結合，把內外激勵因素都考慮進去，系統地描述激勵全過程，以期對人的行為做出更為全面的解釋，克服單個激勵理論的片面性。代表性理論有羅伯特・豪斯（RobertHouse）的激勵力量理論、布朗（R. A. Baron, 1986）的 VIE 理論、波特（L. Porter）和勞勒（E. Lawler）的期望概率理論。

1. 羅伯特・豪斯的激勵力量理論

羅伯特・豪斯在雙因素理論和期望理論基礎上提出了一個整合模型：激勵力量＝任務內在激勵＋任務完成激勵＋任務結果激勵。它的貢獻在於把內外激勵因素有機結合了起來。內在激勵包括工作本身提供的效價和工作績效產生的效價及其期望值，外在激勵包括工作完成帶來的各種外在報酬的效價。

2. 布朗的 VIE 理論

布朗認為，激勵是績效、手段和期望的乘積，其中任何一項要素為零，激勵就等於零。該理論的實質是對目標設置理論和期望理論的綜合。

3. 波特和勞勒的期望概率理論

期望概率理論認為激勵力量的大小取決於多方面的變化因素，涉及當事人對該項工作的業績、所獲報酬、公平性、角色意識、個人技術能力以及相關影響的認識和評價。它可進一步看作是 VIE 理論和公平理論的結合。

三、員工激勵的方法

員工激勵的方法概括起來主要有以下 10 種：

（一）目標激勵

目標激勵就是通過確立工作目標來激勵員工。正確而有吸引力的目標，能夠激發員工奮發向上、勇往直前的鬥志。

運用目標激勵，管理者應注意以下幾個問題：

1. 目標要切合實際

目標的激勵作用＝目標價值×期望概率。「目標價值」即目標本身的價值，「期望概率」就是實現目標的可能性。從理論上講，目標的價值和期望概率越大，其激勵作用就越強。但實際上，這是不可能的。因為目標價值和期望概率是成反比的，目標定得越高，價值越大，則實現的可能性，即期望概率就越小；反之，目標越低，價值越小，則實現的可能性，即期望概率就越大。因此，目標的制定，不能盲目地求高、求大，而應考慮其實現的可能性，要使員工通過努力能夠實現。只有這樣，才能使目標激勵真正起作用，才能實現目標激勵作用的最大化。否則，不但起不到激勵作用，還可能起消極作用，使員工喪失信心。

2. 目標的制定應該是多層次、多方向的

除了企業的基本目標外，還應包括其他許多目標，如企業管理目標、培訓和進修目標、技術考核目標和生活福利目標等。

3. 要將目標分解為階段性的具體目標

有了總目標，會使員工看到前進的方向，鼓舞員工實現總目標的鬥志。但只有總目標，會使人感到目標遙遠，可望而不可即。如果在制定總目標同時又制定出階段性的具體目標，就能使員工感到有實現

的可能，就會將目標轉化為工作壓力和工作動力，既增大了期望值，也便於目標的實施和檢查。

4. 要將企業的目標轉化為部門、各班組以致員工個人的具體目標

企業目標不僅要分解為階段性的具體目標，還要轉化為各部門、各班組以致員工個人的具體目標，使目標和責任聯繫起來，再加上檢查、考核、獎懲等一系列手段，才能保證企業總目標的實施，才能使目標起到應有的激勵作用。

(二) 角色激勵

角色激勵實際上就是責任激勵，就是讓個人認識並擔當起應負的責任，激發其為所扮演的角色獻身的精神，滿足其成就感。

但是，如果一個人認識不到自己應負的責任，就會放鬆對自己的要求，出現「油瓶子倒了也不去扶」的現象，角色激勵也就失去了作用。所以，企業管理人員的責任之一就是要幫助員工認識和重視自己的責任，認識到自己的工作對於顧客、對於企業以及對於社會的重要性。

(三) 物質激勵

馬克思說過：「人們奮鬥所爭取的一切，都同他們的利益有關。」物質的需求不僅是人類賴以生存的基本前提，也是個人在精神、智力、娛樂等各方面獲得發展的基礎。

管理者還應當清楚，物質獎勵同時也是一種精神激勵，是上級管理人員對下屬的行為和所取得成就的肯定，能夠滿足下屬的成就感；同時，也表明上級對下屬的認可和讚賞。

企業管理人員在對員工進行物質激勵時，一定要注意公平原則，否則，不但起不到激勵作用，反而會挫傷員工的積極性，甚至造成矛盾，影響團結。事實證明，下屬對領導者的能力和工作水平低大都可以原諒，而對領導者不能一視同仁，處理問題不公平，則往往表現出不能容忍的態度。

(四) 競爭激勵

人自幼就有一種競爭心理。例如，小孩子在一起玩，總是要想超過別人。到了成年，不甘落後於人的心理仍然存在。

競爭激勵實際上也是榮譽激勵。得到他人承認、受到別人尊重，榮譽感、成就感，這些都是著名心理學家馬斯洛需求層次中的高級需求。現代企業中年輕人比較多，他們爭強好勝，上進心強，對榮譽有強烈的需求，這是開展競賽活動的心理基礎。企業可以適時開展諸如

英語口語競賽、知識競賽、服務態度競賽和工作技能技巧競賽等活動。通過組織這些競賽活動，不僅可以調動員工的積極性，而且，還可以提高員工的素質。

（五）信息激勵

一個人不外界接觸，閉目塞聽，孤陋寡聞，必然自以為是，心安理得。而邁開雙腳到外邊去走一走、看一看，讓頭腦接收新的信息，會對人產生強大的激勵作用。有一家企業的管理者迫切希望改進和提高服務水平，便在企業內積極推行服務的標準化、規範化和程序化。儘管管理者反覆講，親自示範，然而收效甚微。後來，管理者改變了教育方法。他帶領一批基層班組長和服務員去考察、參觀了幾家高標準的企業。回來後，這批職工就成了推行標準化、規範化、程序化服務的積極帶頭人，使該企業的服務質量有了大幅度的提高。這一案例清楚地說明了信息的激勵作用。看到或聽到別人的成就、別人的進步，才能發覺自己的落後，才能激發起奮起直追的熱情。因此，有條件時，企業管理者應組織員工去其他先進企業參觀學習，或向員工傳遞這方面的信息。

（六）獎懲激勵

在管理工作中，獎勵是一種「正強化」，是對員工的某種行為給予肯定，使這個行為能夠得以鞏固、保持；而懲罰則是一種「負強化」，是對某種行為的否定，從而使之減弱、消退。恰如其分的懲罰不僅能消除消極因素，還能變消極因素為積極因素。獎勵和懲罰都能對員工起到激勵作用，兩者相結合，則效果更佳。

運用獎懲這一強化激勵方法，必須注意以下幾個問題：

1. 及時性

拿破侖不僅是一名卓越的軍事家，而且是一位非常懂得激勵藝術的管理者。他曾經說過：「最有效的獎勵是立即給予的獎勵。」這一點在企業管理中同樣適用。一個職工工作表現好，取得了優異成績，或者提出了有效的合理化建議，就應及時給予肯定；相反一個員工如果表現不好，犯了錯誤，則應及時予以懲罰或批評。否則，時過境遷，激勵作用會大打折扣。

2. 準確性

獎懲的準確性，是它發揮作用的前提條件。不論是對員工的表揚、獎勵，還是批評、懲罰，管理人員都要做到實事求是、恰如其分、力求準確。表揚時不能為了突出某人的成績而對之憑空拔高；批評時也

不能捕風捉影、任意上綱。否則，不僅會讓人反感，還會產生不良後果。

3. 藝術性

企業管理者特別要注意表揚和批評的藝術性，切勿在下屬和客人面前批評員工。批評員工一定要注意時間、地點和場合，尤其不能當著其下屬的面和客人的面批評員工，否則將極大地挫傷員工的積極性，傷害員工的自尊心，使其無「臉」繼續做好工作，嚴重的還會因此而失去人才。

(七) 參與激勵

有位管理者曾經說過：如果你把員工當牛看待，他想做人；如果你把他當人看待，他想當牛。因此，為了激發員工的工作積極性和主人翁精神，必須發揚民主，重視與員工的溝通。

參與激勵就是在企業管理中，給予職工發表意見的機會，尊重他們的意見和建議，使職工能夠以不同的方式參與企業管理活動，從而達到激勵員工的目的。管理者不僅要把上級的指示傳達到下屬，而且要注意傾聽下屬的心聲，把下屬的意見和建議及時、準確地反應給上級管理者。在做決策時，要多與員工溝通，因為決策的最終執行者還是下屬員工。經過員工充分討論的、科學合理的決策，有利於員工的貫徹執行，也有利於激勵員工。

另外，企業辦報不僅是企業文化的組成部分，同時也是一種參與激勵的管理方式。企業辦報可以設以下欄目：如鼓勵員工出謀獻策的「智囊團」欄目；為文學愛好者提供展示文採的「文學天地」；報導好人好事的「職工園地」；監督工作質量的「仙人掌」，以及職工所關心的「熱門話題」「管理之聲」「投訴案例」等。還有一種有效的溝通和激勵方式，就是在企業確定「員工日」或總經理接待日。使每位員工都有機會和總經理面對面地說說自己的心裡話，解解心中的「疙瘩」，提提合理化建議。

(八) 情感激勵

情感激勵就是在對員工工作上嚴格要求的同時，在生活上要關心員工、尊重員工，以「情」動人。所謂尊重職工，就是要尊重職工的主人翁地位；理解職工，就是要理解職工的精神追求和物質追求；關心職工，就是要心系職工，盡可能解決職工的實際困難。高昂的士氣，須有必要的物質保障，這意味著要為員工創造良好的工作環境和生活條件。只有職工真正意識到自己受到了尊重，他們才會以主人翁的精

神積極工作。北京建國飯店的總經理連續兩個鐘頭站在職工食堂門口，一次又一次地拉開大門，向來參加春節聯歡會的職工點頭致意，說：「您辛苦了！」中方和外方經理們頭戴白帽，腰系圍裙，站在自助餐臺後，微笑著為職工們盛菜打飯，使職工心裡湧起陣陣暖流，使員工的心與企業貼得更緊。另有一家企業則規定：管理者見到員工時必須首先向員工打招呼或問好，從總經理到部門經理概莫能外，企業「給了員工一個家的氛圍和環境，員工也把企業當成了家」。

運用情感激勵這一激勵手段時，特別值得一提的是，當員工家庭或個人生活遇到什麼不幸或困難時，管理者要給予同情、關懷，必要時在經濟上給以支持和幫助，員工對此會銘記在心，感恩戴德，從而起到極大的激勵作用。事實證明，在關鍵時刻，對員工伸出同情與援助之手，比平時說上一千句、一萬句激勵的話要管用得多！

（九）晉升與調職激勵

人人都有上進心，正所謂「不想當元帥的士兵不是好士兵」。利用人們的上進心，給予員工職位的晉升，無疑是一種極為有效的激勵方法。但晉升激勵並非一定要「升官」，因為「官位」畢竟是有限的，不可能讓員工都當經理，但級別卻是無限的。以服務業為例，可設實習生、初級服務員、中級服務員、高級服務師等。員工的行政職務雖然沒有變，但員工的待遇發生了變化，榮譽感增強了，從而可以起到很好的激勵作用。

除了對工作表現好的員工晉升以外，還可以通過在企業內部調換員工的工作崗位來激勵員工。通常有兩種情況：一是個別管理者與職工之間由於下意識的偏見、古怪習性或意外事故的發生而引起尖銳的矛盾，如通過協調或其他方式仍無法解決，可將該職工調離本部門（崗位），以調動矛盾雙方的工作積極性；二是目前的工作崗位不適合他本人，不能充分發揮其個人專長和才幹，通過調換工作崗位，不僅可以充分利用人力資源，還可以激勵員工，極大地調動員工的工作積極性。

（十）示範激勵

「榜樣的作用是無窮的」，一個組織的士氣和精神面貌很大程度上取決於其領導成員。有什麼樣的管理者，就有什麼樣的下屬員工。因此，管理人員要以身作則，從各方面嚴格要求和提高自己，以自己的工作熱情、幹勁去影響和激勵下屬員工。

補充材料10-5：

華為如何對人的能力進行管理和激發？

在華為開始創業的20世紀80年代中後期，國內誕生了400多家通信製造類企業，但這個行業注定是場死亡競賽，贏者一定是死得最晚的那個。2012年，華為的年銷售額達到了驚人的2,202億元——超越愛立信成為全球最大的電信設備供應商。同年，華為宣布利潤突破154億元（這還不包括用來給員工發獎金的125億元紅包）。華為活到了最後。華為為什麼可以活到最後？背景論、關係論等紛紛出籠，是這樣嗎？

從某種意義上說，華為就是任正非管理思想的試驗場。作為一家民營企業，華為之所以能夠在25年裡超越歐洲百年對手，很大程度是因為其對奮鬥者精神的崇尚。付出和回報在這家企業是成正比的。

「不讓雷鋒穿破襪子，不讓焦裕祿累出肝病。」華為的高速運轉過程，一直走「高薪」路線。按任正非的說法，華為就是「高效率、高工資、高壓力」的「三高」企業，「高工資是第一推動力」。任正非在企業內部推行「工者有其股」的激勵機制，讓員工和企業共同奮鬥，共同受惠，形成了一個有機的命運共同體。根據華為2010年業績，每股分紅2.98元，如果一個老員工持50萬股，他將在年底拿到分紅100多萬元。如果持股員工想要退出，目前華為採取按照企業增值估算的模式，將原有股本和增值部分一起退給員工。這種進退自如的方式獲得了員工的認可。華為一年發一次紅利，紅利自動滾入本金。過去華為有「1+1+1」的說法，即員工的收入中，工資、獎金、股票分紅的收入比例相當。一旦華為停止成長或關門，員工將損失慘重，所以華為能萬眾一心，蓬勃向上，企業的執行力特別強。因為員工都是在為自己工作。同時，嘗到了高分紅比例的不少員工每年都想方設法多掙一些股票，唯一的辦法就是多給公司創造價值。在華為的核心價值觀裡，這就是「以奮鬥者為本」。很多慕名前往華為的企業家在參觀完華為之後，都有點蒙了，一個看不到多少人和多少設備的企業，為什麼可以做到兩千多億元的銷售額？更讓他們發蒙的，是一段2002年的年會視頻：任正非召集一萬多名員工、供應商、客戶等參加年會，會上員工高昂的士氣讓人震驚，而更令人震驚的是，整個活動過程裡沒有一個人的手機鈴聲響起，廁所裡也沒有發現菸頭，這在一般的企業是難以想像的。高利潤為華為帶來了全新的經營思維。此時，手握

大把現金的任正非，開始更深層面的經營策略：把高額利潤帶來的企業優勢全部做足，以此激發出員工的所有激情，以「滾雪球」的方式，實現加速度和更大規模的發展——①實行全員高薪，激發員工潛力；②實行全員持股，形成企業內部的「全員利益共同體」；③大規模投入研發，每年保持營收的10%以上甚至遠超過此數；④大量招聘高水平的研發人員，全力推進自主研發；⑤大量招聘市場一線人員，向全球市場全面出擊。如果華為上市，就會產生成千上萬個千萬或億萬富翁，綁上黃金的雄鷹還能在天空翱翔嗎？上市暴富與華為「長期堅持艱苦奮鬥」的核心價值觀完全背道而馳。著名的國際電信巨頭加拿大北電為什麼衰落得這麼快？就是因為一大幫坐擁億萬美元的富翁討論公司的生死存亡，散散淡淡地沒有緊迫感。

　　華為的企業文化主要是兩點：一，奮鬥文化；二，不讓雷鋒吃虧。簡單地說，你奮鬥，就有好的回報，就有發展成長的機會。這種人才模型加上奮鬥者文化再加上物質激勵和成長機會，讓很多年輕的華為人奔波在世界各地，無論是戰火紛飛的伊拉克，還是貧窮落後的非洲，以及像清教徒生活的中東；同時，這也給了年輕人機會，很多人不到30歲就做了國家代表，去和總統部長會談，做上億美元的項目……

　　（資料來源：http://www.iceo.com.cn/com2013/2014/0522/289869.shtml）

課後思考練習：

　　美國IBM公司每年都要舉行一次規模隆重的慶功會，對那些在一年中做出過突出貢獻的銷售人員進行表彰。這種活動常常是在風光綺旎的地方，如在百慕大或馬霍卡島等地進行。公司對3%的做出了突出貢獻的人所進行的表彰，被稱作「金環慶典」。在慶典中，IBM公司的最高層管理人員始終在場，並主持盛大、莊重的頒獎酒宴，然後放映由公司自己製作的表現那些做出了突出貢獻的銷售人員的工作情況、家庭生活，乃至其喜愛的影片。在被邀請參加慶典的人中，不僅有股東代表、工人代表、社會名流，還有那些做出了突出貢獻的銷售人員的家屬和親友。整個慶典活動，自始至終都被錄製成電視（或電影）片，然後被拿到IBM公司的每一個單位去放映。

　　在這種慶典活動中，公司的主管同那些常年忙碌、難得一見的銷售人員聚集在一起，彼此毫無拘束地談天說地。在交流中，無形地加

深了心靈的溝通，尤其是公司主管由衷地表示關心的語言，常常能使那些在第一線工作的銷售人員「受寵若驚」。正是在這個過程中，銷售人員更增強了對企業的「親密感」和責任感。

在任何機構工作的人員，總不免會遇上不愜意的事情，覺得自己受到委屈或不公平的對待，渴望向上司痛快地投訴一番。為瞭解決這些問題，IBM 推行了「開門制」，如果一名職工感到自己受到不公平對待，他可以直接向負責人投訴；如果仍不滿意的話，還可以「越級」上訴，直到問題圓滿解決為止。此外，公司也很留意普通職工對公司的意見。公司定期要進行意見調查，並對結果進行分析，使雇員的「反饋」能通過公關這個「中間人」角色，迅速、有效地傳達到公司的管理階層。

在具體工作環境中，IBM 採用了一套與其他公司不同的方式。它不相信有所謂絕對的工作標準存在，而只期望每一位員工盡心盡力而為。這使每個員工都保持了本身的尊嚴，自然他們也就會盡忠職守，工作時不會怠慢。

練習題：

1. IBM 公司的上述做法在公司內部究竟都有哪些重大意義？這種活動對其他公司有何借鑑？

2. 請用已經學過的公共關係心理學知識，對這一案例進行分析。

國家圖書館出版品預行編目(CIP)資料

公共關係心理學 / 李道魁, 郭玲, 王冰蔚編著. -- 第二版.
-- 臺北市：崧博出版：財經錢線文化發行, 2018.10
　面；　公分

ISBN 978-957-735-603-1(平裝)

1.公共關係　2.社會心理學

541.84　　　　107017322

書　　名：公共關係心理學
作　　者：李道魁、郭玲、王冰蔚 編著
發行人：黃振庭
出版者：崧博出版事業有限公司
發行者：財經錢線文化事業有限公司
E-mail：sonbookservice@gmail.com
粉絲頁　　　　　　網　址
地　　址：台北市中正區延平南路六十一號五樓一室
8F.-815, No.61, Sec. 1, Chongqing S. Rd., Zhongzheng
Dist., Taipei City 100, Taiwan (R.O.C.)
電　　話：(02)2370-3310　傳　真：(02) 2370-3210
總經銷：紅螞蟻圖書有限公司
地　　址：台北市內湖區舊宗路二段 121 巷 19 號
電　　話：02-2795-3656　傳真：02-2795-4100　網址：
印　　刷：京峯彩色印刷有限公司（京峰數位）

　　本書版權為西南財經大學出版社所有授權崧博出版事業有限公司獨家發行電子書及繁體書繁體版。若有其他相關權利及授權需求請與本公司聯繫。

定價：550 元

發行日期：2018 年 10 月第二版

◎ 本書以POD印製發行